평양 자료의 기초 연구

서울대학교 규장각한국학연구원 한국학연구총서 44

평양 자료의 기초 연구

읍지와 시문(詩文)을 중심으로

초판 1쇄 발행 2024년 12월 10일

지은이 이은주

펴낸곳 서울대학교출판문화원
주소 08826 서울 관악구 관악로 1
도서주문 02-889-4424, 02-880-7995
홈페이지 www.snupress.com
페이스북 @snupress1947
인스타그램 @snupress
이메일 snubook@snu.ac.kr
출판등록 제15-3호

ISBN 978-89-521-3205-5 94910
978-89-521-1028-2 (세트)

이 저서는 서울대학교 규장각한국학연구원의 2020년도 21세기 신규장각 자료구축 사업의 지원을 받아 수행된 연구임(KIKS-2020-452-31205: 평양 자료의 기초 연구 - 읍지와 시문(詩文)을 중심으로).

서울대학교 규장각한국학연구원 한국학연구총서 44

평양 자료의 기초 연구

읍지와 시문(詩文)을 중심으로

이은주 지음

서울대학교출판문화원

A Basic Study of Data on Pyongyang

Focusing on Town Chronicles and Literary Works

Yi Eun-ju

Seoul National University Press

머리말

그동안 지역 문학, 특히 평양의 시문 연구에서 읍지 자료를 활용했었는데, 필자가 지역 문학에 관심을 갖게 된 것은 18세기 죽지사 「관서악부(關西樂府)」로 학위논문을 쓰면서부터다. 문학 영역 중에서 특히 고전문학 연구자들은 때때로 외로운 싸움을 벌일 때가 있다. 전근대 시기의 문학 텍스트는 성격상 현대의 '문학' 범주를 벗어나는 내용까지 담는 탓에 연구 과정에서 자료를 볼 때마다 문학이란 무엇인가를 자문해야 하기 때문이다. 그렇지만 문학 연구자라면 문학적인 방법론을 포기하기 어렵다. 이런 고민의 결과 필자는 문학의 특수한 측면을 도출하고, '심상지리(imagined geographies)'라고도 하는 지역의 이미지를 포착해 내기 위해 비문학 텍스트와 문학 텍스트에서 해당 지역을 어떻게 '달리' 바라보는지 비교하는 것을 작은 목표로 삼게 되었다.

문학 연구자로서의 정체성을 가지고 이런 목표를 세웠지만, 평양 연구 과정에서 시문이라는 문학 자료보다 읍지라는 비문학 자료를 더 많이 읽고 있다는 점은 아이러니하다. 더군다나 읍지에 나타난 내용들을 정리하면서 알게 되거나 깨달은 것도 상당히 많다. 1590년과 1730년 평양 읍지를 읽고 번역하는 과정에서 지역의 통시적 변화에 눈을 떴고, 읍지의 정보를 통해 문학작품으로서의「관서악부」가 평양의 현실 그대로를 담은 것이 아니라 이를 낭만적으로 재구성한 작품임을 확신하게 되었다. 또 지역을 소재로 한 문학작품을 이해할 때 그 지역의 상세한 정보를 아는 것이 선행되어야 한다는 점도 절감했다. 도시의 여러 정보 중에서 작가가 무엇을 선택하여 이를 문학작품에 어떻게 변용했는지를 파악할 때 지역의 세부적인 정보를 아는 것이 큰 도움이 되었다. 이 두 읍지의 번역본은 2016년에 나왔는데, 이 번역 작업으로 평양의 시대적 변천을 어느 정도 파악하게 되었지만, 이때만 해도 이후 19세기나 20세기까지 확장하여 평양의 도시적 변천 과정을 연구할 계획은 없었다.

이 책을 쓴 직접적인 계기는 2019년에 서울역사박물관에서 〈기성도병(箕城圖屛)〉 도록의 논저를 작성한 덕분이다. 평양 지역의 병풍도에는 각종 건물의 이름이 명기되어 있어서 이것을 읍지 정보와 조합하면 공시적인 도시의 구성 및 배치와 통시적인 변천을 함께 볼 수 있겠다 싶었다. 또 논문을 작성하는 과정에서 1892년 평양 읍지의 존재를 발견했는데, 이 읍지를 번역하는 것이 현실적으로 힘들더라도 새로운 내용이 많이 수록되어 있어서 내용을 상세하게 정리해 두면 좋겠다는 생각도 들었다. 그러면서 읍지를 활용하는 연구자이자 읍지를 자세하게 읽은 사람으로서 관련 분야에 작게나마 기여할 수 있는 지점이 무엇일지도 고민해 보았다. 읍지 자료를 통해 여러 영역의 연구가 합류하는 큰길을 만났고, 여러 분야의 연구 성과들을 새로이 알게 되어 새로운 시도도 해볼 수 있었기 때문이다.

읍지는 분야를 막론하고 비중 있게 사용되는 중요한 자료이다. 왜냐하면 읍지는 대부분 지역에서 여러 실무진이 자료를 수합하고 정리하는 방식으로 제작되었으므로 당시의 상황을 정확하게 반영한다고 생각되기 때문이다. 그러나 그런 만큼 읍지 제작에서는 관행이나 실무자들의 인식과 태도가 중요한 변수로 작용한다. 읍지를 새로 간행할 때 전체 내용을 완전히 바꾸기보다는 기존 읍지 내용을 그대로 가져오는 경우가 많은데, 어떤 경우에는 '직역', '인구' 등 간행 당시 분명히 달라졌을 내용조차도 수정하지 않고 이전 읍지의 내용을 그대로 수록하기도 했다. 한편, 시대적 상황이나 편찬자의 관점에 따라 과장되거나 은폐되는 정보도 있다. 또 기획 단계에서 항목을 설정하고 편집 기준을 정할 때 편찬자의 의도나 당시의 이해관계가 깊숙이 개입할 수도 있다. 이런 상황들을 이해해야만 읍지 정보의 신뢰도를 판단할 수 있고, 수록된 사실 정보가 어느 시점의 내용인지도 변별해 낼 수 있다.

평양은 다양한 연구자가 관심을 보이는 지역이므로 지역 자료 활용에서 이미 일종의 학제간 연구가 진행되고 있다. 그런 만큼 더욱 진전된 논의가 이루어지기 위해서는 기초 자료를 본격적으로 검토하는 작업이 필요할 것이다. 또 평양 읍지에는 다수의 시문이 실려 있지만 그동안의 연구는 읍지에 수록된 시문의 양상과 변화에 대해 거의 주목하지 않았다. 이 연구에서는 평양 읍지의 편찬사를 정리하면서 각 읍지의 성격과 새로운 점, 유의할 점을 바탕으로 관련 항목들을 재정리했다. 1590년에 간행된 윤두수(尹斗壽)의 『평양지(平壤志)』와 1730년에 간행된 윤유(尹游)의 『평양속지(平壤續志)』는 이미 번역본도 나와 있고 해설이나 해제가 어느 정도 이루어졌으나, 그 후 19세기에 간행된 평양 읍지에 대한 정보는 쉽게 찾기 어려웠다. 회화 등의 시각 자료가 거의 대부분 19세기에 제작된 것으로 추정되는 상황을 감안하면, 19세기 읍지를 정리하는 작업은 동시대의 구체적이고 상세한 자료를 활용할 때 중요한 기반이 되어 줄 것이다. 또 평양은 20세기 이후 근대문학 발전의 맥락에서 자주 논의되는데, 20세기 평양 읍지의 양상은 모호한 상태이므로 관련 문헌들을 검토할 필요도 있었다. 이 책에서 이 시기 상황을 일목요연하게 정리하지는 못했지만 일단 첫걸음을 내디딘 것에 만족한다.

앞서 언급했듯이 읍지는 그 특수한 정황을 고려해야 하는데 현재의 읍지 활용에는 여러 오류가 뒤섞여 있고, 오류를 교정한 후속 연구가 나오고 있음에도 불구하고 자료 설명이나 해제만 확인하는 경우가 있어 최근 연구에도 오류들이 부분적으로 남아 있다. 이런 문제들은 지역 연구의 성격상 하나의 연속된 논점을 유지하기보다는 다양한 분야, 새로운 측면에서의 접근이 이루어지기 때문이기도 하고, 여러 분야에서 자료를 활용할 때 자료의 계통이 정리되지 않아 모든 자료를 검토하는 것이 너무 번거롭기 때문이기도 하다. 그래서 지금까지 이루어진 여러 성과를 반영하는 동시에 기초 자료에 대한 세부적인 내용을 담은 연구서가 있다면 여러 분야의 연구자들이 참고하기에 유용할 것이라고 생각했다. 이 책은 이런 문제에 대한 나름의 답변이다.

평양 읍지는 1590년, 1730년, 1837년, 1855년, 1892년에 간행되었다. 이렇게 보면 17세기나 18세기 후반의 상황을 직접적으로 알려주는 자료는 없다. 따라서 이 시기의 공백을 메우고 사실 정보만으로는 확보하기 어려운 현실감을 보완하기 위해 여러 시문을 활용할 수 있다. 평양 관련 시문 중에는 읍지에 실리지 않은 작품들도 많겠지만, 반대로 개인 문집이 전하지 않아 읍지에서만 볼 수 있는 작품들도 있다. 어떤 의미에서 보면 읍지에 수록된 시문 자료는 읍지 편찬자들이 평양의 모습을 잘 보여 준다고 생각되는 작품을 취사선택한 결과물이기 때문에 나름대로 정선되었다고 볼 수 있다. 또한 이 책에서는 평양을 소재로 하였으나 분량이 길어서 읍지에 수록되지 않은 작품들에 대해서도 추가했는데, 각 작품의 해설보다는 시대의 흐름에 따라 어떤 내용이 바뀌거나 추가되었는지에 초점을 맞추었다.

연구 초기의 구상과 의도가 모두 이 책에 구현되었다고 자부하기는 어렵다. 여러 읍지의 항목을 재정리하고 내용을 보충한 1차 작업에 비해 시문을 정리한 2차 작업은 아쉬운 점이 많다. 애초에 읍지와 시문은 그 위상이 같지도 않고 뚜렷하게 나눌 수도 없으므로 병렬할 수 없을지도 모른다. 그렇지만 평양에서는 지역의 성격상 읍지에 시문이 많이 수록되었고, 이를 통해 사실 정보만으로는 설명할 수 없는 지역에 대한 인식과 소소한 이야깃거리, 당시 사람들의 관심사, 평양에 대해 가지고 있는 이미지를 볼 수 있기에 읍지 간행 사이의 공백기를 보완해 보고자 읍지에 수록된 시문 가운데 평양을 언급한 여러 자료를 최대한 정리하려고 애썼다. 그러다 보니 이 책은 평양을 소재로 한 대표적인 시문을 집대성했다기보다는 읍지에 수록된 시문을 정리하는 작업의 연장선상에서 관련된 시문을 일부 정리한 결과물로 보는 것이 실제와 부합할 것이다. 또 20세기 이후 평양이 새롭게 부상하는 분위기에서 전근대와 근대 이후 평양의 도시적 구조와 관심사가 어떻게 변모하는지에 주목하여 전근대와 근대 연구가 어떻게 접점을 만들어 갈 것인가도 함께 고민해 보고 싶었다. 그런 점에서 'II. 시문편'에는 문학 연구자의 관점과 관심사가 어느 정도 녹아 있다. 부록에는 이미 발표한 논문 한 편을 재수록했는데, 〈기성도병〉의 경관과 읍지 정보를 조합할 때 새롭게 보여 줄 수 있는 것을 탐색한 내용을 담고 있기 때문에 이 책의 의도를 대변해 주리라고 생각한다.

일일이 열거할 수 없을 정도로 감사한 분들이 많다. 평양 읍지에 관심을 가질 때부터 읍지를 번역하고 일련의 논문을 작성하고 재구성하여 책으로 출판하기까지 여러 분야의 연구에서 큰 도움을 받았다. 그동안 평양 읍지를 활용해서 논문을 쓸 때마다 여러모로 조언해 주신 여러 심사위원께 각별한 마음을 가지고 있다. '평양'을 매개로 한 여러 분야의 연구자들이 함께 길을 걷는 동반자라는 생각이 들 때마다 든든한 느낌도 든다. 소장품을 통해 평양의 세부 경관을 자세하게 볼 수 있도록 도와주신 송암미술관, 서울역사박물관, 국립중앙박물관의 관계자 분들께 깊이 감사드린다. 서울대학교 규장각한국학연구원에서 추진하고 있는 21세기 신규장각 자료구축 사업의 지원을 받아 연구할 수 있었던 것을 영광스럽게 생각한다. 더불어 연구 결과물에 대해 조언과 질책을 아끼지 않은 여러 심사위원께도 감사의 말씀을 전한다.

2024년 10월

이은주

차례

표 차례

그림 차례

I. 읍지편

1. 평양 읍지 개관

평양 읍지의 편찬사를 정리할 때 가장 유용한 자료는 조선시대에 간행된 전국 여러 읍지를 판본별로 정리해 영인한 『(조선시대) 사찬읍지(私撰邑誌)』이다.[1] 이 자료는 전국의 읍지를 체계적으로 잘 정리했다는 점에서, 또 여러 기관에 소장되어 있어 실물 확인이 불편한 자료들을 영인본의 형태로 출판하여 접근성을 높였다는 점에서 매우 중요하다. 평양으로 한정해서 살펴본다면 1949년에 평안남도 초대 도지사를 지낸 김병연(金炳淵, 1896-1965)이 1964년에 간행한 『평양지(平壤志)』[2]도 염두에 두어야 한다. 이 자료는 조선시대 평양 읍지에 일제강점기에 나온 자료를 정리하고 간행 당시의 평양 상황도 추가한 것이다. 이 두 자료가 수록한 읍지는 비슷하다. 1590년 간행한 『평양지』 9권, 1837년에 간행한 『평양속지(平壤續志)』 5권, 1855년에 간행한 『평양속지』 2권을 공통적으로 수록하고 있으며, 『(조선시대)

1. 이태진·이상태 편, 『(조선시대) 사찬읍지』 45-54책(한국인문과학원, 1989).
2. 金炳淵 編, 『平壤誌』(平南民報社·古堂傳·平壤誌刊行會, 1964).

사찬읍지』에는 여기에 1905년에 간행한 『평양속지』 3권이 더 들어 있다.

그런데 이 중에서 1837년 읍지를 볼 때 유의해야 할 점이 있다. 권두에는 1730년 송인명(宋寅明, 1689-1746)의 서문이 있고 권말에는 "丁酉(1837)孟春箕營重刊"이라고 적혀 있어 1730년에 1차 정리된 자료를 바탕으로 한 5권의 읍지를 1837년에 다시 간행한 것처럼 보이지만, 실제로는 1730년에 간행한 읍지 4권[3]에 부분적으로 내용을 증보한 뒤 1권을 추가하여 총 5권으로 만든 것이다. 따라서 중복되는 내용이 많기는 해도 두 읍지 사이에는 다소 차이가 있다. 그러나 『(조선시대) 사찬읍지』와 『평양지』는 1730년 읍지를 빼고 1837년 읍지만 수록했으며, 기존의 읍지를 합권하여 전하는 자료들[4]도 마찬가지이다. 1837년 읍지에 이미 1730년 읍지가 포함되어 있으므로 중복해서 수록할 필요가 없다고 판단한 것이다.

두 자료에는 수록되지 않았지만 19세기에 나온 읍지 중에서 1892년에 간행한 『평양속지』는 새롭게 체제를 정비했고 또 분량이 많다는 점에서 반드시 보아야 할 자료이다. 이 책의 첫머리에는 남정철(南廷哲, 1840-1916)의 서문이 실려 있는데, 그는 자신이 편찬한 『평양속지』의 의의를 서술하면서 기존의 읍지를 이렇게 정리했다.

> 선조 경인년(1590) 오음(梧陰) 윤두수(尹斗壽) 공이 실로 처음 만들었다. 이후 141년이 지나 영조 경술년(1730)에, 또 108년이 지난 헌종 정유년(1837)에, 19년이 지난 철종 을묘년(1855)에 세 차례에 걸쳐 속지를 만들었다.[5]

---

3. 1730년 읍지도 서울대학교 규장각한국학연구원 소장본 『평양속지』(古 4790-1)처럼 독립적으로 존재한다.
4. 서울대학교 규장각한국학연구원에 소장된 『평양지』(奎 4885), 한국학중앙연구원 장서각에 소장된 『평양지』(K2-4326).

표 1. 1892년 이전의 평양 읍지

권수제	편자	간행 시기	구성	비고
平壤志	尹斗壽	1590	9권	
平壤續志	尹游	1730	4권	
平壤續志	-	1837	5권	1730년 읍지에 1권 추가
平壤續志	-	1855	2권	
平壤續志	南廷哲	1892	3권	

1590년에서 1892년까지 읍지는 평안도관찰사의 승인 아래 평안감영에서 간행했으므로 평안도관찰사로 와서 『평양속지』 편찬에 매진한 남정철의 언급이 가장 공신력 있을 것이다. 1892년까지 간행된 평양 읍지의 서지사항을 간단하게 정리하면 표 1과 같다.[6]

이제 1892년까지 간행된 『평양지』, 『평양속지』의 성격을 간략히 개괄하고자 한다. 1588년에 부임한 윤두수는 이전에 『연안지(延安志)』를 편찬했던 경험을 바탕으로 『평양지』의 체제를 만들었고, 이 체제는 1855년 읍지까지 이어졌다. 『평양지』는 36개 항목과 시문을 수록했는데, 윤두수의 관심사였던 『기자지(箕子志)』의 연장선상에서 제작되었다. 이뿐만 아니라 사신들의 경유지라는 지역의 특수한 장소성 덕분에 이곳에서 지은 시문이 대거 수록되었다. 1730년에 간행된 『평양속지』의 편자는 1727-1729년에 평안도관찰사로 재임했던 윤유(尹游)이다. 윤유는 윤두수의 5대손이자 선조(先祖)와 같은 직책

5. 南廷哲 編, 『平壤續志』(1892), "宣廟庚寅梧陰尹公實始剏之. 後一百四十一年而至英宗庚戌, 又一百八年而至憲宗丁酉, 十有九年而至哲宗乙卯, 凡三續焉."

6. 이은주 역주, 『평양을 담다: 역주 《평양지》·《평양속지》』(소명출판, 2016). 이 책의 「해설」에서 평양지의 계통과 서지사항을 개관했으나 1892년 『평양속지』를 발견하면서 다시 보완해야 하는 상황이 되었다. 이은주, 「평양 읍지를 어떻게 읽을 것인가」, 『한국한문학연구』 77(한국학문학회, 2020)에서 1906년 읍지까지 보완·정리하는 작업이 이루어졌다.

을 맡은 특별한 인연으로 『평양속지』 편찬에 착수했다. 시기적으로 1590년과 1730년 사이에는 전란이 있었고 임진왜란 때 평양성 전투가 매우 치열하게 전개되었으므로 이 읍지에는 전란 경험에 대한 내용이 다수 포함되었다.

1837년과 1855년 『평양속지』의 편찬자는 명시되지 않았다. 다만 두 읍지 모두 권말에 감영에서 간행했다는 간기가 있고 또 이전부터 관행적으로 읍지 편찬의 책임자가 관찰사였다는 점을 고려할 때 1835-1837년에 재임한 이기연(李紀淵)과 1853-1855년에 재임한 이경재(李景在)의 승인 아래 편찬되었으리라 추정할 수 있다.[7] 앞서 언급했듯이 1837년 읍지는 1730년 읍지에 내용을 덧붙여서 만든 것이므로 이 자료를 읽을 때는 유의해야 한다. 맨 뒤의 권5만 새로 추가한 부분처럼 보이지만 전 범위에 걸쳐 수정 및 추가된 부분이 있으므로 두 자료를 비교하는 작업이 뒤따라야 한다. 이 책에서는 항목을 정리하는 부분에서 1837년 읍지의 변화를 서술할 때 1730년 읍지와 비교하여 달라진 부분을 제시할 것이다. 1855년 읍지는 거의 대부분의 항목을 생략했고 사당과 인물 명단, 건물 중수기 등을 주축으로 내용을 구성했다.

1892년에 간행된 『평양속지』는 새로운 체제를 고민하고 구상함으로써 『평양속지』의 관행을 깼다는 점에서 의미가 크다. 항목 설정 및 배열 순서에 대해서도 고심했고 그 방식을 구체적으로 설명했다. 새롭게 추가된 항목도 주목할 만하고, 1730년 읍지 이후로 사라졌던 제영시(題詠詩)를 다시 수록했다는 점도 특기할 만한 부분이다. 이 읍지는 최근에 발굴되기도 했고, 또 여러 측면에서 주목할 점이 있으므로 이 책에서는 1892년 읍지에 대한 내용을 별도의 항목으로 서술할 것이다. 이 자료는 숭실대학교 도서관에 전질(A 915.1

---

7. 이은주 역주, 『평양을 담다: 역주《평양지》·《평양속지》』, 24면.

윤22705평임)[8]이 소장되어 있고,[9] 동일한 판본이 전기박물관(1309-1311)에 소장되어 있다. 또 고려대학교 도서관에 2권 1책의 낙질본(화산 B10 A95aA 1)이 소장되어 있다.[10] 1892년 읍지의 상당 부분이 1905년 읍지에 재수록되었음에도 불구하고 김병연이 『평양지』를 간행할 때에도, 이후에 『사찬읍지』에서 평양 읍지 자료를 영인할 때에도 누락되었는데, 어떤 이유에서 후대에 명확하게 인지되지 못했는지는 알 수 없다.

1892년 이후의 읍지 간행은 약간 복잡한 양상을 띠고 있다. 먼저 검색 가능한 자료 중에서 성격을 알 수 없는 자료가 있다. 예컨대 서울대학교 규장각한국학연구원 소장본 『평양군읍지』(奎 10923)는 맨 앞에 〈평양경내전도(平壤境內全圖)〉가 나오고 제목이 '평양군읍지(平壤郡邑誌)'이며, '창저(倉儲)'와 '학교(學校)' 항목에서 "甲午更張" 또는 "甲午以後"라는 표현이 나오므로 평양이 행정구역상 군으로 분류되었던 1895-1910년에 제작된 것으로 생각할 수 있다. 규장각 해제에서는 1899년 읍지상송령에 따라 제작한 읍지로 보고 있는데, 상황상 급하게 제작한 자료라고 해도 평양 읍지 편찬사에 넣기에는 곤란한 점이 있다. 이 자료는 '부방(部坊)'과 '영속(營屬)', '호구(戶口)'에서 내용이 달라졌고, 마지막 부분에 '광산(壙産)'을 추가했지만, 전체적으로 보면 대부분 1590년 『평양지』를 그대로 가져오거나 발췌한 수준이다. 『평양지』 4권 '고사(古事)'까지의 내용이 수록되어 있으며 그 안에서 '문과(文科)'와 '환적(宦蹟)' 항목을 제외했다. 극히 일부 대목에서 내용을 수정했지만 당시의 변화를 항목 전체에 일관되게 적용

---

8. 이 자료는 1892년에 간행되었다는 간기가 있지만 1893년 내용도 들어 있어서 이은주의 「평양 읍지를 어떻게 읽을 것인가」에서는 복각본으로 추정했다. 동일한 시기의 읍지에서 내용의 편차가 나타나는 부분에 대해서는 이은주, 「평양 읍지를 어떻게 읽을 것인가」, 125-127면 참조.

9. 일본 국회도서관에도 있는 것으로 확인된다(〈240-10〉, 〈242-10イ〉).

10. 일본 동양문고 소장본(VII-2-241)은 직접 보지 못했으나 2권 1책의 낙질본이라는 점이 동일하다.

한 것도 아니었다. 또 목판본으로 간행된 기존의 읍지와는 달리 필사한 자료이므로 감영에서 간행한 것인지도 불확실하다.

또한 '평양지'로 검색할 때 나오는 자료[11] 중에는 1897년에 간행한 국립중앙도서관 소장본 『평양지』(한古朝62-77)가 있다. 이 자료는 고마쓰 나오노신(小松直之進)을 비롯하여 총 7명의 일본인이 1590년 『평양지』에 교열과 평점 표시를 하고 뒷부분에 '임진평양기사(壬辰平壤紀事)'를 덧붙인 것이다. '임진평양기사'는 1730년 『평양속지』의 '고사' 일부를 가져온 것이므로, 이 자료는 1590년 읍지 전체와 1730년 읍지 일부를 읽고 분석한 것이다. 따라서 규장각한국학연구원 소장본 『평양군읍지』와 고마쓰 나오노신이 보평(補評)한 『평양지』는 읍지 간행의 계보에 넣기 어렵다.

대한제국 시대(1897-1910)에 간행된 읍지로는 1905년에 간행한 국립중앙도서관 소장본(古2772-4)과 1906년에 간행한 부산대학교 소장본(OMO 2-11 13)이 전해진다.

갑오경장(1894) 이후 대대적인 행정구역 개편이 이루어져 평양의 행정적 위상도 변화를 겪었다. 1895년에 8도제(道制)가 폐지되고 23부제(府制)를 신설하여 각 부에 관찰사를 두었다. 또 종래의 목(牧), 부(府), 군(郡), 현(縣)을 군(郡)으로 통일하고 군수(郡守)를 두었다. 평양부(平壤府)는 23부 안에 있었고 평양부에는 평양군을 포함하여 27개 군이 있었다. 이듬해인 1896년에 지방관제를 다시 개정하여 23부를 13도(道), 1목, 7부, 329군으로 바꾸면서 평안도는 평안남도와 평안북도로 나뉘고 평안남도에 평양부와 평양군을 비롯한 23군이 속하게 되었다. 따라서 이전까지 평안도관찰사가 평양부윤을 맡아 관찰사와 수령을 겸했던 것과는 달리, 1895년에 평안 감영이 폐

11. 주로 한국역사정보통합시스템에 구축된 자료를 검색했다. 다만 몇몇 소장 기관의 자료는 누락되어 있기 때문에 평양 읍지를 추후에 더 발굴할 가능성도 있다.

표 2. 1905년과 1906년의 평양 읍지

권수제	편자	간행 시기	구성	비고
平壤續志	李承載	1905	2책	
平壤續志	李容善	1906	1책	

지되고 평양부, 평양군이 설치되면서 여전히 평안도관찰사가 평양부윤을 겸했지만 평양군수 직책이 따로 신설되었다.[12]

1905년 『평양속지』와 1906년 『평양속지』는 모두 완질본이 아니다. 현전하는 자료 표지에는 상·중·하 3권으로 표시되어 있으나, 판심제를 보면 전자의 경우 중(中)·하일(下一)·하육(下六)만 있고 후자의 경우도 이상(二上)과 하육(下六)만 있어서, 이 자료만 가지고 전체 체제를 논의할 수 없다. 특히 1905년 읍지에 수록된 '부방(部坊), 산천(山川), 호구(戶口), 토전(土田), 토산(土産), 학교(學校), 사묘(祠墓), 병제(兵制), 도로(道路), 원정(院亭), 교량(橋梁), 나루(津口), 장시(場市), 누정(樓亭), 교방(敎坊), 불사(佛寺)' 항목(제1책)은 1892년의 읍지를 그대로 또는 발췌하여 수록했고, '고사(古事)'는 1590년에서 1892년까지 나온 '고사' 내용을 모두 수록했으므로 이전의 읍지와 비교할 때 이 읍지에서 유일하게 새로운 부분은 '갑오신속(甲午新續)' 뿐이라고 할 수 있다.[13]

게다가 이승재(李承載)는 1904년 12월 26일에 평양군수로 부임했다가 1905년 10월 6일에 체직되고 이용선(李容善)은 1905년 9월 8일

12. 1906년 읍지에는 평양군수 명단이 '庶尹' 안에 포함되어 있다.

13. 송호빈은 「『西京稗史抄畧』과 『平壤(續)誌』: 청일전쟁 관련 기록과 한문의 위치(2)」, 『대동한문학』 64(대동한문학회, 2020)에서 '갑오신속'이 『西京稗史抄畧』과 중복되는 부분이 많다는 점을 지적하고 『平壤戰記』, 『西京稗史抄畧』과 1905년 『평양속지』의 '갑오신속' 사이에 중복되는 내용을 정리했다. 이 읍지가 1892년 읍지 및 기존 읍지의 내용을 선별하여 재조합하는 성격이 강하다는 점을 고려하면 '갑오신속' 역시 『西京稗史抄畧』 같은 기존 자료를 발췌하거나 추가한 자료일 가능성이 높다.

평안남도관찰사가 되는 이 짧은 기간에 별개의 두 읍지를 간행한 것도 부자연스럽다. 이승재의 서문을 보면 1905년 봄에 기존의 읍지를 읽던 중 김선팔(金善八)과 최은성(崔殷聖)이 와서 속지를 간행하려고 한다며 서문을 써 달라는 요청을 했고,[14] 이용선의 서문을 보면 1905년 가을에 부임했을 때 김병하(金炳河)가 속지를 만들었고 서문을 청했다.[15] 1906년 읍지는 거의 인물 명단이므로 1905년 읍지와 별개로 제작된 읍지가 아니라 그 일부일 가능성도 있다. 1905년 읍지의 1책 마지막 2페이지에 이용선이 쓴 「기릉중수기적비(箕陵重修紀蹟碑)」와 「명륜당면제생진학(明倫堂勉諸生進學)」이 있다는 점도 이를 뒷받침한다. 다만 이승재와 이용선의 서문에서 속지 제작 상황을 달리 전하고 있는 점은 설명하기 어렵다. 어쨌든 이 두 자료는 전모를 알기가 어려우므로 추후에 관련 자료가 더 나온 뒤에야 구체적인 편찬 상황에 대해 재논의할 수 있을 것이다.

이상 7종의 읍지를 보면 편찬 상황과 관련하여 두 가지 특징을 도출할 수 있다. 하나는 앞서 언급했듯이 평안도관찰사가 주도하여 읍지를 제작하지만 실제로는 관찰사 주관하에 여러 사람이 자료를 정리하는 공동 작업의 형태를 띤다는 것이다. 읍지 제작에서 관찰사의 의도나 구상이 개입하는 정도는 일률적으로 말할 수 없다. 예컨대 윤두수는 『평양지』 제작에 주도적인 역할을 한 것으로 보인다. 그런데 읍지 제작은 관찰사가 관장한다고 해도 읍지의 성격상 그 지역에 대해 잘 알고 있는 지역민이 참여할 수밖에 없다. 윤유가 편찬한 읍지의 경우 지역민들의 의견이 이전보다 훨씬 더 많이 반영된 것을 확인할 수 있다. 평안도 사인(士人) 이시항(李時恒, 1672-1736)의 전언에 따르면 윤두수가 『평양지』를 만들 때 양덕록(楊德祿, 1553-1635)

---

14. 서문을 쓴 시점은 1905년 9월이었다.

15. 서문을 쓴 시점은 1906년 7월이었다.

이 박학하다는 평판을 듣고 불러서 제작에 참여하도록 했다고 하는데,[16] 18세기 평양 사인 김점(金漸, 1695-1775?)의 『서경시화(西京詩話)』에도 양덕록이 읍지를 편찬했다는 언급이 있다. 원문은 "楊悔軒德祿所撰平誌, 以續梧陰尹相作者, 特以尹總以成之耳."인데, 앞부분의 내용이 "양덕록이 『평양지』를 만들었는데 그것은 윤두수가 편찬한 읍지를 이은 것"이라면 뒷부분의 '尹'을 윤두수로 읽는 것보다는 "다만 부윤이 그것을 종합해서 책으로 만든 것"이라고 보는 것이 합리적일 것이다. 곧 윤두수의 『평양지』를 통해 읍지 제작을 경험했던 양덕록이 별도로 읍지를 편찬한 것으로 보이는데, 양덕록의 몰년을 보면 그 읍지가 1730년에 간행되었다고 보기는 어렵다. 따라서 그 이전에 작성했던 읍지 자료의 일부가 1730년에 윤유가 간행한 『평양지』에 들어간 것이 아닌가 한다. 『서경시화』에는 홍만조(洪萬朝, 1645-1725, 부임 1698)가 관찰사로 있을 때 문산(文山) 허절(許晢)에게 속지 간행을 지시하면서 허절의 차운시 「춘유부벽루(春遊浮碧樓)」를 수록하라고 했고 끝내 관철시켰다는 언급이 나오는데,[17] 이 시는 1730년 읍지에 수록되어 있다. 이렇게 보면 원문의 "總以成之"는 여러 지역 문인이 작성한 자료를 수합했다는 의미로 이해할 수 있다.[18]

---

16. 李時恒, 『和隱集』 卷7, 「悔軒楊公行狀」. "尹梧陰斗壽巡察關西, 始纂平壤志, 聞公博學好古, 邀與同修. 公旁搜博采, 贊成一部邑史, 箕都之古今事宲, 燦然可述."

17. 金漸 編, 『西京詩話』 卷1. "洪八座萬朝爲巡伯, 當勅文山續撰邑誌, 選此詩, 文山固謝不敢, 洪謂, '君詩殆勝荷谷', 卒命之." 그런데 河谷 許篈의 원시가 아니라 허절의 차운시를 수록한 것에는 또 다른 사정도 있는 듯하다. 朴致馥(1824-1894)이 쓴 「大東續樂府」의 '春遊詞'에는 허봉이 급제하기 전에 부벽루에 갔다가 술에 취한 채 이 시를 지었는데, 감사가 유락하는 상황을 극대화해서 그린 탓에 감사가 잡아갔다는 내용을 언급했다. 李重煥의 『擇里志』에는 허봉이 감사의 사위와 기생을 데리고 놀았다가 감사의 부인이 감사에게 고해 바쳐 감사가 기생을 모두 잡아 가두자 허봉이 이 시를 지어 감사를 조롱했고 이 시가 널리 퍼져서 감사가 낭패를 당했다고 했다. 원시가 감사를 겨냥해서 썼다는 설이 전하고 있었다면 실무자인 평양 사인의 입장에서 읍지에 원시를 수록하겠다고 판단하기는 쉽지 않았을 것이다.

그렇다면 19세기에 나온 장지완(張之琬)의 『기성소문록(箕城謏聞錄)』(국립중앙도서관 소장, 古2154-19)에 "傳及平壤志"라고 언급된 것이 이들 자료가 아닐까 추측된다. 전거 자료를 '전급평양지'로 제시한 부분이 1730년 『평양속지』에 표현을 약간 달리해서 수록되어 있으며, 『기성소문록』에서 '평양지'가 출전이라고 밝힌 내용은 원문 그대로 1730년 읍지에서 확인할 수 있다.

남정철은 속지 간행의 필요를 느껴 1888년 봄에 자금을 대고 사인(士人) 이응담(李應聃), 이근상(李謹相), 황석목(黃錫穆), 양학진(楊鶴鎭)에게 자료들을 모으게 했다.[19] 이와는 달리 현전하는 1837년과 1855년 읍지에는 감영의 간기는 있지만 서문이 없어 관찰사가 간행을 주도했다고 확언하기 어려운 점이 있고, 1905년의 이승재와 1906년의 이용선은 이미 자료를 만들어 온 사람들의 요청에 따라 서문을 써 준 정도였다. 대개 중앙에서 임명하는 관찰사는 행정의 운영을 위해 해당 지역에 대한 정보를 모을 필요가 있었지만 그래도 이 지역에 대해 잘 아는 사람들은 거주민이므로 이들이 실질적인 업무를 담당했다고 할 수 있다. 그러므로 읍지에는 중앙에서 파견된 지방관이 알아야 할 정보나 관심사가 반영될 수 있는 동시에 그곳에 살고 있었던 사람들의 이해관계나 그들이 중요하게 생각한 사안들이 포함될 수 있었다. 그러나 이렇게 읍지 내용을 실무자가 선별하고 정리한다고 해도 감영에서 읍지를 간행하는 이상 그 결과물을 기

---

18. 공식적으로 감영에서 읍지를 간행하는 것은 비용과 인력 면에서 상당히 부담되는 일이다. 따라서 간헐적으로 정보를 수집하는 작업을 하다가 특정 시점에 이런 자료들을 수합하고 선별해서 간행했을 것이라고 추정할 수 있다. 읍지 간행과 관련해서 참고할 만한 자료로는 『龍城誌』(1796)의 '邑誌重修時諸各廳執事' 등에서 제시한 참여 인원 명단이 있다. 이은주, 「평양인의 자기 인식: 읍지 자료를 중심으로」, 『한국문화』 94(서울대학교 규장각한국학연구원, 2021), 11면 참조.

19. 실무자의 역할을 더 크게 보는 연구도 있다. 송호빈, 「『西京稗史抄畧』과 『平壤(續)誌』: 청일전쟁 관련 기록과 한문의 위치(2)」, 214면과 216-217면.

관장인 관찰사가 승인하는 과정이 필요할 것이다. 물론 어떤 관찰사는 서문을 써 주는 정도이거나 읍지 내용에 전혀 관여하지 않을 수도 있겠지만, 읍지가 감영에서 판각되는 이상 관찰사와 전혀 무관하다고 말하기는 어려울 것이다. 이렇듯 읍지 제작에 관찰사의 관심사와 지방민의 이해관계가 얽혀 있다고 생각하면, 각 읍지가 간행 상황에 따라 관심사나 강조점에서 편차를 보이는 것은 당연한 일인지도 모른다.

읍지 편찬의 또 다른 특징은 1892년 『평양속지』에서 체제가 달라지기 전까지, 곧 1855년까지 관행적으로 1590년 『평양지』를 모범으로 삼아 분류 항목을 그대로 따랐고 반복되는 내용은 "이전 읍지에 상세하게 서술했음(詳舊志)"이라고 표기하여 생략하되 이전과 달라졌거나 특기할 내용만 추가하는 방식이었다는 점이다. 그런데 항상 기존 읍지 이후의 상황을 추가하는 방식으로만 제작된 것은 아니며, 관행적으로 이전 읍지의 내용을 그대로 가져오는 일도 있고 이전 읍지에 들어갔어야 했던 내용이 누락되었다고 생각해서 추가하는 경우도 있다. 그러므로 크게 보면 각각의 속지는 자기 완결적인 형태가 아니라 이전의 읍지와 함께 봐야만 그 전모를 확인할 수 있다. 이 점은 달라지는 내용만 추가한다는 점에서 효율적이지만, 다른 한편으로는 기존 읍지 내용을 재수록한 경우 후속 읍지에서 수정하거나 추가한 내용을 명확하게 알아차리기 어렵다는 한계가 있다.

일제강점기에는 다시 지방관제에 변화가 있었지만 13도제는 유지되었다. 평안남도는 평양부와 진남포부(鎭南浦府) 2개 부와 14개 군이 있었고, 조선총독부지방관관제에 따라 도의 장관은 관찰사에서 도장관(道長官)으로, 1919년에 다시 도지사(道知事)로 바뀌었다.

1964년에 김병연이 간행한 『평양지』에서는 일제강점기 평양부의 상황을 정리하면서 참고 자료로 『평양요람(平壤要覽)』(1909), 『평양부세일반(平壤府勢一班)』(1923), 『평양부사정요람(平壤府事情要覽)』

(1923), 『지방행정구역명칭일람(地方行政區域名稱一覽)』(1932), 『시정이십오년사(施政二十五年史)』(1935), 『평양지(平壤誌)』(1936), 『조선도읍대관(朝鮮都邑大觀)』(1937), 『한국사연표(韓國史年表)』(1959), 『삼일독립운동사(三·一獨立運動史)』(1960), 『대한예수교장로회총회오십주년약사(大韓예수교長老會總會五十週年略史)』(1962)를 제시했다. 이 중에서 『평양부세일반』과 『평양부사정요람』은 평양부에서 편찬한 자료이고, 1936년에 간행된 『평양지』는 장도빈(張道斌, 1888-1963)이 쓴 것이다.

1892년 이후에 제작된 읍지를 일목요연하게 정리하기 어려운 이유는 현전하는 자료가 불완전하거나 소략한 점도 있지만, 일제강점기에 일본인이 행정 관료가 되면서 읍지 편찬을 이원화한 점에서도 찾을 수 있다. 평양부에서 편찬하거나 평양부가 관여한 저작들은 주로 일본인들의 행정 운영이나 관심사, 일본 학자들의 연구를 바탕에 두었고 일본어로 작성되었다. 한편 평양 거주민도 민간에서 따로 읍지를 제작했다. 20세기 전반기에 제작되어 현전하는 읍지들을 정리하면 표 3과 같다.

『평양전지(平壤全誌)』는 1927년에 평양상업회의소(平壤商業會議所)에서 간행되었고, 따라서 간행의 책임자는 평양사업회의소 회두(會頭) 우치다 로쿠오(內田錄雄)였을 것이다. 권두에 가장 먼저 평안남도

표 3. 20세기 전반기의 평양 읍지

권수제	편자	간행 시기	구성	발행처
平壤全誌	內田錄雄	1927	2책	平壤: 平壤商業會議所
平壤小誌	平安南道	1933	1책	京城: 朝鮮印刷株式會社
平壤大誌	盧元熲	1934	1책	平壤: 衛生彙報社
平壤小誌	平壤府	1934	1책	京城: 朝鮮印刷株式會社
平壤誌	張道斌	1936	1책	文明社 또는 平壤商工社
平壤小誌	平安南道	1936	1책	平壤: 脇坂印刷所
平壤小誌	平壤府	1938	1책	平壤: 脇坂印刷所

지사인 아오키 가이조(青木戒三)의 서문을 수록했지만, 권두 사진에는 평양부윤인 마쓰이 신스케(松井信助)와 우치다 로쿠오의 사진을 나란히 실었다.

1934년에 간행된 노원경(盧元熲)의 『평양대지(平壤大誌)』는 조선시대에 편찬된 읍지의 전통을 잇는다는 점에서 주목할 만한 자료이다. 이 자료는 1990년 '한국지리풍속지총서(韓國地理風俗誌叢書)' 영인본으로 제작될 때 『평양소지(平壤小誌)』와 함께 묶였고 제목도 '대지(大誌)'와 '소지(小誌)'여서 이 두 책이 어떤 관련성이 있다고 생각할 수 있다. 그러나 몇 가지 점에서 이 두 책은 나란히 볼 수 없다. 『평양대지』는 최창환(崔晶煥)의 서문에 따르면 노원경이 주도하고 김종만(金鐘萬)과 홍재운(洪在雲)이 참여하여 만든 읍지이며, 1934년 평양에 있는 위생휘보사(衛生彙報社)에서 간행했고[20] 한글이 일부 포함된 순한문체이다. 반면 『평양소지』는 1933년, 1934년, 1936년, 1938년에 간행된 자료가 남아 전해지는데 내용은 대동소이하며, 대부분 일본 학자들의 논저에 근거하여 간행한 관찬서이고 일본어로 작성되어 있다. '평안남도' 또는 '평양부'에서 간행했으므로 간행 책임자는 평안남도 장관 또는 평양부윤일 것이다. 『평양소지』 뒷부분에 이 책을 설명하면서 쓴 "다만 간략한 것을 취지로 했기 때문에"[21] 라는 구절로 볼 때 '소지'는 최대한 요점만 정리했다는 뜻으로 읽을 수 있다. 반면에 『평양대지』의 범례에는 "구지와 속지를 합하되 누락 없이 다 수록하였다"[22]고 명시했으므로 '대지'는 최대한 이전 자

---

20. 『평양대지』로 유통되는 책 중에는 판권지가 없는 경우도 있다. 현재 『평양대지』를 소장한 여러 도서관에서는 출판 연도는 1934년, 출판사는 衛生彙報社라는 간행 정보를 제공하고 있다.

21. 『평양소지』의 69면에는 별도의 표기 없이 이 책에 대한 설명이 있다. "たゞ簡單ならんことを旨としたため却て要を逸した處が多いと思ふ." 그런데 이것은 1927년에 간행된 『平壤全誌』를 염두에 둔 표현으로 볼 수도 있다.

료를 집대성했다는 의미인 것으로 보인다.

조선시대에 간행된 여러 읍지 자료를 모아 정리했다는 점에서, 또 자기 고장에 대한 자의식이 강하게 나타난다는 점에서 『평양대지』는 『평양소지』보다 1936년에 간행된 장도빈의 『평양지』와 더 친연성이 있다. 『평양지』의 「자서(自序)」에서 "平壤原誌, 續誌 等을 閱하야 그 大要를 收하고 乍群書를 對照하며 古蹟을 審査하야 本書를 成하니"를 보면 이전의 평양 읍지를 상당 부분 참고했음을 알 수 있다. 다만 이 두 책은 구성과 내용에서 차이가 있는데, 『평양지』와 비교해 볼 때 『평양대지』의 경우 시문(詩文)과 관련 잡록(雜錄)을 수록했다는 점에서 이전의 읍지 체제와 더 유사하다고 볼 수 있다. 『평양대지』에 시문과 관련 일화들을 수록한 것은 기존의 읍지가 평안도인의 존재감을 거의 부각시키지 못했다는 문제의식에서 비롯된 것이다.[23] 특히 평양은 사행로에 위치해 있어 사신들이 머무는 장소였기 때문에 관례적으로 평양에 체류하는 동안 이들이 지은 시문을 읍지에 수록했다는 점이 특징적이다. 그러다 보니 평양민들은 평양 읍지에 지역민의 존재감이 거의 없다고 느꼈던 것이다. 다만 전체적으로 봤을 때 『평양대지』에서 당시 상황을 서술한 부분은 대부분 『평양전지』에서 가져온 내용이다.

그런데 이 시기에 평양 인사들이 주축이 되어 1934년에 『평양대지』를, 1936년에 『평양지』를 편찬한 상황을 더 들여다볼 필요가 있다. 앞서 언급했듯이 평양 읍지는 조선시대에는 감영의 관찰사가 편찬 책임자로서 읍지 간행을 주도했는데 1895년 행정 관제가 개편되

22. 盧元熲 編, 『平壤大誌』, 「凡例」. "本誌合舊誌續誌無漏統載, 而其於江山樓臺所題之詩文因其太繁稍加省減."

23. 盧元熲 編, 『平壤大誌』, 「凡例」. "古詩所載之詩文, 全屬於華使之作朝宦之題, 而本邦人之所題詠者闕而不載. 事涉於自貶, 是雖由於古人謙抑之意, 其所自貶者豈人之情哉. 玆敢拾遺本邦之作並錄焉."

면서 평양과 지방관의 위상에 여러 변화가 생겨났다. 시간이 지나면서 관할 지역이 평안도 전역에서 평안남도로 축소되기도 했지만 무엇보다도 가장 큰 변화는 1910년을 기점으로 평양의 행정권자가 일본인으로 바뀜으로써[24] 평양부에서 간여하는 관찬 읍지를 일본인이 중심이 되어 제작했다는 것이다.

『평양전지』에서도 평양부와의 관련성을 엿볼 수 있지만 『평양소지』는 평양부에서 간행한 읍지로 대부분 일본 학자들의 논저에 근거한 내용이었다. 평양부가 관여한 『평양전지』와 『평양소지』는 모두 일본어로 작성된 읍지였으므로, 평양민들은 이제 아예 읍지 제작에 참여할 수 없는 입장이 되었다. 조선시대에는 관찰사가 중심이 되어 읍지를 편찬한다고 해도 평양 인사들이 실무진으로서 어떤 식으로든 참여할 수 있었지만, 이 시기에는 관찬 읍지의 제작에 참여하는 것이 불가능했기 때문에 민간에서 별도로 읍지를 제작한 것이다. 다만 1920년대 이후에 제작된 읍지는 급격한 사회 변화를 담고 있기 때문에 이전의 읍지 체제와 크게 달라졌다.

이후의 읍지로 1957년에 평양향토사편집위원회에서 만든 『평양지』와 이미 여러 차례 언급한 김병연의 『평양지』가 있지만, 여기에서는 필요에 따라 참고했을 뿐 논의 대상에는 포함시키지 않았다.[25]

읍지 구성으로 볼 때 1590년에서 1906년까지의 읍지는 유사한 계열로 볼 수 있으므로 항목별로 수록 여부를 다음과 같이 간략하게 정리했다(표 4 참조).

---

24. 『평양대지』에서는 1910년에 평안남도 장관으로 취임한 마쓰나가 다케키치(松永武吉)를 '관찰사' 명단에, 1912년에 평양부윤이 된 아키모노 도요노신(秋本豊之進)을 '서윤' 명단에 수록했다.

25. 평양에서 나온 『평양지』는 해방 전후 평양의 상황을 북한 체제의 관점으로 서술했다. 김병연이 엮은 『평양지』는 기존 읍지의 영인본이 대부분이고 일제강점기와 해방 이후 북한의 상황을 소략하게 다루었다. 두 자료 모두 이전 읍지의 맥락으로 함께 설명하기 어려웠다.

표 4. 역대 평양 읍지의 수록 항목

<table>
<tr><th>항목</th><th>1590년</th><th>1730년</th><th>1837년</th><th>1855년</th><th>1892년</th><th>1905년</th><th>1906년</th></tr>
<tr><td>疆域</td><td>○</td><td>–</td><td>–</td><td>–</td><td>○</td><td>–</td><td>–</td></tr>
<tr><td>分野</td><td>○</td><td>–</td><td>–</td><td>–</td><td rowspan="2">道路
津口
場市
學行</td><td>–</td><td>–</td></tr>
<tr><td>沿革</td><td>○</td><td>○</td><td>○</td><td>○</td><td>–</td><td>–</td></tr>
<tr><td>城池</td><td>○</td><td>○</td><td>○</td><td>–</td><td>○</td><td>–</td><td>–</td></tr>
<tr><td>部坊</td><td>○</td><td>○</td><td>○</td><td>–</td><td>○</td><td>–*</td><td>–</td></tr>
<tr><td>郡名</td><td>○</td><td>–</td><td>–</td><td>–</td><td>○</td><td>–</td><td>–</td></tr>
<tr><td>風俗</td><td>○</td><td>○</td><td>○</td><td>–</td><td>○</td><td>–</td><td>–</td></tr>
<tr><td>形勝</td><td>○</td><td>–</td><td>–</td><td>–</td><td>○</td><td>–</td><td>–</td></tr>
<tr><td>山川</td><td>○</td><td>○</td><td>○</td><td>–</td><td>○</td><td>–</td><td>–</td></tr>
<tr><td>樓亭</td><td>○</td><td>○</td><td>○</td><td>–</td><td>○</td><td>–</td><td>–</td></tr>
<tr><td>祠墓</td><td>○</td><td>○</td><td>–</td><td>祠宇</td><td>陵墓
祠宇
(祠宇補)</td><td>–</td><td>–</td></tr>
<tr><td>公署</td><td>○</td><td>○</td><td>○</td><td>–</td><td>○
官制</td><td>–</td><td>–</td></tr>
<tr><td>倉儲</td><td>○</td><td>○</td><td>○</td><td>–</td><td>○</td><td>–</td><td>–</td></tr>
<tr><td>學校</td><td>○</td><td>○</td><td>○</td><td>–</td><td>○</td><td>–</td><td>–</td></tr>
<tr><td>古蹟</td><td>○</td><td>○</td><td>○</td><td>–</td><td>○</td><td>–</td><td>–</td></tr>
<tr><td>職役</td><td>○</td><td>○</td><td>○</td><td>–</td><td>○</td><td>–</td><td>–</td></tr>
<tr><td>兵制</td><td>○</td><td>○</td><td>○</td><td>–</td><td>○</td><td>–</td><td>–</td></tr>
<tr><td>驛遞</td><td>○</td><td>○</td><td>–</td><td>–</td><td>○</td><td>–</td><td>–</td></tr>
<tr><td>橋梁</td><td>○</td><td>–</td><td>–</td><td>–</td><td>○</td><td>–</td><td>–</td></tr>
<tr><td>土産</td><td>○</td><td>–</td><td>–*</td><td>–</td><td>○</td><td>–</td><td>–</td></tr>
<tr><td>土田</td><td>○</td><td>○</td><td>–</td><td>–</td><td>○</td><td>–</td><td>–</td></tr>
<tr><td>貢賦</td><td>○</td><td>○</td><td>–</td><td>–</td><td>○</td><td>–</td><td>–</td></tr>
<tr><td>教坊</td><td>○</td><td>○</td><td>–</td><td>–</td><td>○</td><td>–</td><td>–</td></tr>
<tr><td>院亭</td><td>○</td><td>○</td><td>–</td><td>–</td><td>○</td><td>–</td><td>–</td></tr>
<tr><td>寺宇</td><td>○</td><td>佛寺</td><td>–</td><td>–</td><td>佛寺</td><td>–</td><td>–</td></tr>
</table>

표 4. 역대 평양 읍지의 수록 항목(계속)

<table>
<tr><th>항목</th><th>1590년</th><th>1730년</th><th>1837년</th><th>1855년</th><th>1892년</th><th>1905년</th><th>1906년</th></tr>
<tr><td>戶口</td><td>○</td><td>○</td><td>-*</td><td>○</td><td>○</td><td>-</td><td>-</td></tr>
<tr><td>人物</td><td>○</td><td>○</td><td>-</td><td>-</td><td>○</td><td>-</td><td>文垣 筆家</td></tr>
<tr><td>孝烈</td><td>○</td><td>○</td><td>○</td><td>○
補遺</td><td>○</td><td>-</td><td>-</td></tr>
<tr><td>文科</td><td>○</td><td rowspan="4">科貢(文科, 武科, 蔭仕, 崇仁殿監, 武南, 司馬)</td><td>○</td><td>○</td><td>○</td><td>-</td><td>-</td></tr>
<tr><td rowspan="2">武職</td><td rowspan="2">○</td><td>○</td><td rowspan="2">○
別將</td><td rowspan="2">○
武科</td><td rowspan="2">-</td><td rowspan="2">-</td></tr>
<tr><td>辛壬軍功秩</td></tr>
<tr><td>蓮榜</td><td>○</td><td>○
武烈祠參奉</td><td>○</td><td>蔭仕
老職
贈職
蓮榜
武南
武參</td><td>-</td><td>○</td></tr>
<tr><td>宦蹟</td><td>○</td><td>○</td><td>○</td><td>○</td><td>○</td><td>-</td><td>○</td></tr>
<tr><td>古事</td><td>○</td><td>○</td><td>○</td><td>事蹟</td><td>○</td><td>○
甲午新續</td><td>-</td></tr>
<tr><td>文談</td><td>○</td><td>○</td><td>○</td><td>-</td><td>-</td><td>-</td><td>-</td></tr>
<tr><td>神異</td><td>○</td><td>○</td><td>○</td><td>○</td><td>○</td><td>-</td><td>-</td></tr>
<tr><td>雜志</td><td>○</td><td>○</td><td>○</td><td>-</td><td>○</td><td>-</td><td>-</td></tr>
<tr><td>詩文</td><td>○</td><td>○</td><td>○</td><td>○</td><td>○
(詩, 文, 序, 記, 上梁, 賦)</td><td>-</td><td>-</td></tr>
</table>

주: 1) 항목이 삭제된 경우 또는 이전 읍지와 중복될 경우에 -로 표시했다.
2) 1837년 읍지의 경우 추가한 내용이 있으면 ○로 표시했다.
3) -* 표시의 경우에 본문은 이전 읍지 그대로이고 주석으로 내용을 추가한 것이다.
4) 1892년 읍지는 순서를 고려하지 않았고, 없어진 항목에 새로 만든 항목을 넣었다.

1590년 읍지는 총 9권으로 이루어져 있다. 권1에는 '강역, 분야, 연혁, 성지, 부방, 군명, 풍속, 형승, 산천, 누정, 사묘, 공서, 창저', 권2에는 '학교, 고적, 직역, 병제, 역체, 교량, 토산, 토전', 권3에는 '공부, 교방, 원정, 사우, 호구, 인물, 효열, 문과, 무직, 연방, 환적',

권4에는 '고사', 권5에는 '문담, 신이, 잡지', 권6-8에는 '시', 권9에는 '문'이 실려 있다. 1730년 읍지는 1590년 읍지의 항목 순서를 유지하면서 총 4권으로 구성되었다. 권1-2에 '강역'에서 '고사'까지 모든 항목이 실려 있고, 권3에 '문담, 신이, 잡지, 시', 권4에 '문'이 실려 있다. 1837년 읍지는 부분적인 수정을 하긴 했지만 크게 보면 1730년 읍지에 권5를 두어 '문'을 추가한 정도였고, 1855년 읍지는 항목 대부분을 생략한 채로 권1에 '호구, 사우, 효열, 보유(補遺)(道先生生祠位次), 연혁, 사적, 신이, 문과, 무직, 별장, 음사, 무열사참봉, 연방, 환적', 권2에 '문'을 수록했다. 1892년 읍지는 총 3권으로 이루어져 있다. 상권에 '군명, 강역, 관제, 공서, 직역, 성지, 부방, 형승, 산천, 고적, 호구, 토전, 토산, 공부, 창저, 학교, 풍속, 능묘, 사우, 병제, 역체, 도로, 원정, 교량, 나루, 장시, 누정, 교방, 불사, 인물, 학행, 효열, 문과, 음사, 노직, 증직, 연방, 무직, 무남, 무참, 무과'가, 중권에 '사우보(祠宇補), 환적, 고사, 신이, 잡지, 시, 문', 하권에 '문'이 실려 있다. 1905년과 1906년 읍지는 현재로서는 전질을 확인할 수 없으므로 체제에 대해 말할 수 없다.

2. 1892년 『평양속지』의 성격과 특징[26]

읍지 편찬은 지역에 대한 정보를 모으는 작업이기 때문에 결과물의

---

26. 이 원고에 대한 심사서에서 1892년 『평양속지』의 내용을 1장에 통합적으로 서술하는 것이 전체 구성으로 볼 때 좋겠다는 조언을 받았고 타당한 내용이라고 생각한다. 다만 1892년 『평양속지』 완질본의 국내 소장처는 필자가 알기로는 숭실대학교 도서관과 전기박물관밖에 없다(국외에는 일본 국립국회도서관에 소장되어 있다). 이 자료가 영인본으로 간행될 수 있다면 가장 좋겠지만 아직 그 가능성이 높지 않은 만큼 2절에서 이 자료를 최대한 소개하고자 하였다.

분량이 적더라도 여러 사람이 참여하게 된다. 그중에는 중앙에서 임명된 관찰사 같은 지방관도 있고, 관련 자료의 입수 경로를 잘 알고 있는 지역민도 있을 것이다. 지방관은 해당 지역을 관할하는 인물인 만큼 행정이나 운영과 관련된 정보를 구축하는 것을 목표로 삼는 반면 지역민은 읍지에 자기 지역에 대한 자부심이나 지역 출신 인사를 현양(顯揚)하는 내용으로써 지역의 위상을 높이고자 할 것이다. 어떻게 보면 읍지 편찬은 이들이 원하는 것을 실현할 수 있는 장이지만, 그렇기 때문에 하나의 읍지 안에서도 일관되지 않거나 상충되는 내용이 공존하게 된다.

예컨대 1590년 읍지에 비해 1730년 읍지에서는 지역민의 존재감이 확연하게 눈에 띈다. 즉, 양덕록 같은 이 지역 사인들이 지속적으로 등장한다거나 시 마지막 부분에 수록한 작품이 허절의 장편시 「춘유부벽루」인 점도 이채롭다. 또 기자정 동쪽에서 발견한 거울에 대한 설명도 읍지 전체로 보면 일관되지 않다. '문담(文談)'에서는 '東王'이라는 글자가 있는 이 거울을 당시 사람들이 모두 기자의 거울이라고 생각했고 참봉 양덕록도 그렇게 생각했다. 그러나 이 읍지 전반부 '고적(古蹟)'에서는 '東王'이 예서로 쓰여 있으며 이는 기자 때 글자가 아니므로 '동왕'은 동명왕을 가리킨다는 이정귀(李廷龜)의 해석이 수록되어 있다. 이런 점들은 읍지가 하나의 관점에서 일관적으로 서술한 저서가 아니라 그 지역의 이슈와 관련된 여러 자료를 종합한다는 성격 때문에 발생한다. 다른 한편으로 이 대목은 지역민과 비지역민의 시선을 보여 주는 것이기도 하다.

이런 맥락에서 볼 때 1837년과 1855년 읍지에서는 나름대로 강조하는 측면이 있지만, 읍지에 그 편찬의 책임자인 지방관과 실무자인 지역민들의 이해관계가 충돌된다고 보기는 어렵다. 1837년 읍지에서는 1730년 읍지 내용 중에서 변모된 사항들을 부분적으로 보충하거나 수정하고 권5에 산문을 수록했다. 권5 산문에 기자묘 및 기자 관련 내용이 다수 수록되어 있는데, 기자는 사행길에 평양을 방문하는 중국 사신들의 주된 관심사이기도 했지만, 지방관과 지역 사인에게도 유의미한 존재였다. 이들은 외성의 정전과 인현서원을 관련지었다. 지방관은 학문 진흥이라는 임무를 수행해야 했고 지역 사인들은 기자의 유풍을 간직한 지역 출신이라는 점이 유리했기 때문이었다.[27] 1837년 읍지의 '고사(古事)'에 추가된 사건 중에는 1811년 홍경래의 난이 있지만 앞서 1590년 읍지에서 묘청의 난을 서술한 것에 비하면 상당히 소략하다.[28] 1855년 읍지에는 그간 일어났던 변화를 일정 부분 반영했지만 사우와 관찰사 위패의 명단과 함께 '별장(別將)', '무열사참봉(武烈祠參奉)'처럼 지역민의 명단이 추가되었고 권2에 수록된 산문도 대개는 관찰사의 글이지만, 마지막에 수록된 선우집(鮮于鏶)의 「사영영당기적비문(思穎影堂紀蹟碑文)」처럼 지역민이 쓴 글도 있었다.

이에 비해 1892년 읍지의 경우에는 관찰사 남정철의 의욕이 엿보인다. 남정철은 1885년에 평안감사에 제수되었고 1887년에 민영준(閔泳駿)이 평안감사에 제수되자 1888년 2월에 감영을 떠났다. 이때 남정철은 읍지 작업을 완수하지 못한 채 떠나야 하는 상황이라 서문을 썼는데, 그중에 이런 구절이 있다.

> 경술년(1730) 속지의 경우, 세밀하고 구체적인 점은 경인년(1590) 읍지에 미치지 못했으니 이미 원지의 뜻을 잇지 못했다는 점에서 안타까웠다. 정유년(1837)과 을묘년(1855) 읍지는 경술년 읍지와 비교하면 또 천지

27. 이은주, 「조선시대 평양의 역사 명소와 관심사의 변화」, 『한국고지도연구』 14권 2호(한국고지도연구학회, 2022), 14-16면 참조.

28. 그 이유로는 홍경래의 난이 정주성을 중심으로 한 청천강 이북 지역에서 일어나 평양과 직접적인 관련이 없다는 점과 1837년 읍지가 대체로 간략하게 서술되었다는 점을 생각해 볼 수 있다.

> 차이이다. 그리고 지금은 을묘년에서 또 31년이 지났다. 그 뜻을 계승하지도 않고 닦아 나아가지도 않는다면 어찌 '후인'이라 할 수 있겠는가. 이에 무자년(1888) 봄에 자금 10만을 내어 사인 이응담, 이근상, 황석목, 양학진 군에게 주어 잘 알려지지 않은 글과 사건, 그 밖에 기록할 만한 옛일을 모으게 하여 을묘년 이후의 속지 몇 권으로 만드는 작업을 이미 시작했다. 그런데 내가 마침 관찰사 임기를 마치고 돌아가게 되어 끝내 그 일을 도와줄 수 없게 되었다. 그러나 이 사람들은 진실로 열정이 있고 성실하기에 내가 떠났다고 해서 분명히 중간에 그만두지는 않을 것이다. 그래서 나는 윤두수 공이 처음 시작한 그 뜻을 저버리지 않았으므로 곧 떠날 수 있겠도다.[29]

이렇게 볼 때 남정철이 읍지의 전체 틀을 마련했다고 볼 수 있다. 남정철은 윤두수가 편찬한 1590년 읍지처럼 제반 사항을 갖춘 상세한 읍지를 만들겠다는 의지로 지방 사인들에게 실무를 맡겼다. 그러나 그는 떠나는 상황이었기 때문에 읍지가 완성되는 것을 보지는 못했지만 1892년 읍지 체제는 남정철이 원했던 것처럼 1590년 읍지 이후에 제작된 속지 중에서는 가장 분량이 많다.

최대한 자료를 모아 선별하여 수록한 것은 위의 네 사람이 한 일이지만 최소한 이 읍지의 「범례」까지는 남정철이 어느 정도 관여했을 것이다. 1892년 읍지는 분량이 많다는 특징도 있지만, 이전의 읍지가 1590년 읍지의 체제를 거의 따랐던 것과는 달리 체제 변화를 시도했다는 점에서 획기적이다. 이 읍지의 「범례」는 세 항목으로 구성

29. 南廷哲, 『平壤續志』, 「平壤續志序」. "余觀庚戌續志, 其詳密纖備不及庚寅之誌, 已有權輿不承之歎. 丁酉乙卯兩志, 較諸庚戌, 又不啻霄淵, 而今距乙卯又三十有一年矣, 不繼不修謂後人何. 乃以戊子之春劃捐錢鈔十萬, 畀士人李君應聃李君謹相黃君錫穆楊君鶴鎭, 綱羅遺文軼事及其他故實可紀者, 爲乙卯以後續志, 凡若干卷, 旣經始矣, 而余適納節以歸, 未克遂相其役. 然此數君皆篤實君子, 必不以我爲旣去而不潰于成也. 則余所以無負乎尹公創始之意者, 行有日矣夫."

되어 있는데, 이 부분에서 읍지의 체제와 항목의 변화를 예고했다.

> 하나. 원지의 항목에 미처 구비되지 못한 경우(예를 들어 '학행', '관제', '도리', '장시'의 경우)나 순서에 착오가 있는 경우(예를 들어 '군명'이 '부방'의 아래에 있고 '토전'이 '토산'의 아래에 있고 '호구'가 '사우'의 아래에 있는 경우)가 있으므로, 구비되지 못한 경우에는 따로 항목을 세워서 보충했고 순서가 뒤바뀐 경우에는 순서를 바꾸어 바로잡았다.
>
> 하나. 원지의 각 항목 아래에는 모두 설명이 있는데, 속지에서 이것을 뺀 이유는 같은 것을 중복한다는 문제를 우려해서이다. 그러나 이 읍지에서 새롭게 추가한 항목과 기존 항목이지만 내용이 다른 경우에는 반드시 아래에 설명을 붙여 놓았다.
>
> 하나. 사건을 서술할 때는 반드시 연도를 기록했는데, 사건이 너무 예전의 일일 때는 먼저 왕의 묘호를 썼고 그다음에 연도를 기록했다. 사건이 지금 주상 이후의 일일 때는 연도만 썼다.[30]

곧 새로 읍지를 제작할 때 1590년 읍지를 모범으로 삼아 최대한 이에 가까운 모습으로 만들면서도 그중에서 문제가 있는 부분은 수정하겠다는 것인데, 원지처럼 제작하려고 할 때 가장 문제가 되었던 것은 항목이었다. 19세기 후반의 현황을 분류하여 수록하기에 원지의 항목은 부족했으므로 항목의 신설이 불가피했다. 항목의 위상에 순서가 맞지 않은 점도 있었으므로 순서의 조정 및 수정이 필요했던 것이다. 따라서 필요하다면 원지처럼 항목에 대한 설명도 보충하겠

30. 南廷哲, 『平壤續志』 上, 「凡例」. "一. 原志之目, 或有未備者(如學行官制道里場市之類), 或有錯編者(如郡名在部坊之下, 土田在土産之下, 戶口在寺宇之下之類), 故未備者別爲立目而補之, 錯編者易其序次而正之. 一. 舊志各條下皆有書題, 而續志之不繁者, 慮其有重複雷同之嫌, 而今於新增條及仍舊條而紀實不同者, 則必繁書題于下. 一. 紀事必紀年, 而事在年久者, 先書國朝廟號, 繼書某年, 事在當宁以下者, 只書某年."

다는 뜻을 밝히고 있다. 「범례」 뒤에는 항목의 순서를 재배치할 때 어떤 원칙에 따랐는지를 설명하는 「조목서차설(條目序次說)」이 제시되어 있다. 다소 길지만 읍지의 성격을 단적으로 보여 주기 때문에 전문을 제시한다.

> 항목의 순서는 앞의 내용을 가져와 뒤의 내용에 연결시켰다. 이에 따라 읍이 있어야 읍지가 있으므로 특별히 '군명'을 맨 앞에 두었다. 읍이 있어야 어디에서 어디까지의 경계가 생기므로 그다음에 '강역'을 두었다. 이미 군이 있고 경계가 정해지면 관직을 두어 정사의 핵심으로 삼아야 하므로 그다음에 '관제'를 두었다. 관장이 있으면 명령을 내리고 정사를 할 때 있을 곳이 필요하다. 그래서 그다음에 '공서'를 두었다. 공서가 있으면 자기 직분에 맞게 명령을 받들어 직무를 수행한다. 그래서 그다음에 '직역'을 두었다. 정사를 수행할 방편이 갖추어지면 방어가 중요하다. 그래서 그다음에 '성지'를 두었다. 성지가 정해지면 각 구역이 마치 수레의 바퀴통에 바큇살이 모이듯이 둘러싸므로 그다음에 '부방'을 두었다. 군의 관서와 구역은 모두 지리에 따라 만들어진다. 그래서 그다음에 '형승'과 '산천'을 두었다. 산천이 뛰어난 곳은 일찍이 성인이 돌아가며 도읍지로 삼았으므로 볼만한 유적이 있을 것이다. 그래서 그다음으로 '고적'을 두었다. 지역이 참으로 아름답다면 그 땅에 있는 것 중에서는 백성이 가장 귀할 것이다. 백성이 나라의 근본이 되므로 그다음에 '호구'를 두었다. 호구가 있으면 근본은 농사에 있고 농사는 토질에 달려 있으므로 그다음에 '토전'을 두었다. 땅이 있으면 산물이 있으므로 그다음에 '토산'을 두었다. 땅에서 난 것은 임금께 바치는 것을 급선무로 삼아야 하므로 그다음에 '공부'를 두었다. 공납이 바르게 된 뒤에는 전쟁과 흉년에 대비하기 위해 비축에 힘써야 하므로 그다음에 '창저'를 두었다. 창고가 넉넉해진 뒤에는 교육을 해야 하므로 그다음에 '학교'를 두었다. 학교가 만들어지면 풍속을 바꿀 수 있으므로 그다음에 '풍속'을 두었다. 풍속이 아름다우면 성현을 높이는 예를 알게 될 것이므로 그다음에

'능묘'와 '사우'를 두었다. 예교가 밝혀지면 태평성세가 될 것이나 어찌 위기를 잊을 수 있겠는가. 그래서 그다음에 '병제'를 두었다. 군사의 일은 위급할 때를 대비해야 하므로 소식을 알리고 명령을 전할 때 신속해야 한다. 그래서 그다음에 '역체'와 '역로'를 두었다. 큰 도로는 그 정비 또한 군읍의 큰 업무에 해당한다. 그래서 그다음에 '도로'를 두었다. 도로는 상인들이 두루 다녀야 화폐가 유통되고 백성 또한 여기에 의지해 살 수 있다. 그래서 그다음에 '장시'를 두었다. 시장에 이익으로 인한 다툼이 없고 거리에 즐거운 노래가 들리면 천하가 즐거워하고, 여기에 이르면 자기가 즐거워하는 것이 거의 이루어질 것이다. 또 유명하고 높은 누대는 풍류를 누리는 장소이므로 그다음에 '누정'과 '교방'을 두었다. 누정은 사찰과 비슷한 부류이므로 그다음에 '사우'를 두었다. 성지의 문루, 산천의 섬들, 지당, 기암, 정천, 토전 중 평야의 조세, 능묘의 제단, 병제의 봉수와 해망, 도로의 원정, 나루, 교량은 모두 해당되는 부류에 따라 상위 항목에 부기했다. 제반 항목은 모두 지역 내에 유명한 것들을 찾아 수록했으니 하물며 지령(地靈)이 모인 인물은 어떻겠는가. 인물은 중요하여 진실로 다른 항목들과 병렬할 수 없다. 그래서 '인물' 표지 아래에 하위 분류를 했다. 사람이 귀하게 여기는 것은 사람의 도를 다하는 것이며, 사람의 도를 다하는 것으로는 학문이 최고이다. 그래서 먼저 '학행'을 두었다. 행동이 독실하고 공손한 다음에 모든 행위의 원천으로는 효도가 제일이다. 그래서 그다음에 '효열'을 두었다. 충신은 반드시 효자 가문에서 얻어야 하는데 임금을 섬기러 벼슬길에 오르려면 반드시 과거를 거쳐야 한다. 그래서 그다음에 '문음', '무관', '생진'을 두었다. '노직'과 '증직'은 높은 덕행이나 죽은 뒤 높은 공로에 따른 것이다. 충과 효를 가르쳐서 성공하는 길로 나아가면 높은 자리에 있으면서 백성을 교화시키고 좋은 풍속을 이루게 한다. 교화를 남기고 선정을 베풀면 떠나가도 (백성들이) 더욱 (그 선정을) 읊조리게 되니 그다음에 '환적'을 두었다. 눈으로 보고 감회를 읊은 것을 '유적', 귀로 들은 것을 전하는 것을 '사건'이라고 하는데, 사건은 오래되면 일실될까 두려우므로 그다음에 '고사'

를 두었다. 사건은 기록해야 하지만 기록하는 것은 일상적인 것에 그치지 않아야 하므로 그다음에 '신이', '잡지'를 두었다. '지(誌)'는 '뜻(志)'이다. 뜻이 말로 표현된 것이 시이다. 시로 다 말할 수 없는 것은 산문으로 쓴다. 도처에서 음영하고 저술한 것은 모두 옛일에 감회를 느끼고 후대에 전할 자산으로 삼기에 충분할 것이다. 그래서 '시'와 '문'으로 마무리했다.[31]

앞에서 여러 읍지의 항목을 비교하여 표 4에 제시했지만, 1590년의 읍지와 비교할 때 항목의 순서가 명료하게 드러나도록 표 5에서는 1590년 읍지와 1892년 읍지의 항목 순서를 나란히 제시했다.

---

31. 南廷哲, 『平壤續志』 上, 「條目序次說」. "條目之序次, 先後義有所竊取, 而蓋有邑然後有誌, 故特以郡名爲首. 有邑, 則有從某至某之界, 故次之以疆域. 旣設郡而定界, 則不可無建官而主治, 故次之以官制. 有官長, 則發號聽政, 當有其所, 故次之以公署. 有公署, 則承令供役各有其職, 故次之以職役. 治具已張, 則保障爲重, 故次之以城池. 城池旣定, 則各坊之環附如輻湊轂, 故次之以部坊. 郡署城部, 皆必有地理之可取, 故次之以形勝山川. 山川之勝曾經聖人之迭相爲都, 則當有遺蹟之可觀, 故次之以古蹟. 地旣信美, 則麗于土者莫貴乎民, 而民惟邦本, 故次之以戶口. 有戶有口, 則大本在農, 而農依於土, 故次之以土田. 有土, 則有産, 故次之以土産. 産於土者先急於以供君上, 故次之以貢賦. 貢旣惟正, 則當務積儲以備兵荒, 故次之以倉儲. 倉廩旣富, 則富而後當敎, 故次之以學校. 學校之設, 所以移風易俗, 故次之以風俗. 風俗旣美, 則當知慕聖尊賢之禮, 故次之以陵墓祠宇. 禮敎旣明, 世躋升平, 則安不可以忘危, 故次之以兵制. 兵者緩急之備也, 報警傳命不可不速, 故次之以驛遞驛路. 路之大者, 而道路之敉亦係郡邑之大政, 故次之以道路. 道無不通商旅周行, 則貨幣不息而民亦賴之, 故次之以場市. 市無爭利之鬪, 衢有含哺之歌, 則後天下之樂而樂其樂者. 追此庶幾, 而名樓高臺, 乃可爲風流之所, 故次之以樓亭敎坊. 樓亭之於寺刹亦類也, 故次之以寺宇. 至若城池之門樓, 山川之島嶼·池塘奇巖井泉·土田之坪也·結稅·陵墓之壇壝·兵制之烽燧海望·道路之院亭·津口橋梁, 各以其類而附之上項. 諸條皆取其境內之著名者搜錄, 而況地靈所使鍾爲人物, 則人物之重固不可與諸條并列, 故表而別之于下. 夫人之所貴者能盡人道而盡人之道, 莫如乎學, 故先之以學行. 行旣篤敬, 則百行之源莫先於孝, 故次之以孝烈. 求忠臣必於孝子之門, 而事君進身之路, 必從科宦而始, 故次之以文蔭武官及生進. 若老職也贈職也. 或取其天爵之尊, 或取其追榮之貴, 敎以忠孝進於榮途, 莫不由在上者之化民成俗, 而遺風善政去而益詠, 故次之以宦蹟. 目寓興感之謂蹟, 耳聞相傳之謂事, 而事至年久恐或湮沒, 故次之以古事. 事無不記, 記不止於常正, 故次之以神異雜誌. 誌者志也, 志之發於言者爲詩, 詩之不能盡言者爲文, 而在在吟詠著述, 皆足爲感古傳後之資, 故終之以詩文焉."

표 5. 1590년과 1892년 평양 읍지의 항목 순서 비교

읍지	항목 순서
1590년	疆域 - 分野 - 沿革 - 城池 - 部坊 - 郡名 - 風俗 - 形勝 - 山川 - 樓亭 - 祠墓 - 公署 - 倉儲 - 學校 - 古蹟 - 職役 - 兵制 - 驛遞 - 橋梁 - 土産 - 土田 - 貢賦 - 敎坊 - 院亭 - 寺宇 - 戶口 - 人物 - 孝烈 - 文科 - 武職 - 蓮榜 - 宦蹟 - 古事 - 文談 - 神異 - 雜志 - 詩文
1892년	郡名 - 疆域 - 官制 - 公署 - 職役 - 城池(門樓) - 部坊 - 形勝 - 山川(池塘, 島嶼, 井泉, 奇巖) - 古蹟 - 戶口 - 土田(坪野, 結總) - 土産 - 貢賦 - 倉儲 - 學校 - 風俗 - 陵墓(壇壝) - 祠宇 - 兵制(烽燧, 海望) - 驛遞 - 道路 - 院亭 - 橋梁 - 津口 - 場市 - 樓亭 - 敎坊 - 佛寺 - 人物 - 學行 - 孝烈(聞見卓行) - 文科 - 蔭仕 - 老職 - 贈職 - 蓮榜 - 武職 - 武南 - 武參 - 武科 - 祠宇補 - 宦蹟 - 古事 - 神異 - 雜志 - 詩 - 文

1892년 읍지의 항목 순서는 대체로 원지 항목을 고려하면서도 일종의 연상법에 따라 순서를 재배치한다는 논리를 보여 준다. 「조목서차설」에서 나름대로 순서 배치에 대한 설명을 해 놓았지만, 결과적으로 볼 때에는 역시 불편한 점이 있다.[32] 개별 항목으로 분리되었지만 실제로는 같은 범주로 볼 수 있는 항목들이 있기 때문이다. 그것은 어떤 대상을 '형승(形勝)'에 넣을 것인가 '산천(山川)' 또는 '누정(樓亭)'에 넣을 것인가 하는 수록 항목 선정의 문제일 수도 있고, 개별 항목을 모아서 보는 것이 편한 연관 항목의 문제일 수도 있다. 예컨대 '토전(土田)', '토산(土産)', '공부(貢賦)'는 주로 세금과 결부되어 있으므로 서로 관련되는 항목들이고, '학교(學校)'와 '사묘(祠墓)'는 인물을 제향한다는 점에서 어떤 읍지에서는 함께 수록할 만큼 같이 볼 필요가 있다. '직역(職役)'과 '병제(兵制)'는 감영이나 부에 소속

32. 원론적인 측면에서 설정하고 배치한 항목으로 실제 자료를 분류하는 일은 결코 쉽지 않을 것이다. 1892년 읍지 제작에 참여한 사람들의 문제의식과 노력은 짐작할 수 있지만 이런 연상법에 따른 구성이 논리적이라고 볼 수만은 없다. 예컨대 항목 순서로만 볼 때 1590년 읍지에는 '풍속'이 '군명'과 '형승' 사이에 있지만 1892년 읍지에서는 '학교'와 '능묘' 사이에 있다. 관련해서 언급한 내용은 이은주의 「평양 읍지를 어떻게 읽을 것인가」, 124면 참조.

된 관원이라는 공통점이 있고, '병제'와 '역체(驛遞)'는 방어와 관련되었다는 공통점이 있다. 실제로 읍지 간행 업무에 착수하면 이런 어려움에 직면하여 좀 더 적절한 배열 방식이나 수록 항목을 고민하게 될 것이다. 1892년 읍지의 「범례」와 「조목서차설」에는 이런 문제의식 위에서 그 처리 방법이 설명되어 있다고 볼 수 있다.

항목의 순서뿐만 아니라 항목의 이름에도 다소 차이가 있다. 먼저 1892년 읍지에서 신설된 항목은 '관제(官制), 도로(道路), 나루(津口), 장시(場市), 학행(學行), 노직(老職), 증직(贈職), 무과(武科)'이고, 사라진 항목은 '분야(分野), 연혁(沿革), 문담(文談)'인데, 그중 '관제'는 항목 아래에 '연혁'을 부기한다고 명기했으나 실제로는 이름만 달라졌을 뿐 기존 읍지의 '연혁'에 해당하는 내용이다. '사묘(祠墓)'는 목차에서 '사우(祠宇)'와 '능묘(陵墓)'로 분화되었으나 본문에는 예전 그대로 '사묘' 항목으로 되어 있고, '사우(寺宇)'는 '불사(佛寺)'로 이름이 바뀌었다.

본문의 수록 양상은 더욱 복잡하다. 위의 '연혁'처럼 항목은 사라졌지만 상위 항목에 편입된 경우도 있고, '분야'는 목차의 항목에는 없지만 본문에는 항목 설명이 있다. '형승'은 '분야'처럼 항목 설명만 있고 해당 내용은 없으나, 목차에는 나와 있다. '토전'은 항목 설명만 있지만 '평야(坪野)' 항목이 부기되어 있으므로 항목의 내용이 있다고 볼 수 있다. 그런데 '고적(古蹟)'과 '풍속(風俗)'은 항목 설명도 없고 내용도 없이 "원지와 속지에 상술(詳原志續志)", "원지에 상술(詳原志)"로 나와 있음에도 목차에는 항목이 제시되어 있다. 이런 점은 전체 읍지의 체제를 정하는 기획 주체와 그 체제가 정해진 상태에서 구체적인 내용을 작성하는 실무자가 다르기 때문에 생긴 것일 수 있다. 이런 경우에 구체적인 내용을 보면서 전체 체제를 재조정할 수 있다면 더할 나위 없이 좋았겠지만, 남정철이 이임한 상태에서 실무자들이 이미 정해진 목차를 변경하기는 어려웠기 때문에 목차와 본문이 일치하지 않은 상태로 남은 것 같다.

1590년 읍지에는 항목 설명이 있고 1730년 읍지에는 범례가 있다면 1892년 읍지는 항목 설명과 범례를 모두 구비한 셈이었는데, 그러다 보니 이 항목 설명은 다양한 양상을 보인다. 1590년 읍지의 항목 설명에서는 해당 항목이 지닌 의의가 내용의 주축을 이루었다. 그런데 1892년 읍지의 경우 신설 항목에서는 항목의 의의를 설명할 수도 있겠지만, 내용을 수록하지 않거나 그 성격이 달라진 경우라면 그 이유를 설명할 필요가 있었다. 이 읍지에서 설명을 붙인 항목은 '군명, 분야, 관제, 부방, 형승, 산천', '산천'에 첨부한 '지당, 정천, 도서', '토전, 토산, 창저, 병제, 도로, 나루, 장시, 불사, 학행, 고사'로, 수록 순서에 따라 항목 설명을 제시한다.

군명(郡名)

평양은 예전 성인의 도읍지이다. 그래서 그 이름이 알려져 우리나라 역사서에 수록되었고 중국에도 알려졌다. 처음 이름을 붙일 때 무엇에 근거했는지 알 수 없다. 평평하고 넓은 들에 있는 흰 토양이라는 의미인 것일까. 평양이 있고 나서야 평양지가 만들어졌으니 군명은 사실상 이 읍지의 근본이고, 따라서 특별히 이 읍지의 맨 앞에 쓴다.[33]

1590년 읍지에서는 우임금이 구주(九州)를 다스릴 때 먼저 영역을 정했기 때문에 '강역'을 맨 앞에 두었다고 했으나 1892년 읍지에서는 영역보다는 지역의 이름이 읍지의 근본이라고 생각하기 때문에 맨 앞에 두었다고 밝혔다. 항목의 의의라기보다는 항목의 순서를

33. 南廷哲, 『平壤續志』 上, '郡名'. "平壤卽先聖古都也. 故其名特著, 揭於東史, 顯于西土, 厥初命名, 未知何據, 而抑取其平原白壤之義歟. 蓋有平壤然後有平壤誌, 則郡名之於此誌, 爲事實之根本, 故特爲首書于卷."

바꾼 것에 대한 설명인데, 순서를 재배치하거나 항목에 변화가 생겼을 때 이런 식으로 그 이유를 설명하는 경우가 많다.

분야(分野)

분야는 천하 각국이 있는 방위이며 위로는 여러 별에 대응되는 것을 말한다. 우리나라는 본디 연경과 함께 모두 기미(箕尾)의 분야에 속하므로, 전국 각 읍은 다를 바가 없는데 어찌 하나의 부를 가지고 어떤 분야라고 따로 말할 수 있겠는가. 구지에는 비록 '분야'라는 항목이 있지만 빼 버려도 무방할 것이다.[34]

관제(官制)

읍이 있으면 관장이 있고 관장이 있으면 관원에 등급이 있다. 국가의 근심을 나누어 함께 다스리니 백성이 편안하게 살고 생업에 즐겁게 종사하는 것은 모두 관장에게 달려 있다. 그러므로 관장의 임무는 매우 막중하다. 게다가 이 큰 부의 부윤 위에는 관찰영이 있고 그 아래로는 토포사와 역참의 승, 네 관청(중영, 이아, 대동아, 서영)이 있으니 하나도 빼놓을 수 없다. 그러므로 구지에서는 '연혁'에 있던 것을 특별히 밖으로 꺼내어 따로 항목을 세웠다.[35]

'분야' 설명에서 항목을 뺀 이유를 서술했다면, '관제' 설명에서는 항목의 내용이 달라졌다는 점을 명기했다. 1590년 읍지에서는 '연혁'

---

34. 南廷哲, 『平壤續志』 上, '分野'. "分野者天下各國所在之方, 上應列宿之謂也. 我東一國本與燕京皆是箕尾之分, 則國中各邑必無異同之理, 豈可於一府而別言其某分乎. 舊誌雖有分野之目, 而闕之恐無妨." 箕尾는 28수 별자리 중 箕星과 尾星으로, 땅에서는 중국의 동북부 지역의 冀州와 幽州에 해당한다.

35. 南廷哲, 『平壤續志』 上, '官制'. "有邑則有官長, 有官長則有品秩, 而國家之分憂共理, 民生之安土樂業, 皆係於官長, 則官長之任甚重, 而矧此雄府之尹, 上而有觀察之營, 繼而有討捕之使·掌馬之丞·四衙之設, 不可闕一, 故特於舊誌沿革中, 表出而別立目焉."

에 평양의 행정 단위 변화와 함께 평양에 둔 관직을 간단하게 제시했다. 이런 방식은 1837년 읍지까지 그대로 이어지다가 1855년 읍지에서 '연혁'이 평양에 있는 건물의 변천을 내용으로 함에 따라 변화가 일어났다. 그러나 이런 체제의 변화에 대한 부연 설명은 없었다. 1892년 읍지는 '관제' 항목 아래에 '附沿革'이라고 썼는데 '연혁'이라는 항목이 부기된 것이 아니라 관원에 대해 작은 글씨로 변천을 설명한 것을 '연혁'으로 보는 것 같다.

부방(部坊)

평양에는 4개의 부가 있고, 각 부에는 여러 개의 방이 있다. 원지에는 46개의 방이 있었고, 그다음에는 35개, 36개의 방이 있었다. 지금은 32개의 방이 있으며 방의 이름이 달라진 경우가 있으므로 상술했다.[36]

형승(形勝)

형승은 지형 중에서 뛰어난 것을 말한다. 부성은 삼면에 강이 둘러 있고, 십여 리 남짓한 면적에 강물이 넘실거려 마치 배가 가는 것 같다고 하여 '행주형'이라고 하며, 번화하기로는 옛 금릉과 같기에 '소금릉'이라고도 한다. 산과 강, 언덕과 바위 모두 절경이 아닌 것이 없기에 그 장소를 하나하나 헤아려 말할 수 없으므로 여기에서는 모두 뺐다. 다음의 '산수', '누대' 항목을 참고해서 보면 자세한 내용을 알 수 있을 것이다.[37]

---

36. 南廷哲, 『平壤續志』 上, '部坊'. "一境而分作四部, 一部而各統幾坊. 原誌爲四十六坊, 其後爲三十五坊三十六坊. 今爲三十二坊, 而有坊名之改易者, 故詳之."

37. 南廷哲, 『平壤續志』 上, '形勝'. "形勝者謂地形之絕勝也. 府城三面環之以江, 延袤十餘里泛泛水中若舟之行, 故曰行舟形. 且以繁華之如古金陵, 故曰小金陵. 凡一山一水一邱一石, 無非形勝, 則固不可數其處而稱之, 并姑闕焉. 參看於左下山水樓臺之條列而道其詳."

1590년 읍지에서는 '형승' 항목으로 주로 을밀대 같은 대나 능라도와 청류벽이 수록되었다. 그런데 이런 곳은 '누대' 또는 '산천' 항목에 수록할 수 있으므로 '형승'을 판단하는 기준이 주관적이라고 보았던 것 같다. 그래서 '형승'이라는 항목은 남겨 놓았지만 수록 내용을 모두 '누대'와 '산천'으로 분산시켰는데, 1730년 이후 읍지에서도 모두 '형승'은 항목만 남아 있으므로 1892년 읍지에서 새로운 방식을 제시한다기보다는 1590년 읍지와 다른 점을 명시한 정도라고 볼 수 있다.

> 산천(山川)
>
> 옛날 요임금이 기에 도읍을 세우면서 천지 가운데에서 풍수가 좋은 곳이라고 했고, 주나라 주공은 낙에 도읍을 세우면서 터를 살폈으니 성인 또한 지리를 중시했음이 분명하다. 이 부는 세 성인의 고도이니 어찌 (지리를 중시했음이) 아니겠는가. 봉황이 춤추고 용이 나는 산천에 정기가 모였으니 이곳의 산천 중에서 이름이 알려진 명승을 기록하지 않을 수 없다. 그리고 다른 군에 있더라도 본부를 향해 에워싼 것들은 함께 수록했다.[38]

'산천'에서의 주안점은 수록 대상의 범위 문제이다. 이 항목 설명을 보면 평양부에 있는 산이 아니더라도 접경에 있거나 보이는 것을 모두 수록했다고 했는데 『신증동국여지승람』을 기준으로 다른 지역에 있는 산만 해도 월봉산(月峯山, 황해도 평산), 반룡산(盤龍山, 평안도 상원), 고방산(高方山, 평안도 박천), 해압산(海鴨山, 평안도 중화)이 있고 읍지에서 중화에 있다고 명기한 산은 해압산과 정인산(鼎印山)이 있

38. 南廷哲, 『平壤續志』 上, '山川'. "昔堯都于冀, 而曰天地中間好風水, 周都于洛, 而周公相宅, 則聖人之亦尙地理明矣. 而顧此一府之爲三聖故都, 抑豈無以哉. 鳳舞龍飛, 精氣攸萃, 則境內山川之擅名勝者, 不容不記, 而雖在他郡, 拱抱相望, 爲本府之朝應者, 并錄之."

다. 또 산 항목이 대거 늘어난 것은 평양부에 있지만 이전에는 산 항목에 넣지 않았던 산들도 대거 포함시켰기 때문이다. 1590년 읍지에서부터 산과 강(浦, 川, 灘 등), 우물과 섬, 연못이 모두 '산천'에 포함되었으나 그 각각에 대한 설명은 없었는데, 1892년 읍지에서는 이들을 '산천'에 그대로 수록하면서도 각각의 성격이 다르다고 보았기 때문에 세부 항목에 대한 설명도 추가했다.

산천 부록 지당(池塘)

땅을 파서 '지'를 만들고 물길을 끌어 '당'을 만들어 물고기를 키우고 연꽃을 심으면 이 조그만 연못에는 언제나 하늘과 구름이 비치고 깊지 않은 연못에 강호의 자태를 옮겨 올 수 있다. 이것이 옛사람들이 음영할 때 대부분 연못을 언급했던 이유이니, 습욱(習郁)의 연못과 금릉의 연못이 이런 것이다. 지금 부의 승경을 거론한다면 진실로 없을 수 없을 것이나 원지에서는 '산천'에 섞어 나열했고 속지에서는 '성지'에 섞어 넣었으니 모두 '지당'만으로 이름을 알리는 것보다 못하다. 그래서 따로 항목을 제시하여 드러나게 했다.[39]

산천 부록 정천(井泉)

평양부 내성에 새 우물과 기존 우물은 89곳이다. 비록 원지에는 있지만 모두 얕은 웅덩이에 불과해서 사람들이 우물물을 마실 수 없다. 그래서 모두 도르래를 가지고 대동강 물을 길어 온다(서문 안에서는 서성 밖의 물을 길어 온다). 외성의 우물은 기자정을 비롯하여 100곳인데 깊이는 모두 7, 8장으로 대동강과 수원이 서로 통하며 맛이 좋고 시원하다. 그 외에는 구

39. 南廷哲, 『平壤續志』 上, '附 池塘'. "鑿地爲池, 引流爲塘, 養之以魚鰕, 種之以芙蕖, 半畝之方, 常留天雲之光, 一泓之深, 可移江湖之趣, 此古人所以吟咏之間, 多及於池塘, 如習家之池金陵之塘是也. 以今名府之勝固不可無此, 而原志則雜列於山川, 續志則混入於城池, 皆不如池塘之專其擅名, 故別爲立目而表出之."

제궁 옛터(영명사)의 문무정(원지의 '고적'), 율리의 우정(속지의 '고적', '신이'), 상석정, 중석정, 하석정, 시족의 냉정(속지의 '산천'), 용연의 한정('신이') 같은 것이 있는데, 각각 그 분류에 따라 찾아볼 수 있다.[40]

산천 부록 도서(島嶼)

수중에서 사람이 거주할 만한 곳을 '섬'이라고 한다. 학과 갈매기가 오가는 물가가 곳곳마다 빙 둘러 있는데, 이것은 천부적인 형승일 뿐만 아니라 누에를 기르고 고기를 낚는 집이 곳곳에서 이익을 거두고 있으니 백성들의 생계에 바탕이 된다. 따라서 이것을 기록함으로써 나중에 볼 때를 대비하려고 한다.[41]

토전(土田)

평양의 토양에는 백색, 황색, 적색의 점토가 섞여 있다. 동북쪽은 높아서 건조하고 서남쪽은 낮아서 습하다. 전답은 중의 하이며 제6등이다. 결복(結卜)의 수량은 전답을 측량할 때의 결정에 따르는데 기호, 삼남 지방에서 해마다 토지에 매기는 세금보다 못하다. 그해의 풍흉에 따라 늘어나기도 하고 줄어들기도 하는데 연줄을 이용해 속이는 경우도 있다. 부세는 이전의 감영과 부에서 필요로 하는 것을 모두 전결에서 소출하는 것에 따랐는데, 돈으로 환산하는 항목이 많은 경우에는 아홉 가지나 되어 백성들이 모두 고통스러워했다. 순조 임신년(1812) 감사 정만석이 결전을 개정하여 밭은 8, 논은 9로 하는 제도(밭은 1결당 8냥, 논은 1결당 9냥)를 만들어 봄

---

40. 南廷哲, 『平壤續志』 上, '附 井泉'. "府內城新舊井八十九. 雖在於原志, 而皆不過淺淺之渦, 人不堪食, 故擧以轆轤汲大同江水(西門以內則汲西城外水). 外城之井, 自箕子井合爲一百所, 而深皆七八丈, 與大同江其源相通, 味其甘冽, 其餘若九梯宮舊基(永明寺)之文武井(原志古蹟)·栗里之雩井(續志古蹟及神異)·上中下石井·柴足之冷井(續志山川)·龍淵之寒井(神異), 各隨其類而攷覽焉."

41. 南廷哲, 『平壤續志』 上, '附 島嶼'. "水中可居之地謂之島嶼. 鶴汀鳧渚之在在縈廻, 非徒爲天賦之形勝. 蠶桑漁戶之處處饒利, 可以資人民之厚生, 故書庸識之以備記覽."

가을에 나누어 받는 것을 영구히 법식으로 삼고 다른 것은 어떤 상황이든 돈으로 환산하여 결두에 징수하는 일이 없게 하니 백성들이 지금도 편하게 여긴다.[42]

‘토전’은 1590년, 1730년 읍지 모두에서 세금을 계산하기 위한 논밭의 면적이 제시되었으며 1837년 읍지에서는 1730년 읍지 내용이 그대로 수록되어 “전과 답 모두 지금 농사를 짓고 있는 것은 도합 8,759결 98부 9속이다.[43] 임신년(1812)에 세금 제도를 밭은 8, 논은 9로 정했는데, 을유년(1825)에 서윤 김원근이 다시 측정하여 밭은 7, 논은 8로 정했다(田畓并今時起, 合八千七百五十九結九十八負九束. 壬申定稅田八畓九, 乙酉庶尹金元根改量定以田七畓八)”라고 작은 글씨로 부기했다. 1892년 읍지에서는 1825년에 바뀐 제도를 언급하지 않고 1812년의 ‘전팔답구(田八畓九)’ 제도가 이어졌다고 보았다.

또 ‘토전’ 항목은 이전 읍지와 달리 설명 이외에 수록 내용은 없다. 그 안에 ‘평야(坪野)’, ‘결총(結總)’, ‘마결사실(麻結事實)’ 항목을 나누었는데, ‘평야’는 각 평야에 대한 설명이고 기존 읍지에서 세금과 관련된 전토의 면적은 ‘결총’과 ‘마결사실’로 나누어 ‘결총’에서는 한전(旱田)과 수전(水田)의 면적을, ‘마결사실’에서는 마전(麻田)의 면적을 제시했다.

42. 南廷哲, 『平壤續志』 上, ‘土田’. “平壤之土有白黃赤埴之錯, 東北高燥西南卑濕, 其田則爲中之下, 而居第六等, 卜數則依量田時執定, 而不如畿湖三南之逐年執卜. 隨其豊歉而增減, 以致貪緣作奸. 賦稅則其前營府所需, 皆從田結而出, 作錢之目, 多至於九, 民皆病之. 純廟壬申監司鄭晩錫改定結錢, 以田八畓九之制(田每結八兩, 畓每結九兩), 春秋分捧, 永爲著式. 他無某樣作錢之責徵於結頭, 民到于今便之.”

43. 전통적인 면적 단위로는 ‘結’, ‘負’, ‘束’, ‘把’가 있었고 이를 ‘結負把束制’라고 한다. 세종 12년(1430)에 도량형을 정비하면서 공식적으로 이 단위를 사용하게 되었는데, ‘파’는 가로 한 자, 세로 한 자로 이루어진 면적을 가리키고, ‘속’은 10파, ‘부’는 10속, ‘결’은 100부이다.

토산(土産)

토산은 원래 토지의 산물이고 이미 원지에도 항목이 있지만 한 지역의 산물이라고 통칭하면서 어떤 지역이라고 특정하지 않았는데, 어떤 지역인지를 밝혀야 할 것이다. 그래서 여기서는 산물 중에서 특별한 것을 제시하여 나누어 수록했다. 또 비록 이곳의 산물은 아니지만 언제나 모자라지 않게 있으면서 백성들이 생활할 때 날마다 쓰는 것도 토산이므로 아래에 함께 수록하여 육지와 강 어느 곳에든 없는 물건이 없다는 것을 보이고자 한다.[44]

'토산'에서 새로운 점으로 특기한 것은 특산물의 지역을 구체적으로 밝히겠다는 것과 토산물이 아니더라도 구비되어 있는 산물도 포함하겠다는 것이었다. 1590년 읍지에서는 '토산' 항목을 곡류(穀類), 과실류(果類), 채소류(菜類), 나무류(木類), 약재(藥材), 가축류(豢養類), 새류(禽類), 짐승류(獸類), 어류(魚類), 해산물(海錯), 기타 산물(雜産)로 분류하여 해당되는 대상들을 수록했으나, 1892년 읍지에서는 그중에서 곡류, 나무류, 채소류, 과실류, 어류, 가축류만 가져왔고 여기에 새로 화훼류(花卉類), 자초류(紫草類), 인석류(茵席類), 음식류(飮食類)를 추가하여 대상들을 수록했다.

수록 내용을 보면 항목 설명에서 토산물이 아니라고 특기한 것은 그곳에서만 나는 것은 아니라는 의미로 보인다. 대부분 평양부의 어떤 지역에서 나는 것이 품질이 좋거나 많이 생산된다는 내용이기 때문이다. 아마도 '음식류'의 "소주는 어디에든 있으며 평안부에서는 양조를 잘하여 감홍로, 계당, 이강, 벽향 등이 있다(燒酒無處不有, 而惟府內多善釀, 其名日甘紅露, 日桂餹, 日梨薑, 日碧香之類)"라는 내용 때문에

44. 南廷哲, 『平壤續志』 上, '土産'. "土産者本土所産也, 已有原志之條列. 然通稱一境之産而無某坊, 宜某産之明言, 故今擧其産之特著者而分錄之. 且雖非産於此土, 恒有而不匱, 以資民生之日用者, 便是土産, 故并付列于下, 以見陸海之無物不有."

이런 설명을 덧붙인 것 같다.

창저(倉儲)

지역에는 창고가 없을 수 없다. 금은과 포백을 저장해 둔들 어찌 필요한 상황에서 급히 쓸 수 있겠는가. 그러니 실제로는 곡식이 가장 중요하다. 봄에 환곡을 빌려주고 가을에 거둔 뒤 반은 창고에, 반은 백성에게 나누어 주어 전쟁이나 흉년 같은 뜻밖의 일에 대비한다면 좋고 아름다운 법규를 다할 수 있을 것이다. 본읍의 환호(還戶)는 등급이 일곱 가지이다. 곡물의 양은 등급에 따라 배분한다. 환호를 계산하고 환곡을 지급할 때 부정이 생겨나서 백성의 고통이 심하고 폐단이 극에 달했는데 이를 개혁했더니 폐단이 사라졌다. 갑자년(1864) 이후 각 창고의 환곡 장부를 모두 없애고 매년 환호당 5두를 징수하여 관원의 봉급과 경상 지출의 재원으로 삼아 백성들이 모두 편하게 여겼으니 지금으로서는 다행이다. 그러나 식자들은 뒷일을 생각하면 걱정하는 점이 있다(감영과 부의 각 창고의 전곡 수량은 구지에 수록된 것과는 대부분 차이가 있다. 그래서 일단 옛 제도를 제시한 뒤 지금 있는 제도는 참고할 수 있게 하고자 한다).[45]

병제(兵制)

태평성세가 오래되어 전쟁은 아직 일어나지 않았지만 그렇다고 위급할 때를 잊어서야 되겠는가. 그러니 병사 관련 일은 반드시 알아야 한다. 예전 순조 갑술년(1814)에 관찰사 정만석이 편성한 대오는 혼란한 사이에 호가

---

45. 南廷哲, 『平壤續志』 上, '倉儲'. "郡邑之倉儲, 不可無者也. 積儲金銀布帛, 何莫非急於應用, 而其實惟穀米爲最重. 春糶秋糴, 半留半分, 以爲兵荒不虞之備者, 儘良法美規, 而本邑還戶, 其等有七, 穀物多少, 隨等以排, 則計家之初, 捧給之際, 奸僞層生, 民之苦之也甚, 弊到極處, 更張乃已. 自甲子以後, 各倉還簿, 并爲蕩除, 每年每戶, 只以五斗徵納, 以爲支放應下之資, 民皆便之, 可謂目前之幸. 然識者則有慮後之憂(營府各倉庫錢穀之數, 與舊志所載多有相左. 故先言古制, 次及時存以備考據)."

모두 유실되어 버렸고, 각종 군 2만여 명이 내야 할 포전은 1호 1명당 7홉을 나누어 징수했는데 사실상 '호포'였고 지금도 그 방식을 따르고 있어서 황구, 백골처럼 군역 부담이 중첩되어 원망하는 상황에까지는 이르지 않았다. 그러나 이른바 '정군'의 명단은 모두 비어 있는 상태이다. 매년 겨울 군사훈련을 할 때 군교는 징수한 포전으로 오합지졸들을 고용하여 모은 뒤 억지로 어리진 정도의 대형만 짤 뿐 앉고 서고 전진하고 후퇴하는 것은 엄두도 못 내니 어찌 일이 이런 상황에까지 이르렀는지 한탄스럽다. 또 경신년(1860) 이후에는 관례에 따라 훈련하는 것도 폐지되어 시행되지 않는다. 변방의 방비가 이렇게 중요한데도 방어 준비가 이렇게 소홀하니 어찌 군비를 감축해서 그런 것이겠는가. 오직 충신예의가 있는 군사만 있으면 된다.[46]

도로(道路)

도로는 여행자가 경유하는 곳이다. 크게는 먼 수도까지 이어져 있고 작게는 궁벽한 동네까지 통해 있어 구부정한 노인들이 손을 잡고 끊임없이 왕래하니 이것으로 백성과 재화의 번성함을 볼 수 있다. 또 대도시는 배와 수레가 사방으로 통하는 곳이니 상세하게 서술해야 한다. 그래서 여기에 들은 내용을 수록했으며 직접 가 보지 못한 곳이 있더라도 이 항목을 보면 도로가 어디에서 어디까지인지 대략 알 수 있을 것이다. 평양부는 교통의 요충지가 되는 도회로, 남쪽으로는 한양에, 서쪽으로는 의주에, 동쪽으로는 원산(함경도)에 이를 수 있다. 각각 550리 거리에 있으며, 이곳을 통해 물자가 서로 통한다.[47]

---

46. 南廷哲, 『平壤續志』 上, '兵制'. "昇平日久, 軍旅之事, 未之聞焉. 然安不可忘危, 則兵固不可以不知也. 在昔純廟甲戌鄭巡相(晩錫)編伍也. 搶攘之餘, 戶多流亡, 以諸色軍二萬餘名布錢, 每戶一名七合式, 分排收捧, 其實戶布也, 尙今遵行, 不至有黃口白骨疊役之呼冤. 然所謂正軍名下皆虛, 每年冬操鍊時, 軍校以所捧布錢, 雇聚烏合之衆, 强作魚麗之形, 不知坐作進退之爲, 何事已極可歎, 而又自庚申以後, 按例習操, 亦廢之不行. 顧此關防之重, 如彼備禦之踈, 豈去兵而然耶. 惟恃忠信禮義之甲冑干櫓而已."
47. 南廷哲, 『平壤續志』 上, '道路'. "道路卽行旅之所由也. 大而達國都之遠, 小而通村閭之

나루(津口)

헌원씨는 배를 만들어 통하지 않는 지역을 건너게 했으니, 만세의 백성이 건너기 쉽게 한 성인의 공이 매우 크다. 길을 가다가 길이 다하여 물에 이르렀는데 물이 깊으면 하늘이 남북을 갈라놓은 것에 대한 탄식을 금할 수 없다. 그때 배를 관리하는 관원들이 마중 나가 배를 정박했다가 도착하는 순서에 따라 건너게 하여 길손이 지체하지 않도록 했다. 여행자에게 나루는 정말 중요하지 아니한가. 그래서 여기에서 구지에 없던 것을 수록했다.[48]

장시(場市)

한낮이 되면 시장이 열렸다가 교역 후에 닫으니 이를 통해 민생을 이롭게 한다. 그래서 도읍을 세울 때 반드시 앞에 조정을, 뒤에 시장을 두는데 하물며 우리 평양은 관서 지방의 대도회이다. 북쪽으로는 연과 계 지방에, 남쪽으로는 동래와 부산에 이르며 부성의 각 시장에는 여러 물건들이 모여들므로 옛날의 페르시아이다. 각 방(坊)의 장리(場里)는 읍치의 시전과 같아 좌고 행상들이 곳곳에 물건을 쌓아 두고 파는데 매매가 많았으므로 날짜를 정해 두고 모였다(한 달에 여섯 번, 어떤 경우에는 1일과 6일, 어떤 경우에는 2일과 7일, 어떤 경우에는 3일과 8일, 어떤 경우에는 4일과 9일, 어떤 경우에는 5일과 10일이다). 산 사람에게 도움이 되고 죽은 사람을 보내 주는 물건들과 시급하고 날마다 쓰는 물건들을 모두 여기에서 구할 수 있으므로 여기에 관련된 것은 가볍지 않으며, 시장의 규모를 통해 백성과

僻, 傴僂提携往來不絕, 可以見民物之繁庶, 且大都會舟車之四通五達, 不可不詳. 故玆概隨聞列錄, 而如或有足跡之未編於一境者, 覽此則庶可知從某至某之大略矣. 本府處在都會之要衝, 南至于京師, 西至于灣府, 東至于元山(咸鏡道), 各爲五百五十里, 由是而互相通貨."

48. 南廷哲, 『平壤續志』 上, '津口'. "軒轅作舟, 以濟不通, 聖人之爲萬世生民利涉者, 其功大矣. 行道而道窮, 臨水而水深, 則宜未免天限南北之歎, 而于時黃帽出迎艤船, 而待隨到而濟之, 俾無滯客. 津口之於行旅, 顧不重歟. 故玆錄付以舊志之所無."

물자의 성쇠를 알 수 있다. 그러므로 비록 구지에서 항목을 만들지 않았다고 해도 여기에서는 수록했다.[49]

'도로, 나루, 장시'는 항목이 새로 생겼지만 기존에 없었다기보다는 이 시기에 중요하다고 새롭게 인식되었던 것이다. '도로'는 육로와 수로를, '나루'는 각 나루의 이름과 위치를 제시했다. '장시'는 품목을 중심으로 점포의 종류를 열거했고 공방과 집에서 판매하는 경우, 각 방(坊)의 장시와 위치를 제시했다.

불사(佛寺)

불법은 우리 도가 아니니 힘써 배척해야 하지만 옛사람들도 대부분 문학을 아는 승려를 방외의 친구로 여겨 교유하고 시문을 주고받았다. 도연명과 혜원이 그랬고 한유와 태전이 그랬으며 소동파와 불인이 그러했다. 평양에 있는 절은 고구려 광개토왕 2년인 계사년(동진 효무제 태원 18년) 때 9곳의 절을 만들면서 시작되었다. 그다음 1,500여 년간 여러 차례 흥폐를 거듭했기에 전체를 살펴볼 수는 없고 다만 그 대략적인 내용을 수록한다.[50]

학행(學行)

사람은 어릴 때는 배우고 다 자라면 실천한다. 학문은 다만 강습하고 암

49. 南廷哲, 『平壤續志』 上, '場市'. "日中爲市, 交易而退, 所以利民生也. 是故都邑之設, 必前朝後市, 而矧玆箕都關以西一大都會也, 北通燕薊, 南極萊釜, 府城各肆萬貨輻輳, 卽古之波斯, 而至若各坊之場里, 猶邑治之市廛也, 坐賈行商, 在在積儲, 賣甚買何, 約日而會(一月凡六次. 或一六日, 或二七日, 或三八日, 或四九日, 或五十日). 凡爲養生送死之具, 時急日用之物, 無不取之於斯, 則其所關係非輕, 而場市之大小, 可驗民物之盛衰, 故雖無舊志之立條, 而玆錄附焉."

50. 南廷哲, 『平壤續志』 上, '佛寺'. "佛法非吾道也, 宜其擯斥之不暇, 而古人亦多以韻釋爲方外之友, 從遊於沙門, 贈之以詩文. 若淵明之於惠遠, 昌黎之於太顚, 東坡之於佛印是也. 平壤之有佛寺, 自高句麗廣開土王二年癸巳(東晉孝武帝太元十八年)刱九寺而始. 由來千五百餘年之間, 屢經興廢, 有不可攷, 而只以見在槪錄焉."

송하는 것만을 뜻하지 않는다. 널리 듣고 많이 알도록 열심히 공부하여 성현의 책을 마음으로 터득하여 몸소 행함으로써 사람이 된 도를 다하면 그만이다. 그래서 자하(子夏)는 "임금을 섬길 때 몸을 다하고 부모를 섬김에 힘을 다하며 친구와 사귈 때 믿을 만한 말을 한다면 나는 그 사람이 배움이 없다고 해도 반드시 배운 사람이라고 할 것이다"라고 했다. 전(傳)에 따르면 "한 집에 인이 구현되면 한 나라의 인을 흥기시키고 한 집이 예양(禮讓)의 덕이 있으면 한 나라의 예양을 흥기시킬 수 있다"고 했다. 그러니 배움은 사람에게 불가결한 것이며 교화에 보탬이 되고 세도를 부지하는 데에도 유용하니 어찌 중차대한 것이 아니겠는가. 우리 평양은 비록 먼 땅에 있지만 유학의 성리학이 실로 수박자(守朴子) 김태좌(金台佐)와 둔암(遯菴) 선우협(鮮于浹) 공이 창도했다. 그래서 예전에 정조 대에는 서쪽 지역을 특별히 고려하여 윤음을 내려 권면하심으로써 유교의 도를 숭상하는 성대한 뜻을 보여 주셨다. 유생으로서 어찌 감격하고 분발하여 학문에 힘쓰지 않겠는가. 그때 여러 현인이 계속 이어 나와 명예와 품행을 연마하여 한 지역의 모범이 되는 사람들이 많지만 안타깝게도 역사에 수록되지 못했다. 문헌으로 고증할 수 없다면 시간이 흐르면 점차 사라질 것이다. 그래서 삼가 이 책에서 듣거나 보았던 실제 행적을 널리 모아 드러나게 열거하고 읍지에 수록하여 후대 사람들이 옛일을 지금처럼 볼 수 있도록 법식으로 삼는다.[51]

51. 南廷哲, 『平壤續志』 上, '學行'. "凡人幼而學之, 所以壯而行之也. 學非直謂講習記誦, 博聞多識之用工矻矻, 卽於聖賢之書, 心得而躬行, 盡其爲人之道而已. 是故子夏曰, 事君能致其身, 事父母能竭其力, 與朋友交言以有信, 雖曰未學吾必謂之學矣. 傳曰一家仁一國興仁, 一家讓一國興讓. 然則學之於人, 固不可無者, 而有功於補益風化扶植世道, 顧不重且大歟. 惟我箕邦, 雖在遐矣之土, 而斯文性理之學, 實自守朴遯翁而倡之. 故在昔正廟乃眷西顧特下綸音而勸勉之, 以示崇儒重道之盛意 凡爲章甫者, 孰不感激奮發而向學也哉. 于時有若群賢相繼代起, 砥礪名行, 矜式一鄕者多, 而惜乎其史之闕文. 文獻無徵, 則恐或寖久而漸泯, 故謹玆博采其實行之耳目所逮者, 表而列之, 于誌錄以俟後人之視古猶今而作爲柯則焉."

1892년 읍지는 '인물' 외에 '학행' 항목을 추가하여 평양의 인물을 수록했는데, 이 시기 지역민들의 학문적 성취를 강조하기 위해 '학행'을 신설했던 것으로 보인다. 실제로 19세기에 나온 읍지에서 지속적으로 강조한 것도 서원과 사당의 건립이었다. 그러나 1870-1871년의 서원 훼철령으로 인해 서원과 사당이 상당수 사라졌는데, 1892년 읍지를 보면 그 자리를 '재(齋)' 같은 강학 공간이 메웠다. 이렇게 보면 학문을 진흥하는 분위기는 서원 훼철령 이후에도 다르지 않았고, '학행'이 있다는 것은 지역민에게 최대의 찬사였다.

고사(古事)

지역이 생긴 이후로 옛일들은 이미 이전 읍지에 실려 있기에 중복해서 수록할 필요는 없을 것이다. 그러나 을묘년(1855) 이후 30여 년간의 일은 옛일이 아니라 지금 일이지만 나중에 지금을 볼 때는 또한 옛일이 될 것이다. 따라서 여기에 그 대강의 내용을 기록하여 옛것을 좋아하는 사람이 볼 때를 기다린다.[52]

'고사'는 1590년 읍지 이래 새로운 사건을 추가하는 형태로 편집되었기 때문에 1892년 읍지의 이 항목 설명에서도 특별한 내용은 없다. 1730년 읍지에서는 1590년 이후 일어난 새로운 내용을 추가하는 한편 그 전에 누락된 내용을 보충하는 방식으로 '고사'의 내용을 정했고 1837년 읍지에서도 유사하게 이후 발생한 변화를 수록했으며, 1855년 읍지에서는 '사적(事蹟)'이라는 항목에 비슷한 맥락의 내용을 수록하되 관찰사의 치적과 관련된 내용이 주를 이루었다. 1892년 읍지에서는 1862년부터 '보유(補遺)' 항목까지 포함하면

52. 南廷哲, 『平壤續志』 中, '古事'. "自有邑以來, 古事已悉於前誌, 不必架疊, 而乙卯以後三十餘年間事, 卽匪古伊今. 然後之視今亦可謂古. 故玆錄其槩以俟好古者收覽."

1895년 사건까지 수록되어 있으므로 권말에 "壬辰孟秋箕川續刊"으로 1892년에 간행되었음을 명기하고 있지만, 현전하는 숭실대학교 판본은 이후 추가하여 복각한 것으로 추정된다.

1892년 읍지는 항목 설명 외에 해당 내용 뒤에 부연 설명을 부기한다는 점도 특징적이다. '산천' 항목에서 '산'과 '천' 뒤, '토산' 내용 뒤, '장시' 항목 설명 뒤에 부연 설명을 추가했는데 내용은 다음과 같다.

> 산천 – 산
>
> 위의 내용에서 열거한 여러 산은 사방에서 눈으로 볼 수 있는 것들이다. 먼저 점점이 있는 작은 산을 제시했고, 그다음에 더 높고 더 큰 산을 제시했으며, 그다음에 가장 크고 특별히 험준한 산을 제시했다. 예컨대 병풍처럼 첩첩이 둘러싼 산은 산근이 드러나지 않고, 봉우리가 아리땁고 수려한 산은 각기 자태를 드러내고 있기에 옛날에 '금수강산'이라고 불렀던 것도 명불허전이라고 할 만하다.[53]

> 산천 – 천
>
> 위의 내용에서 대동강 같은 큰 강은 '천오(天吳)'라는 바다의 신이 조화를 부린 자취라고 할 만하니 이루 다 형언할 수 없다. 그러나 여러 물의 너비는 조각배 하나가 건널 수 있는 정도에 불과하며 반드시 모든 곳이 형승이라고 할 수는 없을 것이다. 그러나 조수가 미치는 곳에는 모두 배로 갈 수 있으므로 관개의 이로움과 조운의 편리함, 수산물들은 또한 천지가 백성을 위해 베풀어 준 것이다. 그러므로 작은 물줄기라고 해서 생략하지 않았다.[54]

---

53. 南廷哲, 『平壤續志』 上, '山川'. "上項諸山之羅列, 四方者眼力所及, 先之以小山之點點, 次之以稍高而稍大者, 又次之以最大而特峻者, 如屛障之疊疊環繞, 未嘗有山根之露見, 峯巒之姸美秀麗, 各呈其態, 古稱錦繡江山者, 可謂名不虛矣."
54. 南廷哲, 『平壤續志』 上, '山川'. "上項巨川之如大同者, 可謂天吳造化之迹, 書不可盡言,

토산

앞에 서술한 각종 토산물은 대강의 내용만 제시했는데 그 밖의 다른 것들, 예컨대 서해 여러 읍의 어염, 개천(价川)의 철물, 영원(寧遠)의 유하목(流下木)과 판자, 성천(成川)의 세초와 사기, 강계의 모피와 인삼과 녹용, 황해의 벼와 메조, 전라의 종이류와 생강, 감, 죽간, 충청의 흰 모시, 북도의 명태, 동태, 미역, 광포, 연경의 능라, 채단, 당속, 차류, 약재, 개항한 각국의 당목, 유황, 염료, 석유 등의 물건이 배와 수레에 실려 밤낮으로 모여들어 비축되었기에 도리어 산지라고 하는 곳보다 훨씬 많다.[55]

장시

대동관 앞에서부터 사방으로 길이 통하는데, 길옆 좌우에는 모두 점포가 쭉 이어져 있다. 없는 물건이 없고 팔지 않는 날이 없으니 각 방(坊)에서 장날을 정해 물건을 파는 것과는 매우 달랐다. 대략 그 점포의 이름을 아래에 기록한다.[56]

대체로 위의 부연 설명은 '산'처럼 배열의 구체적인 순서를 설명하거나 '천'처럼 세부 항목의 중요성을 강조하는 내용이다. '토산'과 '장시'의 부연 설명은 신설된 다른 항목과 함께 이 시기에 평양이 물자가 모여들고 교역이 활발한 도회지로서의 면모를 지녔음을 강조하는 성격이 강하다.

而至若諸浦之廣, 不過一葦之抗者, 未必爲在在形勝. 然潮汐所及舟楫皆通, 則其灌漑之利·漕運之便·魚鱉之産, 亦莫非天地之爲生民設, 故不以細流而闕略焉."

55. 南廷哲, 『平壤續志』 上, '土産'. "右各種只擧其槪, 而外他如西海諸邑之魚鹽, 价川之鐵物, 寧遠之流下木及板子, 成川之細草砂器, 江界之皮毛蔘茸, 黃海之稻粱, 全羅之紙屬薑柿竹竿, 忠淸之白紵, 北道之明太凍太甘藿廣布, 燕京之綾羅綵緞餹屬茶屬藥材, 各國開港之唐木硫黃染材石油等物, 舟車轉運日夜輻湊, 故積貯之富, 反有勝於稱産之邑."

56. 南廷哲, 『平壤續志』 上, '場市'. "自大同館前, 四達通衢, 夾道左右, 皆設廛而相續, 無物不有, 無日不販, 非特如各場之市日而已, 槪錄其廛名條列于下."

표 6. 1892년 읍지의 '도로' 항목

<table>
<tr><th colspan="2">도로</th><th>세부 내용</th></tr>
<tr><td colspan="2">동쪽 東大院大路</td><td>대동문을 나와 대동강을 건너면 나오는 길로, 여기에서 몇 리를 간 뒤에 나오는 동쪽 길은 三登官路로 가는 길이고 동남쪽 길은 祥原新邑官路로 가는 길임</td></tr>
<tr><td colspan="2">동남 長林大路</td><td>영제교, 재송원에서 중화읍으로 가는 길로, 서울까지 5리정, 10리정이 이어져 있으며 25리마다 말을 갈아타는 撥所를 두었음</td></tr>
<tr><td colspan="2">正南大路</td><td>-外川으로 가는 길
-외천에서 서남쪽으로 가면 두 갈래 길이 나오는데 하나는 구진강 남쪽으로 가서 중화쪽 觀仙橋 서쪽과 猿巖場으로 가는 길이고, 다른 하나는 한사정으로 나와 狗頭津 서쪽으로 건너 남제산, 乭串坊 등으로 가는 길임</td></tr>
<tr><td colspan="2">서남쪽 두 갈래 길</td><td>-睨城 나루로 나와 大小赤頭峴을 넘어 順和津, 周子島를 거쳐 草里 莻次串 등으로 가는 길
-古祭坊 西城으로 나와 排置島*를 통해 豆老島로 가는 길</td></tr>
<tr><td colspan="2">正西大路</td><td>西門에서 普通門으로 나와 西江을 건너면 두 갈래 길이 나오는데, 남쪽 길은 강서, 용강, 삼화로 가는 길로 狄橋를 통해 太平場을 거치며, 북쪽 길은 증산 관아로 가는 길로 龍岳峴을 넘어 院場里를 경유</td></tr>
<tr><td colspan="2">북쪽 칠성문을 나와 並峴에 가서 보통대로와 합류하다가 다시 坎北店에서의 두 갈래 길</td><td>-서쪽 길은 파발로로, 순안으로 가는 길이며 북쪽 여러 읍을 거치면 의주에 도착
-동쪽 길은 자산, 은산, 순천, 개천, 덕천, 영원 등 읍의 官路로, 長鼓川 舊社院을 경유</td></tr>
<tr><td colspan="2">동북쪽으로 장경문을 나와 興富店에 가면 있는 세 갈래 길</td><td>-남쪽 길은 강동, 성천 등 평안북도로 가는 길
-가운데 길은 合正浦, 許桑 등의 마을로 가는 길
-북쪽 길은 乾芝, 四郎洞 등의 마을로 가는 길</td></tr>
<tr><td rowspan="2">수로</td><td>대동강 상류</td><td>동쪽 古方山에서 分流하여 남쪽으로는 상원, 삼등을 거쳐 곡산, 문성에 도달하고 북쪽으로는 강동, 성천, 은산, 개천, 덕천을 경유하여 영원에 도착</td></tr>
<tr><td>대동강 하류</td><td>용강, 삼화를 거쳐 서해에 도달, 서해변 각 읍에서 남북으로 통하고 동남쪽은 京江 및 충청도, 전라도 각 포구로 이어져 있음</td></tr>
</table>

*排置島는 1892년 읍지의 '도서' 항목에 '培致島'로 나와 있다.

신설된 항목 중에서 도시의 공간성과 관련된 '도로', '나루', '장시' 항목의 내용을 간략히 정리하면 표 6, 7, 8과 같다.

또한 19세기에 일어났던 각종 사건들도 이때 간행된 읍지에 반영되어 있다. 1837년 읍지 '고사'에 추가된 내용은 모두 열두 가지

표 7. 1892년 읍지의 '나루' 항목

나루	위치	세부 내용
대동강 하류		
大同門津	서쪽은 부성 동문, 동쪽은 沙島 長林	•큰 나루로, 남쪽으로는 한양에, 북쪽으로는 의주, 연경에 이름 •파발마가 왕래하는 곳이므로 얼음이 단단하게 얼기 전에 얼음을 깨서 건너게 해야 함
陸路門津	대동진 아래, 서쪽은 內川, 동쪽은 사도 장림	
古里門津	육로문 아래, 동쪽은 사도 장림, 서쪽은 外川 1리	
梅上沙津	고리문 아래, 동쪽은 사도 장림, 서쪽은 외천 1리	
九津江津	양각도 서쪽 구진단 아래, 남쪽은 大同江坊, 북쪽은 외천 4리	대동강은 양각도에서 물길이 분류하므로 남쪽 강물에 있는 것을 南津, 북쪽 강물에 있는 것은 北津이라고 함
狗頭津	구진강 하류 몇 리, 동북쪽은 평천 한사정, 남쪽은 助王村	•강 남쪽 벼랑 동굴 중에 개 머리 모양의 바위가 있어서 이런 이름이 붙게 됨 •부성 서남쪽과 10리 떨어진 곳 •나룻가 좌우로 북쪽과 남쪽 물길이 분류하는 것은 구진강진과 동일
猿巖津	狗頭 하류 10리 즈음, 남쪽은 猿巖場, 북쪽은 阿淄島(남강 하류)	
柳亭津	원암진 아래, 북쪽은 아치도, 남쪽은 남제산 朕村(남강)	
豆老島津	한사정 하로 몇 리, 남쪽은 두로도 상단, 북쪽은 배치도(북강 하류)	
鳳凰津	만경대 상류, 남쪽은 두로도, 북쪽은 서산(북강)	
石湖亭津	부 서남쪽 30리(남강과 북강이 하류에서 다시 합류함), 남쪽은 돌곶, 북쪽은 잉차곶 高昌村	
碧耳津	석호정 하류 5리 즈음, 남쪽은 碧島, 북쪽은 頭禾浦	
乭沙津	두화포 아래 3리 즈음, 남쪽은 香巖(중화 지역), 북쪽은 초리 松湖, 동쪽은 벽이도	
碧耳津	벽이도 동쪽, 동쪽은 돌곶방이며 이곳이 金村島로 땅이 넓고 나루가 사방으로 통함	위의 '벽이진'과 이름이 같지만 지역이 다르므로 중복 수록

표 7. 1892년 읍지의 '나루' 항목(계속)

나루	위치	세부 내용
	대동강 상류	
鰲衣津	부 동쪽 경파루 아래로 동쪽은 사도	
衣巖津	鰲衣 위로 6, 7리 즈음이며 남쪽은 秋鬱美, 북쪽은 임원 주암산	
龍堂津	衣巖 위로 북쪽은 新物里村, 남쪽의 美林坪	
三江津	龍堂 위로 동쪽은 梨川, 서쪽은 高方山, 남쪽은 柱伊	
金灘津	三江 동남쪽(남강)이며 부성과 30리 떨어진 곳, 남북쪽 모두 추울미, 북쪽은 이천 法首라고 함	삼등관로
九耆津	金灘 위 10리로 동쪽은 강동 경계, 서쪽은 생이 경계	
北江津	三灘 동북쪽 5리 즈음으로 남쪽은 이천, 북쪽은 임원	
	기타	
睨城津	平川 서쪽 토성 바깥, 보통강 하류, 서쪽은 서산	
順和津	예성 서쪽 10리 순화강, 동쪽은 만경대, 서쪽은 주자도	
長光津	三淸浦에 있음, 동북쪽은 주자도, 서남쪽은 童子洞 高昌村	
濟艾津	保山浦 상류, 부 서쪽 50리로 동쪽은 잉차곶 天眞山, 서쪽은 兔山 漆巖	
完谷津	濟艾 아래로 동쪽은 초리 沙里洞, 서쪽은 잉차곶 鳳鳴山 朝陽里	
鳳翔津	完谷 남쪽 봉상포(보산포 위), 동쪽은 초리 保峰坪, 서쪽은 강서 지역	
伊老島	保山浦 위로 서쪽은 寶沙蘭, 동쪽은 伊老島	
석호정 아래에서 동쪽에 있는 강인 昆陽浦를 따라 위로 가면 차례로 있는 8개의 나루		
• 小耳島津, 昆陽津, 接剡津, 石寺津, 論巖津, 城斗津, 東剡津, 觀善橋津은 남쪽으로 중화와 경계를 이룸 • 곤양진 북쪽이 大耳島이며 성두진 북쪽이 白巖, 석사진 북쪽이 接剡, 접섬진 서쪽이 艾浦임		

표 8. 1892년 읍지의 '장시' 항목

<table>
<tr><th colspan="2">市廛</th></tr>
<tr><td>대동관 앞 사거리</td><td>床廛(각종 綾羅), 布廛, 白紬廛, 白木廛, 鐵物廛, 紙廛, 冠廛(탕건, 망건 포함), 腰帶廛(紬絲, 木絲 포함), 木花廛(목화씨 빼낸 것 포함), 皮鞋廛, 菜種廛, 烟竹廛</td></tr>
<tr><td>대동문 안</td><td>米廛, 鹽廛, 黃肉廛, 猪肉廛, 生鮮廛, 魚藿廛, 京右物廛(餹屬 果品), 烟草廛, 釜鼎廛</td></tr>
<tr><td>법수교</td><td>鍮器廛, 砂器廛</td></tr>
<tr><td>서문 밖*</td><td>甕器廛, 衣籠廛, 柳器廛, 茵席廛, 薰簟廛, 良太廛, 草鞋廛, 木鞋廛, 海草廛, 破衣廛, 破鐵廛, 月衣廛, 眞梳廛, 牛馬廛</td></tr>
<tr><td>서문 안</td><td>雞廛, 長木廛</td></tr>
<tr><td>대동강변</td><td>流下木廛</td></tr>
<tr><td>강변 및 靑石橋 서문 안</td><td>柴草廛</td></tr>
<tr><td>장소를 명기하지 않은 시전</td><td>纓子廛, 棺槨廛</td></tr>
<tr><th colspan="2">工匠 및 在家興販</th></tr>
<tr><td colspan="2">筆工房(사옥서 전후), 毛衣匠房, 弓匠房, 銀匠房, 笠子房, 眼鏡房, 造麯家, 造酒家, 造油家, 造餹家, 染色家, 石物所(대동강변)</td></tr>
<tr><th colspan="2">각 坊 場市</th></tr>
<tr><td colspan="2">太平場(부 서쪽 50리, 면포와 미곡이 많음), 猿巖場(부 서남쪽 25리), 長水院場(부 동쪽 30리), 新場(부 동쪽 30리 이천 동남쪽), 戊辰場(부 동남쪽 40리, 반은 중화 지역), 馬山場, 부 북쪽 40리), 院場(부 서쪽 50리), 長峴場(緊哉, 원장 북쪽 10리), 漢川場(부 서북쪽 100리, 永柔 경계)</td></tr>
</table>

*항목 아래에 있는 장소를 앞의 용례에 따라 위의 항목이 해당 지역에 있는 것으로 읽을 수 있다. 그런데 이 부분에서는 '柳器廛' 아래에도 '西門 外'가, '牛馬廛' 아래에도 '西門 外'가 명기되어 있다. 동일한 장소라면 어느 한 곳에만 표기하는 것이 일반적이라 둘 중 하나가 오기일 수도 있겠지만 이 자료만으로는 판단하기 어려우므로 '서문 밖' 항목에 모두 포함시켰다.

이다. (1) 지역민 김중구(金重九)가 관찰사 송인명(宋寅明)에게 군향미를 비축하고 성을 수축할 것을 요청하며 자금을 모으고 힘써 일한 공로로 가자(加資)를 받고 또 개시(開市) 물자 처리에 대한 제안으로 상자(賞資)를 받았다는 내용, (2) 순조 갑자년(1804)에 바람이 강하게 불어 화재가 일어나 성안의 여러 행정 건물과 민가가 삽시간에 불타서 임금이 위유(慰諭)하고 쌀과 자금을 지원했다는 내용, (3) 1811년에 홍경래의 난이 일어나자 평양의 김종정(金鍾珽)과 정득현(鄭得賢) 등이 의병을 일으켰고 이듬해인 1812년에는 '충의사(忠義士)'와 '창의사(倡義士)'라는 이름으로 사람들을 모아 토벌군에 자원하거나 평양성 안팎을 순찰했고 감영 중군이 정주의 반란군을 평정한 뒤 돌아왔다는 내용이다. 그다음부터는 과거 설행과 관련된 내용으로 이전에 누락된 내용까지 수록했다. (4) 현종 기유년(1669)에 중신(重臣) 정지화(鄭知和)에게 별과(別科)를 설행하라고 해서 4인을 뽑았는데 합격자에 지역민 양현망(楊顯望), 김의엽(金義燁), 변사달(邊四達)이 포함되었다는 내용, (5) 숙종 을해년(1695)에 중신 이세백(李世白)에게 별과를 설행하라고 하여 청북(淸北) 유생의 요청으로 '남'과 '북'을 시권(試卷)에 표시하게 했고 반은 청남에서 반은 청북에서 뽑았는데 합격자에 조지중(趙之重)이 포함되었다는 내용, (6) 숙종 정유년(1717)에 중신 민진원(閔鎭遠)에게 별과를 설행하게 하여 을해년(1695)처럼 치렀는데 지역민이 합격자에 없었다는 내용, (7) 영조 무신년(1728)에 중신 김동필(金東弼)에게 별과를 설행하게 하면서 강변(江邊) 1인을 더 뽑았는데 합격자에 지역민 황민후(黃敏厚)가 포함되었다는 내용, (8) 영조 병인년(1746)에 중신 이종성(李宗城)에게 도과(道科)를 설행하게 하여 5인을 뽑았는데 지역민 이인채(李仁采)가 장원이었다는 내용, (9) 영조 갑오년(1774)에 중신 김종정(金鍾正)에게 도과를 설행하게 하여 6인을 뽑았는데 합격자에 지역민 홍기서(洪箕敍)가 포함되었다는 내용, (10) 정조 임인년(1782)에 중신 정창성(鄭昌聖)에게 도과를 설행하게 하여 6인을 뽑았는데 합격자에 지역민 윤창리(尹昌离)와 임희탁(任希鐸)이 포함되었다는 내용, (11) 순조 을해년(1815)에 중신 정만석(鄭晩錫)에게 도과를 설행하게 하여 6인을 뽑았는데 지역민 김경렴(金景濂)과 최성악(崔聖岳)이 포함되었다는 내용, (12) 순조 병술년(1826)에 중신 이희

갑(李羲甲)에게 도과를 설행하게 하여 5인을 뽑았는데 지역민 선우석(鮮于錬)이 장원이었다는 내용이다.

1855년 읍지의 '사적'에 수록된 내용은 일곱 가지이다. (1) 영조 경인년(1770)에 관찰사 조엄(趙曮)이 감영의 물품 지출 가격 기준이 각양각색이라 동지(同知) 전신채(全信采)에게 규격을 정하도록 했다는 내용, (2) 순조 임신년(1812)에 관찰사 정만석이 성문을 개방하여 민심을 수습하고 군졸을 돌려보내 농번기를 놓치지 않게 하고 장사들을 보내 산적을 소탕하고 군제와 창고 문제를 해결하는 등 당시 혼란한 분위기를 안정시킨 공적, (3) 순조 병인년(1806)에 관찰사 이면긍(李勉兢)이 암문(暗門) 공금정(控襟亭)과 칠성문(七星門) 만수대(萬壽臺) 주변의 밭을 사들여 소나무를 심은 탓에 백성들이 고생했으나 소나무가 울창해지자 백성들이 이 일의 효과를 깨달았다는 내용, (4) 순조 갑신년(1824)에 김조순(金祖淳)이 숭인전감을 참봉과 숭령전 참봉으로 바꿔 동반직(東班職)으로 만들면서 하나는 선우씨가 세습하고 하나는 천거하여 청남과 청북에서 교대로 등용하는 방식으로 만들고 근무 일수가 차면 내천(內遷)하도록 만들었다는 내용, (5) 병신년(1836)에 관찰사 이기연(李紀淵)이 보통문 밖 5리에 버드나무를 심었는데 '북장림(北長林)'으로 불린다는 내용, (6) 기유년(1849)에 관찰사 조두순(趙斗淳)이 계성사(啓聖祠)에 의의(義疑) 접생(接生) 3인을 두었다는 내용, (7) 계축년(1853)에 관찰사 김병기(金炳冀)가 무열사 참봉 자리 중 하나는 이여송의 자손이 세습하게 하고 하나는 진무사(振武士) 대상의 시험으로 뽑겠다고 임금에게 아뢰었다는 내용이다.

1892년 읍지의 고사는 위의 두 읍지에 비해 상당히 구체적이고 길게 내용을 서술했다는 점에서 1590년과 1730년 읍지의 서술과 유사하다. 내용은 크게 몇 가지로 나눌 수 있다. 먼저, 천재지변 등의 혼란에 대한 내용으로 1862년의 수해와 괴질, 1863년에 고군(雇軍)

을 꾀어 군고(軍庫)의 무기를 탈취하려고 시도한 사건, 1873년의 수해, 1886년의 괴질, 1888년과 1893년의 화재 사건이 기록되어 있다. 이런 위기에 대한 대비책도 만들어졌다. 1883년에 오가작통법(五家作統法)이 시행되어 각 통에 조총 한 자루씩을 지급하고 호마다 문밖에 돌을 쌓아 대비하게 했으며, 1888년 7월에는 서울의 활인서(活人署)에 해당하는 구휼 기관인 제양소(濟養所)를 설치했다.

또 '고사'에서 가장 비중 있게 서술된 제너럴셔먼호 사건을 비롯한 서양인의 등장이 문제로 떠올랐다. 이보다 앞선 1866년 정월에 중군(中軍) 정지용(鄭志鎔)이 천주교가 확산되는 상황에서 신자들을 체포하여 처벌하고 수괴를 처형하는 일이 있었고, 그해 7월 용강(龍岡) 다미면(多美面) 주영포(珠英浦)에 처음 나타난 이양선(異樣船)이 평양부 남서쪽의 만경대(萬景臺)에 이르러 교역 의사를 밝히고 봉황진(鳳凰津)에 와서 상의를 하자고 순중군(巡中軍) 이익현(李翼鉉)을 유인한 뒤 인신(印信)을 뺏고 억류하는 사건이 발생했다. 당시 관찰사인 박규수(朴珪壽)가 조정에 이 사실을 보고했고 이양선이 점차 접근함에 따라 이양선과 평양 군대 사이에 조총과 대포를 쏘는 충돌이 발생해 민간인 사상자들이 생겨났다. 장교 박춘권(朴春權)이 작은 배를 타고 이양선에 접근하여 중군을 구출했는데, 이후에 조수가 빠지면서 좌초된 이양선이 중군의 인신을 보내며 항복을 선언하고 생환하게 해 달라고 요청했다. 중영에서는 하선을 명령했으나 이양선에 타고 있던 사람들이 총과 대포를 쏘면서 저항하자 주동자를 결박하고 함선을 불태웠으며, 이양선에서 탈출한 사람들은 분노한 거주민들에게 맞아 죽는 것으로 사건이 마무리되었다. 관련하여 퇴역 장교 김의섭(金義涉)이 화포 대완구(大椀口)에 화약을 매설하겠다고 자원했다가 사고로 사망한 사건도 읍지에 실려 있다. 제너럴셔먼호 사건 이후에도 이양선의 출몰은 계속되었다. 1866년 9월에 이양선이 강화(江華)를 공격하여 감영에서 친위사를 파견하고 평양부의 여러 사람이 '창의사(倡義士)'를 조직하여 참전했다는 내용, 1868년 4월 삼화(三和)에 이양선이 등장해 총군(銃軍)이 파병되었다는 내용, 1871년 4월에 강화에 파견한 중군(中軍)이 사망했다는 급보가 와서 감영에서 포수와 친위사, 좌우별무사 등 120명을 파견하여 이양선이 퇴각했다는 내용 등이 수록되었다. 문제는 이양선 같은 서양인의 등장만이 아니었다. 1876년에는 일본인이 강화에 와서 감영에서 포군을 파견했고, 1883년 2월에 다시 일본인 3명이 들어와 내정을 염탐했다. 1882년에는 서울에서 도망쳐 평양을 지나던 중국인을 조정의 명에 따라 붙잡아 체송하기도 했다.

과거 설행 문제는 여전히 초미의 관심사였다. 1866년과 1887년에 도과가 설행되었고, 1889년에 청남과 청북, 강변에서 삼도회 승보시(陞補試)를 설행했으며, 1890년에는 향시 합격자 인원을 추가해 달라고 요청하여 증설했다. 1892년에는 덕행과(德行科)가 설행되었다.

이 외에도 읍지에는 1885년 조정의 명령에 따라 중국인이 서울에서 와 전보국과 전선목을 설치하여 근대 문물이 들어오는 한편 1871년 조령에 따라 구삼원에서 농사를 관찰한 일, 1885년과 1891년에 서영(西營) 군사를 데리고 상경하여 사열한 일, 1888년에 평양부 각 방에서 향약계를 만들고 향음례(鄕飮禮)와 향사례(鄕射禮) 등을 거행하고 『향례삼선(鄕禮三選)』을 만들어 배포한 일, 1889년에 기자묘를 기자릉으로 봉하고 1891년에 동명릉을 봉한 일 등이 실려 있다. '서영'은 '병제' 항목에 상술되어 있으며, 향약계 관련 내용은 중후반부에 여러 산문에서 관련 상황을 서술했다.

3. 평양 읍지에 반영된 도시의 변화상

여느 도시들처럼 평양도 현대와 전근대 시기의 모습이 상당히 다르다. 행정구역이 재편되고 도시가 새롭게 개발되면서 이전의 시설물이나 도로는 자취를 알아볼 수 없게 되었을 것이며, 조선시대에 제작된 지도나 그림이 전한다고 하지만 실물 그대로가 아니라 특정 부분에 중점을 두었거나 화폭의 한계 같은 문제로 실제 모습을 변형했기 때문에 현재의 지도와 대응하기는 어려운 점이 많다. 건물과 도로, 거주지 같은 도시 공간만이 아니라 행정구역이 개편되면서 도시의 규모도 달라지고, 심지어 자연경관도 변화를 겪는다. 1932년 간행된 『평양부』에 실린 지도를 보면 대동강 유역 섬의 분포와 명칭 등에서 변화를 발견할 수 있다(그림 1, 2 참조). 지금은 대동강 상류에서부터 능라도, 양각도, 쑥섬, 두루섬, 곤유도가 있지만, 1932년 당시만 해도 능라도, 반월도(半月島), 양각도(羊角島), 이암도(狸巖島), 봉래도(蓬萊島)가 있었다. 그런데 18세기에 나온 『평양지』에서는 섬들이 대취도(大醉島), 능라도, 대양각도, 소양각도, 두단도(豆丹島), 두로도(豆老島), 독림도(禿林島), 추자도(楸子島)처럼 또 다른 이름으로 나타나고 있다. 이 글에서는 읍지에 제시된 여러 정보를 바탕으로 시대에 따라 중요한 사안은 무엇이고 이것이 어떤 양상으로 나타나고 변화했는지를 조명해 볼 것이다.

1) 성곽과 행정구역

1590년 『평양지』에 따르면 평양에는 장경문(長慶門), 보통문(普通門), 함구문(含毬門), 칠성문(七星門), 대동문(大同門), 정양문(正陽門) 등 6개의 문이 있는 부성(府城)과 거피문(車避門)과 다경문(多景門)이 있는 외성(外城)이 있었다(그림 3 참조). 부성은 읍지에는 고려 성종 때

그림 1. 평양 조감 사진(구글 어스)

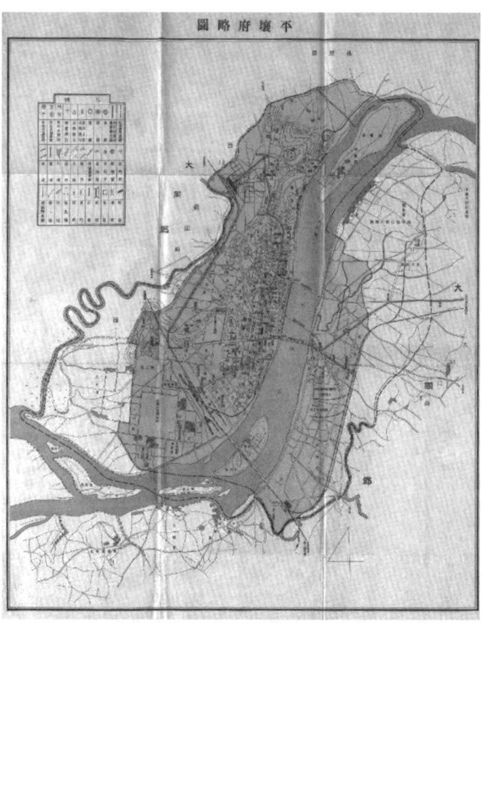

그림 2. 평양부 약도
(조선총독부, 『평양부』, 1932)

쌓았다고 되어 있으며 『신증동국여지승람』에 따르면 1406년(태종 6)에 개축했다. 외성은 기자 때 만들어졌다고 하는데, 922년(태조 5)에 지었다고 하는 성을 외성으로 추측하기도 했다. 그러나 16세기 말에 외성은 성벽만 있을 뿐 두 성문(거피문과 다경문)은 모두 무너진 상태였다. 또 『평양지』의 성곽 관련 기록은 『신증동국여지승람』과 동일하므로 그대로 전재한 것 같다. 당시 상황도 문헌 내용과 큰 차이가 없었을 것이다. 읍지에서는 대성산성(大城山城)과 장안성(長安城), 적두산성(赤頭山城)에 대해서도 언급하면서 이들을 돌로 쌓았는지 흙으로 쌓았는지, 둘레와 높이는 어느 정도인지 명시했다. 장안성은 대성산 동북쪽에 있고 그 안에 안학궁(安鶴宮) 옛터가 있으며, 적두산성은 평양강(平壤江) 서쪽에 있고 묘청의 난 때 김부식이 축성한 군대 주둔지였다(그림 4, 5 참조).

『평양지』에서는 평양강이 평양부 서남쪽에 있고 보통문 밖을 지나 구진익수(九津溺水, 대동강 하류)와 합류한다고 하므로, 어느 시기부터 '평양강'이 '보통강(普通江)'으로 이름이 바뀐 것 같다. 1934년에 나온 『평양대지』에서는 평양강이 평양부 서남쪽 10리의 강 유역으로 보통강 하류과 대동강 하류인 구진익수가 합한 것이라고 하는데 이 점은 확실하지 않다. 1590년 읍지에서는 평양강이 순안현 법홍산에서 발원해 보통문 밖을 지나 구진익수와 합류한다고 했고, 1730년 읍지에서는 평양성 서쪽에 있는 강은 발로하(發蘆河) 또는 서강(西江)이라고 했으며, 1892년 읍지에서는 발로하와 서강, 보통강이 동일한 강이라고 했기 때문이다. 요컨대 1590년 읍지에 나오는 〈평양폭원총도(平壤幅員總圖)〉를 보면 왼쪽 대성산에 대성산성과 장안성이 있고 평양강 서쪽에 적두산성이 있었던 것이다.

17세기에서 18세기 초반까지 생겨난 변화는 『평양속지』(1730)에서 상세하게 확인할 수 있다. 임진왜란 때 4차에 걸쳐 치열하게 전개된 평양성 전투 이후 평양성의 규모가 너무 크다고 생각했는지

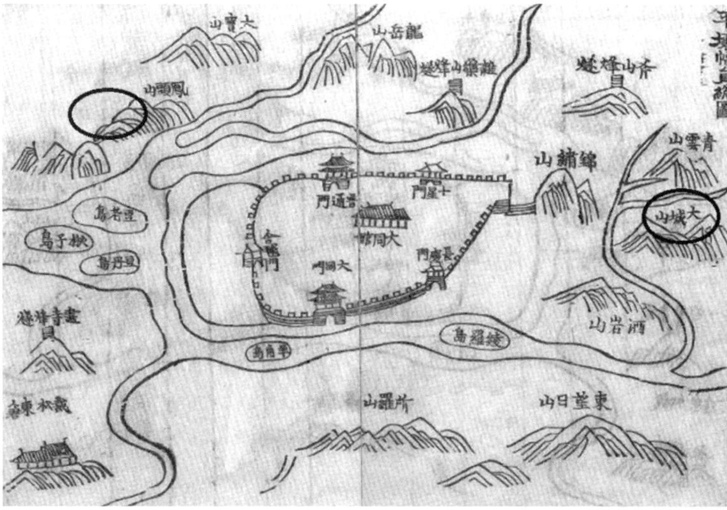

그림 3. 1590년 읍지의 〈평양폭원총도〉: 부성(장경문, 보통문, 함구문, 칠성문, 대동문)과 외성

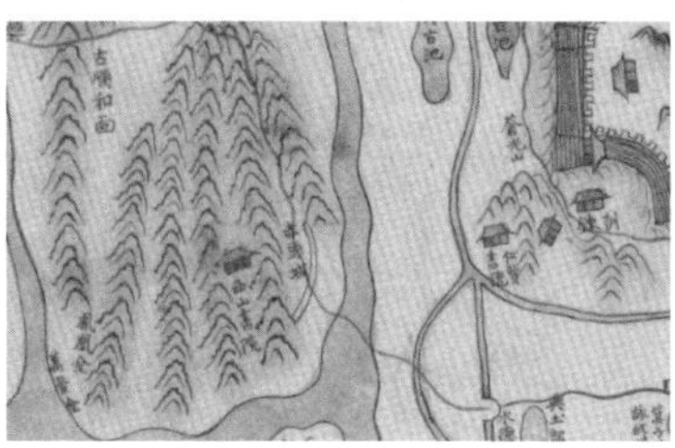

그림 4. 『해동지도』 평양부 '적두산성'

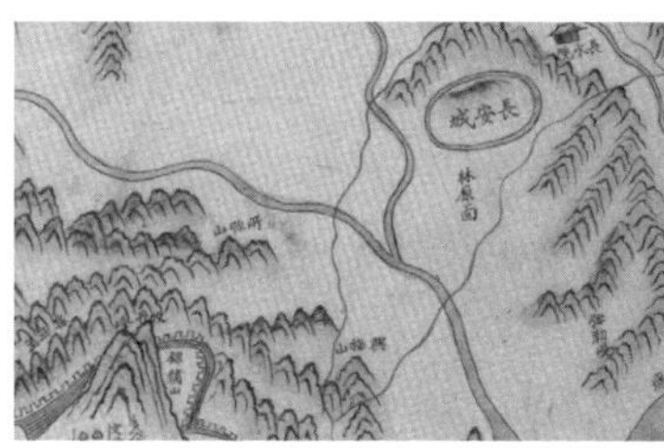

그림 5. 『해동지도』 평양부 '장안성'

1624년(인조 2)에는 너무 커서 수비하기 어려운 부성을 줄이는 일련의 조치들이 시행되었다. 이것은 한 번에 이루어지지 않고 여러 이유로 매우 더디게 진행되었으며, 부성은 영숭전 서쪽 기슭에서 오동(烏洞)을 거쳐 남쪽의 동성(東城)까지로 점차 규모가 줄어들었다. 이에 함구문과 정양문, 보통문이 성 밖에 있게 됨에 따라 서문[정해문(靜海門)]과 남문[주작문(朱雀門)]을 다시 만들었으나 1637년(인조

15) 이후 두 나라의 조약에 따라 성의 보수공사를 할 수 없게 되었다. 이후 1685년(숙종 11)에 감사 유상운(柳尙運)이 남쪽 성을 쌓았고 1696년(숙종 22)에 감사 이유(李濡)가 동문으로 장경문루를 세웠으며 1710년(숙종 36)에 감사 윤지인(尹趾仁)이 남문으로 주작문루를 세웠다. 1711년(숙종 37)에 감사 이제(李濟)가 청나라에서 성의 방어를 허락한다는 문서를 보내오자 수축을 완공하여 성벽 몸체를 갖추었고 초연대(超然臺)와 서문인 정해문 및 북문인 칠성문의 문루(門樓)를 세웠다. 1714년(숙종 40)에 감사 민진원이 중영(中營)과 장대(將臺)를 세웠고, 1716년(숙종 42) 감사 조태로(趙泰老)가 장대 4곳과 포루(砲樓) 등을 만들었다. 또 1724년(경종 4)에 감사 이진검(李眞儉)이 무기고를 만들고 무기를 보관해 두면서 성의 해자 시설이 갖추어졌고, 1728년(영조 4)에 감사 윤유가 군사훈련을 재개했다. 1892년 읍지에서는 이 내용을 정리하면서 부성의 서남쪽을 줄여 축조했고 6개의 문이 있다고 했다. 1730년 읍지에는 원래 있던 6개의 문에서 보통문과 함구문, 정양문을 제외하고 새로 만든 정해문(서문)과 주작문(남문)을 더한 총 5개의 문만 언급되어 있다. 1892년 읍지에서는 여기에 부성의 동남쪽 모퉁이에 있는 홍예교 형태의 육로문(陸路門)이 추가되었는데, 시장과 포구로 이어지다 보니 사람들이 많이 이용하는 문이었다. 관찰사 홍종응(洪鍾應)의 「수문중건기(水門重建記)」를 보면 고려 성종 때 만든 수문이며 속칭 '육로문'이었는데, 1850년에 연광정을 중수하면서 함께 중건했다고 한다.

이렇게 17세기에서 18세기 초까지 성의 규모를 줄이는 조치가 점진적으로 시행되어 완수되었는데 그 외에 다른 변화도 있었다. 평양의 지형에서 고지대인 모란봉이 적에게 점령당하면 내성이 그대로 노출된다는 문제점이 지적되면서 1714년(숙종 40) 민진원이 을밀대 서북쪽 모퉁이에서 모란봉을 끼고 부벽루를 지나 내성의 동쪽 암문으로 연결되는 북성(北城)을 축조했다. 내성과 북성을 연결하는 암문도 있었지만 북성에는 을밀대 쪽에 있는 북문 현무문(玄武門)과 부벽루 아래에 있어 배를 타고 와서 북성으로 들어갈 수 있는 동문 전금문(轉錦門)이 있었다. 그 외에 보통문 동루 인근에 김부식이 묘청의 난을 진압하러 들어왔다는 경창문(景昌門)이 있다.

기자의 '정전(井田)'이 남아 있는 곳으로 알려진 외성은 평평한 저지대라 강물의 범람이 가장 큰 문제였다. 외성 지역의 수해 문제에 본격적으로 대처하기 시작한 시점이 18세기 초반으로, 1727년(영조 3)에 감사 홍석보(洪錫輔)가 착수하고 1729년(영조 5)에 감사 윤유가 비용을 마련했다. 1730년(영조 6)에 감사 송인명(宋寅明)이 위의 작은 성에서 아래 영귀루(詠歸樓)까지 수해 방지용 담을 수축했다.

성이 축소되면서 성 밖으로 밀려난 공간을 1730년 읍지에서는 따로 언급하지 않았지만 1837년 읍지에서는 '중성 옛터(中城故址)'라고 부르고 있다. 이 구역은 1744년에 작은 문을 만들어 '정양문'이라고 불렀다. 1768년에 예전처럼 중수하되 사초(莎草)로 담을 쌓았고 1769년에 함구문을 만들고 정양문의 규모를 키웠으며 1771년에는 돌을 섞어 다소 낮게 담을 쌓았으나 무너졌고 읍지 제작 시점에도 다시 보수하지는 않은 것 같다. 이곳 토성의 보수 문제가 현안으로 떠오른 것은 대동강 인근이 저지대이고 주변에 사람들이 거주하면서 수해가 계속되었기 때문이다(그림 6, 7 참조).

1892년 읍지에는 수해를 방지하기 위해 1871년에 가장 낮은 지대의 집을 철거해서 증축했고 1873년에 성 위의 민가를 철거한 뒤 크게 수축했다는 기록이 있다. 중성과 외성에도 홍수 피해라는 현실적인 문제가 있었지만 다른 한편으로 예전 성곽의 흔적을 유지하려는 시도도 부단히 이루어졌다. 돌로 성곽을 쌓기에는 여러 현실적인 한계가 있었으므로 토성을 지을 수밖에 없었고 그러다 보니 자주 무너졌는데, 부성처럼 중요한 구역이 아니어서 담이 무너진다고 해도 보수하지 못하는 경우도 있었다. 행정적으로 중요한 부성(내성)과 군

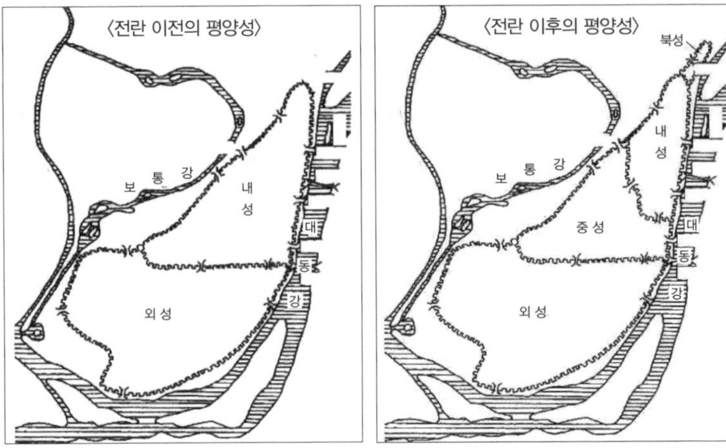

그림 6. 전란 전후의 평양성 구조 비교
최희림, 『고구려평양성』(과학백과사전출판사, 1978).

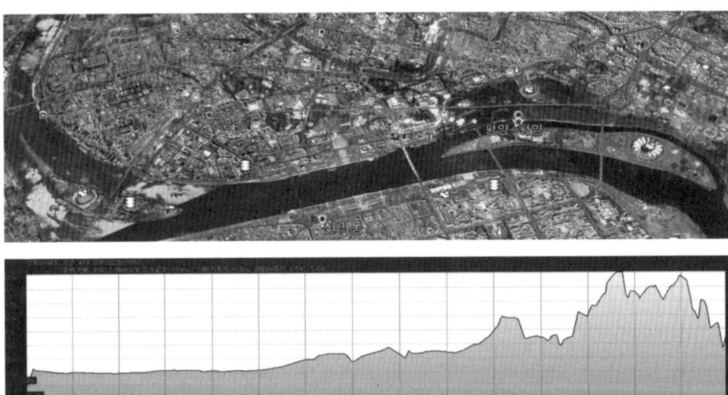

그림 7. 평양의 고도(구글 어스)

사적으로 중요한 북성은 돌로 성을 쌓았고 중성과 외성은 둘레를 사초로 쌓았지만 19세기 말까지도 각 구역의 경계는 뚜렷하게 구획되어 있었다.

1590년 읍지에 언급된 대성산성과 장안성, 적두산성은 1730년 읍지에 "今廢"라고 되어 있어, 더 이상 산성으로서의 역할을 하지 못한 것으로 보인다. 대신 1627년에 대동강 하류에 보산성(保山城)을 수축하고 평양부의 곡식 창고를 만들었다. 1892년 읍지에는 승성[僧城, 예성(睨城)]도 나와 있는데, 고려 때 승려 묘청이 만든 것이라는 전설이 함께 서술되어 있기 때문에 후대에 새로 만든 성이 아니라 이전에 있었지만 기존 읍지에 누락된 것을 추가했다고 볼 수 있다. 이 성은 외성 구역 안에 있으며 평양부 서쪽의 보통강 근처에 있다. 승성 안에 있는 연못이 〈기성도병〉에는 '승지(僧池)', 서울대학교 박물관 소장 〈평양도〉에는 '봉지당(鳳至塘)'이라고 되어 있다. 송암미술관 소장 〈평양성도〉에는 승성이 아니라 '왜성(倭城)'으로 표기되어 있으며 연못도 '장흥지(長興池)'로 나와 있다. 〈기성도병〉과 〈평양성도〉에는 옆에 '양명포(楊命浦)'라는 지명이 나와 있다(그림 8 참조).

그런데 승성에 대한 설명은 크게 두 가지로 나뉜다. 하나는 1892년 읍지의 서술로, 묘청의 난 때 진압군에 대항하기 위해 주민들이 지었다는 것이다. 1957년에 북한에서 나온 『평양지』는 이 점에 대해 보충 설명을 하면서, 『고려사』「열전」의 '김부식' 편에 나온 "서경 사람들이 강을 따라 성을 쌓았는데 선요문(宣耀門)에서 다경루(多景樓)까지 모두 1,734칸이고 6개의 문을 설치하여 출입을 막았다", "11월에 모든 군사가 전군이 주둔한 곳으로 나아가 흙산을 쌓았는데, 그 길이가 양명포를 넘어 적의 성 서남쪽 귀퉁이에까지 이르렀다"라는 구절이 이 설의 근거가 된다고 했다. 곧 난을 진압하러 온 관군이 보통강 너머에 있는 적두산성에 집결해 있었으므로 관군을 방어하기 위해 쌓았다는 것이다. '승성(僧城, 중성)'이라는 이름이 붙은 것은 축성한 인원 가운데 승려들이 많았기 때문이며, 이 성을 '예성(睨城, 芮城)'이라고도 부르는 것은 관군의 동정을 '엿보는 성'이라는 의미라는 해석도 수록되었다.[57] 즉, '예성(睨城)', '예성(芮城)', '외성(外

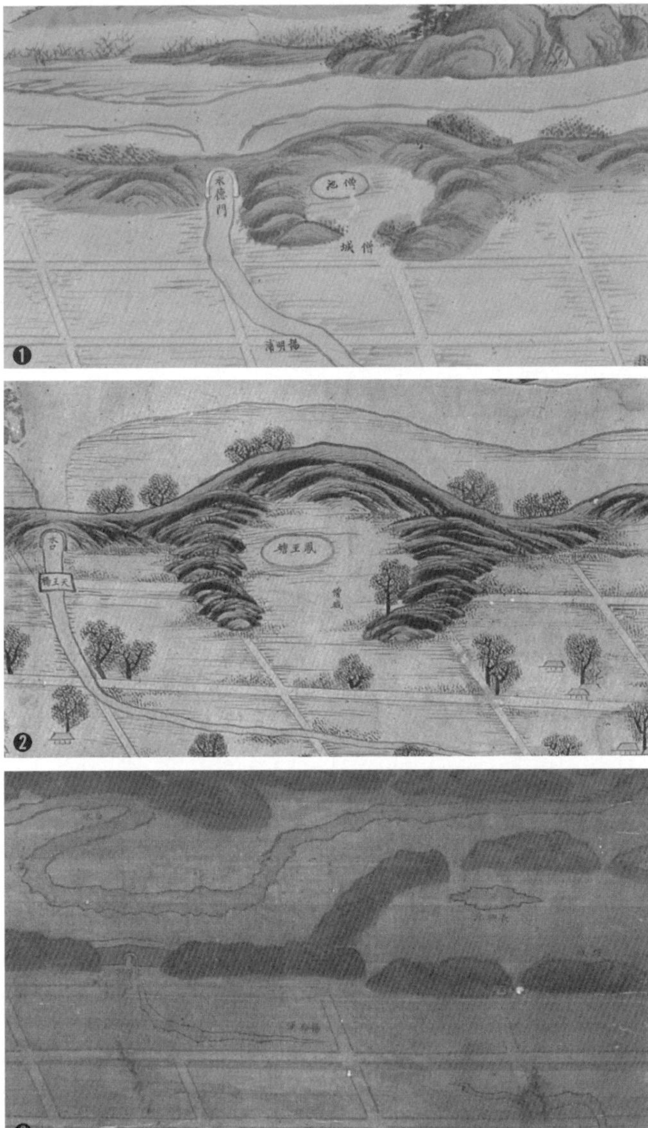

그림 8. 승성: ①〈기성도병〉(서울역사박물관 소장), ②〈평양도〉(서울대학교박물관 소장), ③〈평양성도〉(송암미술관 소장)

城)', '여성(餘城)', '왜성(倭城)'이 모두 '예성'의 표음자라는 것인데, '외성'을 더 넓은 구역으로 설명한 역대 읍지의 분류와는 차이가 있다. 『고려사』 자료에 군사가 흙산을 쌓았다고 했으므로 이 해석을 모두 받아들일 수는 없더라도 왜 이 성의 이름이 '승성'이고 또 '예성'이라는 이칭을 지녔는지 합리적으로 설명한 것이라 하겠다.

또 다른 설은 임진왜란 때 일본군이 쌓은 성이라고 보는 것으로, 『평양지』(1957)에는 일본 사학자 이케우치 히로시(池內宏, 1879-1952)가 『만선사연구(滿鮮史研究)』(東京: 座右寶刊行會, 1937)에서 제시한 견해라고 나와 있다. 이 책에서는 이징(李澄)의 필체가 있는 〈병풍평양도(屛風平壤圖)〉의 '倭城' 표기와 이 성의 서부, 곧 보통강으로 향하는 부분이 낮으므로 적두산성과 대치하는 상황에서 지은 것으로 보기는 어렵다는 실제 답사 결과와 임진왜란을 기점으로 그 전에 나온 윤두수의 『평양지』에는 등장하지 않지만 이후 50년이 지난 1647년(인조 25)에 그린 이징의 병풍도에는 이 지명이 있다는 점을 들어 이 성이 임진왜란 이후에 등장했을 가능성을 설명한다. 임진왜란 때 조선에 축조된 왜성이 전시 중 전진과 후퇴, 보급로 확보가 용이한 강과 바다 인근에 주로 만들어졌다는 점으로 볼 때 일리 있는 지적이다. 하지만 '승성'의 존재는 임진왜란 이후 1730년, 1837년, 1855년 읍지에서도 언급되지 않다가 1892년 읍지에 비로소 등장했고, 이것은 그 성이 해당 시점에서 새롭게 읍지에 수록할 만하다고 인식된 결과일 수 있으므로 이징의 병풍도를 근거로 승성을 임진왜란 때 축조했다는 보는 것은 설득력이 없다. 『평양지』에서도 이 설을 지지할 확실한 근거 자료를 제시하지는 못했다.

읍지에는 또한 연못의 존폐에 대한 상세한 기록이 있다(표 9 참조).

---

57. 평양향토사편집위원회 편저, 『평양지』(평양국립출판사, 1957), 284-285면.

표 9. 역대 읍지의 연못 존폐 상황

연못	수록 읍지	위치 및 설명	비고
甫音筒池	1590년	부 서남쪽 20리	
栗寺池	1590년	부 동쪽 30리	
訖伊方池	1590년	부 서쪽 40리	
日影池	1590년	함구문 안	
	1730년	서윤 黃爾章이 다시 파고 정자를 세움	
	1892년	함구문 안 큰길의 서쪽	
月影池	1590년	함구문 밖	메워졌음(1730년)
倒影池	1590년	풍월루 북쪽	
	1730년	둘레 72보, 1715년 감사 閔鎭遠이 파서 만듦	
	1892년	대흥부 2리, 연못의 이름을 따서 동네 이름을 影池洞이라고 함	
長興池	1590년	다경루 북쪽	메워졌음(1730년)
桂林池	1590년	추양대 서쪽	
大舌池·小舌池	1590년	보통문 안 서쪽	
東陽池	1730년	장경문 안, 둘레는 175보, 중앙의 작은 섬 둘레는 38보, 1715년에 새로 파서 물을 저장함	
	1892년	활래정 아래, 1715년 민진원이 새로 파서 물을 저장함	
風月池	1730년	도영지 남쪽, 둘레는 191보, 중앙의 작은 섬 둘레는 34보, 예전에는 애련당·능허교·팔각문이 있었는데 없어졌고 1715년에 (민진원이) 다시 파내어 문과 당, 다리를 복구함, 1879년 감사 민영위가 다시 파고 연꽃을 심음	
	1892년	연광정 서쪽, 섬과 1542년 서윤 이원손이 창건한 애련당이 있음, 1786년 서윤 김이중이 당을 재건함, 1804년 화재가 난 뒤로 1890년 감사 민병석이 재건함	
司倉池	1837년 1892년	倉庭 안, 작은 둑이 있고 작은 섬 3개가 있음	
璧月池	1837년 1892년	오순정 아래	
普景池	1837년 1892년	보통문 안	
大城山池	1892년		

주: 연못 관련 서술이 1590년과 1892년 읍지에는 '山川' 항목에 있으나(1892년 읍지는 '산천'에 첨부된 '池塘' 항목), 1730년과 1837년 읍지에는 '城池' 항목에 있다.

조선시대 평양부는 동쪽으로는 상원군 및 강동현, 남쪽으로는 중화현, 서쪽으로는 강서현 및 증산현, 북쪽으로는 순안현과 접하고 있었다. 『신증동국여지승람』에 상원군 경계까지 50리, 강동현 경계까지 47리, 중화현 경계까지 36리, 강서현 경계까지 57리, 증산현 경계까지 72리, 순안현 경계까지 49리라고 되어 있으므로, 평양부의 범위는 대동강을 경계로 그 위에 있는 평양성과 성 밖 지역을 아우르되 상대적으로 서쪽 지역이 넓은 형태였다. 1590년 읍지에 따르면 평양은 4개 부(部)로 나뉘었고 부의 이름은 오상(五常)에 따라 '인흥부(仁興部)', '의흥부(義興部)', '예안부(禮安部)', '지안부(智安部)'로 지었으며, 이 4개 부에는 46개 방(坊)이 속해 있었다. 행정구역의 변화를 읍지별로 정리하면 표 10과 같다.

표 10. 역대 읍지의 행정구역 변화

구분	1590년	1730년	1837년	1892년	1905년
仁興部	隆興部	隆興部	隆興部	隆興部	隆興部
	隆德部	隆德部	隆德部	隆德部	隆德部
	大興部	大興部	大興部	大興部	大興部
	興土部	興土部	平川	平川	平川
	川德部	內川德部	內川	內川	內川
		川德部	外川	外川	外川
	西施院	西施院	西川	西川	西川
	蛤池	蛤池	龍山	龍山	龍山
	古順和	古順和	古順和	古順和	古順和
			林原	林原	林原
소계	8방	9방	10방	10방	10방
義興部	上山				
	艻次串	艻次串	艻次串	艻次串	艻次串
	草里	草里	草里	草里	草里
	箴津				
	沙器里				

표 10. 역대 읍지의 행정구역 변화(계속)

구분	1590년	1730년	1837년	1892년	1905년
	班石	班石	班石	班石	班石
	反浦	反浦	反浦		
	金呂代	金呂代	金呂垈	金呂垈	金呂垈
	抄道洞	抄道洞	抄道鍮坊	星台	星台
	頓山				
	所乙村	所乙村	松石坊*	松石	松石
	石多山	石多山			
	佛谷	佛谷	草谷	草谷	草谷
	甘草	甘草			
	訖伊方				
	屯田機				
				大寶	大寶
소계	16방	10방	8방	8방	8방
禮安部	大同江	大同江	大同江	大同江	大同江
	推吾未	推吾未	秋鬱美	秋鬱美	秋鬱美
	栍伊	栍伊	栍伊	栍伊	青龍
	栗寺	栗寺	栗里	栗里	栗里
	池梁	池梁	龍淵*	龍淵	龍淵
	脇村	脇村			
	南祭山	南祭山	南祭山	南祭山	南祭山
	石乙串	石乙串	石串	乭串	乭串
소계	8방	8방	7방	7방	7방
智安部	南兄弟山	南兄弟山	南兄弟山	南兄弟	南兄弟
	西兄弟山				
	西祭山	西祭山	西祭山	西祭山	西祭山
	豆用洞				
	鍮洞	鍮洞			
	水餘				
	所草豆等	所草豆等	豆草坊*		
	在京里	在京里	在京里	在京里	在京里
	佛知方				
	吾古未				

표 10. 역대 읍지의 행정구역 변화(계속)

구분	1590년	1730년	1837년	1892년	1905년
	訥山				
	斧山	斧山	斧山	斧山	斧山
	北兄弟山		北兄弟山*	龍岳*	龍岳*
	柴足	柴足	雲谷	柴足	柴足
		林原			
				德山	德山
소계	14방	8방	7방	7방	7방
총계	46방	35방	32방	32방	32방

주: 1) 읍지에 이전 지명이 명시된 경우에만 해당 자리에 바뀐 지명을 넣고, 그렇지 않은 경우에는 별도로 추가했다.

2) 1837년 읍지 '의흥부'의 松石坊에는 '古松村石多山'이라고 쓰여 있다. 이전 읍지에 '松村'은 없고 발음이 유사한 '所乙村'이 있는데, 두 구역이 인접해 있으므로 '소을촌'으로 간주했다.

3) 1837년 읍지 '예안부'의 '龍淵'에는 '古池串'이라고 쓰여 있다. 이전 읍지에는 '池梁'으로 되어 있다.

4) 1837년 읍지 '지안부'의 '豆草坊'에는 '古所草豆用'이라고 쓰여 있다. 이전 읍지에는 '所草豆等'으로 되어 있다.

5) 1837년 읍지 '지안부'의 '北兄弟山'은 1730년 읍지에서는 나뉘어 인접 방에 편입되었다가 1837년 읍지에 다시 등장했다. 다만 '古北三里'라고 되어 있는데 이전 읍지에 '北三里'라는 지명은 없다.

6) 1892년 읍지 '지안부'의 '龍岳'은 '北三里改爲龍岳'이라고 되어 있다. 이렇게 보면 1837년 읍지에서 '北兄弟山'은 '北三里'의 오류이거나 같은 지역을 가리키는 것으로 보인다.

7) 1892년 읍지의 '部坊' 항목 설명에는 原誌에 46방이었던 것이 이후에는 35방, 36방이었다가 지금은 32방이라고 서술했는데 36방이 기록된 읍지는 없다.

8) 1905년 읍지는 1892년 읍지와 거의 동일하다. 단 하나의 차이는 '예안부'의 '생이'가 '청룡'으로 바뀐 것이다.

1590년 읍지에 따르면 인흥부는 평양성 안과 성외 서북 10리였고, 의흥부는 평양부의 서쪽 지역, 예안부는 평양부 남쪽 지역, 지안부는 평양부 북쪽 지역이었다. 그러나 실제로 보면 성 아래 대동강 너머 남쪽 지역까지 포괄하고 있었다.

서울대학교 규장각한국학연구원 소장 『여지도(輿地圖)』에 나온

그림 9.
『여지도』에 나와 있는 평양 4부(서울대학교 규장각한국학연구원 제공)

그림 10. 『청구요람』에 나와 있는 평양 4부(서울대학교 규장각한국학연구원 제공)

평양 지도를 보면 해당 지역이 선명하게 보인다(그림 9 참조). 읍지의 지명으로 4개 부의 경계를 구획할 수 있는데, 『여지도』에서 중앙에 있는 구역이 '인흥부', 서쪽이 '의흥부', 남쪽이 '예안부', 동북쪽이 '지안부'이다. 1892년 읍지에는 위치에 대한 설명이 부기되어 있다. 이 읍지에 따르면 '인흥부'에 속한 '대흥부', '융덕부', '융흥부' 3개 방이 평양부성 안에 있었다. 그 외에는 모두 부성 밖에 있었는데, '내천'은 성 남문 밖, '외천'은 '내천'의 남쪽, '평천'은 '외천'의 서남쪽, '임원'은 성 동북 12리, '용산'은 성 서쪽 30리, '서천'은 평양부 서북쪽 20리, '고순화'는 성 서쪽 20리였다.

'의흥부'에서 '초리'와 '잉차곶', '성태', '금려대'는 서쪽 60리, '반석'과 '대보'는 서쪽 50리, '초곡'과 '송석'은 서쪽 80리였다. '예안부'에서 '대동강'은 남쪽 10리, '추울미'와 '율리'는 동쪽 20리, '생이'는 동쪽 30리, '용연'은 남쪽 30리, '남제산'과 '돌곶'은 서남쪽 30리였다. '지안부'에서 '남형제'는 서북쪽 30리, '서제산'과 '재경리'는 서북쪽 40리, '부산'은 북쪽 40리, '용악'은 북쪽 50리, '덕산'은 서쪽 60리, '시족'은 북쪽 50리이다. 『여지도』의 평양 지도는 평양의 지형을 상당히 왜곡했으므로, 실제 지형에 근접한 『청구요람』의 평양 지도로 보면 사람들이 주로 거주하는 '인흥부'의 실제 영역이 가장 작다는 것을 확인할 수 있다(그림 10 참조). 행정적 중요성 때문에 『여지도』에서는 인흥부를 상대적으로 더 크게 그린 것이다.

1730년 읍지의 '부방' 항목에는 다른 읍지처럼 4부에 속한 방의 개수가 명시되어 있지 않았다. 평양부의 4부에 속한 방이 1590년 읍지에서는 46개였으나 지금은 35개라는 설명만 있고 4부에서 어떤 변화가 일어났는지만 언급했기 때문에 인흥부의 "內川德部增設", 의흥부, 지안부의 "分附", 예안부의 "合附"를 고려하여 35개의 방을 추측하여 맞출 수밖에 없다. 관련 자료를 참고하여[58] '외천덕부'라는 방이 증설되었고 '분부'는 해체되어 주변 방에 편입된 것으로, '합

그림 11. 『광여도』에 나와 있는 평양의 '인흥부': 왼쪽부터 내천덕부, 외천덕부, 융흥부, 융덕부, 대흥부(서울대학교 규장각한국학연구원 제공)

부'는 주변 방의 일부를 편입시키되 그대로 존속하는 것으로 이해하고 표 10을 작성했다. 그렇게 보면 1730년 읍지에서 '내천덕부'가 나온 것 말고는 읍지에 '외천덕부'가 명시된 경우는 없다. 1837년 읍지부터는 일관되게 '내천'과 '외천'으로 나오므로 『광여도』에 나타나는 '내천덕부'와 '외천덕부'는 각각 '내천'과 '외천'을 가리킬 것이다(그림 11 참조). 『해동지도』를 보면 '내천'과 '외천'은 각각 중성과 외성 구역으로 보이는데, 외성에 있는 '홍토부'(평천)와의 구역 경계는 확실

---

58. 국가지식포털 '북한지역정보넷'(http://www.cybernk.net)에 나와 있는 행정구역에 대한 정보 서술을 참고했다. 이렇게 보면 1730년 읍지를 번역한 『평양을 담다』의 해당 부분은 오역이 된다. 번역서에서는 읍지의 서술을 '내천방'과 '덕부방' 2개 방이 있는 것으로 이해하고 '협촌방'이 인접한 방에 편입된 것으로 보았으나, 실제로는 '내천덕부'라는 1개 방이며, '협촌방'은 이 시점에는 존속했다가 이후 '지량방'과 합병되어 '용악방'이 되었다.

하지 않다. 더불어 '임원방'은 1730년 읍지에는 '지안부'에 있었으나, 1837년 읍지부터는 '인흥부'에 있다.

『세종실록』에 따르면 평양부에서 관할하는 지역은 중화(中和)와 상원(祥原) 2곳의 군(郡)과 삼등(三登), 강동(江東), 순안(順安), 증산(甑山), 함종(咸從), 삼화(三和), 강서(江西), 용강(龍岡) 8개 현(縣)으로 꽤 넓었다.[59] 『신증동국여지승람』 '평양부'의 '진관(鎭管)' 항목에서는 약간의 변화가 생겨 중화 1개 군과 용강, 삼화, 함종, 증산, 순안, 강서 6개 현으로 줄어들었고 상원군과 삼등현, 강동현이 제외되었다.

19세기 중반(1861-1866)에 제작된 것으로 알려진 김정호(金正浩)의 『대동지지(大東地志)』에서는 평양부의 '속읍(屬邑)'이 평양, 삼등, 상원, 강동, 강서, 증산으로 달라졌다. 『신증동국여지승람』과 비교할 때 중화군[60]과 용강현, 삼화현,[61] 함종현,[62] 순안현이 제외되고 이미 빠졌던 상원, 삼등, 강동이 다시 편입된 것이다. 『대동지지』에서는 이들 속읍이 평양부에서 담당한 역할도 서술했다. 전영장(前營將)은 주작문(朱雀門) 북쪽 변성(邊城) 위를 관할하며 상원에서 겸영했고, 좌영장(左營將)은 칠성문(七星門) 안 동쪽 변성 위를 관할하며 삼등에서 겸영했다. 중영장(中營將)은 중군(中軍)이며 중군소(中軍所)를 겸했다. 우영장(右營將)은 부성의 서북쪽을 관할하며 강서에서 겸영

---

59. 『세종실록』, 「세종지리지」, '평양부' 항목.

60. 중화는 1592년 임진왜란 때 이곳 출신 의병장 林仲樑의 전공으로 도호부로 승격되어 속읍에서 제외된 것으로 보인다. 이후 1895년 지방제도 개편에 따라 평양부 상원군과 중화군으로 바뀌었고 1914년에 상원군이 중화군과 통합되어 중화군 상원면으로 개편되었다.

61. 삼화는 1686년에 도호부로 승격되고 1895년에 삼화군이 되었다가 용강군에 편입되어 삼화면이 되었다.

62. 함종은 1720년에 宣懿王后의 관향이라 도호부로 승격되었고 1895년 지방제도 개편 때 평양부 함종군으로 바뀌었다가 1914년에 일부 지역이 용강군에, 나머지 지역이 강서군에 흡수되면서 폐지되었다.

그림 12. 『관서총도』에 나와 있는 평양 주변 지역

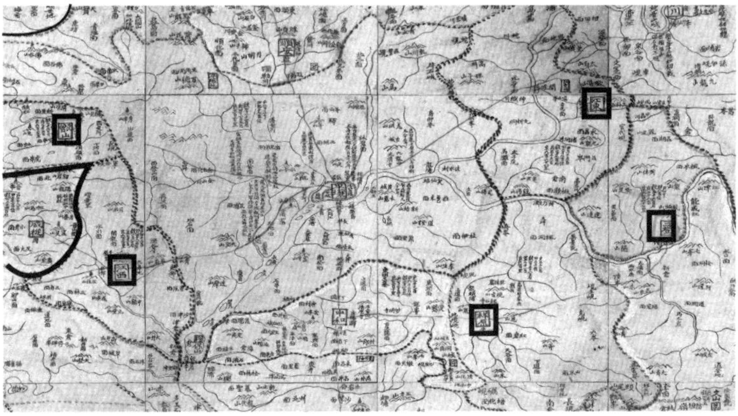

그림 13. 『청구요람』의 평양부(『대동지지』에 나온 평양의 속읍 표시)

했고, 후영장(後營將)은 을밀대 서쪽을 관할하며 증산에서 겸영했으며, 북성영장(北城營將)은 북성 안을 관할했고 강동에서 겸영했다(그림 12, 13 참조).

한편 평양부 인구는 '호구' 항목으로 제시되어 1892년까지 빠짐없이 수록되었다(표 11 참조).

표 11. 역대 읍지의 '호구' 항목

구분		1590년	1730년	1837년	1855년	1892년
민호		實戶 8,265호	男丁 60,661구	男丁 41,541	男丁 41,013구	男丁 43,026구
		雜頉 3,116호	女丁 34,871구	女丁 30,751	女丁 33,099구	女丁 34,778구
		都合 11,311호[1)]	27,081호	實籍戶 23,020호	23,073호	23,050호
노비		官奴 121[2)]	營奴 106구, 婢 62구		營奴 68구, 婢 79구	營奴 42구, 下婢 2구
		官婢 59	府奴 97구, 婢 73구		府奴 37구, 婢 32구	府奴 20구, 下婢 2구

주: 1) 읍지의 도합 수를 이렇게 명시했지만, 위에 제시된 實戶와 雜頉의 합은 11,381호이다.
2) 1590년 읍지(서울대학교 규장각한국학연구원 소장)는 판각 상태가 좋지 못하므로 다른 본을 참고하여 '121'로 보았다.
3) '호', '구' 등 단위는 원문 표기에 준하였고, 단위 표시 없이 수치만 제시된 경우도 그대로 표기하였다.

2) 산과 하천

조선시대에는 갑오경장 이전까지 평양부의 경계에서 변화가 없었으므로 시기에 따라 산과 하천 같은 자연물이 평양 경계를 벗어나지는 않았지만 읍지의 수록 범위에서 편차를 보이고 있다. 여기에는 여러 요인이 개입되어 있다. 산천은 인문 경관처럼 시간이 흐른다고 변화하는 것이 아님에도 읍지를 간행할 때 '산천' 항목을 새롭게 서술하는 이유는 동일한 대상인데 이름이 달라지거나 이전에 수록한 정보가 미진하여 누락된 곳을 보완하기 위함이다. 평양의 경우 산천의 이름도 시기에 따라 다르게 나타나는 경우가 있으므로 이칭을 알 필요도 있다. 또 후대로 갈수록 누락된 것을 보완하려는 경향이 나타나 확인할 수 있는 세부 정보가 급격하게 많아졌다. 실제로 1892년 읍지에는 평양 지역의 산이 대거 수록되었다고 할 수 있다. 여기에서는 '산천' 항목에 나온 산과 하천, 섬, 바위를 정리했다.

'산' 항목에서 '형제산'은 보충 설명할 필요가 있다. 1590년의 『평양지』에서 '형제산'은 "부 북쪽 50리에 있으며 두 산이 나란히 솟아 마치 형제 같다"고 서술되었다. '형제산'이 언급된 다른 항목은 '부방(部坊)'으로, 평양부의 북쪽 지역인 '지안부'에 속한 구역 중에 남형제산, 서형제산, 북형제산이 들어 있다. 따라서 이 읍지의 맥락에서는 두 산이 나란히 솟은 형제산을 중심으로 남쪽, 서쪽, 북쪽에 있는 구역을 각각 남형제산, 서형제산, 북형제산으로 칭했을 뿐, 각각이 산이라고 생각한 것은 아니었다. 1730년 읍지의 '부방' 항목에서 해당 구역 뒤에 '방(坊)'을 붙인 것도 같은 맥락일 것이다.

1892년 읍지에는 '형제산'이 없고 '남형제산' 항목에 유사한 내용이 나와 있다. "부 서북쪽 20리에 쌍봉이 있어서 이름이 이렇게 붙었는데 원래는 '서형제산'이었던 것이 예전에 선조가 의주에서 돌아오면서 이 산의 북쪽을 지나다가 '남형제산'으로 하는 게 좋다고 해서 고쳤고 이것을 방(坊) 이름으로 겸하게 되었다"라는 것이다. 이 산의 위치와 원래 어떻게 불렀는가 하는 점에 대한 서술이 1590년 읍지와는 다른데, 관련하여 『대동지지』의 서술을 참고해 볼 수 있다. 『대동지지』에는 '남형제산'이 "서북쪽으로 처음이 15리이고 끝이 45리이다"[63]라는 내용이 있고, 서울대학교 규장각한국학연구원 소장본 『대동지지』(古 4790-37)에는 '북형제산'과 '남형제산'이 모두 나와 있으며, '남형제산'에는 "용악산 북쪽"이라고 부기했는데 용악산은 부 서쪽 28리에 있는 산이므로 북형제산과 남형제산을 별개의 산으로 본 것이다. 요컨대 1590년 읍지에서 말한 '형제산'이 지도에서 부 북쪽인 순안과 자산(慈山) 경계에 있는 '형제산' 또는 '북형제산'을 가리킨다면, 1892년 읍지의 '남형제산'과 『대동지지』의 '남형제산'은 부 서북쪽에 있는 용악산 북쪽의 또 다른 산을 가리킨다고 할 수 있다. 서

63. 한국고전번역원의 『신증동국여지승람』에 부기된 『대동지지』에 나오는 서술로, 서울대학교 규장각한국학연구원 소장본 『대동지지』에는 없다.

표 12. 역대 읍지의 '산' 항목

1590년		1730년	1892년	
錦繡山	북쪽 5리의 鎭山	牡丹峯	牡丹峯	文峯(동)과 武峰(서) 두 봉우리가 있음
九龍山	북쪽 20리, 大城山, 『文獻通考』에서 언급한 魯陽山		大城山	동쪽 30리
蒼光山	倉觀山 (묘청의 난)		蒼光山	서남쪽 3리, 풍수가들이 이 산이 있어서 평양이 故都가 되었다고 함
木覓山	동쪽 4리			
龍岳山	서쪽 28리, 弄鶴山으로도 불림		龍岳山	서쪽 30리, '팔경' 중 '龍山晩翠', 선우협이 강학하던 초당의 터와 용곡서원이 있음
大寶山	서쪽 37리		大寶山	서쪽 40리, 봉우리가 99개 있어 동쪽의 狄橋浦 99曲과 상응한다는 전설이 있음
葦山	서남쪽 20리, 패수 근처			
兄弟山	북쪽 50리, 두 산이 나란히 솟아 형제 같아 붙은 이름			
馬山	북쪽 40리, 龍馬가 나왔다는 전설이 있음			
斧山	북쪽 30리, 도끼로 적을 무찌른 용사의 전설이 있음		斧山	서북쪽 25리, 임진왜란 때 일본군이 의주로 가기 위해 이곳을 경유하다가 장수가 도끼를 들고 일본군을 패퇴시켰다는 전설이 있음
楸南墟*	주암산 뒷산			
蓋馬大山	『大明一統志』에는 평양성 서쪽에 있다고 하지만 소재 불명			
馬邑山	『大明一統志』에 따르면 평양성 서남쪽			
			月峯山	서북쪽 30리
			陪眉山	북쪽 15리

표 12. 역대 읍지의 '산' 항목(계속)

1590년	1730년	1892년	
		玉兎山	서북쪽, 기자릉이 있음
		安山	창광산 서쪽, 성황신당과 제단이 있음
		長山	서북쪽 15리
		雜藥山	서북쪽 10리, 기자가 이곳에 약초를 심었다는 전설이 있고 산 위에 봉수대가 있음
		客山	10리, 普通 교외 서쪽 대로변
		西山	서쪽 10리, 평양강제당이 있고 서쪽에는 봉황대와 만경대가 있었음(지금은 터만 남아 있음)
		玄巖山	대보산 남쪽 10리
		白羊山	玄巖 동쪽
		達馬山	현암 동남쪽
		天眞山	달마산 서쪽
		鳳鳴山	천진산 서남쪽
		黃龍山	북쪽 40리
		盤龍山	북쪽 40리
		紫地山	북쪽 40리, 石峀峯(남)과 望德峯(북)이 나란히 솟아 있음
		青雲山	자지산 동쪽
		四朗山	청운산 남쪽
		乾芝山	대성산 북쪽
		尋聖山	건지산 북쪽
		高方山	동쪽 20리
		酒巖山	동쪽 10리, 아래에 龍湫가 있음
		畫寺山	남쪽 20리, 위에 봉수가 있음
		五峯山	남쪽 10리, 南祭山으로도 불림
		西祭山	서쪽 45리
		文秀峯	동쪽 10리, 松羅山으로도 불림
		白鶴山	남쪽 10리, 오봉산의 동북쪽

표 12. 역대 읍지의 '산' 항목(계속)

1590년	1730년	1892년	
		南兄弟山	서북쪽 20리, 西兄弟山, 선조가 '남형제산'이 적절하다고 해서 이름이 바뀌었음
		石多山	서쪽 100리
		佛谷山	서쪽 100리
		保山	서남쪽 60리, 산성 설치
		鼎印山	서남쪽
		海鴨山	坤未(남서쪽) 방향 중화부에 소재

주: 1) 평양부(성)를 기준으로 거리를 제시했다.
2) 1590년 읍지의 '추남허'는 '形勝' 항목에 있다.
3) 1590년 읍지의 '개마대산'과 '마읍산'은 '古蹟' 항목에 있다.
4) '산'의 경우 1837년 읍지는 1730년 읍지와 동일하다.

표 13. 역대 읍지의 '하천' 항목

1590년		1730년	1892년	
大同江	동쪽 1리, 浿江·王城江 등 지역에 따라 이름이 달라지는데 馬灘·白銀灘·구진익수를 포함	大通江 (패수, 대동강)	大同江	
平壤江	서남쪽 10리, 순안현에서 흘러나와 보통문 밖을 지남	發蘆河 (西江)	西江	보통문 밖, 발로하·보통강으로도 불리며, 밀물 때는 배가 다닐 수 있고 썰물 때는 도보로 건널 수 있음
薄金川	북쪽 9리			
白銀灘	동북쪽 4리		白銀灘	부벽루 앞 능라도 서쪽
狄橋浦	서쪽 25리		狄橋浦	서쪽 30리, 증산 국영산과 강서 무학산에서 발원하여 합류한 뒤 반석방 서쪽을 지나 광제교로 나옴

표 13. 역대 읍지의 '하천' 항목(계속)

1590년		1730년	1892년	
揚命浦	서쪽 5리	揚命浦 (지금은 물이 없음)	揚命浦	외천 정양문 밖, 창광산 동쪽 오거현에서 다경문으로 나옴, 지금은 마름
燕浦	남쪽 10리, 부 동쪽 唐洞 召池에서 나와 구진익수로 들어감		燕浦	남쪽 10리, 將進浦으로도 불림, 상원군에서 나와 율리 남당을 거쳐 영제교로 나옴
馬灘	동쪽 40리		馬灘	'기성팔경' 중 馬灘春漲
南浦	서남쪽 5리, 唐浦			
九津溺水	남쪽 10리, 麻屯津			
石浦	서쪽 11리			
長鼓川	북쪽 40리			
梯淵	남쪽 3리, 대동강 하류			
			烏灘	외천의 방수성 동쪽으로 대동강이 이곳에 이르러 양각도에서 분류되며, 남쪽은 구진익수 상류, 북쪽은 외성을 두름
			合掌浦	동쪽 15리, 쌍계에서 구사원의 장고천을 지나 백은탄 상류로 유입
			長光浦	서남쪽 25리, 대보산 남쪽에서 발원
			葛浦	서남쪽 60리, 완장곡 운천교에서 발원
			艾浦	서남쪽 30리, 중화 유개포 상류에서 발원

주: 1590년 읍지의 '梯淵'은 '古蹟' 항목에 있다.

표 14. 역대 읍지의 '섬' 항목

1590년		1730년	1892년	
綾羅島	둘레 12리, 백은탄 북쪽		綾羅島	
羊角島	둘레 3리, 구진익수 가		羊角島	방수성 남쪽, 외천 2리에 속함
豆老島	둘레 21리, 서남쪽 10리, 주민 있음		豆老島	
禿鉢島	둘레 19리, 서남쪽 12리, 촌락 있음		禿鉢島	두단도 아래
豆段島	둘레 6리, 서남쪽 10리, 인가 있음		豆段島	두로도 남쪽
伊老島	둘레 23리, 서남쪽 35리, 인가 많음		伊老島	합도 서쪽, 인가와 수전 많음
碧只島	둘레 22리, 서남쪽 25리, 인가 있음	碧只島	碧只島	독발도 서남쪽, 인가와 수전 많음
		蓬島(둘레 5리. 두로도 서쪽, 民田 있음)	蓬島	인가 없음
		鯤耳島(둘레 5리, 두로도 서쪽, 民田 있음)	鯤耳島	두로도 서쪽
		1837년 읍지 蛤島 (초리방에 있음)	蛤島	벽지도 아래
			火鏡島	평천 토성 서쪽
			培致島	평천 서남쪽 토성 밖, 섬이 아닌데 서남쪽에서 강물이 합류하여 섬이라고 부름
			順興島	화경도 아래
			都農島	벽지도 동쪽, 인가와 수전 많음
			接島	벽지도 동남쪽, 인가와 수전 많음, 남쪽으로 중화와 접경
			周子島	서쪽 25리, 순화강 서쪽, 서북쪽으로 육지와 이어져 있고 동남쪽이 모두 강이므로 섬이라고 부름

표 14. 역대 읍지의 '섬' 항목(계속)

1590년		1730년	1892년	
			長光島	주자도 서남쪽, 전가가 많음
			內島	동쪽 40리, 강동과 강 너머로 경계
			大耳島 小耳島	애포 아래, 수전이 있음, 육지와 이어져 있지만 섬이라고 부름

주: 1590년와 1730년 읍지의 '綾羅島'는 '形勝' 항목에 있다.

표 15. 역대 읍지의 '바위' 항목[1]

1590년		1892년	
朝天石[2]	장경문 밖, 썰물에 드러남	朝天石	
德巖	대동문 밖	德巖	
酒巖	동북쪽 10리	酒巖	
狸巖	제연 남쪽	狸巖	양각도 서남쪽
清流壁[3]	장경문 밖	清流壁	
扇巖[4]	함구문 안	風巖	주작문 밖
		星巖	외천 2리 남쪽 토성 아래
		鷹巖	서쪽 30리 장광포 가
		息巖	동쪽 20리
		漆巖	동북 10여 리 대동강 상류, 남쪽 벼랑에 목멱신 제단이 있음
		僧巖	대동강 하류 40리, 旀里禾浦 옆

주: 1) 1730년과 1837년 읍지에는 '바위' 항목이 없다.
2) 1590년의 '朝天石'은 '고적' 항목에 있다.
3) 1590년의 '清流壁'은 '형승' 항목에 있다.
4) 1590년의 '扇巖'은 '神異' 항목에 있다.

울대학교 규장각한국학연구원 소장 『광여도』나 『여지도』, 『지승』 등에 있는 여러 지도에는 순안현 경계에 대부분 '형제산' 또는 '북형제산'이 표시되어 있다. '남형제산' 또는 '서형제산'을 표시한 지도는 현재로서는 찾지 못했다.

3) 누대와 사묘, 학교

1590년 읍지에는 '형승' 항목에 대(臺)를, '누정' 항목에 누정을 수록했으나, 1730년 읍지 이후에는 '누정' 항목에 이를 모두 수록했다.

1590년 읍지에 나온 사당은 조선 태조의 초상화를 봉안한 영숭전(永崇殿)과 1429년(세종 11)에 하나의 건물로 세웠던 단군사(檀君祠)와 동명왕사(東明王祠), 단군사 옆에 있는 기자사(箕子祠), 사직단(社稷壇), 향교의 문묘(文廟), 평양강사(平壤江祠), 성황사(城隍祠), 여단(厲壇), 상갑사(上甲祠)와 산과 강에 있는 여러 사당 정도였다.

1730년 읍지에 따르면 영숭전과 다른 사당들은 여러 변화를 겪었다. 영숭전의 경우 정묘호란 때 태조의 초상화가 사라진 뒤 전각을 중수하고 어진을 다시 그려 봉안하려는 계획이 있었지만, 결국 1670년(현종 11)에 영숭전을 훼철하고 이곳에 감영을 이전했다. 단군사와 동명왕사는 '숭령전(崇靈殿)'으로 이름이 바뀌었고 기자사도 '숭인전(崇仁殿)'으로 이름을 바꾸었다. 그리고 임진왜란 때 원군으로 온 명나라 장수들을 제향하는 무열사(武烈祠)와 명나라 장병들을 제향하는 민충단(愍忠壇), 관찰사 이원익(李元翼)을 제향하는 생사당(生祠堂)이 더 생겼다.

1837년 읍지에서 추가된 사당은 을지문덕을 제향하는 충무사(忠武祠)와 주자의 영정을 모신 신안사(新安祠), 직장(直長) 황순승(黃順承)을 제향하는 택선사(擇善祠), 관찰사 송인명(宋寅明)과 서명응(徐命膺)을 제향하는 장보사(藏保祠)였는데, 1855년 읍지 '사우(祠宇)'를 보면 관찰사나 서윤, 지역에서 지명도 있는 사람들을 제향하는 사당을 매우 많이 건립했다. 관찰사나 서윤을 제향하는 사당은 오리사(梧里祠, 李元翼, 재임 1592-1595), 과재사(過齋祠, 鄭晩錫, 재임 1811-1815), 경산생사(經山生祠, 鄭元容, 재임 1833-1835), 벽곡사(碧谷祠, 金蘭淳, 재임 1839-1841), 일곡사(日谷祠, 趙得永, 재임 1807-1808), 성재생사(成齋

生祠, 趙秉鉉, 재임 1844-1845), 학양생사(鶴陽生祠, 徐有民, 재임 1841-1843), 심암생사(心菴生祠, 趙斗淳, 재임 1848-1850), 작옥생사(芍玉生祠, 洪鐘應, 재임 1850-1852), 사영사(思潁祠, 金炳冀, 재임 1852-1853) 등 10곳이었고, 지역민을 제향하는 사당은 이촌사(梨村祠, 현감 金汝旭)를 비롯하여 13곳이었다.

함께 언급해야 할 항목이 '학교'이다. 1577년(선조 10)에 세운 서원은 임진왜란으로 불탄 뒤 1595년(선조 28)에 재건되었으며, 기자 초상화를 봉안한 인현서원(仁賢書院)의 전신 학고당(學古堂)은 1564년에 세워졌고 그간 여러 곡절이 있었으나 1604년에 서륜당(叙倫堂)과 재(齋)가 만들어졌다(1608년 '인현서원'의 사액을 받고 1633년 기자 초상화 봉안). 선우협(鮮于浹)을 모신 용곡서원(龍谷書院)이 1656년에 건립되었고(1658년 초상화 봉안), 홍익한(洪翼漢)을 모신 서산서원(西山書院)이 1705년에 건립되었다(1707년 봉안). 1837년 읍지에는 김태좌(金台佐)를 모신 창강서원(蒼崗書院)과 김조순(金祖淳)을 모신 소현서원(紹賢書院)이 추가되었다.

1892년에 간행된 읍지는 서원 철폐령과 관련하여 학교와 사묘 문제를 전면적으로 부각시키고 있다. 인현서원, 용곡서원, 서산서원, 창강서원과 충무사, 신안사, 구삼원(九三院) 등의 사당에서 사인들이 모여 공부하는 강학 공간을 일일이 열거하면서 서원과 사묘가 훼철되었다는 사실을 명기했다. 서원과 사묘가 사라졌지만 이런 강학 공간은 이후에 재실(齋室)이 대신하게 되었다. 당시 관찰사 남정철이 평안도의 학자 박문오(朴文五), 황립(黃岦), 전병익(全秉翼)을 후대하여 강학 공간 설립을 도왔다는 점을 특기했고, 이로써 "삼대 이후의 성대한 사업이자 당상과 술서의 가르침을 오늘날 다시 볼 수 있다(三代後盛擧而黨庠術序之敎復覩於今日耳)"라고 자평하기도 했다.

그 외에 다양한 사당도 세워졌다. 19세기에 제작된 것으로 추정되는 〈기성도병〉(서울역사박물관 소장)에서는 북성 밖 제신당(諸神堂),

표 16. 역대 읍지의 '누대' 항목

구분	1590년	1730년	1837년	1892년
乙密臺	금수산 정상, 四虛亭			○
鳳凰臺	서쪽 10리 다경루 서쪽			
萬景臺	서남쪽 봉황대에서 서쪽 5리, 예전에는 순화현 소속			서산에 있으며 터만 있고 대는 없어짐
春陽臺	관풍전 북쪽, '上密德(위마르터)'			
秋陽臺	정양문 서쪽, '下密德(아래 마르터)'		중성 서남쪽, 감사 이경호가 창건, 지금은 없어짐	
東陽臺	장경문 안 북쪽			
瞻星臺*	부 남쪽 3리에 옛터			
浮碧樓	을밀대 아래 영명사 동쪽	평장사 이오가 이름을 지음	○	○
風月樓	읍호루 문 안, 연선점 옛터, 연지 있음, 고려 서경 부윤 임 아무개(林某)가 창건	없어짐*		
望月樓	대동관 서헌 옆, 중국 사신 오희맹이 '先月亭' 편액으로 바꿈	없어짐	없어짐	
挹灝樓	대동문루, 안윤덕이 지금 이름으로 바꿈	○	○	
望遠樓	대동강 동쪽 기슭	없어짐	없어짐	
詠歸樓	남포 가	없어짐	없어짐	
練光亭	덕암성 위, 감사 허굉이 짓고 남곤이 이름을 붙임	○	○	○
快哉亭	대동관 동헌, 서윤 홍신과 판관 이수견이 창건		1804년 화재*	○
涵碧亭	부벽루 옆	없어짐	없어짐	
聚遠亭	감사 이량이 창건	없어짐	없어짐	

표 16. 역대 읍지의 '누대' 항목(계속)

구분	1590년	1730년	1837년	1892년
君子樓	감사 윤의중이 창건	없어짐	없어짐	
愛蓮堂	풍월루 북쪽 연지 안 1542년 서윤 이원손이 짓고 서윤 유주가 팔각문을 만듦	○	1786년 서윤 김이중이 재건, 1804년 화재	풍월지에 있음
閱雲亭	대동찰방 숙소 위, 찰방 양사언이 편액을 씀			
演武亭	함구문 성 밖, 1588년 서윤 홍세공이 창건	없어짐	없어짐	
護哀堂*	대동문 밖 남쪽	護愛堂, 없어짐*		
麒麟閣*	부 북쪽 5리			
觀風殿*	춘양대 남쪽에 옛터가 있음			
迎春樓*	부 서쪽 9리 양명포 가			
淸遠樓*	부 서쪽 9리 양명포 가			
多景樓*	부 서쪽 9리 양명포 가, 지금은 유적만 있음		후원, 1784년 감사 정민시가 창건*	감영 북쪽 안 평원당 동쪽, 映帶亭
有美亭*	常安殿 안, 이전 이름은 '美花亭'			
大樓船*	'歌吹橫長', '乘碧亭', '碧漢浮槎' 편액			泛碧亭 官船樓의 이름
望日軒		구 감영 북쪽, 1614년 감사 김신국이 창건	없어짐	
籌邊樓		구 감영 북쪽, 1614년 창건	없어짐	
控襟亭		관풍동, 1691년 감사 민취도가 창건	○	군사훈련 및 활 쏘는 장소, 1886년 남정철 중건

표 16. 역대 읍지의 '누대' 항목(계속)

구분	1590년	1730년	1837년	1892년
閱武亭		칠성문 안, 1702년 감사 이세재가 창건	○	
藏香閣		예전에는 구 감영 앞에 있었으나 지금은 대동관 앞, 감영 교방, 1692년 감사 심단이 창건	○	
長春院		예전에는 풍월루 터에 있었으나 1723년 서윤 조하장이 淸迴堂 남쪽, 곧 평양부 교방으로 이건	○	
超然臺		동포루 옛터, 1712년 감사 이제가 창건, 무너져 포루만 있음	없어짐	
集勝臺		중영치 위, 곧 장대에 있음, 1714년 감사 민진원이 창건	1793년 감사 이병모가 재건, 1804년 화재	
選勝臺		성 서남쪽 모퉁이	○	부성 서남쪽 모퉁이, 곧 지금의 前營
供勝臺		성 서북쪽 모퉁이	지금은 관성 우영, 威遠臺	
聚勝臺		을밀대 위, 곧 사허정 옛터에 있음	없어짐	
納勝臺		동성 장주암 위	1837년 읍지: 1791년 감사 홍양호가 재건(鏡波樓). 1855년 읍지 '연혁' 항목: 1845년에 모두 퇴락하여 1855년 감사 이경재가 중수	장경문 남성첩 위, 1791년 감사 홍양호가 중건, 1890년 화재
最勝臺		모란봉 아래, 오른쪽은 五勝臺, 1716년 감사 조태로가 창건	1837년 읍지: ○ 1855년 읍지 '연혁' 항목: 1849년 감사 조두순이 중건	○

표 16. 역대 읍지의 '누대' 항목(계속)

구분	1590년	1730년	1837년	1892년
漾碧亭		성 동쪽 암문 밖, 1712년 감사 이제가 창건	○	凝碧亭, 1870년 감사 한계원이 재건, 1887년 감사 남정철이 중건
箕子井閣		1606년에 감사 박동량이 창건	1691년 중수 후 '九疇閣'이 됨	구주각 구삼원 기자정 근처
鍾閣		대동관 앞, 1726년 감사 윤헌주가 창건, 큰 종이 있음(예전에는 종이 읍호루에 있었음)	1804년 화재, 1805년 중건	
普通門樓		○	○	
石湖亭		대동강 하류 30리, 판관 이백복이 창건, 挾仙亭	1784년 재건	
陶湖亭		연자포 가, 처사 김정형이 창건	없어짐	
閒似亭			거문원, 사인 김득양 창건, 기사년 화재, 을해년 사인 정양조와 이정수가 재건	1778년 창건
淸風閣			동쪽 5리, 감사 서호수 창건	대동강 동쪽
天一樓				선화당 東角의 별호, 水月樓*
平遠堂			다경루 옆, 1826년 감사 박종훈 창건*	감영 후원 만수문 안
至喜亭			담 밖에 만수대가 있음, 1811년 감사 이만수가 창건*	감영 뒷담 장 밖 솔밭, 1888년 감사 민영준이 중건
五詢亭			서장 안, 反求亭 옛터, 1707년 창건, 1776년 감사 서명응이 재건할 때 '오순정'이라고 함, 1810년 화재, 1811년 감사 이만수 재건, 1834년 화재, 1836년 재건*	선화당 서장 안, 활쏘기를 위해 창건, 1834년 화재, 1836년 감사 이기연이 중건
三愛堂			서쪽 담장 안, 1648년 서윤 유시정이 창건*	○

표 16. 역대 읍지의 '누대' 항목(계속)

구분	1590년	1730년	1837년	1892년
得月樓				부벽루 서쪽 영명사 앞
萬和樓				연광정 西角 별호
活來亭				장경문 안 동양지 북쪽, 1879년 감사 민영위가 창건
閱雲亭				大同丞衙 이름
觀瀾亭				잉차곶방 조양리 봉명산 아래
一勝臺				을밀대 아래, 곧 본부 후영의 정청

주: 1) 대와 누정 이름이 수록되었으나 추가한 내용이 없는 경우에는 ○으로 표시했다.
2) 1590년 읍지에서 '첨성대', '호애당'은 '公署' 항목에, '기린각'과 '관풍전', '영춘루', '청원루', '다경루', '유미정', '대루선'(항목의 * 표시)은 '고적' 항목에 있다.
3) 1730년과 1837년 읍지의 * 표시는 '공서' 항목에 나온 것이다.
4) 1892년 읍지에는 '수월루', '영대정'이 독립적으로 나오지만 이칭이므로 해당 누정의 서술에 추가했다.
5) 중수한 사항은 표에 수록하지 않았다.
6) 1837년 항목에서 1855년 읍지의 내용을 추가한 부분은 음영으로 표시하였다.

중성 내산 안 성황사(城隍祠)와 신당(神堂), 외성 미륵당(彌勒堂), 내성 주작문 근처 목신당(木神堂)을 발견할 수 있다. 함께 언급해 둘 곳은 감영의 뒤쪽에 있는 '설씨당(薛氏堂)'이다. 설씨당은 평안도의 재신(財神)을 모신 신당이라고 한다. 전설에 따르면 평양에 있던 설씨 노인이 어부가 잡은 잉어를 보고 측은해하여 잉어를 사서 대동강에 풀어 주었는데 그 잉어가 용왕의 아들이라 용왕이 설씨를 불러 소원을 들어주겠다고 했다. 설씨는 멀리 있는 대동강 물줄기를 청류벽 앞으로 돌려 달라는 소원을 빌었고 그 소원이 이루어지면서 평양이 발전하게 되자 평양 사람들이 감사하게 여기면서 설씨 노인을 위해 사당을 짓고 제사를 지내 준다는 것이다(그림 14 참고).[64]

64. 평안북도지편찬위원회 엮음, 『평안북도지』(평안북도지편찬위원회, 1973). 이 부분은 원래 강계에 있는 설씨당을 설명하는 내용이다.

표 17. 역대 읍지의 '사묘' 항목

구분	1590년	1730년	1837년	1855년	1892년
永崇殿	성 안, 고려 장락궁 옛터, 조선 태조의 어진이 봉안된 곳	정묘호란 때 영정이 없어짐, 1670년에 훼철하고 감영을 이건			
檀君祠·東明王祠	하나의 사당이며 같은 건물	崇靈殿			숭령전 융흥부에 있음
箕子祠	단군사 옆	崇仁殿, 1612년에 이름을 바꾸고 전감을 '선우'씨로 세습하게 함			숭인전 숭령전 뒤
社稷壇	부 서쪽				부 서남쪽 5리(평천)
文廟	향교				
平壤江祠	봉황대 옆				○
城隍祠	부 서쪽 4리				○
厲壇	부 북쪽				○
九津溺水祠	부 서쪽 9리				九津江祠
上甲祠	춘양대 서쪽				上甲壇, 청풍원 뒤
斧山祠					
津溟祠	덕암				
津墳祠	대동강 동쪽 기슭, 동대원 북쪽				
津淵祠	동망일사 남쪽 기슭				진연단, 예무현 북쪽 도리담에 있음
津衍祠	장수원 서남쪽 기슭				진연단, 장수원에 있음
木覓祠	소재 불명				목멱단, 의암에 있음
箕子墓	부 북쪽 토산 위	묘의 동쪽에 길이 있었는데 1728년 감사 윤유가 그 길이 내맥을 끊는다고 하여 나무로 막고 북성문으로 통하게 함			부 북쪽 칠성문 밖 대로 동쪽변 옥토산에 있음, 1889년에 '기자릉'이 됨

표 17. 역대 읍지의 '사묘' 항목(계속)

구분	1590년	1730년	1837년	1855년	1892년
東明王墓	부 남쪽 용산 아래, 眞珠墓라고도 함	○			중화 소속
箕子宮[1]	정양문 밖에 터가 있음	1725년 감사 이정제가 터에 담을 두르고 九疇壇을 만듦			箕宮 외천 3리에 있음, 1869년에 구주단 옆에 사당을 세움
武烈祠		서문 안, 1593년 감사 이원익이 창건, 임진왜란 때 참전한 명나라 장수 5인의 사당			1792년 6公 추가 배향
愍忠壇		을밀대 북쪽, 1593년에 축조, 전사한 명나라 장병을 제사 지내는 곳			기릉 북쪽 기슭
生祠堂		창광산 동쪽, 임진년에 감사 이원익을 위해 창건		梧里祠, 감사 이원익 제향, 외성에 있음	오리사, 외천 2리
忠武祠[2]		창광산 남쪽, 을지문덕 사당			1871년 훼철
新安祠[3]			주자 영정, 부산에 있음, 1705년 창건		1871년 훼철
擇善祠[3]			직장 黃順承 제향, 외성에 있음		1871년 훼철
藏保祠[3]			감사 宋寅明, 徐命膺 제향, 구삼원에 있음		1869/1871년 훼철
啓聖祠				5聖의 아버지 제향, 대성전 서쪽, 1701년 창건	

표 17. 역대 읍지의 '사묘' 항목(계속)

구분	1590년	1730년	1837년	1855년	1982년
過齋祠				감사 鄭晩錫 제향, 외성에 있음	1869/1871년 훼철
經山生祠				감사 鄭元容 제향, 내천에 있음	1869/1871년 훼철
碧谷祠				감사 金蘭淳 제향, 내천에 있음	벽곡생사 1869/1871년 훼철
日谷祠				감사 趙得永 제향, 외성에 있음	1869/1871년 훼철
成齋生祠				감사 趙秉鉉 제향, 대흥부에 있음	1869/1871년 훼철
鶴陽生祠				서윤 徐有民 제향, 임천에 있음	1869/1871년 훼철
心菴生祠				감사 趙斗淳 제향, 내천에 있음	1869/1871년 훼철
芍玉生祠				감사 洪鍾應 제향, 고순화에 있음	1869/1871년 훼철
思穎祠				감사 金炳冀 제향, 대흥부에 있음	1869/1871년 훼철
梨村祠				현감 金汝旭·사인 金履敬 제향, 추울미에 있음	1869/1871년 훼철
魯陽祠				영부사 權尙夏·판서 李喜朝·참봉 金澤 제향, 심성산에 있음	1871년 훼철
星峯祠				부사 黃應聖 제향, 내천에 있음	1869/1871년 훼철
松湖祠				도사 田闢 제향, 초리에 있음	1869/1871년 훼철
眞谷祠				지평 田乃績 제향, 초리에 있음	1869/1871년 훼철
松岡祠				도사 金致一 제향, 추울미에 있음	1869/1871년 훼철
蘆溪祠				첨지 曺三省·참봉 楊德祿·진사 鄭旻 제향, 내천에 있음	蘆谿祠 1869/1871년 훼철

표 17. 역대 읍지의 '사묘' 항목(계속)

구분	1590년	1730년	1837년	1855년	1892년
光山祠				참봉 楊懿直·첨지 楊澤九 제향, 내천에 있음	1869/1871년 훼철
井田祠				참봉 康逵 제향, 내천에 있음	1869/1871년 훼철
石湖祠				절충 李忠伯 제향, 내천에 있음	1869/1871년 훼철
忠義祠				한풍운 金泰屹 제향, 평천에 있음	1869/1871년 훼철
影蘆祠				직제학 金學起 제향, 초곡에 있음	1869/1871년 훼철
守初祠				사인 金器鉉 제향, 내천에 있음	1869/1871년 훼철
世賢祠					감사 민정중 제향, 창광산 동쪽에 생사당이 있었으나 퇴락한 지 오래되어 1890년 후손 민진원, 민영위(감사)를 배향
三敎堂					감사 민영준 생사당 인현서원 동쪽
義烈祠					부 기생 계월향 제향, 장경문 안, 1835년 창건, 1888년 중건
西廟					장경문 안 관풍전 옛터, 1881년 창건, 관우 사당

주: 1) 1590년 읍지의 '기자궁'은 '고적' 항목에 있다.
2) 1730년 읍지의 '충무사'는 '학교' 항목에 있다.
3) 1837년 읍지의 新安祠, 擇善祠, 藏保祠는 '사묘' 항목이 아니라 '학교' 항목에 내용이 추가되어 있다.

표 18. 역대 읍지의 '학교' 항목

1590년	1730년	1837년	1855년	1892년
明倫堂	鄕校	○		○
	仁賢書院(창광산 서쪽 신호사 터, 1564년 창립)	○		○(철거, 洪範堂으로 유지)
	龍谷書院(용악산 용악사 터, 1656년 창건)	○		○(철거)
	忠武祠宇(창광산 남쪽, 1645년 창건)	忠武祠		○(철거)
	西山書院(서망일사 터)	○		○(철거)
	養正齋(외성 오탄 가, 1724년 창건)	○	九三院	○
		蒼崗書院(창광산 아래)		○(철거)
		紹賢書院(충무사 왼쪽으로 이건)		○(철거)
		日影齋(함구문 안)		○
			坐深齋(대흥부)	○
			日新齋(융흥부)	○
			四崇齋(융덕부)	○
			崇範齋(내천)	○(내천 경창문 안)
			育英齋(외천)	○(외천 3리)
			一翁亭(내천)	○(내천 4리)
				司馬齋(서문 안)
				東林齋(용연방 순리)
				精一齋(평천동문 동쪽)
				石松齋(돌곶 3리)
				三希齋(외천 1리, 함구문 남쪽)
				存道齋(외천 1리)

주: 동일한 내용이 수록된 경우에는 "○"로 표시했다.

그림 14. 〈기성도병〉(서울역사박물관 소장)에 나와 있는 '설씨당'

4) 연혁, 공서, 직역, 병제, 창저, 교방

평양이 '평양부(平壤府)'가 된 시점은 고려 후기이며 조선시대에 들어와서도 그대로 유지되었다. 거의 대부분의 읍지에서 '연혁'에 지방 관제가 수록되었지만 1855년 읍지의 '연혁'은 건물, 누대(정자 포함) 등의 존폐 및 수축 등에 대한 내용이다(표 19 참조). '공서'의 경우 전란 이후 성곽이 축소되고 관청이 이동하는 등의 대규모의 변화가 드러나 있다(표 20 참조).

표 22에서 밑줄 친 부분은 1837년 읍지에서 약간의 문제가 발생한 곳이다. 전술했던 것처럼 1837년 읍지는 1730년 읍지를 바탕으로 필요한 경우 달라진 내용을 수록했는데, 대부분 1730년의 내용을 수록한 다음에 1837년에 수정된 내용을 뒤에 부기하는 형태로 되어 있다. 그런데 권1에 수록된 '직역'과 '병제' 항목을 따로 구분하지 않았다는 것이 일차적 문제였다. 따라서 '직역'과 '병제' 항목을 구분한 1730년 읍지와 달리 1837년 읍지에서는 '병제' 뒤에 '직역'과 '병제'

표 19. 역대 읍지의 '연혁' 항목

1590년	1730년	1837년	1892년
관찰사 겸 부윤(종2품) 서윤(종4품) 판관(종5품) 교수(종6품) 찰방(종6품) (대동로 각 역 관원을 겸직) 영숭전 참봉 2인 기자전 참봉 1인	관찰사 겸 부윤 도사 서윤 찰방 판관 교수 기자전 참봉 → 숭인전감 숭령전 참봉 2인(신설)	관찰사 겸 부윤 서윤 도사 판관 찰방 교수 숭령전 참봉 2인 무열사 참봉 2인	관찰사 겸 부윤(2품) 서영 外使(1885년 신설, 겸대) 도사(직명은 있고 관아는 없었으나 1883년에 모두 혁파) 서윤(4품) 겸 관성장 서영종사관(1884년부터 겸대) 판관(혁파) 대동찰방 교수(6품) → 東齋齋長 숭인전 참봉, 숭령전 참봉 각 2인 기자릉영 1인, 참봉 1인 무열사 참봉 2인
	순영중군 보산만호(1681년 신설, 별장을 승진시킴) 관성장(1714년 신설, 서윤 겸대)	순영중군 보산별장 관성장	보산별장

의 달라진 부분을 함께 수록했다.

이때 추가된 내용은 상위 항목 없이 '영속, 아영속, 중영속, 부속, 아영속, 중영속, 부속, 관성속'의 순서로 수록되어 있고, 그 다음에 상위 항목 '병제'가 제시된 뒤 하위 항목 없는 인원이 나오고 마지막으로 '북성속'이 실려 있다. 원래라면 '직역' 항목 아래에 '영속, 아영속, 중영속, 부속', '병제' 항목 아래에 '영속, 아영속, 중영속, 부영속, 관성속, 북성속'의 순서로 제시되었어야 했을 것이다. 요컨대 '직역'의 '부속'에 실린 인원의 일부는 '병제'의 '영속'에 해당되며 인원으로 봤을 때 '병제' 뒤에 하위 항목 없이 나온 인원도 '영속'에 해당된다고 볼 수 있다. 문제는 '직역'의 '부속'에 실린 인원 중에서 '병제'의 '영속'에 해당하는 인원을 확정하는 것이다. 다른 판본이 없어 확언하기는 어렵지만 필자가 확인한 자료에서 '병제'와 부합하는 인원을 분리하여 '병제'의 '영속'에 넣었고, 이를 표에 반영하되 밑줄을 그어 표시했다. '토관' 항목은 이후 읍지에 다시 등장하지 않는다. 이후에도 변동이 없기 때문이다. 1865년에 정리한 조선시대 마지막 법전인 『대전회통』에도 평양의 토관은 '사부(四部)'가 제외된 것 빼고는 동일하다. 또 1837년 읍지의 체제는 대체로 1730년 읍지 수록 내용을 그대로 유지하면서 변동이 있는 경우 해당 부분에 작은 글씨로 기록했는데, '직역' 항목은 이와 다르다. 1837년 읍지에서는 앞서 언급한 대로 '직역'과 '병제' 항목을 체제에 맞게 수록하지 않았다. 정리하면 1837년 읍지에서는 '직역'과 '병제' 인원의 변화가 중요한 만큼 세주로 표시하지 않고 1730년 읍지 내용과 1837년 간행 당시 상황을 병기하고 싶었던 것 같다. 다만 '병제'를 다시 반복한 것과는 달리 1837년 간행 당시의 '직역' 항목을 다시 명시하지 않았기 때문에 본문을 보면 '병제' 항목 뒤에 '관성속'과 나란히 '영속' 이하 항목이 배치되어 있다. 그래서 두 번째 나오는 '영속'을 1837년 '직역' 사항으로 분별해야 한다.

표 23에서는 창고에 대한 기록을 정리했는데, 그 용도를 모두 파악하기는 어렵지만 그래도 1730년 읍지에 각 창고의 성격이 서술되어 있어 상황을 이해하는 데에 도움이 된다. 사행과 관련된 창고는 천류고(泉流庫)와 겸제고(兼濟庫)가 있다. 천류고는 칙사 응대와 중국으로 가는 사행 경비를, 보민고(補民庫)는 칙사 접대를, 겸제고는 각 역참의 별마(사행 때 보내는 말) 기르는 일을 담당했다. 역마와 관련된 창고의 종류는 다양했다. 지용고(地用庫)는 역마의 가격을 매기는 일을, 고마청(雇馬廳)은 우장까지 가는 말을 삯을 주고 빌리는 일을, 쇄마고(刷馬庫)는 관사의 말 기르는 일을, 종마고(從馬庫)는 신구 수령이 교체할 때 마부와 말을 마련하는 일과 함께 감영 각처의 자리를 수선하는 일을 맡았다.

대부분은 감영 및 부의 재정 지출과 관련된 창고였다. 영군기고

표 20. 역대 읍지의 '공서' 항목

1590년	1730년	1837년	1892년
大同館	○	○	연광정 아래
淸華館 (大同館 남쪽에 있음)	○	없어짐	
風月樓	없어짐	○	
新館 (風月樓 남쪽에 있음)	없어짐	○	
監司本衙	上衙 영숭전 터, 1683년		○
報漏觀 (1531년 창건)	없어짐	○	
庶尹本衙	二衙 감사의 관아였다가 서윤의 관아가 됨		貳衙
判官本衙	임진왜란 뒤 체영이 되었다가 지응고 북쪽으로 이건되었고 판관 혁파 뒤에는 禮房廳		
察訪衙			大同衙 융흥부 2리 하처동으로 이건
支應庫 (홍복사 터에 있음)			
典酒局			
營作署			
監造所			
營庫			
營軍器庫			
都務司			
留鄕所	22칸		
司獄局	내성 안으로 옮김		
戎器署	내성 안으로 옮김		
校書局 (1564년 창건)	내성 안으로 옮김		
譯學堂			
雲孫署 (장경문 밖에 있음)			

표 20. 역대 읍지의 '공서' 항목(계속)

1590년	1730년	1837년	1892년
護哀堂 (대동문 밖 남쪽에 있음)	없어짐	○	
	淸迴堂 청화관 남쪽		
	中營 서윤의 관아였는데 1646년 감영으로 삼았다가 1694년에 중군이 거처		○
	體營 체찰사가 거처하는 곳이었다가 중영이 되었다가 지금은 軍門 什物庫		
	文會所 향교 앞		
	司馬所 무열사 터		
	四學堂 융흥부로 옮김	선화당 서쪽 담 밖	
	訓鍊廳 내성에서 오동으로 이건		
		쾌재정 재건	
		多景樓 후원, 1784년	
		平遠堂 다경루 옆, 1826년	
		至喜亭 만수대, 1707년	
		五詢亭 반구정 터, 1707년 건립, 1776년 '오순정'으로 개칭	
			西營 장경문 안 서묘 앞, 1884년
			西將臺 보통문 앞 서북쪽

주: 이전 읍지와 동일한 내용이거나, 달라졌더라도 위치나 창건 연도가 표기되어 있지 않은 경우에는 "○"로 표시했다.

표 21. 역대 읍지의 '직역' 항목

土官: 1590년	
都務司	都務 1, 校簿 1, 典事 2
典禮署	掌簿 1, 勘簿 1, 典事 1, 給事 1, 攝事 1
諸學署	勘簿 1, 管事 1, 攝事 2
戎器署	勘簿 1, 管事 1, 攝事 2
司倉署	勘簿 1, 管事 1, 攝事 2
營作署	勘簿 1, 管事 1, 攝事 2
收支局	掌事 1, 給事 1, 攝事 1
典酒局	給事 1, 參事 1, 攝事 1
司獄局	攝事 2
四部	攝事 各 2
鎭西衛	勵直 1, 副勵直 1, 勵果 2, 副勵果 2, 勵正 3, 副勵正 3, 勵猛 4, 副勵猛 4, 勵勇 5, 副勵勇 5

營屬			
1590년	1730년	1837년	1892년
六房 90, 軍兼 80	六房 41(1837년 판본 42), 率人 20	左土官 50 右土官 50	營吏 110 土官 100
知印 208, 軍兼 80	知印 25, 率人 12		
主事 206, 軍兼46	主事 20, 率人 9		
掌生 82, 軍兼 30	掌生 23, 率人 10		
	律生 27, 率人 13		
醫生 34, 軍兼 56	醫生 25, 率人 9		
生徒 40, 軍兼 48	生徒 23, 率人 9		
吏書吏 4, 軍兼 4	吏書吏 10		
監書吏 4, 軍兼 4	監書吏 1		
	都書吏 6		
通引 100, 軍兼 없음	通引 88	通引 37	通引 70
時波赤 58, 軍兼 80	시바우치 11		
吹螺赤 34, 軍兼 16	吹螺赤 45	吹螺赤 8	
理馬 40, 軍兼 8	理馬 10	理馬 6	馬頭
驍尉 342, 軍兼 80	驍尉 135	驍尉 64	驍尉 66
	奴使令 23		
册匠 16, 軍兼 11	册匠 10		册匠 7

표 21. 역대 읍지의 '직역' 항목(계속)

1590년	1730년	1837년	1892년
	畵員 26	畵員 4	畵員 3
刻匠 18, 軍兼 15	刻匠 4	刻匠 1	刻手 4
各處 使令 20, 軍兼 20	各處 使令 183	各庫 使令 85	各庫 使令 58
諸匠人 190, 軍兼 90	諸匠人 337	各色 匠人 195	各色 匠工 20
火炮匠 16, 軍兼 12	火炮匠 27		
	汗人 13	汗人 2	汗人 17
		營奴 68	營奴 43
			房子 4
			刀尺 8
		轎軍 10	轎軍 10
		軍牢 136	各色 軍牢 108
		大旗手 33	大旗手 38
		細樂手 14	細樂手 14
		帳幕手 11	帳幕手 11
		火砲手 21	號砲手 2
		下卑 20	下卑 2
亞營屬			
1590년	1730년	1837년	1892년
	通引 10 各色 羅卒 32	없어짐	
中營屬			
1590년	1730년	1837년	1892년
	書記 22 各色 使喚 16 各色 羅卒 116	書記 12 通引 24 驍尉 42 旗手 29 軍牢 41 各色 使喚 18	營吏 4 通引 11 馬頭 4 羅卒 20 內庫子 1 房子 1 空席庫子 1 步從 1
府屬			
1590년			
典賓局	權差 30, 軍兼 10, 使令 23, 壬寅年別差 13		
正設局	權差 13, 軍兼 25, 使令 35, 壬寅年別差 5		

표 21. 역대 읍지의 '직역' 항목(계속)

1590년			
營作署	陳設 30, 軍兼 10, 使令 24, 壬寅年別差 7, 匠人 3		
典酒局	別差 55, 軍兼 30, 使令 18		
軍器	別差 10, 軍兼 2, 使令 11		
司獄署	別差 5, 軍兼 4, 使令 8		
1590년	**1730년**	**1837년**	**1892년**
六房 40, 軍兼 15 主事 90, 軍兼 25 書員 50, 軍兼 60 醫生 40, 軍兼 10 譯學生徒 61 律生 37, 軍兼 15 一領尉 38, 軍兼 2 二領尉 39, 軍兼 3 三領尉 39, 軍兼 2 二尉 157, 軍兼 10 吹螺赤 21, 軍兼 5 捕盜隨率 13 時波赤 30 客舍 時波赤 8 理馬 10 紙匠 4 水鐵匠 5 甕匠 4 津尺 11 爐冶匠 1 院主 8 樓直 2 都務司書吏 36, 使令 24 鄕吏 4	元吏 48 假吏 46 通引 43 各所 別差 46 各色 羅卒 128 各色 使喚 120 各色 匠人 90	吏胥 97 通引 37 各所 別差 22 驍尉 51 軍牢 50 巡令手 12 獄卒 27 理馬 5	座首 1 工房別監 1 兵房別監 1 各庫監 9 各面 風憲 32 吏 128 通引 35 官奴 20 私奴 5 驍尉 27 巡令手 9 軍牢 20 各庫 使令 50 畵員 32 獄卒 8 各面 坊主人 32 各色 匠工 10 細樂手 7 下婢 2
大同屬: 1892년			
吏 9, 通引 3, 書者 9, 馬頭 12, 驍尉 8, 步從 11, 房子 2, 食婢 2			
電局屬: 1892년			
巡弁 15, 巡兵 60, 水線兵 5, 通辭 1			

표 22. 역대 읍지의 '병제' 항목

<table>
<tr><th>1590년</th><th>1730년</th><th>1837년</th><th>1892년</th></tr>
<tr><td rowspan="15">騎兵 720
(6개 번으로 나눈 보인과 솔정, 戶당 3)
步兵 1,260
(6개 번으로 나눈 보인과 솔정, 戶당 2)
別侍衛 1
預別 2
預定 10
甲士 8
預甲 7
水軍(戶首와 保人 총 828)
烽燧軍(戶首와 保人 총 96)</td><td colspan="3">營屬</td></tr>
<tr><td>左右別將 2</td><td>左右別將 2</td><td>訓鍊領將 1</td></tr>
<tr><td>各別部千摠 12</td><td>各別部千摠 12</td><td>各部 千摠 4
各部 把摠 10
各部 哨官 20</td></tr>
<tr><td>敎鍊官 8</td><td>敎鍊官 8</td><td>敎鍊官 8</td></tr>
<tr><td>旗鼓官 4</td><td>旗鼓官 4</td><td>旗鼓官 7</td></tr>
<tr><td>別武士 500
(1713년 창설)</td><td>別親衛士 500
右別武士 500
壯中衛 300</td><td>左右別將士 掌務官 2
壯別行首 1</td></tr>
<tr><td>馬兵壯 1,332</td><td>馬兵壯 469
官保 1,116
資保 473
書子的 4
標下 82</td><td>馬兵左右別將 2</td></tr>
<tr><td rowspan="2">親兵塘報 各 標下官 資保 30,441</td><td>親兵壯軍 222
書子的 2
標下 15</td><td rowspan="8"></td></tr>
<tr><td>塘報壯軍 179
資保 179
標下 14</td></tr>
<tr><td>壯十部 11,100</td><td>壯十部壯軍 7,326</td></tr>
<tr><td>各色 軍官 23,131</td><td>各色 軍官 1,460</td></tr>
<tr><td>守堞壯軍, 550
(1,110인은 본부 소속)
각종 軍官 282
旗牌官 92
保 10,864(2,237명은 본부 소속)
標下 485(97명은 본부 소속)</td><td>官保 8,743
資保 7,346
書字的 20
標下 1,025
各色 軍官 1,127
守堞五部軍 12,460
(2,492명은 관성 소속)</td></tr>
<tr><td>北城軍 619</td><td></td></tr>
<tr><td rowspan="2"></td><td>帳幕手 100
未作隊軍 58</td></tr>
<tr><td>巡別抄壯軍 50
書子的 2
標下 27</td></tr>
</table>

표 22. 역대 읍지의 '병제' 항목(계속)

1590년	1730년	1837년	1892년
		旗鼓官·教鍊官 各 2 旗牌軍官 3	
		中部 2,492	
		陸路烽軍 72 海望烽軍 69	
		保山劃軍 117	
			各庫 別將 12
			旗牌掌務官 4 旗牌軍官 16
			壯別掌務官 2(軍官 15) 軍器掌務官 2
			轉餉掌務官 1 管餉掌務官 1
			巡邏別將 1 掌務官 2 百摠 8
			左列軍兵 9,119 右列軍兵 9,119
	亞營屬		
	軍官 126	혁파됨	
	中營屬		
	各色 軍官 1,759	各色 軍官 2,065	兵校 2 帥府行首 1 帥府掌務官 2 本廳行首 1 本廳掌務官 2 巡邏掌務官 2
	府屬		
	中軍 1	中軍 1	中軍 1
	千摠 3 旗鼓官·教鍊官 各 2	旗鼓官 2 教鍊官 2 千摠 5 兵房軍官 2	兵房軍官 2 千摠 3 把摠 5 哨官 10 旗鼓官 2
	旗牌官 96	旗牌軍官 212	
	各色 軍官 310	各色 軍官 1,171	各色 軍官 59 各色 軍兵 9,996

표 22. 역대 읍지의 '병제' 항목(계속)

1590년	1730년	1837년	1892년
	舟師軍官作隊軍 804	舟師軍官 243	
	親兵 1,415	親兵 114 精抄 1,639 水軍 343 沿軍 69 潦軍 127	
	管城屬		
	中軍 1	中軍 1	中軍 1
	千摠 6 旗鼓官·敎鍊官 各 2	千摠 5	千摠 5 旗鼓官 2 敎鍊官 2 把摠 5 哨官 10
	旗牌官 93		旗牌官 93
	各色 軍官 276		各色 軍官 276 各色 軍兵 3,569
	中部軍 3,444		
	陸路烽軍 73		
	海望烽軍 92		
		官奴 40 下婢 35 各色 匠人 7 書員 34	
		北城屬	
		別將 1	別將 1
		掌務官 3	掌務官 2
		守堞 125 僧軍 21	僧將 1 總攝 1 僧軍 20 羅卒 2 守堞軍 125
			西營屬
			兵房 1(순중군 겸대) 從事官 1(서윤 겸대) 領官 2 副領官 2 軍司馬 4

표 22. 역대 읍지의 '병제' 항목(계속)

1590년	1730년	1837년	1892년
			文案 5 軍醫 1 別軍官 10 旗鼓官 2 哨官 12 放料監官 1 教師 4 哨長 12 別牌軍官 3 書吏 2 庫直 2 糾飭 24 教習 12 什長 120 兵丁 926 喇叭手 48 火兵 70 戰馬 4
			電報局屬
			巡兵 66 水線兵 5

는 감영의 무기 관련 창고였고, 구영창은 성을 쌓을 때 쓸 비용을 비축하는 창고였다. 예방청은 감영과 부에 생선과 고기를 공급했고, 제향고는 각처의 제사 물품을 담당했으며, 어염고는 감영과 부에 생선과 소금을 공급했고, 대동고는 감영과 부에 과실 및 토산물이 아닌 어물을 공급했다. 평무고는 장인의 물품 제조를 담당했고, 관사고는 병풍·장막·자리를, 영작서는 횃불을, 영선고는 땔감을, 감조소는 여러 물건을 제조했다. 평양의 공물은 '먹'이어서 이것을 보관하는 묵고와 매년 각종 무역의 자본금으로 충당하기 위해 거두어들인 베를 보관하는 균역고도 있었다.

전안소는 백성들의 요청에 따라 원금을 수합하여 이곳에 넣은 뒤 매년 발생하는 이자로 얼음 보관이나 인부가 짜는 초석(草席), 백석

(白席) 등에 지불하는 비용을 충당했고, 상채청(償債廳)은 잉여분으로 백성들의 오래된 조세 미납분을 충당하고 관채를 갚았다. 전판고는 시장에서 바꾸기 편하게 상채청의 전포를 쌓아 두었고, 관시고는 개시 물건을 담당했다.

그 외에 각 재의 선비 양성 비용을 처리하는 섬학고가 있었다. 평양에는 각 지역의 환곡을 담당하는 동창, 서창, 남창, 북창이 있었는데, 서창은 내서창과 외서창으로 나뉘었다. 『신증동국여지승람』 때부터 평양부에 성창(城倉)으로 두었던 강동창, 강서창, 상원창, 증산창, 중화창, 삼등창은 1892년 읍지에 이르러 없어졌다. '창저'의 경우 1590년 읍지에는 '본창(本倉)'과 '동사창(東社倉)'만 있었으나 1730년 읍지에는 상당히 다양하게 나오므로 전란 이후 평양부 행정의 급격한 변화에 대해 눈여겨볼 필요가 있다.

1590년 읍지를 보면 이때까지만 해도 평안감영의 교방과 평양부의 교방을 나누지 않았던 것 같다. 대동관 항목에 '구 교방'이라고 되어 있는 것으로 보아 어느 시점까지는 단일한 교방이 있었던 듯한데, 1730년 읍지를 보면 감영과 부로 나뉘었다(표 24 참고). 감영 교방은 대동관 앞 장향각에 있었지만 부 교방은 청형당(淸迥堂) 남쪽의 장춘원(長春院)이었다. 청형당은 대동관 남쪽에 있었는데 1730년 『평양속지』의 〈평양관부도(平壤官府圖)〉에서 위치를 확인할 수 있다. 1837년 읍지에서도 이전 읍지 내용을 그대로 수록했다. 1855년 읍지에서 교방청은 장대현 서쪽에 있고 기유년(1849)에 관찰사 조두순이 이설했다고 했는데, 장대현은 대동관 서쪽에 있던 고개로 서울역사박물관 소장 〈기성도병〉에서는 '將臺'로, 서울대학교박물관 소장 〈평양도〉에서는 '章台峴'으로 나온다. 장대현 서쪽은 병풍 지도에서는 장대현 윗부분에 해당한다.

표 23. 역대 읍지의 '창저' 항목

1590년	1730년	1837년	1892년
本倉	泉流庫(중영 서쪽, 1623년 창설)	○	○(없어짐)
	營庫	○	○
	營軍器庫(관풍동으로 이건)	○	○
	舊營倉(서성 안으로 이건)	○	營倉(없어짐)
	城役所	營倉에 편입	○(營倉 편입)
	補軍庫(장경문 안, 1682년 창설)	○	○(없어짐)
	別餉庫(장경문 안 보군고 옆)	○	○(없어짐)
	賑恤庫(풍월루 터로 이건)	○	○(없어짐)
	監造所(새 감영 서쪽 담밖으로 이설)	○	○
	墨庫(새 감영 앞으로 이설)	○	紙墨庫
	兼濟庫(1685년 창설, 새 감영 앞으로 이설)	○	○(없어짐)
	地用庫(1664년 창설)	○	○(兼濟庫 편입)
	雇馬廳(1644년 창설, 새 감영 앞으로 이건)	○	○(없어짐)
	從馬庫(1670년 창설)	○	○(雇馬庫 편입)
	償債廳(장경문 안, 1714년 창설)	○	○
	藥庫(선화당 서쪽)	○	○
	營繕(새 감영 서쪽으로 이건)	○	營繕庫(없어짐)
	贍學庫(중영 동쪽, 1684년 창설)	○	○
		轉販庫 없어짐	
		管市庫(대동관 앞, 1703년 창설) 없어짐	
		補膳庫 (감영 문밖)	○
		平市庫 (補膳庫 편입)	○ (補膳庫 편입)
		勅庫 (감영 남쪽)	○(없어짐)
			三五庫(없어짐)
			軍需庫(없어짐)
			戶庫
			遼木庫

표 23. 역대 읍지의 '창저' 항목(계속)

1590년	1730년	1837년	1892년
東社倉(재송원, 1579년 창건)	東倉(구 동사창, 옛 감영 창고 앞으로 이건)	司倉(본창, 장경문 안)	○
		동창	○
	外西倉(감초방 나한서 터, 1604년 창설)	○	○
	內西倉(사창 북쪽, 1712년 창설)	○	○
	南倉(보산성)	○	○
	賑恤庫(사창 북쪽, 1689년 창설)	○	○
	北倉(사창으로 편입)	○(북삼리로 이설)	○
	助王倉(동창으로 편입)	○	○(사창 편입)
	支應庫	○	○
	禮房廳(구 판관 관아)	○(없어짐)	
	祭享庫(유향청 동쪽 뜰, 1693년 창설)	○	○
	魚鹽庫(청화관 대문 밖, 1712년 창설)	○	○(관청 편입)
	大同庫(청화관 앞, 1685년 창설)	○	○(없어짐)
	補民庫(1645년 창설)	○	○(없어짐)
	補役庫		
	均役庫(1649년 창설, 감영 고마고 터에 이건)	○	○ (종마고 이속)
	從馬庫(청화관 앞, 1685년 창설)	○(없어짐)	○
	刷馬庫(대동관 앞, 1667년 창설)	○	
	平貿庫(청화관 남쪽, 1659년 창설)	○	○(없어짐)
	館舍庫(청화관 북쪽, 1654년 창설)	○	○ (대동고 편입)
	軍器庫(동창 북쪽에 이건)	○	管軍器 (전안소가 됨)
	田案所	○(군기영고)	○(없어짐)
	償債庫(옛 감영 창고 터, 1715년 창설)	○	○
	木物庫(평무고 앞)	○	○(없어짐)
	營作署(목물고 서쪽)	○	○
	江東倉(장경문 안)	○	○(없어짐)
	江西倉(서문 안)	○	○(없어짐)

표 23. 역대 읍지의 '창저' 항목(계속)

1590년	1730년	1837년	1892년
	祥原倉 (장경문 안)	○	○ (없어짐)
	甑山倉 (서문 안)	○	○ (없어짐)
	中和倉 (장경문 안)	○	○ (없어짐)
	三登倉 (장경문 안)	○	○ (없어짐)
		府軍器庫 (관군기고 담 안)	○ (없어짐)
		息肩所	○ (물목고 편입)
		勅庫 (대동문 안)	○ (무너짐)
		舟師庫 (대동문 밖)	○
		利涉庫	○
		酬應庫 (서성 안)	○ (없어짐)
		都務司 (부군기 언덕)	府司房
		內氷庫 (도무사 남쪽 언덕)	○
		外氷庫 (육로문 밖)	○
		社倉 (외천)	○ (외천 2리, 서고는 외천, 남고는 평천 내천)
			官廳
			夫馬所 (없어짐)
			平役庫 (강동창이 됨)
			典賓庫 (대동관 옆)

표 24. 역대 읍지의 '교방' 항목

1590년		1730년		1892년	
기생 180	악공 28	감영 기생 45 부 기생 39	감영 악공 9 부 악공 3	감영 기생 82 부 기생 15	감영 악공 12 부 악공 6
抛毬樂, 舞鼓, 處容, 響撥, 撥棹歌, 牙拍, 舞童, 蓮花臺, 鶴舞, 與民樂, 滿殿春, 感君恩, 步虛子, 雙花店, 翰林別曲, 西京別曲, 鳳凰吟, 關西別曲		抛毬樂, 舞鼓, 處容, 響撥, 撥棹歌, 牙拍, 舞童, 蓮花臺, 鶴舞(학춤), 與民樂			

주: 1730년 읍지에서는 1590년의 공연 레퍼토리 중 사라진 것들을 적시했으나 이 표에서는 그 항목들을 삭제하고 남은 항목만 제시했다.

5) 지역민 수록 명단[65]

역대 읍지의 지역민 관련 내용은 표 25와 같다.

표 25. 역대 읍지의 지역민 관련 내용

읍지	항목	세부 내용
1590년	人物	溫達(陽岡王의 사위), 乙支文德, 高延壽(고구려 종실 성씨), 高惠眞(고구려 종실 성씨), 吳先覺(묘청의 난 때 가담하지 않음), 鄭知常(起居注, 묘청의 난 때 가담), 趙仁規(사신으로 활약), 趙瑞(趙仁規의 아들), 趙璉(趙瑞의 동생), 趙璋(趙瑞의 동생), 趙德裕(趙璉의 아들), 趙潾(趙德裕의 아들), 趙浚(趙潾의 동생), 趙璞(趙思謙의 아들), 金統(평양에 별서가 있었음), 曹鰲(화재가 났을 때 기도를 해서 효험이 있었음), 李殷榮(진사, 청렴한 행적), 朱仁輔(안빈낙도로 유명)
	孝烈	朴光廉(효성), 黃守(효성), 白亨(효성), 崔夫三(효성), 金景利(효성), 白絢(효성), 金日光(효성), 金義光(효성), 田伏龍(효성), 建金(私奴, 효성), 江哲(營奴, 우애), 春介(營婢, 효성), 頓氏(良女, 효성), 金質(효성), 羅德緝(효성), 金氏(金蘭의 季妻, 열부), 楊德裕(생원, 효성), 李獻忠(효성), 草生(水軍 高貴成의 딸이자 傭人 康論山의 아내, 열부)

---

65. 이 항목에서 제시한 표는 이은주의 「평양인의 자기 인식: 읍지 자료를 중심으로」에서 정리한 표를 재수록한 것이다.

표 25. 역대 읍지의 지역민 관련 내용(계속)

읍지	항목	지역민 관련 세부 내용
	科擧	科貢(문과, 60명), 武職(32명), 蓮榜(생원 진사, 75명)
	文談	「送人」(鄭知常), 「西都」(鄭知常), 정지상의 태몽과 어릴 때 지은 시, 정지상의 「송인」 관련 일화, 정지상과 김부식의 일화, 생원 韓克昌의 시
	雜志	주민 金千福, 기생 月飛, 기생 武貞介, 객관 별차 白於仝, 武學 설치, 1460년 부벽루 별시(柳自漢)
	詩	「送人」(鄭知常), 「西都」(鄭知常)
	文	「頓氏碑詞」(盧稙)
1730년	人物	趙狷(趙浚의 동생), 李承召(평양에 집이 있음), 鮮于浹(유학), 金良彦(심하 전투), 黃胤後
	孝烈	田有富(효성), 金瑞煒(효성), 田乃績(田有富의 아들, 효성), 黃春卿(효성), 李至誠·李至誠 형제(효성), 康銖(효성), 金起連(효성), 金汝得(효성), 尹坡瑜(효성), 黃戴堯(효성), 楊萬榮(楊顯望의 아들, 효성), 朴已業(효성), 黃戴玄(효성), 黃順承(黃戴堯의 손자, 효성), 崔世律(효성), 田聖理(田乃績의 손자, 효성), 崔厚發(효성), 韓鴻漸(효성), 崔應台(효성), 韓禾八里(효성), 金仲恕(효성), 金氏(盧富成의 아내, 효성), 趙氏(李世禎의 아내, 효성), 李氏(李時振의 딸, 효성), 盧氏(李寔의 아내, 열부·효성), 朱氏(金鼎新의 아내, 효성), 李氏(李秩의 아내, 열부), 李氏(양인의 딸, 절개), 李氏(金珍의 아내, 열부), 安氏(金秀澤의 아내, 절개), 楊介(노비, 열부), 朴氏(양인의 딸, 절개), 安氏(金愛格의 아내, 남편을 위해 복수), 金氏(田遇平의 아내, 열부), 李氏(李種福의 아내, 열부), 金氏(張發의 아내, 절개), 李氏(文順敏의 아내, 열부), 崔氏(金簜의 아내, 열부), 楊氏(蔡禹龜의 아내, 열부), 金應武(임진왜란 때 전사), 金長鍊(임진왜란 때 전사), 崔應海(심하 전투에서 전사), 楊懿時(절개)
	科貢	文科(54명), 武科(58명), 蔭仕(35명) 崇仁殿監(7명), 武南(5명), 司馬(124명, 문과 급제자도 포함)
	文談	乙支文德, 鄭知常, 蘇世讓과 평양 유생의 일화, 참봉 楊德祿의 기자정 거울, 명나라 사신 程龍에게 시를 지어 준 黃胤後, 청군 징발에 거절한 許灌, 鮮于洽·鮮于浹 형제의 편지에 답해 준 金尙憲, 張世良(유학자)
	神異	鮮于浹의 꿈
	雜志	朴燁과 鮮于浹의 관상, 석탄을 만든 許灌
	詩	「浮碧樓」(李承召), 「대동강」(李承召), 「春遊浮碧樓」(許哲, 144구)
1837년	孝烈	金錫壽(효성), 崔天光(崔千福의 아들, 효성), 田一成(효성), 石之磐(효성), 高擎辰(효성), 鄭泰候(효성), 金孝建(효성), 洪就道(효성), 金兌相(효성), 李運弼(효성), 邊述(효성), 金昌夏(효성), 崔光澤(효성), 盧漢翊(효성), 林景夏(효성), 林遇夏(林景夏의 동생, 효성), 李行夏(李至誠·李至誠 종질, 효성), 金壽國(효성), 洪義忠(효성), 林

표 25. 역대 읍지의 지역민 관련 내용(계속)

읍지	항목	세부 내용
1837년	孝烈	時大(열녀 池氏의 아들, 효성), 金就義(효성), 金鍾嗃(金質의 아들, 효성), 金應龍(金鍾嗃의 아들, 효성), 金時郁(金應龍의 손자, 효성), 玄奉祚(효성), 崔峻碧(崔厚發의 아들, 효성), 田起龍(효성), 康學尙(효성), 金益文(효성), 金大洙(金兌相의 아들, 효성), 盧亨得(효성), 李志燁(효성), 金景祿(효성), 金得南·金得昌 형제(효성), 金麗發(효성), 韓元九·韓亨九 형제(효성), 金宗澤(효성), 金尙洙(金宗澤의 아들, 효성), 金氏(金之珍의 아내, 열부), 金處子(金學時의 딸, 효성), 韓處子(韓世萬의 딸, 절개), 洪氏(張師勛의 아내, 효성), 朴氏(崔汝寬의 아내, 열부), 金氏(黃汝信의 아내, 열부), 全氏(金龍鶴의 아내, 열부), 金氏(崔興源의 아내, 열부), 方氏(晉興君 金良彦의 아내, 열부), 鄭氏(金宗生의 아내, 열부), 李氏(李晟의 아내, 열부), 池氏(林廷業의 아내, 열부), 李氏(楊鎭祚의 아내, 열부), 楊氏(黃士明의 아내, 열부), 李氏(金履坤의 아내, 열부), 李氏(張禮維의 아내, 열부), 朱召史(朴允建의 아내, 열부), 李氏(朴道常의 아내, 열부), 金龍鶴(병자호란 때 전사), 崔千福(임진왜란 때 전사), 崔呂立(정묘호란 때 순절), 全周福, 頓貞臣, 林起棟, 法根(임진왜란 때 전사), 高忠敬, 朴億, 李孝白, 高雲達(정묘호란 때 전사), 玉介(기생, 절개)
	科擧	文科(25명), 武職(139명), 辛壬軍功秩(29명), 蔭仕(77명), 崇仁殿監(4명), 武南(13명), 武烈祠參奉(46명), 蓮榜(139명)
	文談	洪應起에게 준 감사 洪命耉의 시, 李元葩에 대한 申欽과 尹鳳朝의 시
	雜志	全長福과 중국 상인 相里炳의 일화, 桂月香의 사당 義烈祠 건립
1855년	祠宇	관찰사 외 지역민을 제향한 사당: 梨村祠(金汝旭, 金履敬), 魯陽祠(金澤), 星峯祠(黃應聖), 松湖祠(田闢), 眞谷祠(田乃績), 松岡祠(金致一), 蘆溪祠(曺三省, 楊德祿, 鄭旻), 光山祠(楊懿直, 楊澤九), 井田祠(康逵), 石湖祠(李忠伯), 忠義祠(金泰訖), 影蘆祠(金學起), 守初祠(金器鉉), 一翁亭(書塾, 金正中이 가르치던 곳)
	孝烈	康益省(효성), 金鼎燮(효성), 許世平(효성), 吳載賢(효성), 金尙沂(金宗澤의 아들이자 金尙洙의 동생, 효성), 黃處垕(효성), 李起馨(효성), 朴榮臣(홍경래의 난 때 창의), 金鍾珽(효성, 홍경래의 난 때 창의), 金處子(효성), 梁氏(崔呂立의 아내, 열부), 張氏(全寔의 아내, 효성 열부), 金氏(鮮于核의 아내, 열부), 鮮于氏(趙履燮의 아내, 열부), 黃氏(李昱의 아내, 효성), 崔氏(張大羽의 아내, 열부), 李處子(李和之의 딸, 효성)
	補遺	黃應聖, 趙有孚, 全長福, 趙世珪, 鮮于炆, 黃鎭正, 康逵(항목명은 없지만 '인물' 항목에 들어갈 내용으로 추정)
	神異	趙鼎耉의 꿈, 태천에 있는 鮮于浹 사당 일화
	科擧	文科(8명), 武職(59명), 別將(49명), 蔭仕(28명), 武南(33명), 武烈祠參奉(35명), 蓮榜(36명)
	文	「思穎影堂紀蹟碑文」(鮮于鏷)

표 25. 역대 읍지의 지역민 관련 내용(계속)

읍지	항목	세부 내용
1892년	人物	楊懿直(楊德裕의 아들), 曺三省, 楊德祿, 許灌
	學行	金台佐, 鮮于浹, 趙之玄, 金益祉, 張世良, 鮮于洽, 黃順承, 楊日榮, 黃敏厚, 崔厚發, 田乃績, 鮮于炆, 李春䕷, 李弘廉, 鮮于恪, 張受敎, 康逵, 康垕, 楊峙岳, 金澤, 金器鉉, 楊澤九, 曺光彬, 金近集, 李基賢, 黃彰祖, 鮮于鉍, 洪鼎彬, 鮮于銑, 鮮于銃, 金鳳煜, 楊基稷, 宋鎭益, 尹鎭性, 金益秀, 楊璉熙, 李洙說, 金命植, 許惇, 黃錫永, 楊基興, 洪在朝, 楊命浩, 黃岦, 金喆鉉, 趙尙默, 李鍾游, 吳之延 [學行追補] 崔泌, 李國柱
	孝行	朴祐錫, 朴在衡, 康鼎煥, 安榮國, 楊日采, 黃彰祖, 金敬修, 洪相宅, 曺禧胤, 崔潛, 楊秉存, 金亨德, 洪大彬, 金致洵, 金觀淳, 李起馨, 金甲壽, 趙興蘭, 趙聖徽, 趙昌大, 康公濟, 金鼎杰, 金致精, 朴孝臣, 朴埼, 朴孝培, 李敬采, 李亨祿, 楊遇夏, 田漢鎭, 安道漸, 黃泰項, 楊錫一, 盧致炯, 孫厚良, 李日采, 劉希喆, 金聲烈, 金養烈, 楊鼎熙, 金錫觀, 蔡祚永, 蔡東霖, 崔祥鎭, 金義漸, 金宗衡, 康濟尙, 金起浩, 李振鳳, 朴棟赫, 安聖潤, 金興奎, 朴珉澈, 朴秉珪, 金正喆, 南采項, 南正默, 金鳳齡, 金仁寬, 金學涉, 金起福, 金敬龍, 崔命濟, 李元奎, 金昌柱, 金倬履, 李妻子(李和之의 딸) [孝行補] 鄭載凋, 金慶禧, 李義鉉, 金氏(任基鎬의 아내) [孝行補] 金秉煜, 宋時殷, 洪慶臣 [孝行追補] 崔復鎭, 金光喆, 金孝榮, 崔氏(金永錫의 아내), 崔興崙(崔天光의 후손), 崔學疇(崔興崙의 아들)
	烈行	鮮于氏(趙履燮의 아내), 韓氏(金尙鎭의 아내), 楊氏(黃根宗의 아내), 金氏(楊基洛의 아내), 黃氏(李禧觀의 아내), 金氏(蔡東霖의 아내), 金氏(金慶禧의 아내), 康氏(李日潤의 아내), 金氏(金鳳鎭의 아내), 金氏(南周烈의 아내), 林氏(趙得鼎의 아내), 李氏(朴南薰의 아내) [烈行補] 金氏(玉英達의 아내), 劉氏(安敎錫의 아내), 趙氏(梁致漢의 아내)
	聞見卓行	崔濟一, 金用和, 金建爀
	科擧	文科(38명), 蔭仕(167명, 추보 37명), 老職(66명), 贈職(孝行卓異 12명, 學行卓異 7명, 孝學卓異 6명, 忠義卓異 5명, 因子孫加資追贈 19명), 蓮榜(177명), 武職(89명), 武南(85명), 武烈祠參奉(35명), 武科(48명)
	詩	「練光亭」(金鼎夏), 「過旌忠碑閣敬題」(李應聃)
	文	「箕子陵紀蹟碑」(黃岦), 「鄕禮紀蹟碑」(黃岦), 「滄浪亭遺稿序」(洪益圭의 문집, 任憲晦), 「鄕校重建記」(金甲壽), 「洪範堂重修事蹟記」(楊基稷)

표 26. 역대 읍지의 별시 관련 내용

읍지	항목	세부 내용
1590년	古事	1460년 평안도 황해도 유생을 대상으로 한 부벽루 별시(1등 2명, 2등 3명, 3등 17명)와 무사 1,800명이 합격한 庚辰武科
1730년	古事	1626년 별과 설행, 1636년 별과, 만과 설행 이후 다시 무과 설행(청군의 습격으로 합격자 발표 취소), 1643년 별과 설행, 1669년 별과 설행, 1695년 별과 설행(청남·청북 합격자 할당), 1717년 별과 설행, 1728년 별과 설행(강변 1인을 합격자 정원에 추가)
1837년	古事	1746년 도과, 1774년 도과, 1782년 도과, 1815년 도과, 1826년 도과 설행
1892년	古事	1866년 도과 설행, 1886년 도과 설행, 1889년 청남과 청북, 강변에서 삼도회 승보시 설행, 1890년 향시 합격자 인원 증설, 1892년 德行科 신설

표 27. 역대 읍지의 외관직 관련 내용

읍지	항목	세부 항목
1590년	沿革	영숭전 참봉 2명(지역인 또는 타처인), 기자전 참봉 1명(차첩으로 임명)
1730년	沿革	기자전 참봉, 숭인전감, 保山萬戶, 숭령전 참봉 2인, 1612년 기자전 참봉을 숭인전감으로 바꾸고 선우씨가 세습, 1725년 숭령전 참봉 2인을 예조에서 임명해 달라고 요청했다가 1729년 신망 있는 지역 출신 후보 3인 중 이조에서 계문을 올려 임명해 달라고 요청
1837년	沿革	숭인전감, 숭령전 참봉 2인(京職 遷轉), 武烈祠 參奉 2인(1791년 시작)[1]
1855년	事蹟	1824년 감사 金祖淳이 숭인전감을 숭인전 참봉으로, 숭인전 참봉과 숭령전 참봉을 모두 東班職으로 바꾸고 하나는 선우씨 세습으로, 하나는 淸南과 淸北을 차례로 등용하고 京職 遷轉,[2] 1853년 감사 金炳冀가 무열사 참봉 한 자리에 李如松의 자손을 세습하게 하고 한 자리는 무과로 등용하는 의견을 전달
1892년	官制	숭인전 참봉 2인, 숭령전 참봉 2인, 箕子陵令 1인, 기자능 참봉 1인, 무열사 참봉 2인, 保山別將

주: 1) 『정조실록』에 따르면 무열사에 참봉 2인을 둔 시점은 12월 16일이다.
2) 『순조실록』 1824년 9월 7일 기사에는 좀 더 자세하게 나와 있다. 김조순의 제안은 숭령전 참봉 두 자리 중 하나는 令으로 바꾸고 숭인전감도 참봉 두 자리로 바꾸어서 하나는 선우씨 중에서 차출하고 다른 하나는 숭령전 참봉과 함께 청남, 청북으로 할당하여 文行이 있는 자는 임기가 차면 京司로 천전하고 영은 문관과 음관을 번갈아 차출하되 본도 사람으로 하자는 것이었다.

6) 관찰사와 서윤 명단

표 28. 평안도관찰사 명단

구분	이름	부임 연도	이름	부임 연도
태조	趙溫	1392	安景良*	-
	李居易	1394	安叔老*	-
정종	李稷*	1400		
태종	李原	1404	鄭鎭*	-
	洪恕*	1404	金輅*	1406
	林整*	-	朴訔*	1409
	咸傅霖*	-	黃喜	1417
세종	河演*	1427	趙從生*	-
	洪汝方	1427	金景誠*	-
	權踶	1427	鄭苯*	1442
	朴葵*	1431	韓確	1447
	李叔畤*	1433	安崇善	1447
	鄭欽之*	1434	權克和*	1447
	朴安臣*	1435	金連枝*	1447
문종	朴以昌*	-	鄭而漢*	1451*
단종	趙遂良*	1453	奇虔	1453*
세조	金連枝*	1457*	金謙光*	1463
	元孝然*	1458(1457*)	李克培*	1463(1468*)
	曺孝文	1459	吳伯昌*	1465
	李允孫*	1461	金之慶*	1465
	金礩*	1461	安哲孫*	-
	韓繼美*	1462	許琮*	1468
예종	魚世謙*	1469	李尹仁	1469
성종	李繼孫*	1470	李崇元*	1483
	徐居正*	1471	申浚*	1484
	鄭文炯*	1472	成俔*	1486
	吳凝*	-	柳輊*	1491
	鄭敬祖*	-	朴楗*[1]	-
	玄錫圭	1478	李則*	-
	李坡	1478	鄭佸*	1494

표 28. 평안도관찰사 명단(계속)

구분	이름	부임 연도	이름	부임 연도
연산군	柳洵*	-	柳順汀	1504
	蔡壽*	1502	金瑄*	-
	曺叔沂*	1503	安琛	1506
중종	金對*	1507	李世應*	1528
	李繼孟	1512	李芑*	1529
	權鈞*	1514(1513*)	申公濟*	1531
	安潤德*	1515	潘碩枰*	1533
	申鏛*	-	李龜齡*	1535
	許硡*	1519(재임 1528)	金麟孫*	1537
	柳聃年	1521	尙震*	1539
	尹金孫*	1523	閔齊仁	1542
	金克成*	1523	柳灌*	1544
	尹殷輔	1525		
인종	黃憲*	1545		
명종	李浚慶	1545	兪絳*	1558
	宋瓅*	1548	金鎧*	1560
	曺光遠*	1549	李樑*	1561
	金明胤*	1551	李潤慶	1562
	洪暹*	1552	任說*	1562
	李命珪*	1554	鄭宗榮	1563
	丁應斗*	1556(재임 1565)	金德龍	1566
선조	吳祥	1568	權徵	1590
	成世章*	1570	尹卓然	1592
	柳景深*	1571	宋言愼	1592
	尹毅中*	1571	李元翼	1592
	李文馨*	1573	尹承吉	1595
	李俊民*	1575(재임 1577)	韓應寅	1596
	金繼輝	1575	朴弘老	1598
	李陽元*	1578	徐渻	1599
	李遴*	1580	許頊	1601
	盧稙*	1582	金信元	1603
	兪泓*	1584	韓孝純	1605

표 28. 평안도관찰사 명단(계속)

구분	이름	부임 연도	이름	부임 연도
	柳塤*	1586	朴東亮	1605
	金睟*	1587	韓浚謙	1607
	尹斗壽	1588		
광해군	李時發	1608	金藎國	1613(재임 1623)
	崔瓘	1610	安應亨	1617
	鄭賜湖	1612	朴燁	1618
인조	李尙吉	1623	鄭太和	1640
	尹暄	1625	沈演	1642
	金起宗	1627	具鳳瑞	1642
	金時讓	1629	金世濂	1644
	閔聖徽	1630(재임 1637)	朴遾	1645
	張紳	1633	林墰	1646
	洪命耈	1636	李昪	1647(재임 1659)
	南銑	1637	鄭致和	1647
	李袨	1637	許積	1649(재임 1653)
효종	沈之源*	1650	沈澤	1655
	鄭維城	1650	柳淰	1656
	吳挺一	1652	金汝鈺	1659
현종	任義伯	1661	閔維重	1669
	鄭知和	1663	李萬榮(李晚榮)	1672
	李正英	1664	吳始壽	1672
	鄭萬和	1666	申晸	1674
	李泰淵	1668		
숙종	閔宗道	1675	李徵明	1697
	李宇鼎	1677	鄭載禧	1698
	金德遠	1678	洪萬朝	1698
	俞夏益	1679	趙泰采	1700
	柳尙運	1680	李世載	1701
	李世華	1682	崔錫恒	1703
	申翼相	1683	朴權	1705
	柳尙運	1684	趙泰耈	1706
	朴泰尙	1685	尹趾仁	1708

표 28. 평안도관찰사 명단(계속)

구분	이름	부임 연도	이름	부임 연도
	李世白	1685	權惺	1710
	吳斗寅	1686	李濟	1710
	尹以濟	1687	俞集一	1712
	李之翼	1689	閔鎭遠	1713
	閔就道	1689	趙泰老	1715
	沈檀	1691	金楺	1717
	權瑎	1692	李肇	1718
	李萬元	1693	李澤	1719
	李濡	1694	權𢢜	1720
	閔鎭周	1696		
경종	趙道彬	1721	吳命恒	1723
	李眞儉	1722		
영조	李廷濟	1724	金尙魯	1751
	尹憲柱	1725	洪象漢	1752
	洪錫輔	1726	李台重	1754
	尹游	1727	李琈	1756
	宋寅明	1729	洪鳳漢	1756
	尹惠教	1730	閔百祥	1757
	金取魯	1730	李成中	1759
	宋眞明	1731	鄭翬良	1760
	權以鎭	1733	李昌壽	1761
	朴師洙	1734	鄭弘淳	1762
	趙顯命	1735	黃仁儉	1764
	申思喆	1736	申晦	1765
	尹陽來	1736	金尙喆	1766
	趙遠命	1737	朴相德	1766
	閔應洙	1738	鄭宲	1767
	徐宗玉	1740	李景祜	1768
	尹淳	1741	閔百興	1769
	李周鎭	1741	趙曮	1770
	趙觀彬	1742	具允鈺	1771
	金若魯	1742	尹東暹	1772

표 28. 평안도관찰사 명단(계속)

구분	이름	부임 연도	이름	부임 연도
	金始烔	1744	洪麟漢	1773
	李宗城	1745	蔡濟恭	1774
	李箕鎭	1746	洪趾海	1775
	趙榮國	1747	徐命膺	1776
	李宗白	1749		
정조	洪樂純	1777	金履素	1787
	金鍾秀	1778	鄭昌聖	1789
	李徽之	1779	沈灝之	1790
	鄭尙淳	1780	洪良浩	1791
	金華鎭	1781	李秉模	1792
	徐浩修	1782	金思穆	1794
	李性源	1783	金載瓚	1795
	鄭民始	1784	朴宗甲	1796
	鄭一祥	1785	閔鍾顯	1798
	趙㻐	1786	韓用龜	1799
	俞彦鎬	1786	李泰永	1799
	李命植	1787		
순조	金勉柱	1801	李魯益	1821
	金文淳	1803	金履喬	1821
	李書九	1804	金敎根	1823
	李勉兢	1805	朴宗薰	1825
	趙得永	1807	李羲甲	1826
	徐榮輔	1808	金逌根	1827(미부임)
	李晩秀	1810	徐能輔	1827
	鄭晩錫	1811	金魯敬	1828
	李相璜	1815	金學淳	1830
	徐有聞	1816	沈能岳	1832
	李肇源	1818	鄭元容	1833
	沈象奎	1819		
헌종	李紀淵	1835	李憲球	1842
	朴晦壽	1837	趙秉鉉	1844
	鄭基善	1838	洪在喆	1845

표 28. 평안도관찰사 명단(계속)

구분	이름	부임 연도	이름	부임 연도
	金蘭淳	1839	趙鶴年	1846
	金興根	1841	趙斗淳	1848
철종	洪鍾應	1850	徐念淳	1857
	李鶴秀	1852	金箕晩	1858
	金炳冀	1852	徐戴淳	1859
	曺錫雨	1853(미부임)	金炳溎	1860
	南秉哲	1853	尹致定	1861
	李景在	1853	李謙在	1863
	李圭祊	1855	洪祐吉	1863
	金鼎集	1855		
고종	朴珪壽	1866	鄭敬源	1895
	韓啓源	1869	李根命	1896
	南廷順	1872	趙民熙	1897
	申應朝	1873	閔亨植	1898
	趙成夏	1874	鄭世源	1899
	金尙鉉	1876	尹相衍	1900
	閔泳緯	1878	閔京鎬	1901
	金炳悳	1881	閔泳喆	1902
	金永壽	1883	鄭漢朝	1903
	閔應植	1884	李重夏	1904
	南廷哲	1885	李容善	1905
	閔泳駿	1888	李始榮	1906*
	閔丙奭	1890	朴重陽	1907*
	金晩植	1894	李軫鎬	1908*

출전: 『평양속지』(1730, 1837, 1855, 1892, 1906), 『평양대지』. 이은주 역주, 『평양을 담다: 역주《평양지》·《평양속지》』 부록 관찰사 명단의 오류를 바로잡아 다시 정리했다.

주: 1) 成俔의 『浮碧樓記』에서는 1485년 평양에 왔을 당시 관찰사가 박건(서윤은 安璿, 판관은 鄭叔墩)이었으며, 1486년 박건이 체직된 뒤에 자신이 후임으로 오게 되었다고 했다.

2) * 표시는 『청선고』와 실록 및 승정원일기 기사로 보충한 것이다. 관찰사가 평양부윤을 겸하기 때문에 읍지에는 조선시대 이전에 관찰사가 아니라 부윤만 역임했던 인물들도 명단에 포함되어 있지만, 이는 조선시대에 한정하여 작성한 명단이다.

표 29. 평양서윤 명단

구분	이름	부임 연도	이름	부임 연도
태종	李舂*	1403(재직)*		
세종	車有*	1426(재직)*	宋儲	1441(재직)*
	吳明義*	1433(재직)*	權尙恭	1445*
세조	芮承錫*	1458*		
성종	李仁忠*	1479*	李庚*	1481(재직)*
중종	尹衡*	1516(재직)*	洪愼*	1534(재직)*
	金光轍*	1529(재직)*	李元孫	1541*
명종	楊士俊*	1557(재직)*	洪淵*	1561(재직)*
선조	文益成*	1573(재직)*	元彧*	1599*
	高敬命*	1583(재직)*	柳公亮	1603(재직)*
	洪世恭	-	李軫賓	1604(재직)*
	南復興	1592(재직)*	李慶千	1604*
	朴順男*	1599*	朴燁	1605*
	韓彦琛(韓彦忱)	1599*	李弘冑	1607(재직)*
	姜昱	-		
광해군	李幼淵	-	柳塗	-
	尹綎	-	鄭世美	-
	李命俊	1613(재직)*	兪晉曾	1618*
	尹絅	-	李後天	1620(재직)*
	李尙俊	-	尹璛	-
	趙誠立	-		
인조	尹衡彦	1624(재직)*	都慶兪	1634
	李敏樹	-	李後陽	1636
	許實	1625*	洪翼漢	1637
	柳秩	1626	曺挺立	1637
	李永式	1627	盧協	1641
	許稷*	1629*	南溟羽	1642
	李崍	1630	李大純	1644
	李崍	1631	鄭昌冑	1644
	朴守弘	1631	柳時定	1647
	李斗陽	1633		

표 29. 평양서윤 명단(계속)

구분	이름	부임 연도	이름	부임 연도
효종	洪興祉	1650	南宮鏶	1657
	黃暐	1652	李汝澤	1657
	崔文潰	1654	李穉	1658
	崔寬	1656		
현종	鄭采和	1659	李箕徵	1667
	金寅亮	1663	尹以濟	1669
	李世華	1663	柳之發	1672
	黃道明	1663	沈樞	1673
	鄭載厚	1664		
숙종	黃道光	1674	洪重箕	1698
	睦林馨	1677	李世恒	1700
	安縤	1678	慶明會	1701
	洪有龜	1681	尹世綏	1703
	李光夏	1683	趙正萬	1705
	李增	1684	尹趾慶	1706
	鄭悏	1685	申處華	1708
	姜琛	1687	鄭復先	1709
	金鳳至	1690	黃爾章	1711
	李奎徵	1691	洪潾	1713
	李斗齡	1692	李箕獻(李箕憲)	1715
	柳以復	1694	成壽雄(成萬雄)	1717
	尹聖瑀	1696	金相勛	1718
경종	韓配義	1721	李普赫	1724
	責夏章	1722		
영조	朴昌厚	1725	魚有璜(魚有瑾)	1749
	金道洽	1726	李時中	1751
	鄭必寧	1728	朴師白(朴師伯)	1752
	金泰衍	1730	黃仁謙	1753
	李秀輔	1731	鄭志翼	1754
	韓德弼	1734	俞直基	1756
	洪應夢	1734	徐命仁	1758
	趙明震	1735	鄭克淳	1760

표 29. 평양서윤 명단(계속)

구분	이름	부임 연도	이름	부임 연도
	李敏躋	1735	金履遠	1762
	崔商鼎	1737	鄭錫保	1765
	權一衡	1738	趙榮克	1767
	兪尌	1739	金持默	1770
	沈廷紀	1741	申光勉	1772
	趙鎭泰	1743	李明中	1774
	李墰	1744	李琇	1774
	宋堯輔	1746	(金獻柱)金憲柱	1776
	尹勉教	1747		
정조	金履復	1777	曺允大	1791
	徐命敏	1778	鄭華淳	1791
	鄭麟煥	1781	朴知源	1794
	兪漢葛	1783	洪樂正	1795
	金履中	1785	任希厚	1797
	趙鼎玉	1787	尹厚東	1798
	趙鎭明	1789	趙厚鎭	1798
순조	金思羲	1801	兪秉柱	1817
	金基厚	1802	金龍淳	1819
	李永瑗	1804	金炳文	1821
	洪仁謨	1806	韓百衍	1822
	李周憲	1807	金元根	1823
	李象鼎	1808	趙鎭翼	1825
	趙學春	1809	趙濟仁	1827
	沈應奎	1810	李祖榮	1828
	金基豐	1812	李奎秀	1831
	李鳴運	1815	金應根	1833
헌종	趙濟晩	1836	趙秉憲	1844
	金寅秀	1838	金晉教	1844
	洪鍾英	1840	尹日善	1846
	徐有民	1841	趙台淳	1847
	鄭憲容	1843	趙冕鎬	1848

표 29. 평양서윤 명단(계속)

구분	이름	부임 연도	이름	부임 연도
철종	金泳根	1850	尹致誠	1857
	成鼎鎬	1851	徐麒淳	1859
	金亨淳	1852	趙然明	1860
	趙奎年	1853	沈勛澤	1861
	沈明奎	1855	金炳愚	1862
	趙章鎬	1855		
고종	申泰鼎	1864	李敬翼	1893
	金善根	1867	徐丙壽	1894
	閔昌植	1869	徐九淳	1895
	金甲根	1871	崔錫民	1896
	閔喆鎬	1874	徐相集	1897
	兪致益	1876	李啓弼	1898
	尹滋祿	1878	洪淳旭	1899
	閔哲鎬	1880	金鼎植	1900
	李源麟	1882	彭翰周	1900
	尹泰元	1883	李承載	1905
	閔觀植	1885	李重玉	1905
	閔泳肅	1886	白樂均	1906*
	洪冕周	1887		
순종	梁斗謙(梁柱謙)	1908*	朴容觀	1909*
	安承烈	1909*		

출전: 『평양속지』(1730, 1837, 1855, 1892, 1906), 『평양대지』.

주: 1) 1469년(예종 1)에 관제를 개혁하여 少尹(정4품)을 없애고 庶尹(종4품)을 두었다.

2) 실록 기사와 읍지 명단이 일치하지 않는 경우에 읍지 명단을 따랐다.

3) * 표시는 실록 및 승정원일기 기사로 보충한 것이다. 연도는 임명한 해이며, '재직' 표시는 평양서윤으로 언급된 것이다.

4. 20세기 전반기 평양의 모습

20세기 이후 평양은 거의 모든 것이 변했다고 할 수 있기 때문에 그 양상을 모두 서술할 수는 없다. 이 절에서는 이전 읍지의 맥락에서 거주민의 상황, 도시 공간 및 행정 제도의 변화로 그 범위를 한정하고, 『평양전지』, 『평양소지』, 『평양대지』, 『평양지』에 나온 내용을 토대로 20세기 전반기 평양의 상황을 정리하고자 한다.

1927년에 간행된 『평양전지』의 편찬은 평양상업회의소(平壤商業會議所)에서 맡았다. 권두에 있는 서문 3편은 평안남도 지사인 아오키 가이조(靑木戒三), 평양부윤 마쓰이 신스케(松井信助), 평양상업회의소 회두인 우치다 로쿠오(內田錄雄)가 쓴 것으로, 지금 평양은 상공업이 발달하고 인구도 증가하는 대도시라는 점을 강조하면서 평양 발전에 지침이 되거나 조선 개발에 뜻을 둔 사람에게 유익할 것이므로 현 상황을 자세히 기록해 둔다고 밝혔다. 간행 주체와 편찬 목적으로 볼 때 『평양전지』의 가장 핵심적인 내용은 각종 산업의 발달 상황에 맞추어져 있으리라고 짐작할 수 있다. 『평양전지』는 천여 쪽에 달하는 방대한 책으로서 항목도 많고 수록한 내용도 자세하며 때에 따라서는 실제 조사 결과를 반영하고 있기 때문에, 이 시기의 평양 사회를 들여다보기에 유용한 자료이다. 다만 지리, 관공서, 행정부, 법무(法務), 군사(軍事), 경무(警務), 교육, 종교, 의료 이후의 내용은 대부분 산업을 세부적으로 분류하여 상황을 서술했고, 농업, 임업, 수산업에서 시작해 광업, 상업, 연료, 공업, 금융, 교통, 자산, 상업회의소, 언론 기관, 인사(人事), 역사, 오락 기관, 낙랑(樂浪) 유적에 대한 내용으로 구성되어 있으므로, 짐작대로 상업회의소의 관점에서 유의미한 내용에 중점을 두고 있음을 확인할 수 있다.

1933년, 1934년, 1936년, 1938년에 간행된 것으로 확인된 『평양소지』의 간행 주체는 평안남도인 경우도 있고 평양부인 경우도 있지만, 어쨌든 관청에서 제작했다는 점에서 『평양전지』와 구분된다. 관공서에서 제작된 만큼 당시 평양의 산업보다는 평양의 역사와 유적을 중심으로 도시를 설명하고 있다. 발행 연도에 따라 약간의 차이가 있기는 해도 『평양소지』의 전반적인 내용은 거의 비슷하다. '연혁'을 중심으로 고조선, 낙랑시대, 낙랑의 유적 및 유물, 고구려시대, 고구려 유적 및 유물, 고려시대, 고려의 유적 및 유물, 조선시대(책에는 '李朝'로 표기), 조선의 유적과 유물, 부록으로 이루어져 있으며, 낙랑의 유적과 유물을 각각의 장절을 두어 비중 있게 수록했으며 조선시대는 임진왜란, 청초의 양국 관계, 제너럴셔먼호 사건, 청일전쟁, 러일전쟁이 세부 항목으로 나와 있다.

1934년에 간행된 『평양대지』는 조선시대 읍지의 항목을 최대한 유지하면서 당시의 사회 변화를 보여 주는 항목까지 포함시켰다. 모두 18편으로 이루어져 있는데 제1편의 '총론, 위치, 강역, 분야, 기후, 연혁, 호구, 풍속, 명승고적, 강산, 사찰, 전원사(殿院祠), 구시대행정구역', 제2편의 '국사', 제3편의 '고사전설(古事傳說)', 제4편의 '구시대직역, 병제, 역체, 교량, 천정(泉井), 토산, 토전, 공부, 교방, 원정(院亭), 공서, 창저'와 제13편의 '인물', 제14편의 '문담', 제15편의 '시문(詩文)(평양인시문)', 제16편의 '산문', 제17편의 '환적(宦蹟)', 제18편의 '평양인문과', '연방', '사환(仕宦)'이 조선시대 읍지의 항목을 그대로 이은 부분이다. 그리고 제5편의 '관공아회사은행(官公衙會社銀行)', 제6편의 '부행정(府行政)', 제7편의 '회사사업(會社事業)', 제8편의 '종교', 제9편의 '교육, 산업', 제11편의 '교통', 제12편의 '단체'는 당시의 상황을 보여 주는 항목이다. 여기에 제10편의 '서경시화'처럼 평양 출신 문인 김점(金漸)의 시화를 별도의 항목으로 수록한 점도 특징적이다.

그런데 내용을 확인해 보면 『평양대지』의 항목은 조선시대 읍지 체제에 따른 것처럼 보여도 본문 서술은 『평양전지』와 훨씬 더 유사하다. 상위 목차를 '편(編)', 하위 목차를 '장(章)'으로 구성한 것이나 항목의 순서 및 명칭도 유사하여 『평양대지』 편찬자들이 『평양전지』의 일본어 구절을 한문으로 다시 번역하거나 요약하여 내용을 구성한 것으로 보인다. 『평양대지』 제1편 제1장 '총론'과 제2장 '위치', 제5장 '기후', 제7장 '호구'는 『평양전지』 제1편의 제1장 '총론', 제2장 '지형급지세(地形及地勢)', 제3장 '기상(氣象)', 제4장 '호구'를 발췌 또는 요약하거나 숫자만 바꾼 정도이다. 『평양대지』 제5편 제1장 '관공서', 제2장 '회사은행', 제6편 '행정' 제6장 '부행정구역', 제7장 '부회조직권한(府會組織權限)', 제8장 '전기궤도(電氣軌道)', 제9장 '수도(水道)', 제10장 '도장(屠場)', 제11장 '묘지급화장장(墓地及火葬場)', 제12장 '위생', 제7편 '사회사업' 제1장 '부사회사업방빈사업(府社會事業防貧事業)', 제8편 제2장 '평양신사(平壤神社)', 제9편 '교육'은 『평양전지』 제2편 제2장 '관공서', 제3장 '회사은행', 제3편 '부행정' 제1장 '총론'의 제1절 '부의 행정구역(府の行政區域)', 제6절 '부협의회의 조직권한(府協議會の組織權限)', 제4장 '부사업(府事業)'의 '전기궤도, 수도, 도장, 묘지급화장장, 위생, 사회사업 개황(社會事業の槪況)', 제7편 '교육', 제8편 '사사급종교(社寺及宗教)'의 제2장 '평양신사'와 거의 비슷하다.

1936년에 간행한 장도빈의 『평양지』는 평양의 역사를 비중 있게 서술한 점이 특징이다. 『평양전지』부터 『평양소지』, 『평양대지』까지 그대로 유지되었던 '단군조선', '기자조선', '위만조선'의 구도 대신 '단군조선'에서 부여(夫餘), 후조선(後朝鮮), 마한(馬韓), 변한(卞韓), 진한(辰韓), 예(濊), 옥저(沃沮)로 분립한 시기를 '열국시대(列國時代)'로 명명했고, 역사 유적에 주목하되 고구려 유적에 대해 상세하게 서술한 점도 나름의 뚜렷한 역사관을 보여 준다. 제6편 '조선시대' 제1장 '지리', 제2장 '역사', 제3장 '제도', 제4장 '고적'의 내용은 1590년과 1730년 읍지에서 거의 대부분을 가져오고, 그 이후 읍지에서 일부를 선별하여 수록했다. 제7편 '최근'은 매우 간략하다.

그럼에도 20세기에 나온 평양 읍지를 보면 이 시기의 급격한 도시 변화를 읽을 수 있다. 인구는 급속하게 늘어났고 일제강점기로 접어들면서 시대적 흐름만이 아니라 행정을 비롯한 거의 모든 영역이 이전의 모습을 발견하기 어려울 정도로 현격하게 달라졌다.

갑오개혁의 일환으로 1895년에 전국 8개 도를 23개의 부로 재편하는 23부제가 실시되었다. 평안도가 사라지면서 평양부, 의주부, 강계부로 나뉘었고 평양부에는 평양군을 비롯한 27개 군이 포함되면서 평양부에 평양군이 속하는 형태가 되었다. 그러나 이듬해인 1896년에 다시 23부제를 8도제로 환원하되 함경도, 평안도, 충청도, 전라도, 경상도를 각각 남도와 북도로 나누어 전국을 13개의 도로 재편함에 따라 평안도가 부활했지만 평안남도와 평안북도로 나뉘었고 원래 평안도에 있었던 황주가 황해도로 편입되었다.

1913년 12월 29일 조선총독부령 제111호로 행정구역 개편안이 공포되고 1914년 4월 1일부로 시행된 대대적인 행정구역 개편은 12개 부를 거점도시로 두고 전국의 군을 통폐합하는 것이 핵심이었고, 그에 따라 전국은 13도 12부 220군 2,521면으로 구획되었다. 평양은 평안남도 아래 평양부가 되었고,[66] 이와 함께 많은 부분이 바뀌었다. 관찰사 명칭도 폐지되고 조선 총독 휘하의 '장관'으로 대체되었는데, 이는 1919년 8월에 다시 '도지사'로 바뀌었다. 각 부와 군에는 부윤 또는 군수를 두었으므로 관찰사가 평양부윤을 겸임했던 조선시대와 달리 평안남도 지사(이전에는 평안남도 장관)와 평양부윤이 나뉘어 부임했다. '부'의 구역을 최대한 축소한다는 방침에 따라 평양부의 영역은 중심지 일대로 축소되었다. 이때 평양은 기존의 융흥면, 융덕면, 대흥면, 내천면, 외천면에 해당하는 영역을 가졌고, 이

66. 평안남도에는 2개의 부가 있었는데, 하나는 평양이었고 다른 하나는 진남포였다.

5개 면을 폐지하고 동(洞)과 정(町)으로 개편하면서 나머지는 신설되는 대동군(大同郡)과 평원군(平原郡)에 편입시켰다. 그러나 1928년에 대동군 용상면과 서천면, 대동강면, 동대원면의 일부 지역이 평양부에 편입되면서 59개의 리(里)와 정(町)이 만들어졌고 이후에도 평양에 인구가 유입됨에 따라 영역이 점차 커지게 되었다.[67]

이때 평양의 인구는 폭발적으로 증가했다. 1892년 읍지에는 노비를 제외하고 남자가 43,026명, 여자가 34,778명이고 호구는 23,050호였다. 그러나 20세기 전반에 접어들면서 인구가 폭증했고 일본인을 비롯한 외국인 거주민의 비율도 상당했다(표 30, 31 참조).

1866년 제너럴셔먼호 사건은 표면적으로만 보면 외성 근처로 접근한 이양선을 전소하고 토머스 목사를 비롯한 선내 이방인을 죽임으로써 평양군민이 승리한 사건처럼 보였지만, 국제 정세는 복잡다단하게 흘러갔고 이후에도 일본인이나 중국인들이 평양에 진입하려는 시도가 꾸준히 이어졌다. 1894년 발발한 청일전쟁에서 일본이 승리하면서 평양도 일본이 주도하는 변화를 맞게 되었다. 1905년『평양속지』의 '갑오신속'에는 이 시기 평양의 급격한 변화가 잘 드러나 있는데, 관련 대목은 다음과 같다.

---

67. 평양의 영역은 1957년에 행정구역이 개편되면서 상당히 확대되었는데, 2006년에는 이보다 더 확대되었다. 자세한 내용은 북한지역정보넷(http://www.cybernk.net)의 '행정구역관' 개요 항목과 유경호,「평양의 도시발달과 지역구조의 변화」, 고려대학교 석사학위논문(2007), 46-50면 참조. 한편 평안남도지편찬위원회에서 편찬한『평안남도지』(평안남도지편찬위원회, 1978)에서는 영사관시대(1897-1905)에 평양부가 융흥부, 융덕부, 대흥부 3부로 나뉘었고 통감부시대(1905-1910)에도 동일했으나 1913년 총독부령 제111호에 따라 융흥면, 융덕면(대흥면 능라도 제외), 내천면(서천동 일부, 신양동 일부, 강촌동 일부 제외), 외천면(양각동 4리, 명촌동 일부 제외), 임원면 내 기림면 일부를 평양 지역으로 규정했다고 서술했다. 이들 자료에서는 1913년 이전 평양의 영역 범위가 일치하지 않는데, 북한지역정보넷에 제시되어 있는 1912년 평안남도 소재지 평양부의 범위는 1892년 읍지에 실린 범위와 일치한다. 다만 이 사이트에서는 출처를 명기하지 않아 근거 자료를 알 수 없다.

○ 일본인이 평양성에 들어오자 삼아문과 각 관청, 각 시전방과 대소 민가가 모두 텅 비었다. ○ 일본사령대인 육군 중영장 노즈 미치쓰라(野津道貫)가 선화당에 거처하고 사토(佐藤) 대좌가 숭령전에 거처했다. 오시마(大島) 소장은 서영에 거처했고 다쓰미(立見) 소장은 숭인전에 거처했다. 그 밖의 다른 사람들이 서묘와 무열사, 대동관으로 가면서 어디든 군인들의 처소가 되었다. 대동관은 군량 운반소가 되었고 그걸 주관하는 사람은 미즈노 가쓰타케(水野勝毅)인데 당시 육군대좌(陸軍大佐) 직과 평안도지방사령관(平安道地方司令官) 직을 겸했다고 한다.[68]

○ 갑오년(1894) 11월 일본인이 평양서로에 철로를 설치하고 서쪽으로 전선을 통하게 했다(평양 중성 군기동에서 삼화, 증남포까지). (중략) ○ (1895년 6월) 일본인이 보통문 안에 위생국을 세워 약료에 돈을 많이 써서 구제한 사람이 이루 헤아릴 수 없이 많았다.[69]

○ 기해년(1899) 봄 평양 중성 지역을 각국 개시장으로 삼자는 논의가 있었으나 일본에서만 혼자 영사관원을 파견해 주둔하게 했다[영사관은 신

68. 李承載 編, 『平壤續誌』, 「甲午新續」. "○日人之入平壤城也, 三衙門及各公廨各市廛房與大小民家, 一并空虛矣. ○日本司令大人陸軍中營將野津道貫下處於宣化堂, 佐藤大佐處於崇靈殿, 大島小將處於西營, 立見少將處於崇仁殿, 其他如西廟武烈祠大同館, 無不爲兵弁之處所, 而大同館則定爲運餉之所, 其主管大人則水野椽勝, 現帶陸軍大佐之職兼平安道地方司令官云." 원문의 水野椽勝은 뒤에 나오는 육군대좌 '水野勝毅'의 오기로 파악되어 번역문에서는 水野勝毅로 고쳤다.

69. 李承載 編, 『平壤續誌』, 「甲午新續」. "○十一月, 日人設鐵路于平壤西路, 又通西電線(自平壤中城軍器洞至三和甑南浦). (중략) ○日本人設衛生局于普通門內, 多費藥料濟活無算." 1895년 만주에서 발생한 콜레라가 평양에 퍼졌을 때 일본 병참부는 보통문 안에 위생국을 설치하여 환자를 치료하고 방역에 나섰다. 전염병에서 일본인들을 보호하는 것이 주목적이었겠으나 이 책에는 "내·외인을 불문하고 치료하고 방역에 힘썼다."라는 구절이 있는 것으로 볼 때 전염병이라는 특성상 평양 주민들도 일부나마 수혜를 받았던 것으로 보인다. 平壤民團役所 編, 『平壤發展史』(東京: 民友社, 1914), 27면 참조.

표 30. 20세기 초 읍지의 인구 상황

<table>
<tr><th>구분</th><th colspan="2">1914년</th><th colspan="3">1926년</th><th colspan="3">1932년</th></tr>
<tr><td>출전</td><td colspan="2">『평양전지』(1927)</td><td colspan="3">『평양전지』(1927)</td><td colspan="3">『평양대지』(1934)</td></tr>
<tr><td rowspan="5">한국인</td><td rowspan="2">호수</td><td rowspan="2">8,797</td><td colspan="2" rowspan="2">호수</td><td rowspan="2">19,878</td><td rowspan="2">호수</td><td>주거</td><td>20,749</td></tr>
<tr><td>세대</td><td>26,098</td></tr>
<tr><td rowspan="3">인구</td><td rowspan="3">36,680</td><td rowspan="3">인구</td><td>남</td><td>43,990</td><td rowspan="3">인구</td><td>남</td><td>62,106</td></tr>
<tr><td>여</td><td>41,908</td><td>여</td><td>62,514</td></tr>
<tr><td>계</td><td>85,898</td><td>계</td><td>124,620</td></tr>
<tr><td rowspan="5">일본인</td><td rowspan="2">호수</td><td rowspan="2">2,266</td><td colspan="2" rowspan="2">호수</td><td rowspan="2">6,557</td><td rowspan="2">호수</td><td>주거</td><td>4,368</td></tr>
<tr><td>세대</td><td>4,490</td></tr>
<tr><td rowspan="3">인구</td><td rowspan="3">8,300</td><td rowspan="3">인구</td><td>남</td><td>12,211</td><td rowspan="3">인구</td><td>남</td><td>10,051</td></tr>
<tr><td>여</td><td>10,316</td><td>여</td><td>9,408</td></tr>
<tr><td>계</td><td>22,527</td><td>계</td><td>19,459</td></tr>
<tr><td rowspan="5">중국인</td><td rowspan="2">호수</td><td rowspan="5">항목 없음</td><td colspan="2" rowspan="2">호수</td><td rowspan="5">항목 없음</td><td rowspan="2">호수</td><td>주거</td><td>190</td></tr>
<tr><td>세대</td><td>221</td></tr>
<tr><td rowspan="3">인구</td><td colspan="2" rowspan="3">인구</td><td rowspan="3">인구</td><td>남</td><td>1,000</td></tr>
<tr><td>여</td><td>238</td></tr>
<tr><td>계</td><td>1,238</td></tr>
<tr><td rowspan="5">기타 외국인</td><td rowspan="2">호수</td><td rowspan="2">122</td><td colspan="2" rowspan="2">호수</td><td rowspan="2">265</td><td rowspan="2">호수</td><td>주거</td><td>38</td></tr>
<tr><td>세대</td><td>39</td></tr>
<tr><td rowspan="3">인구</td><td rowspan="3">562</td><td rowspan="3">인구</td><td>남</td><td>710</td><td rowspan="3">인구</td><td>남</td><td>62</td></tr>
<tr><td>여</td><td>150</td><td>여</td><td>76</td></tr>
<tr><td>계</td><td>860</td><td>계</td><td>138</td></tr>
<tr><td rowspan="5">합계</td><td rowspan="2">호수</td><td rowspan="2">11,186</td><td colspan="2" rowspan="2">호수</td><td rowspan="2">26,700</td><td rowspan="2">호수</td><td>주거</td><td>25,345</td></tr>
<tr><td>세대</td><td>30,848</td></tr>
<tr><td rowspan="3">인구</td><td rowspan="3">45,542</td><td rowspan="3">인구</td><td>남</td><td>56,911</td><td rowspan="3">인구</td><td>남</td><td>73,129</td></tr>
<tr><td>여</td><td>52,374</td><td>여</td><td>73,236</td></tr>
<tr><td>계</td><td>109,285</td><td>계</td><td>146,365</td></tr>
</table>

조 준테이(新庄順貞)이다].[70]

70. 李承載 編,『平壤誌』,「甲午新續」. "○己亥春, 以平壤中城地爲各國開市場之論, 而惟日本國獨派領事官員來駐(領事官卽新庄順貞)."

표 31. 1932년 『평양부』에 나타난 20세기 초의 인구 상황

구분		호수	인구
1910년	한국인	8,095	31,627
	일본인	1,977	6,443
	중국인	121	468
	기타 외국인	17	86
	계	10,210	38,624
1925년 말	한국인	19,878	85,898
	일본인	6,557	22,527
	중국인	225	739
	기타 외국인	40	121
	계	26,700	109,285
1926년 말	한국인	20,706	89,973
	일본인	7,202	23,545
	중국인	225	728
	기타 외국인	41	126
	계	28,174	114,372
1927년 말	한국인	22,155	94,439
	일본인	7,316	24,426
	중국인	227	732
	기타 외국인	42	132
	계	29,740	119,729
1928년 말	한국인	23,529	100,618
	일본인	7,645	25,559
	중국인	405	768
	기타 외국인	47	148
	계	31,626	127,093
1929년 말	한국인	28,393	127,402
	일본인	8,120	27,438
	중국인	502	1,321
	기타 외국인	100	281
	계	37,115	156,442
1926-1930년간 인구 증가		27,642(자연 증가 5,473, 이주 22,169)	

○ (갑진년(1904)) 2월 초3일 대동관을 일본사령부로 삼고 쾌재정, 동별관이 모두 일본 진영 상하 장관이 주둔하는 사무소가 되었다. (중략) ○ 그해 6월, 외성 3리가 일본군용 철로 기지가 되자 민가 100여 호를 철거하여 이전했다. 이전하는 비용은 철도감부에서 지급했고 양각도는 철도부설의 거점이 되어 민가 22호도 철거하여 이주시켰다.[71]

○ 을사년(1905) 2월 양각도 남북강 철로에 다리를 놓는 공사가 완공되었다. 부산에서 의주까지 해를 넘겨 공사를 마치는 동안 공사에 평양 주민을 고용하는 비용을 일본 진영에서 지급했다. 을사년 봄 일본사령부에서 도로 확장법을 엄격하게 집행하자 주작문 안에서 상쌍가까지 시내 도로가 예전에는 물이 잠기는 곳이었다가 이를 넓히니 인가는 비록 철거했지만 도로는 넓고 평탄해졌다고 한다. ○ 10월, 만주에서 철수해 돌아오는 일본군이 평양 성내와 외천에 주둔했다.[72]

○ 병오년(1906) 봄, 외천 1, 2리 전답과 마구간에 병참 기지와 철로 기지를 세웠고, 이는 점점 넓고 화려해졌다고 한다. ○ 7월, 일본인이 함구문을 헐고 중성에 토목 사업을 크게 벌였다. 전답 60보를 앞다투어 사들이자 마전 1묘의 가치가 500-600금이 되었고 초옥 1, 2간의 값이 4,000-5,000금으로 폭등했다. ○ 이해 가을 남수문 밖 서쪽에 일본인이 은행의 창고를 100여 칸 짓고 석벽에 우물을 팠다. ○ 고리문 밖 토성 터에 일본인이 서양

71. 李承載 編, 『平壤誌』, 「甲午新續」. "○二月初三日, 以大同館爲日本司令部, 快哉亭東別館沒入爲日陣上下將官駐宿之所及事務所. (중략) ○是年六月, 外城三里見執於日本軍用鐵路基址, 民家一百餘戶毁移, 而其移運之費自鐵道監部出給, 而羊角島爲鐵路敷設之要點, 亦民家二十二戶毁移."

72. 李承載 編, 『平壤誌』, 「甲午新續」. "○乙巳二月, 羊角島南北江鐵路橋役竣迄. 自斧山至義州經年迄役之際, 平壤人民赴役雇價自日陣出給. ○乙巳春, 自日本司令部嚴行濶衢之法, 自朱雀門內至上雙街通衢市路, 一從舊水濤而濶之, 人家雖曰毁之, 然街路廣坦云. ○十月, 自滿洲徹還之日兵, 駐屯於平壤城內及外川."

풍 판벽으로 여러 층의 거대한 집을 지었다. ○ 청석교 동남쪽 시내에 일본인이 청석교의 판자나무로 십자대로에 집을 지었는데, 몇천 칸인지 알 수 없는 하얗고 유리로 된 집이 공중에 솟아올랐다. 원래 이 중성 일대는 황폐하고 더러웠는데, 지금 번화한 곳이 되었으니 예측하기 어려운 것이 지운의 흥폐로구나. ○ 이때 일본인이 대동문 밖 너머 모래사장에 둑을 쌓아 자갈밭을 만들고 옹성을 무너뜨려 다리를 만들고 대동문을 수리했는데 매우 화려했다. 또 청류벽에서 석재를 가져와 창고회사 기지를 크게 만들었다. 또 동성 토석을 가져와 애련당 못을 메우고 평지로 만들었다. 또 대동문에서 육로문까지 강을 따라 있는 성벽을 모두 철거하고 평탄한 길로 만들어 전차의 기지로 삼았다고 한다. 이 토석은 대동강변에 옮겨 나루를 짓고 세를 내주었다고 한다.[73]

○ 일본병참사령부, 외천, 평천, 보통문 서남쪽에서 서산진에 이르기까지 강 따라 있는 산록을 군용지로 삼아 패를 세우고 경계를 나누었다. ○ 부 동북방 임원, 추을미, 용연, 대동강방 등은 한국과 일본이 협의하여 목장 기지로 삼아 패를 세우기로 정했다. 또 미림지는 일본군이 주둔했다.[74]

---

73. 李承載 編, 『平壤誌』, 「甲午新續」. "○丙午之春, 外川一二里圃田馬廏之建築兵舍之基址鐵路之基址漸漸宏麗云. ○七月, 日人毁出含毬門大興土木之役於中城, 爭買田地六十步一畝之麻田, 直爲五六百金, 二三間草屋價騰四五千金焉. ○是秋, 南水口外西邊, 日人建銀行庫百餘間, 又鑿石壁之井. ○古里門外土城垈, 日人建洋製板壁層臺宏大之屋. ○青石橋東南之溝渠, 日人築之以青石橋之以板木十字大路架屋, 不知爲幾千間粉壁琉璃之屋聳出於雲衢. 原來此中城一區乃荒穢之地, 今爲繁華之地, 盖難測者地運興廢歟. ○是時, 日人於大同門外越邊沙場築堤而作磯, 毁破甕城設架橋修理大同門極其華麗, 又鑿取石材於淸流壁以上大築倉庫會社基址, 又毁移東城土石塡愛蓮堂池而爲平地, 又自大同門至陸路門, 沿江城堞一并毁破作平坦之路爲電車之基址云, 而該土石移築大同江邊, 各家津磯以收貰云."

74. 李承載 編, 『平壤誌』, 「甲午新續」. "○自日本兵站司令部以外川平川及普通門西南, 至西山津沿江山麓定爲軍用地而立牌劃界. ○府之東北坊林原秋乙美龍淵大同江坊等, 韓日協定畜牧場基址而植牌, 又美林地日兵出駐."

○ 본부에 전사(電司)와 우사(郵司)가 있는데 원래 전국(電局)은 지난 갑오년(1894) 전에 중국인이 육로문 밖에 세우고 그 일을 주관했다. 갑오년 가을에 일본인이 전보 업무를 주관하게 되면서 연광정으로 이건했다. 또 을미년(1895) 10월 정부에서 전보국을 되찾아 사장과 주사를 파견하고 주관하게 했다. 우체사는 연광정 서쪽 건물 자리에 세웠고 사장과 주사의 임원도 있었다. 갑진년(1904) 4월 두 기관의 권리는 일본인 감무가 가지고 있었고 을사년(1905) 봄 전보국과 우체사의 권리 모두 일본인의 수중에 들어가면서 이전 사장과 주사는 다시 간여할 수 없었다.[75]

○ 갑진년(1904) 이후부터 줄곧 일본 관원이 평양에 왔다. 고문관, 재무관, 경시관, 변호사 등 여러 관원이 각기 사무를 통해 한국과 일본 두 나라의 민정을 살폈다고 한다.[76]

○ 부성의 서쪽 경창문 안 상수구문 밖에 특히 홍성하고 화려한 지역이 있었다. 예수교 교당 건축이 나날이 늘어 가고 화려한 집들이 공중에 우뚝 이어졌으며, 장대현과 남산현, 중성 지역 모두 큰 교당이 있고 대·중·소학교 교실도 그 안에 있어 수업 과정을 나누어 가르치는데 날이 갈수록 효과가 있었다. 또 각기 기예를 지닌 어린 학생들이 수천 명에 이르렀다고 하니 학교의 홍성을 여기에서 볼 수 있다.[77]

---

75. 李承載 編, 『平壤誌』, 「甲午新續」. "○本府有電郵兩司, 而原來電局去甲午之前, 淸人設所于陸路門外, 而主幹其事矣. 及至甲午秋日人主幹電務, 而移所于練光亭. 又至乙未十月自政府還推電報局差送司長及主事之員, 而使之幹事郵遞司, 則繼設于練光亭西邊廊舍, 而亦有司長主事之任員矣. 至甲辰四月兩司之權, 日人監務矣. 又至乙巳春電郵兩權全歸日人手, 而曾前司長主事之任員無復干涉焉."

76. 李承載 編, 『平壤誌』, 「甲午新續」. "○一自甲辰以後, 日本官憲來到平壤, 而顧問官財務官警視官辯好士諸官員, 各爲事務, 以察日韓兩國之民政云."

77. 李承載 編, 『平壤誌』, 「甲午新續」. "○府之城西景昌門內上水口門之外, 別有興旺宏麗之界, 乃耶蘇教教堂之建築日增月倍, 甲第畵甍絡澤於雲霄之間, 將臺峴及南山峴與中城地俱宏濶之教堂大中小學校教堂, 亦在於其中, 分課教授有日就月將之實效, 而幼年

'갑오신속'에서는 청일전쟁 이후 일본군이 주둔하면서 여러 시설과 사무를 주관하게 되는 상황을 잘 전해 주고 있다. 일본인들이 본격적으로 거주한 것은 1899년 개시(開市) 이후였고, 이를 경계하는 반일 분위기 속에서도 일본인들은 서서히 남문 바깥에 정착했고 일본인 마을이 생겨났다. 서구인들은 평양을 서북 지방 선교 거점으로 정하면서 그곳에 진입하려 했으며, 1894년 '평양 기독교 박해 사건'을 계기로 선교 기지가 설립되고 의료 선교, 교육 사업의 차원으로 확장되었다. 중국인은 1885년에 인천-서울-평양-의주를 잇는 전선을 가설했고 이를 통해 중국 상인은 밀무역을 하며 무역을 장악하는 상황이었다. 이들은 청일전쟁 이후 잠시 떠났다가 1895년 시모노세키 조약 이후 다시 돌아와 머무르고 있었다.[78]

1899년 평양 개시는 결국 일본을 비롯한 여러 열강이 평양 성내에 거점을 두면서 평양을 잡거지(雜居地)로 만드는 결과를 낳았다. 1906년에 일본은 평양 이사청(理事廳)을 세웠고 이어 평양성 밖 외천리를 중심으로 영제교에서 상수구문(上水口門) 밖 의주로 통하는 도로까지, 대동강과 보통강이 합류하는 지점에서 모란대 북단까지를 민단지구(民團地區)로 지정하면서 일본인들이 이 지역을 독점하고 통감부 이사청의 지원 아래 도시 개발을 추진했다.[79]

평양의 중심지는 내성이었으므로 외부인이 자리를 잡은 곳은 자연스럽게 중성이나 외성 구역이 되었다. 철도와 각종 공사는 중성과 외성을 중심으로 이루어졌고 이에 외성의 토성을 헐어 버리거나 육로문에서 대동문 사이의 성벽을 헐어 버리는 과정이 뒤따랐다. 기존의 평양성도 서서히 철거되었는데 1902년에는 온전한 형태를 유지

學徒身通各技者, 乃至數千人云. 學校之興旺於此可見矣."

78. 강명숙, 「한일합병 이전 일본인들의 평양 침투」, 『국사관논총』 107(국사편찬위원회, 2005), 173-183면.

79. 강명숙, 「한일합병 이전 일본인들의 평양 침투」, 186면.

하고 있었으나 대동강변 동남쪽 성곽이 철거되면서 내성의 주작문과 중성의 정양문, 함구문 등이 헐렸고 점차 서쪽 성곽도 철거되는 등 1914년까지 서서히 성곽이 사라져 갔다. 그러나 북성은 1946년까지도 잔존했다.[80]

중성과 외성에 일본인들의 신시가지가 건설되면서 평양의 지역 구획은 완전히 새로운 모습으로 바뀌었다. 평양에 민단지구가 만들어지자 이들은 우선 수도사업과 도로개설사업을 시행했고, 시가평면도 제작, 배수구 및 하양장(下揚場) 설계, 도로와 하수 개수, 모란대 공원 설치, 대동강 개거(改渠), 대동강 다리 건설이라는 6대 사업이 진행되면서 평양은 전통적인 형태의 구시가지와 새롭게 구획한 일본인 신시가지가 공존하는 양상을 보였다.[81] 표 32부터 표 36까지는 이러한 변화 양상 중에서 도시의 공간성과 관련된 내용만 간략하게 정리한 것이다.

1914년 행정구역 개편 이후에도 평양의 행정구역은 변화를 거듭했다. 1918년 평안남도에는 2부 14군 167면, 2,031정(町)·동(洞)·리(里)가 있었고, 도청(道廳)과 부청(府廳)이 있는 평양부에는 50개의 정·동·리가 있었지만[82] 1932년에는 59개 정·리(町里)가 있는 것으로 확인된다.[83] 『평양대지』(1934)의 수록 내용에 따라 주요 건물과 소재지를 정리하면 표 37과 같다.

1929년 평양의 행정구역이 재편되어 대동강면 선교리·오촌리·

80. 김민아·정인하, 「조선후기 이후 평양의 도시형태 변천에 관한 연구: 평양성도(平壤城圖)와 1914년 평양부 지적원도의 비교를 통해」, 『대한건축학회 논문집·계획계』 29권 11호(대한건축학회, 2013), 221면.

81. 김민아·정인하, 「조선후기 이후 평양의 도시형태 변천에 관한 연구」, 222-223면.

82. 朝鮮總督府, 『地方行政區域名稱一覽』(京城印刷所, 1918).

83. 朝鮮總督府內務局에서 편찬한 『地方行政區域名稱一覽』(京城: 帝國地方行政學會朝鮮本部, 1932)(김병연, 『평양지』에서 재인용).

표 32. 20세기 초의 전차 상황(『평양대지』, 1934)

•1922년 전기궤도 부설 허가를 받아 공사 시행을 인가받음 •市內線: 평양역 앞 - 신구 시가지(본정, 대화정, 전구리, 서문통 등지를 경유) - 신창리 •선 2마일, 정류장 15개, 정원 48인, 배치 10량 •영업변전소, 차고, 수리공장, 사무소 등의 건물이 역 앞 죽원정 1번지에 위치
•1923년 대동강 人道橋 개통 •본정 우편국 앞 궤도에서 분기하여 대동교를 경유하여 대동강 건너 선교리에 도착하는 노선 공사 준공
•1925년 신창리 大神宮 앞을 종점으로 연장 •기림리를 경유하여 서평양역을 종점으로 연장 •선교리 정류장에서 분기하여 하나는 선교리역 앞까지, 다른 하나는 사동 賃金區域까지 단선 연장

표 33. 20세기 초의 수도 상황(『평양대지』, 1934)

•부민에게 음료 공급을 위한 수도 사업 실시(1907년 기공, 1910년 준공) •수원은 대동강 상류 모란대 아래 능라도로, 이곳에 증기·동력·취수·송수기를 설치하고 을밀대 앞에 配水池를 뚫음 •평양부 및 대동군 일부와 한국인, 일본인, 외국인, 군대, 철도 용수 등 6만 명에게 급수

능라리·양각리·동대원리·신리, 고평면 평천리·서성리·구정리, 임원면 기림리, 서천면 이흥리·상흥리 등이 평양부에 들어오게 되었다. 앞서 언급했듯이 크게 보면 평양성 중성과 외성 일부에 신시가가 조성되었고 기존의 시가지였던 내성 일대와 북성 지역이 구시가가 되었다. 지역 명칭에서 '정(町)'은 신시가지에 사용되었고 구시가지에는 '리(里)'를 사용했으며 이러한 이원화된 명칭 체계는 1945년까지 이어졌다. 이와 함께 장대현, 산정현, 남산현 등 높은 지대에는 교회가 세워졌고, 그 주변에는 기독교 계열 병원, 학교, 선교사 사택이 설립되면서 이들 공간도 특수한 성격을 갖게 되었다.[84]

84. 윤정란, 「근대전환기 지역공동체의 변화: 기독교와 접속한 평양」, 『한국민족운동사연

표 34. 20세기 초 평양부 안팎의 육로 상황(『평양대지』, 1934)

구분		상세 내용
평양부 내	공설 도로	•平元橋 - 箕林里 앞(幅員 12間) •大和町 - 巖町(폭원 8-12間) •新倉里 - 郡廳 앞(폭원 8間) •大同郡廳 앞 - 보통문 앞(폭원 8-12間) •法首橋 - 江岸(폭원 10間) •도서관 - 陸上橋 앞(폭원 8間) •부청 앞 - 헌병대 부지 - 南江岸(폭원 10間)
평양부 외	東路	•평양 - 강동- 성천 - 양덕 - 원산 •강동에서 삼등과 勝湖里로 나뉘었다가 평양-삼등선에서 합류 •성천에서 龍澤里에서 波舍人場을 거쳐 順安에 가는 북쪽 길과 佳坪里에서 谷倉으로 가는 남쪽 길로 나뉘었다가 京義線(서울-의주선)에서 합류 •남쪽은 佳坪里에서 谷倉으로 가는 길
	西路	•평양 - 岐陽 - 眞池洞 - 鎭南浦 •기양에서 길이 나뉘어 강서로 가는 길이 있음 •진지동에서 용강 溫井里로 가는 서쪽 길과 중화로 가는 동쪽 길이 나뉘었다가 경의선에서 합류 •이 외에 평양에서 院場을 거쳐 漢川으로 가는 길과 院陽을 거쳐 甑山으로 가는 길이 있음
	南路	•경의선; 평양 - 상원 石陽 •경의선에서 황해도 平祥으로 직접 통하는 노선 •동쪽으로는 상원을 통해 황해도 순안 平石으로 들어가며, 남쪽으로는 石陽에서 瑤浦까지 가서 兼二浦와 연결됨
	北路	•경의선; 평양 - 영원 •하나는 경의선에서 순안을 거쳐 舍人場路에서 합류, 舍人場路에서 다시 平寧線(평양-영원)으로 합류 •다른 하나는 영유를 거쳐 廣梁灣 진남포선과 성천·숙천으로 가는 노선 •또 다른 하나는 萬城을 거쳐 만성 老江鎭으로 가는 노선 •평양-영원 노선은 평양 - 순천 - 신창 - 북창 - 덕천 - 영원이며 함경도로 이어지는 노선

거주 공간의 재편 외에 자연 지형에도 큰 변화가 있었다. 1915년에서 1928년까지 조선 하천 조사 사업에서 대동강은 잦은 홍수와

究』 106(한국민족운동사학회, 2021).

표 35. 20세기 초의 수로 상황(『평양대지』, 1934)

- 대동강은 狼林山 서남쪽에서 발원하여 재령군으로 이어지며 재령강과 합류하여 鎭南浦로 가서 서해로 들어감
- 서해에서 兼二浦(황해도 송림)까지는 5천 톤 급 선박이 다닐 수 있고 겸이포에서 보산포까지도 천 톤 선박이 다닐 수 있음. 보산에서 만경대까지 350톤 선박이 다닐 수 있고 만경대에서 평양 사이에는 얕은 곳이 네다섯 군데 있어 40-50톤 선박만 다님
- 평양에서 상류로 올라가면 조수 영향이 없고 물이 얕은 三江 입구에서 북쪽 麥田으로 올라가 물결이 없는 곳까지는 100석 선박이 다닐 수 있지만 더 올라가면 선박 운행이 곤란함
- 봄, 여름 수량이 많을 때는 영원, 덕천, 양덕, 맹산, 순천, 개천, 성천의 각종 물자를 운송할 수 있고, 삼강 어귀에서 동쪽으로 남강을 통해 승호리, 삼등, 수안을 거쳐 谷山 文城에 이르면 급류로 인해 30-40석 선박만 운행 가능함
- 동북쪽 여러 곳의 물자는 각처의 나루에서 모아 상류로 선박이 운행하면 평양-덕천까지 상행선은 16-20일, 하행선은 6-9일이 걸리며, 岐倉까지 상행선은 9-14일, 하행선은 4-8일, 문성까지 상행선은 17-20일, 하행선은 7-10일이 걸림

표 36. 20세기 초의 철도 상황(『평양대지』, 1934)

철도	개통 및 노선
京義線	1905년 개통, 이로 인해 평양 부근이 급속도로 발전
平南線	1910년 설치, 평양-진남포 노선
勝湖里線	1918년 설치, 평양-승호리 노선 좌우에 전기흥업, 제당공장, 평양항공연대가 있는 대동강 평야로 이어져 평양광업소가 있는 寺洞을 거쳐 승호리역에 도달
平元線	1922년 기공, 성천 장림, 孟中里 박천으로 가는 노선 개통 평양성에서 西平壤驛-西浦驛(서포에서 사인, 순천, 장림으로 길이 나뉨; 자산, 은산, 신창, 별창 등지의 곡물과 연초, 마포, 금은동철, 목재 등을 운반)
滿浦線	순천을 기점으로 기공, 泉洞까지 개통

얕은 수심, 여울이 있는 곳이 많은 탓에 항해가 어려우며 전반적으로 하안(河岸)이 높아서 중류 이상은 홍수 피해가 적지만 저지대인 하류에서는 범람 피해가 극심하다는 점이 지적되었다.[85] 그래서 대

85. 대동강 홍수 피해 기록은 다음 자료를 참고할 수 있다. 조선총독부, 한국건설기술연

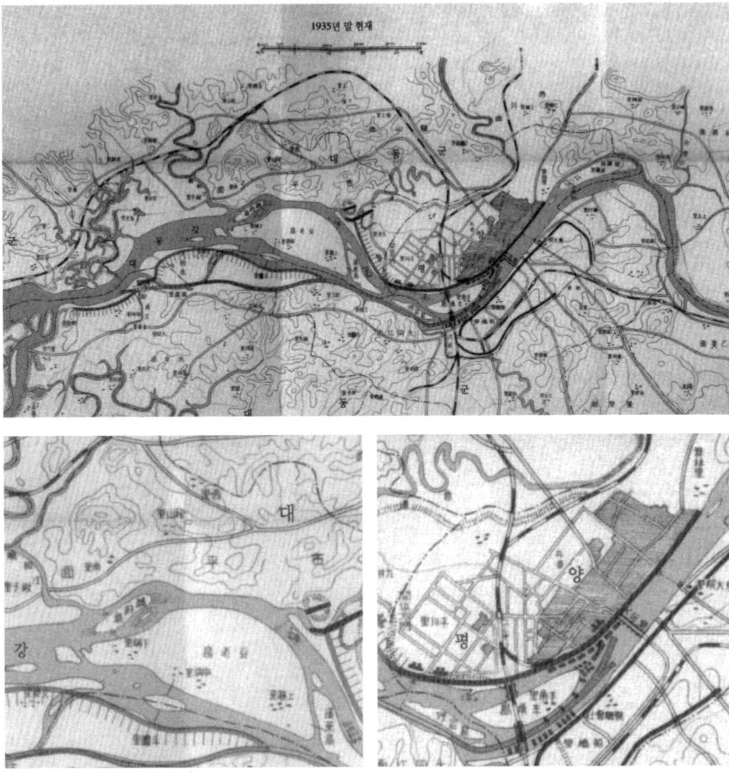

그림 15. 조선총독부의 『1935년 조선 직할하천 공사 연보(1938년)』(국토해양부, 2010)에 수록된 대동강 개수공사 평면도(아래는 부분 확대)

동강 하천 정비 공사는 크게 두 가지 목표를 갖게 되었다. 우선 곧 방수(防水)를 위해 하류 두단도, 하류 벽지도, 합도를 막아 방수구역에 편입하여 남강 합류 부근 이하 보산포 부근에 이르는 평야 50km 구간에 제방을 쌓기로 했다. 또 다른 목표는 조수의 영향을 받는 감조하천으로서 수심의 차이가 있는 대동강에서 일정한 수심을 확보

구원 옮김, 『조선 하천 조사서(1929년)』(국토해양부, 2010), 240-241면.

표 37. 1934년 『평양대지』에 수록된 주요 건물과 소재지

소재지	이전 구역	관공서	기타 주요 건물
磚九里	융덕부	평양경찰서	
里門里		대동문우편소	
下水口里	융흥부	서문통우편소, 평양공립여자고보교, 평양명륜여자공립보통교	
鷄里		평안남도기업강습소	공설욕장, 공설숙박소, 직업소개소, 북공익질옥(빈민구제), 사단법인일본육아원 평양지부
館後里		평양공립종로보교	
上需里	대흥부	평양측후소, 평양공립고보학교, 평양공립상업학교, 평양공립상수보교	재단법인평양고아원
倉田里			인정도서관
慶上里		조선총독부전매국 평양지국	평양구활원, 평양신사
箕林里		대동군청(감영 터), 대동경찰서, 기림리우편소	
平川里	평천방	조선육군창고평양파출소, 육군병기제조소, 평양공립농업학교, 평안남도종묘장, 평안남도잠종제조소	
鰲村里	대동강 동쪽 기슭	비행제6연대	
船橋里		선교리우편소	일본곡산공업주식회사, 대일본제당주식회사 조선지점, 평양송전주식회사, 조선전기흥업주식회사
東大院里		평안남도공립사범학교	
壽町	내천방		수정시장
南門町		남문통우편소	
旭町			동양척식주식회사 평양지점, 평양부립도서관
山手町		평안남도청, 평양부청, 평양곡물검사소, 평양상공회의소, 평양순수공립심상소학교	
南山町		평양공립중학교, 평양남산여자공립보통교	

표 37. 1934년 『평양대지』에 수록된 주요 건물과 소재지(계속)

<table>
<tr><th>소재지</th><th>이전 구역</th><th>관공서</th><th>기타 주요 건물</th></tr>
<tr><td>巖町</td><td>내천방</td><td>평양형무소,
보병제29여단사령부,
보병제77연대,
야포제26연대</td><td></td></tr>
<tr><td>濱町</td><td rowspan="12">외천방</td><td>내무국 평양토목출장소</td><td></td></tr>
<tr><td>櫻町</td><td></td><td>동양전기상업합자회사,
조선상공주식회사 평양지점,
주식회사평양어시장</td></tr>
<tr><td>本町</td><td>평양우편국</td><td></td></tr>
<tr><td>黃金町</td><td></td><td>남공익질옥(빈민구제)</td></tr>
<tr><td>幸町</td><td>제국재향군인 평양분회,
평양헌병대본분,
평양헌병분대,
평안남도잠업취체소</td><td></td></tr>
<tr><td>南町</td><td>평양복심법원, 평양지방법원,
평양자혜의원,
평안남도상품진열소,
평양의학전문학교</td><td>평양토지건물주식회사,
도립평양의원</td></tr>
<tr><td>竹園町</td><td>제국재향철도분회,
평양역, 평양역전우편소,
철도국평양운수사무소,
철도국평양공무사무소,
평양기관구, 평양보선구</td><td></td></tr>
<tr><td>橋口町</td><td>평양공립고등여교</td><td>평양연탄제조주식회사,
합자회사평양연탄제조소</td></tr>
<tr><td>柳町</td><td>황금정우편소</td><td></td></tr>
<tr><td>若松町</td><td>평양공립약송보교,
평양약송공립심상고등소학교</td><td></td></tr>
<tr><td>西町</td><td>조선경리부평양파출소,
평양위무병원</td><td></td></tr>
</table>

주: 이전 구역은 방린봉 외, 『조선지명편람』(박이정, 2001) 참조(이 책은 평양의 사회과학원 간행본을 재출판한 것임).

하기 위한 하천 정비 사업이었다. 강동, 대성, 고방산, 사동, 삼신 등 상류의 탄전(炭田)에서 산출되는 석탄을 반출하기 위해서는 보산포에 저탄장을 설치하여 대동강 수운(水運)을 활용하는 것이 유리한데,

감조하천인 대동강은 간조(干潮) 때 수심이 얕아서 중대형 선박이 운행하기 어려웠기 때문이다.[86]

86. 조선총독부, 『조선 하천 조사서(1929년)』, 359-392면; 조선총독부, 『1935년 조선 직할하천 공사 연보(1938년)』.

Ⅱ. 시문편

1. 읍지에 수록된 시문

평양 읍지 가운데 시문이 수록된 읍지는 1590년, 1730년, 1837년, 1855년, 1892년 5종이며, 읍지의 다른 내용과 마찬가지로 시문도 기존의 여러 자료를 선별하여 수록하였다. 시문은 읍지에 반드시 수록해야 하는 자료가 아니었음에도 평양 읍지는 특정 장소에 대한 제영시를 수록하는 여타 읍지와 비교해도 시문의 비중이 매우 크다. 평양은 사행로에서 사신들이 체류하는 곳이어서 중국 사신이나 중국으로 사행 간 관료들의 시문이 많이 남아 있기 때문이다. 또한 평양은 원래 수려한 산수와 화려한 누각으로 유명한 도시였기 때문에 비단 사행만이 아니라 널리 알려진 사람들이 와서 지은 작품들도 많았다.

평양이라는 도시를 이해할 때, 읍지 수록 시문은 크게 두 가지 측면에서 의미를 가진다. 먼저, 시문은 중국 사신이 유람하는 구체적인 양상을 비롯해 건물 및 공간과 관련된 좀 더 상세한 내용이나 특정한 사건 등 읍지의 다른 부분에 수록되지 않은 내용을 보여 줄 때가 있다. 따라서 시문에 나타난 세부 정보와 그 변천을 정리하는 작업은 평양의 시대상과 함께 당시 사람들이 평양의 어떤 점에 관심을 가졌는지를 파악하는 데에 도움이 될 것이다. 다른 하나는 읍지에 수록된 시문의 성격과 관련이 있다. 평양 관련 시문 중에는 읍지에 실리지 않은 작품도 많지만, 읍지 편찬자들이 여러 자료에서 선별한 시문은 제작 상황이나 기조에 따라 편차가 있겠지만 평양의 전형성을 보여 준다고 인식되는 작품이었을 것이다. 읍지 편찬자들이 시문을 통해 제시하는 평양의 풍경은 그들이 가지고 있었던 도시의 전형적인 이미지와 인식의 변화 등을 파악할 수 있고, 평양 관련 시문 중에 개인 문집이 전하지 않아 읍지에서만 볼 수 있는 작품들도 있다는 점에서 중요하다.

여기에서는 먼저 읍지별로 수록된 시문을 목록으로 제시하고 각 읍지에 수록된 시문의 체제 및 특징을 살펴볼 것이다. 그리고 5종의 시문 목록을 개관한 다음에 공간(장소, 건물 등)의 특징적 이미지와 시대별 변화를 정리해 볼 것이다.

1) 시문의 출전 문제[1]

1590년 읍지 권두에서는 읍지 간행에 참고한 자료를 '인용서책(引用書册)'이라는 항목으로 제시했다. 그중에서 시문과 관련해서는 『청구풍아(靑丘風雅)』, 『여지승람(輿地勝覽)』, 『목은집(牧隱集)』, 『동문선(東文選)』, 『속동문선(續東文選)』을 중심으로 작품을 확인한 뒤 출전을 표시했다. 인용 서책 중에서도 특히 『여지승람』(이 글에서는 『신증동

1. 이하 표의 '출전 및 기타 사항'에서 작품의 창작 시기가 분명할 경우에는 맨 앞에 연도를 표기했으며 그렇지 않은 경우에는 표시하지 않았다. 그다음에는 중국 사행 및 중국 사신 접대와 관련된 경력을 표시했으며 해당 작품이 저자의 문집에 수록된 경우에는 밝히고 제목이 다른 경우에는 명시했다. 그 외에 내용이나 창작 배경은 설명이 필요할 때 보충 서술했다.

국여지승람』으로 검토했다)에 평양 제영시가 집중적으로 수록되어 있기 때문에 시문을 수록할 때 이 책을 가장 우선적으로 참고했을 것이다. 『동국여지승람』의 각 지역에 수록된 제영시는 읍지 시문의 요건과 완전히 부합했고 수량도 매우 많았으므로 평양과 관련된 작품이 그리 많이 수록되지 않은 『동문선』이나 『청구풍아』, 개인 문집인 『목은집』보다 훨씬 더 중요한 자료였다. 다만 인용서책에서 확인할 수 있는 작품들은 대체로 권6까지다. 『동국여지승람』과 『동문선』, 『청구풍아』가 성종대에, 『속동문선』이 중종대에 간행되었으므로 그 이후부터 『평양지』가 제작된 1590년 이전까지의 작품들, 곧 권7, 8에 수록된 작품들은 대부분 인용서책에서 찾을 수 없다. 이 시기의 시문은 대개 평양의 여러 누각에 걸린 현판의 시를 참고했을 것이며 또 수록된 인물들의 대다수는 중국 사신과 원접사, 종사관 등 사행 관련 인물이므로 『황화집(皇華集)』을 보고 선별했을 것이다.

1730년 읍지를 제작한 윤유는 윤두수의 5대손으로, 1730년 『평양속지』는 1590년에 윤두수가 만든 『평양지』의 체제를 그대로 이으면서 보완했다는 점에서 『평양지』를 전범으로 하여 충실하게 계승한 것이라고 볼 수 있다. 다만 윤두수와 달리 윤유는 읍지에 직접 서문을 쓰지 않았다. 1730년 읍지의 서문은 송인명이 썼는데, 이 서문에 따르면 윤유는 1727년에 관찰사로 부임하여 읍지 제작에 들어가 전체 내용을 마무리 지었지만 판각하는 단계까지 완료한 것은 아니어서, 1729년에 새로 부임한 송인명에게 업무를 인수인계하면서 읍지 서문을 써 달라고 요청했다. 1730년 읍지에는 '인용서책'은 없지만 '범례'가 있어서 읍지 제작의 원칙을 파악할 수 있다. '범례'에 따르면, 시문을 수록할 때는 (1) 차례는 연대순으로 하되 왕명을 받든다는 차원에서 중국 사신의 작품을 앞에 두며, (2) 작품이 너무 많으므로 현존하는 인물의 작품은 빼고 옛사람의 글만 수집했다. 이렇게 보면 옛사람의 시문 중에 누락된 부분을 보충하는 방식으로 편집했음을 알 수 있다. 따라서 1730년 『평양속지』의 '시문'에 수록된 자료는 크게 (1) 1590년 이후 사신들의 시문과 (2) 시기상 1590년 읍지에 수록되었어야 했지만 여러 사정으로 누락된 시문일 것이다. 1730년 읍지에는 장소별로 시가 수록되어 있는데, 이를 인물별로 재구성해 보면 1590년 이후 조선에 온 명나라 사신들, 곧 1606년의 주지번(朱之蕃)과 양유년(梁有年), 1609년의 웅화(熊化), 1621년의 양도인(楊道寅)과 유홍훈(劉鴻訓), 1626년의 왕몽윤(王夢尹), 1633년의 정룡(程龍), 강왈광(姜曰廣)의 시가 있고, 이전 시기 중에서 누락된 시도 추가되었다.

이렇게 보충한 작품 외에 전란의 경험과 이후 도시의 재건 과정을 보여 주는 내용의 시문들도 있다. 주지번의 무열사 제문이나 차천로의 평양성 탈환을 알리는 노포(露布), 뛰어난 전란 수습으로 칭송된 이원익의 생사당에 쓴 최립(崔岦)의 제문, 이경석(李景奭)이 쓴 홍명구의 정충비명(精忠碑銘), 송시열(宋時烈)의 「충무사우기(忠武祠宇記)」가 전란과 관련된 글이라면, 이정귀(李廷龜)의 「열운정기(閱雲亭記)」와 최립의 「영허당기(盈虛堂記)」, 정두경(鄭斗卿)의 「삼애당기(三愛堂記)」는 관사 건립에 대한 내용이다. 1590년 원지에서 『동국여지승람』의 수록작을 통해 평양 각지의 전형적인 이미지를 제시했다면, 1730년 속지에서는 그 사이에 있었던 전란과 도시 구조의 대대적인 변화를 살펴볼 수 있다.

앞에서 언급한 1837년 읍지의 특성은 '시문'에서도 동일하게 드러난다. 1730년 읍지와는 달리 1837년 읍지는 총 5권으로 이루어져 있고 새롭게 추가된 권5에 '산문'이 수록되어 있어서 산문의 추가 상황을 확연하게 알 수 있지만 시는 1730년 읍지와 대조해 보아야 한다. 1730년 읍지는 소재를 중심으로 하되 인물을 시기별로 수록한 까닭에 소재마다 해당하는 후대 인물의 시를 추가하는 형태로 편집되었기 때문이다. 따라서 1837년 읍지의 '시문'은 표 42와 표 43에서 해당 읍지에서 새로 추가한 시문만 선별하여 정리했다.

요컨대 『황화집』 간행 이전의 시문은 이를 참조하여 수록했을 것으로 보이나 이후에는 주로 관찰사가 지은 시문이나 평양에서 지어서 여러 건물에 게시된 자료를 수록했던 것으로 보인다.

2) 시문의 소재 문제

1590년 읍지의 체제는 기본적으로 시대순을 따르고 있다. 물론 예외적으로 어제(御製)를 우선 배치했고 때에 따라서는 비슷한 시기에 지은 작품을 장소(소재)나 저자 중심으로 모아 배치하기도 했다. 소재가 같은 경우에는 명나라 사신을 앞에 배치했다.

고려시대로 한정할 때 시의 소재가 된 장소는 영명사(永明寺), 구제궁(九梯宮), 조천석(朝天石), 기린굴(麒麟窟), 대동강(大同江), 남포(南浦, 또는 대동강 나루터), 관풍전(觀風殿, 을밀대 남쪽), 다경루(多景樓, 양명포 근처), 주암사(酒岩寺, 대동강 상류 주암 근처), 흥복사(興福寺, 평양부 남쪽), 연창교(連滄橋, 평양부 서남쪽), 통한교(通漢橋, 평양부 서남쪽), 박금천(薄金川, 평양부 북쪽), 임원역(林原驛, 평양부 북쪽, 대화궁 위치), 영귀루(詠歸樓, 남포 근처), 봉황대(鳳凰臺, 평양부 서남쪽 다경루 서쪽), 영명루(永明樓, 부벽루), 풍월루(風月樓, 애련당 남쪽) 등이다. 『고려사절요』 기록을 보면, 고려 때는 임금이 평양에 오면 보통 대동강에서 용선(龍船)을 타고 관풍전과 구제궁, 영명사 등지를 방문했던 것 같다.[2] 그중에서 부성 동북쪽에 있는 구제궁, 조천석, 기린굴은 모두 동명왕과 관련된 유적이었고 영명루, 곧 부벽루도 영명사의 부속 건물이었다. 평양에 오는 사람들은 영명사, 흥복사, 주암사 같은 사찰을 방문했고 남포, 다경루(당포 옛 성 문루), 영귀루, 봉황대, 곧 평양

2. 『高麗史節要』 卷6, 1087년 기사.

부 남쪽 일대에 관심을 보였던 것으로 보인다. 1590년 읍지의 〈평양관부도〉를 보면 누정은 성 동북쪽의 부벽루와 부성 성곽 위 연광정(練光亭), 성안의 풍월루, 쾌재정(快哉亭), 성 남쪽 외성 지대의 추향대(秋香臺)와 영귀루가 있었다. 이 중에서 풍월루는 1371년에 지어졌고 연광정은 감사 허굉(許硡, 1519년 부임, 1528년 재부임)이, 쾌재정은 감사 이계맹(李繼孟)이 16세기에 세운 건물이다. 고려 말까지 누정은 거의 강을 조망할 수 있는 곳에 만들어졌고 외성 구역인 남포 일대는 평양을 오가는 교통로였거나 뱃놀이의 주요 코스에 포함되었던 것 같다.

조선시대로 들어오면 명나라 사신의 존재가 뚜렷하게 포착된다. 중국으로 왕래하는 사신들은 의주-평양-한양에 이르는 의주대로를 이용했다. 조선에서는 명나라 사신이 오면 원접사(遠接使)를 의주에 파견하여 사신들을 맞이하고 의주, 정주, 안주, 평양, 황주, 개성 6곳의 통과 지점에 선위사(宣慰使, 1521년부터 迎慰使로 개칭)를 파견하여 동행하도록 했다. 평안감영이 있는 평양은 이 경유지 중에서 사신들이 비교적 장기간 체류했던 곳이었으므로 명나라 사신이 지은 제영시가 매우 많다. 중국 사신들이 한양으로 갈 때는 일정이 정해져 있었기 때문에 사신은 임무를 마치고 돌아갈 때 평양에 머물며 주변을 여유 있게 둘러보았다. 조선 초기에는 배를 타고 대동강을 유람하거나 부벽루에서 열리는 사신 환영 잔치에 참석하는 정도였지만, 1521년 명나라 사신 당고(唐皐)와 사도(史道)가 평양의 명소를 둘러보고 20경(景)에 대한 시를 지은 것으로 보아 기자 유적을 비롯하여[3]

3. 『세종실록』 1450년 윤1월 13일 기사. 예컨대 1450년에 조선에 들어온 倪謙은 한양에 와서 성삼문에게 기자를 조선에 봉했다고 하는데 그 장소가 어디냐고 물었다. 한양에 오기 전에 경유한 평양이 그곳이라고 하자 자신에게 알려준 사람이 없어서 아직 보지 못했다고 했다. 즉, 이 시기만 해도 평양에서 기자 관련 유적이 그렇게 의미 있게 인식되지는 않았던 것이다.

평양의 여러 곳을 둘러보는 사신의 유람이 점차 관례화되어 갔던 것 같다. 이들이 평양의 명소를 찾을 때는 관반(館伴, 원접사와 伴送使)과 관찰사가 안내했다. 이들의 유람 기록은 「평양승적(平壤勝迹)」 시에서 확인할 수 있는데, 당고의 경우 평양에서 열흘간[4] 머무를 계획을 세웠다.

명나라 사신이 지은 「평양승적」은 『황화집』과 평양 읍지에 실려 있다. 읍지에 수록된 시만 보면 「평양승적」을 지은 명나라 사신으로는 1521년의 당고와 사도, 1537년의 공용경(龔用卿)과 오희맹(吳希孟), 1539년의 화찰(華察)과 설정총(薛廷寵), 1545년의 장승헌(張承憲)이 있다. 처음에 당고가 「평양승적」에서 열거한 장소는 금수산, 모란봉, 대동강, 덕암, 주암, 능라도, 백은탄, 기린굴, 조천석, 정전유제(井田遺制), 을밀대, 연광정, 쾌재정, 풍월루, 부벽루, 기자묘(箕子墓), 문묘(文廟), 단군사, 기자사, 동명왕사 등 20곳이었다. 함께 왔던 사도의 「평양승적」은 순서가 다르고 기자묘가 빠져 19경이 수록되어 있었지만 나머지는 동일했다. 공용경은 당고의 20경에 대동문루인 읍호루(挹灝樓)를 추가하여 21경으로 만들었고 이후 명나라 사신들은 「평양승적」을 지을 때 공용경의 시에 차운한다는 점을 언급했다.[5] 같이 온 오희맹의 시도 21경이지만 대동강을 빼고 승벽정(乘碧亭)을 넣었는데 승벽정은 대동강을 유람할 때 탄 배인 대루선(大樓船)에 단 편액으로, 오희맹이 글씨를 쓴 것이다. 화찰과 설정총은 공용경의 21경에서 문묘를 제외한 20경의 시를 지었고, 장승헌은 20경에서 기자묘와 사당 3곳을 제외한 16경의 시를 지었다.[6]

---

4. 『平壤志』 卷7, 「平壤登眺」. "爲我十遊期, 預戒勿諠擾."

5. 공용경 이후의 중국 사신들이 공용경의 『使朝鮮錄』을 지참했기 때문에 공용경의 시를 차운했다고 했지만 운자로 보면 原韻은 당고의 시이다.

6. 신태영, 『명나라 사신은 조선을 어떻게 보았는가』(다운샘, 2005); 이은주, 「명 사신의 평양 제영시 연구」, 『한국문화』 68(서울대학교 규장각한국학연구원, 2014).

그 외에는 읍지에서 「평양승적」이라는 제목의 시를 찾기 어렵다. 1730년 읍지는 시가 장소별로 배열되어 각 수가 산재되어 있지만 1606년에 온 주지번과 양유년은 지은 시가 많으므로 그들의 시를 모아 보면, 주지번은 장승헌의 16경에서 연광정과 금수산을 뺀 14경의 시를, 같이 온 양유년은 여기에서 다시 부벽루와 쾌재정을 뺀 12경의 시를 지은 것으로 확인된다. 그런데 읍지와는 달리 『황화집』에서는 「평양십육경(平壤十六景)」이라는 제목 아래 이들의 시를 모두 수록하고 있으므로 '평양승적'의 전통은 여전히 지속되었던 것 같다. 두 명 모두 장승헌의 예에 따라 16경을 다룬 시를 썼기 때문에 『황화집』에는 읍지에서 빠졌던 주지번의 연광정과 금수산 시, 양유년의 연광정, 금수산, 부벽루, 쾌재정 시도 수록되어 있다.[7]

그런데 1730년 읍지에서 새롭게 등장하는 장소도 있다. 함벽정(涵碧亭)은 1590년 읍지에는 부벽루 옆에 있다고 언급되었고, 1730년에는 읍지의 항목에서 없어졌지만 관련 시는 수록되었으며 동문소루(東門小樓)도 구체적인 정보를 알 수 없지만 관련 시가 있다. 망일헌(望日軒)과 주변루(籌邊樓)는 이건하기 전인 구 감영의 북쪽에 있으며 둘 다 1614년에 창건되고 1661년에 중수된 건물이다. 대동강 하류에 있는 석호정(石湖亭)은 판관 이백복(李百福)이 창건했다고 하는데 1730년 읍지에 관련 항목이 등장했다. 재송원(栽松院)은 예전부터 있었고 수록된 시 중 1수는 공용경의 시이지만 새로운 소재 장소를 최대한 수록하려고 했던 것 같다. 비슷한 사례로 성 서쪽에 기생들의 무덤이 모여 있는 골짜기인 선연동(嬋娟洞)을 생각해 볼 수 있다. 이곳도 예전부터 있었고 심수경(沈守慶) 같은 국내 문인들에게는 관심의 대상이었지만, 1590년 읍지에는 사신들의 작품이 주로 수록되어 있기 때문에 관련 작품이 별로 없다. 이 외에 민충단(愍忠壇, 을

7. 당시 원접사였던 柳根은 주지번의 시와 양유년의 시에 각각 차운시를 지었다.

밀대 북쪽, 1593년 축조, 명나라 전사 장병 제단)과 보산성(保山城, 성 서남쪽), 기성조고(箕城弔古)라는 주제도 1730년 읍지에 등장했다.

이 사이에 임진왜란과 병자호란이 있었고, 특히 임진왜란 때 일본군이 함락한 평양성을 되찾기 위해 총 네 차례의 치열한 평양성 전투가 벌어졌다. 전쟁으로 부성이 축소되고 관청이 이건되는 큰 변화를 겪는데, 이 경험이 1730년 읍지에 비중 있게 반영되어 있다. 또한 평양에 온 명나라 사신들도 전사한 자국 장병들의 제단인 민충단에 가서 참배하고 시를 지었다.

1837년 읍지에 수록된 시는 이전 읍지와 비교할 때 상당히 적다. 1590년 읍지는 『동국여지승람』에 수록된 평양부의 시문을 대거 수록했는데, 이 읍지에 실린 시문은 대부분 사행을 가는 중국 사신과 조선 사신이 지은 것이다. 청대에도 사행이 여전히 이루어졌으므로 이들이 시를 짓거나 조선 문신들과 창화하는 경우도 있었지만, 이전 시대에 비해 활발하지는 않았던 것으로 보이고 청나라 사신에 대한 시선도 우호적이지만은 않았던 것 같다.[8] 1837년 읍지에는 시 작품이 일부 추가되었다. 조선 사신의 시 일부와 관찰사의 시를 비중 있게 수록했을 뿐, 청나라 사신의 시는 전혀 수록되어 있지 않았다. 청나라 사신이 평양에 체류할 때 이전의 명나라 사신이 '평양승적'을 남긴 것처럼 여러 명소를 두루 관람하는 관례를 더 이상 따르지 않았는지는 알 수 없다. 읍지에는 중국 사신을 위해 평양의 여러 명소를 다니는 과정에서 시를 짓는 문학적 전통의 흔적이 사라짐에 따라 '시문'에 수록된 소재의 범위가 부벽루, 연광정, 인현서원, 서산서원, 보통문루, 한사정으로 크게 축소되었다.

8. 김성은, 「조선과 청나라 사신간의 시문 교류」, 『중국학논총』 35(한국중국문화학회, 2012).

표 38. 1590년 읍지에 수록된 시

제목	저자	출전 및 기타 사항
浮碧樓	世祖	『세조실록』
永明寺	高麗 睿宗	『신증동국여지승람』
九梯宮	高麗 睿宗	1116년, 2수. 『신증동국여지승람』
永明寺	郭輿	1116년. 『신증동국여지승람』
朝天石	李承休	『신증동국여지승람』, 『제왕운기』에 2구만 수록
大同江	金仁存	『신증동국여지승람』, 『동문선』
浮碧樓	金富軾	『신증동국여지승람』, 『동문선』(「西都九梯宮朝退休于永明寺」)
南浦	鄭知常	『신증동국여지승람』, 『동문선』(「送人」)
西都	鄭知常	『신증동국여지승람』, 『동문선』
浿江渡次吳學士韻	金克己	『신증동국여지승람』, 『동문선』
九梯宮	金克己	『신증동국여지승람』
浮碧樓	金克己	2수, 『신증동국여지승람』
永明寺	金克己	6수, 『신증동국여지승람』
觀風殿	金克己	『신증동국여지승람』
多景樓採桑子詞	金克己	『신증동국여지승람』
麒麟窟	金克己	『신증동국여지승람』
朝天石	金克己	2수, 『신증동국여지승람』
酒岩寺	金克己	『신증동국여지승람』
興福寺	金克己	『신증동국여지승람』
連滄橋	金克己	『신증동국여지승람』
通漢橋	金克己	『신증동국여지승람』
薄金川	金克己	2수, 『신증동국여지승람』
林原驛	金克己	『신증동국여지승람』
詠歸樓	金克己	『신증동국여지승람』
詠歸樓	權漢功	『신증동국여지승람』, 『동문선』(「皇慶癸丑酒酣得四書于大同江軒窓」)
浮碧樓	權漢功	『신증동국여지승람』, 『동문선』(「永明樓」)
浮碧樓	權漢功	『신증동국여지승람』, 『동문선』(「浮碧樓次韻」)
永明樓	趙簡	『신증동국여지승람』, 『동문선』(「次永明樓韻」)

표 38. 1590년 읍지에 수록된 시(계속)

제목	저자	출전 및 기타 사항
永明寺	朴義	『신증동국여지승람』, 『동문선』(「永明寺次韻」)
次一齋大同船窓韻	邢君紹	『신증동국여지승람』, 『동문선』(「西京次權一齋大同江船窓韻」)
永明寺浮碧樓	邢君紹	『신증동국여지승람』, 『동문선』
永明寺	李混	『신증동국여지승람』, 『동문선』(「西京永明寺」)
西都口號	李之氐	『신증동국여지승람』, 『동문선』
扈駕西都	李邦直	『신증동국여지승람』
西都留別邢通憲-君紹	李齊賢	『益齋亂藁』
西都留別邢通憲-君紹	崔瀣	『신증동국여지승람』, 『동문선』(「次大同江船窓權一齋韻」)
鳳凰臺	洪侃	『신증동국여지승람』, 『洪崖遺藁』(「次韻李蒙庵西京懷古」)
庚子歲朝蒙古過西京	金坵	『신증동국여지승람』, 『止浦集』(「過西京」)
乙丑九月陪天使張學錄溥周典簿倬登西京永明樓次板上韻	鄭夢周	『신증동국여지승람』, 『圃隱集』
次韻	李崇仁	『신증동국여지승람』, 『목은집』(「浮碧樓次韻錄呈巡問令公」)
風月樓	林密(명)	1374년. 『신증동국여지승람』
浮碧樓	李穡	『신증동국여지승람』, 『동문선』, 『청구풍아』, 『목은집』
麒麟窟	李穡	『신증동국여지승람』, 『목은집』(「再過浮碧樓」)
浮碧樓	鄭誧	『신증동국여지승람』
浮碧樓	尹澤	『신증동국여지승람』
浮碧樓	張溥(명)	1385년, 2수. 『신증동국여지승람』에 제2수 수록
浮碧樓	周倬(명)	1385년. 『신증동국여지승람』
浮碧樓	陸顒(명)	1401년. 『신증동국여지승람』
浮碧樓	鄭道傳	『신증동국여지승람』, 『三峰集』(「題平壤浮碧樓」)
浮碧樓	鄭摠	『신증동국여지승람』, 『復齋集』(「十八日到大同江」)
浮碧樓	李穡	2구. 『신증동국여지승람』, 『목은집』(「西京」 중 제5·6구)

표 38. 1590년 읍지에 수록된 시(계속)

제목	저자	출전 및 기타 사항
浮碧樓	權近	1388년. 『신증동국여지승람』, 『陽村集』(「戊辰年西都從軍作」 중 '次浮碧樓詩韻')
大同江	權近	『신증동국여지승람』, 『陽村集』
九梯宮	權近	1388년. 『신증동국여지승람』, 『陽村集』(「西都雜咏同李待制次其韻」 중 '九梯宮')
永崇殿	權近	1388년. 『신증동국여지승람』, 『陽村集』(「西都雜咏同李待制次其韻」 중 '聖容殿')
麒麟窟	權近	1388년. 『신증동국여지승람』, 『陽村集』(「西都雜咏同李待制次其韻」 중 '麒麟窟')
東明王祠	權近	『신증동국여지승람』, 『陽村集』(「始古開闢東夷主」)
麒麟窟	李詹	『신증동국여지승람』
朝天石	李詹	『신증동국여지승람』
永崇殿	李詹	『신증동국여지승람』
南浦	金宗瑞	『신증동국여지승람』
南浦	李克堪	『신증동국여지승람』, 『동문선』(「次大同江樓船韻」)
浮碧亭	金時習	1458년 관서 유람. 10수. 『金鰲新話』 중 「醉遊浮碧亭記」 수록
登大同樓	金時習	1458년 관서 유람. 『梅月堂集』
大同館	倪謙(명)	1449년
大同江	倪謙(명)	1449년. 『신증동국여지승람』
大同門樓	倪謙(명)	1449년. 『신증동국여지승람』
大同江	陳鑑(명)	1457년. 『신증동국여지승람』
浮碧樓	陳鑑(명)	1457년. 2수. 『신증동국여지승람』. 제2수는 張溥 시와 동일
浮碧樓	陳嘉猷(명)	1459년
大同江	陳嘉猷(명)	1459년. 『신증동국여지승람』
大同館	金湜(명)	1464년
大同江	金湜(명)	1464년. 『신증동국여지승람』, 『慵齋叢話』
大同江	張寧(명)	1460년. 『신증동국여지승람』

표 38. 1590년 읍지에 수록된 시(계속)

제목	저자	출전 및 기타 사항
浮碧樓	張寧(명)	1460년. 『신증동국여지승람』
大同江	高閏(명)	1457년. 2수. 제1수는 『신증동국여지승람』 수록
浮碧樓	高閏(명)	1457년
余與翰林陳先生自王京頒詔而歸每與宴飮未嘗有今日登樓之醉也蓋因山川之勝風物之幽題詠之古況朴戶曹盧參判金觀察韓承旨皆以其王命來送喜之不勝聊賦此二詩以記一時之樂且以見性情之正否如何也	張珹(명)	1464년. 2수. 제1수는 『신증동국여지승람』 수록
渡大同江朴判書金觀察設宴別請詩留舟中卽席書與	張珹(명)	1464년
浮碧樓	祁順(명)	1476년. 『신증동국여지승람』
大同江	祁順(명)	1476년. 4수. 제1수와 제3 · 4수는 『신증동국여지승람』 수록
平壤懷古	張瑾(명)	1476년. 『皇華集』에는 작자를 '祁順'으로 표기
大同江	張瑾(명)	1476년
浮碧樓	張瑾(명)	1476년. 2수. 『신증동국여지승람』
浮碧樓	董越(명)	1488년. 2수. 제1수는 『신증동국여지승람』 수록
大同江	董越(명)	1488년. 3수. 제1수는 『신증동국여지승람』 수록
浮碧樓	王敞(명)	1488년. 2수
謁檀君廟廷	南孝溫	『秋江集』
大同江	安平大君 瑢	
大同江	陳鈍(명)	1452년
大同江	趙鏞	
次正使董公泛大同江韻	申從濩	『續東文選』
宿淸華館用鄭知常韻-戲贈叔強	金訢	1480년 質正官. 『顔樂堂集』
大同江	李德崇	1475년 종사관. 2수
風月樓	盧公弼	1479년 別宣慰使. 『續東文選』
登浮碧樓	李黿	
		이상 권6

표 38. 1590년 읍지에 수록된 시(계속)

제목	저자	출전 및 기타 사항
八詠	曺偉	1481년 종사관. 『신증동국여지승람』, 『梅溪集』(「平壤八絕」, 密臺賞春, 浮碧翫月, 永明尋僧, 普通送客, 車門泛舟, 蓮塘聽雨, 龍山晩翠, 馬灘春漲)
八詠	成俔	1485년. 1475년 종사관, 1480년 선위사, 1485년 千秋使, 1486년 관찰사. 『신증동국여지승람』, 『虛白堂集』(「箕都八詠」)
大同江	李陸	1480년 都司宣慰使(호조참의). 3수. 『青坡集』(「次大同樓船韻」)
浮碧樓	李長坤	1515년 正朝使
弘治乙丑秋七月有日兵曹判書任公以遠接使刑曹判書李公宣慰使刑曹參議權公聖節表使與觀察使柳公從事議政府檢詳成兵曹正郎尹同登樓上覽賞未久風雨忽作沾衣洒面歌妓皆濕兵曹任公就一絕以記其事在座咸和各寫於板以爲後看云	任士洪	1505년. 원접사(병조판서). 현판에 게시
弘治乙丑秋七月有日兵曹判書任公以遠接使刑曹判書李公宣慰使刑曹參議權公聖節表使與觀察使柳公從事議政府檢詳成兵曹正郎尹同登樓上覽賞未久風雨忽作沾衣洒面歌妓皆濕兵曹任公就一絕以記其事在座咸和各寫於板以爲後看云	李蓀	1505년. 선위사(형조판서). 현판에 게시
弘治乙丑秋七月有日兵曹判書任公以遠接使刑曹判書李公宣慰使刑曹參議權公聖節表使與觀察使柳公從事議政府檢詳成兵曹正郎尹同登樓上覽賞未久風雨忽作沾衣洒面歌妓皆濕兵曹任公就一絕以記其事在座咸和各寫於板以爲後看云	柳順汀	1505년. 관찰사. 현판에 게시
弘治乙丑秋七月有日兵曹判書任公以遠接使刑曹判書李公宣慰使刑曹參議權公聖節表使與觀察使柳公從事議政府檢詳成兵曹正郎尹同登樓上覽賞未久風雨忽作沾衣洒面歌妓皆濕兵曹任公就一絕以記其事在座咸和各寫於板以爲後看云	權仁杏	1505년. 聖節表使(형조참의). 현판에 게시

표 38. 1590년 읍지에 수록된 시(계속)

제목	저자	출전 및 기타 사항
弘治乙丑秋七月有日兵曹判書任公以遠接使刑曹判書李公宣慰使刑曹參議權公聖節表使與觀察使柳公從事議政府檢詳成兵曹正郎尹同登樓上覽賞未久風雨忽作沾衣洒面歌妓皆濕兵曹任公就一絕以記其事在座咸和各寫於板以爲後看云	成夢井	1505년. 종사관. 현판에 게시
弘治乙丑秋七月有日兵曹判書任公以遠接使刑曹判書李公宣慰使刑曹參議權公聖節表使與觀察使柳公從事議政府檢詳成兵曹正郎尹同登樓上覽賞未久風雨忽作沾衣洒面歌妓皆濕兵曹任公就一絕以記其事在座咸和各寫於板以爲後看云	尹龜壽	1505년. 종사관(병조정랑). 현판에 게시
弘治乙丑秋七月有日兵曹判書任公以遠接使刑曹判書李公宣慰使刑曹參議權公聖節表使與觀察使柳公從事議政府檢詳成兵曹正郎尹同登樓上覽賞未久風雨忽作沾衣洒面歌妓皆濕兵曹任公就一絕以記其事在座咸和各寫於板以爲後看云	南袞	1505년. 1518년 奏請使
大同江	南袞	1518년 奏請使
練光亭	李荇	1521년. 원접사(의정부좌찬성). 『容齋集』(「次韻練光亭」)
練光亭	鄭士龍	1537년 원접사(형조판서), 1546년 원접사(이조판서)
練光亭	蘇世讓	1539년. 원접사(의정부좌찬성)
練光亭	崔世節	1528년 賀正使, 正朝使, 1529년 聖節使
練光亭	成世昌	1523년 奏聞使, 1545년 謝恩使
平壤登眺	唐皐(명)	1521년. 『신증동국여지승람』
平壤勝蹟	唐皐(명)	1521년. 총 20수(錦繡山, 牧丹峯, 大同江, 德巖, 酒巖, 綾羅島, 白銀灘, 麒麟窟, 朝天石, 井田遺制, 乙密臺, 練光亭, 快哉亭, 風月樓, 浮碧樓, 箕子墓, 文廟, 檀君祠, 箕子祀, 東明王祠)

표 38. 1590년 읍지에 수록된 시(계속)

제목	저자	출전 및 기타 사항
平壤勝蹟	史道(명)	1521년. 총 19수(德岩, 文廟, 檀君祠, 箕子祠, 東明王祠, 白銀灘, 錦繡山, 牧丹峯, 酒巖, 乙密臺, 風月樓, 練光亭, 朝天石, 麒麟窟, 井田, 大同江, 快哉亭, 浮碧樓, 綾羅島)
登浮碧樓	史道(명)	1521년
練光亭	史道(명)	1521년
平壤浮碧練光二樓俱臨大同江上唐君與予初來時以公事未了不及登眺玆西歸先數日李相預約過時一遊迨至天氣融和江水如澌不復止以氷渡則二樓之風味非昔日可比予蓋以山川亦能解李相愛客之心也	史道(명)	1521년
浮碧樓	柳仁貴	
浮碧樓	李淸	1539년 사은사
浮碧樓	尹殷弼	1532년 동지사(동지중추부사)
浮碧樓	沈彦光	1533년 동지사(동지중추부사). 『漁村集』(「平壤次浮碧樓韻」)
浮碧樓	柳希齡	1542년 성절사
浮碧樓	趙士秀	1542년 進香使
快哉亭	李思鈞	1517년 주청사
次登眺韻	龔用卿(명)	1537년
宿大同館	龔用卿(명)	1537년
登詠歸樓晩遇微雨	龔用卿(명)	1537년
浮碧樓	龔用卿(명)	1537년. 5수
大同江	龔用卿(명)	1537년. 3수
望月亭	龔用卿(명)	1537년. 3수
平壤勝蹟	龔用卿(명)	1537년. 총 21수(德岩, 酒岩, 白銀灘, 錦繡山, 乙密臺, 牧丹峯, 浮碧樓, 練光亭, 井田遺制, 朝天石, 風月樓, 麒麟窟, 綾羅島, 快哉亭, 大同江, 挹灝樓, 文廟, 檀君祠, 箕子墓, 箕子祠, 東明王祠)
大同館	吳希孟(명)	1537년
大同江次雲岡韻	吳希孟(명)	1537년
浮碧樓	吳希孟(명)	1537년. 2수

표 38. 1590년 읍지에 수록된 시(계속)

제목	저자	출전 및 기타 사항
平壤勝蹟	吳希孟(명)	1537년. 총 21수(風月樓, 浮碧樓, 練光亭, 錦繡峯, 牧丹峯, 綾羅島, 德巖, 酒巖, 乘碧亭, 挹灝樓, 白銀灘, 麒麟窟, 朝天石, 井田, 乙密亭, 文廟, 箕子墓, 檀君祠, 箕子祠, 東明王祠, 快哉亭)
練光亭	龔用卿(명)	1537년
練光亭	華察(명)	1539년
		이상 권7
練光亭	薛廷寵(명)	1539년
大同江舟中	林亨秀	1539년 종사관. 『錦湖遺稿』
次	蘇世讓	1539년. 원접사(의정부좌찬성)
次	申光漢	1545년. 원접사(이조판서). 『企齋集』(「大同江樓船席上次林從事韻」)
次	崔演	1539년 종사관. 『艮齋集』(「大同江舟中」). 문집에는 최연, 임형수, 소세양, 신광한, 엄흔의 시가 함께 수록
次	嚴昕	1539년 종사관
浮碧樓	嚴昕	1539년 종사관. 『十省堂集』
次	蘇世讓	1539년. 원접사(의정부좌찬성)
次	申光漢	1545년. 원접사(이조판서). 『企齋別集』(「樓上又次嚴從事韻」)
次	崔演	1539년 종사관. 『艮齋集』(「浮碧樓」). 문집에는 최연, 임형수, 소세양, 신광한, 엄흔의 시가 함께 수록
次	林亨秀	1539년 종사관
浮碧樓席上走筆又博一粲	林亨秀	1539년 종사관. 『錦湖遺稿』
次	蘇世讓	1539년. 원접사(의정부좌찬성)
次	申光漢	1545년. 원접사(이조판서)
次	崔演	1539년 종사관. 『艮齋集』(「浮碧樓席上走筆又博一粲」). 문집에는 최연, 임형수, 소세양, 신광한, 엄흔의 시가 함께 수록
次	嚴昕	1539년 종사관
練光亭	鄭士龍	1537년 원접사(형조판서), 1546년 원접사(이조판서). 『湖陰雜稿』

표 38. 1590년 읍지에 수록된 시(계속)

제목	저자	출전 및 기타 사항
普通院	鄭士龍	1537년 원접사(형조판서), 1546년 원접사(이조판서). 『湖陰雜稿』(「題普通院」)
閱雲亭	鄭士龍	1537년 원접사(형조판서), 1546년 원접사(이조판서). 『蓬萊詩集』에 「次鄭湖陰韻」의 原韻으로 수록
牧丹峯	鄭士龍	1537년 원접사(형조판서), 1546년 원접사(이조판서). 『湖陰雜稿』(「次牡丹峯」)
詠歸樓次龔天使韻	鄭士龍	1537년 원접사(형조판서), 1546년 원접사(이조판서). 『湖陰雜稿』
快哉亭	龔用卿(명)	1537년
快哉亭	薛廷寵(명)	1539년
快哉亭	鄭士龍	1537년 원접사(형조판서), 1546년 원접사(이조판서)
快哉亭	李希輔	1537년 餞慰使
快哉亭	趙仁奎	1536년 冬至使
快哉亭	洪春卿	1541년 성절사
快哉亭	朴忠元	1567년 원접사(공조판서)
次大同館韻	華察(명)	1539년
平壤勝蹟舊二十一詠予謂文廟不宜混入次雲岡韻, 爲二十韻	華察(명)	1539년. 총 20수(德岩, 酒岩, 白銀灘, 錦繡山, 乙密臺, 牧丹峯, 浮碧樓, 練光亭, 井田遺制, 朝天石, 風月樓, 麒麟窟, 綾羅島, 快哉亭, 大同江, 挹灝樓, 檀君祠, 箕子墓, 箕子祠, 東明王祠)
用大同館韻	薛廷寵(명)	1539년
平壤勝蹟用雲岡增入挹灝而去文廟爲二十詠蓋文廟非一方專勝而尊崇聖道又不敢槩與山川祠瑩題詠也	薛廷寵(명)	1539년. 총 20수(德岩, 酒岩, 白銀灘, 錦繡山, 乙密臺, 牧丹峯, 浮碧樓, 練光亭, 井田遺制, 朝天石, 風月樓, 麒麟窟, 綾羅島, 快哉亭, 大同江, 挹灝樓, 檀君祠, 箕子墓, 箕子祠, 東明王祠)
次大同館韻	張承憲(명)	1545년
平壤勝蹟十六韻平壤勝蹟舊二十一詠鴻山太史謂文廟不宜混入爲二十詠予謂檀君箕子東明王宜亦如文廟例作十六詠因次雲岡韻	張承憲(명)	1545년. 총 16수(德岩, 酒岩, 白銀灘, 錦繡山, 乙密臺, 牧丹峯, 浮碧樓, 練光亭, 井田遺制, 朝天石, 風月樓, 麒麟窟, 綾羅島, 快哉亭, 大同江, 挹灝樓)
遺愛碑歌	楊士彦	『蓬萊詩集』(「題平壤善政碑-碑名遺愛平壤庶尹李元孫」)

표 38. 1590년 읍지에 수록된 시(계속)

제목	저자	출전 및 기타 사항
永歸樓	沈守慶	1558년 평안도 병마절도사, 1592년 체찰사
西京圖	鄭惟吉	1573년 원접사(공조판서). 『林塘遺稿』
巾車同魏諫議出平壤城東北並江行登浮碧樓. 雨憩永明寺晚霽觀麒麟窟遂泛舟南下還大同館作	許國(명)	1567년
快哉亭	許國(명)	1567년
先月亭	許國(명)	1567년
先月亭	魏時亮(명)	1567년
練光亭晚眺	許國(명)	1567년
登風月樓渡凌波橋憩愛蓮堂觀荷有作	許國(명)	1567년
練光亭	魏時亮(명)	1567년
大同江	韓世能(명)	1572년. 2수
練光亭	韓世能(명)	1572년
快哉亭	韓世能(명)	1572년
秋香堂	吳祥	읍지에는 저자명 미수록
浮碧樓	李山海	1567년 종사관
練光亭對月	鄭澈	1568년 종사관. 『松江集』
次	鄭澈	1568년 종사관. 『松江集』(「練光亭對月」 제2수)
次	辛應時	1568년 종사관. 『白麓遺稿』(「練光亭對月次鄭季涵韻」)
次	李海壽	1582년 성절사. 『藥圃遺稿』(「練光亭對月次松江韻」)
愛蓮堂	李海壽	1582년 성절사. 『藥圃遺稿』(「愛蓮堂有吟」)
次	朴淳	1568년 원접사(이조판서)
次	辛應時	1568년 종사관
次	鄭澈	1568년 종사관. 『松江集』(「愛蓮堂-在平壤懸板尙在」)
快哉亭	成憲(명)	1568년. 『思菴集』(「次成天使快哉亭韻」의 原韻으로 수록)
泛大同江次王給諫韻	黃洪憲(명)	1582년. 2수

표 38. 1590년 읍지에 수록된 시(계속)

제목	저자	출전 및 기타 사항
浮碧樓	黃洪憲(명)	1582년
練光亭	黃洪憲(명)	1582년
浮碧樓	王敬民(명)	1582년
江上泛舟	王敬民(명)	1582년. 2수
快哉亭	王敬民(명)	1582년
樓船次韻	崔慶昌	1576년 종사관. 『孤竹遺稿』(「浿江樓舡題詠」). 서익, 이달 시 수록(1580년 최경창, 서익, 고경명, 이달의 시회)
樓船次韻	林楨	1580년 최경창, 서익, 이달의 시회
樓船次韻	徐益	1580년 최경창, 서익, 이달의 시회
樓船次韻	李達	1580년 최경창, 서익, 이달의 시회. 『蓀谷詩集』(「采蓮曲次大同樓船韻」)
平壤卽事	林悌	1583년 평안도도사. 『林白湖集』(「浿江歌」 제1수, 제6수 수록)
		이상 권8

표 39. 1590년 읍지에 수록된 산문

제목	저자	출전 및 기타 사항
西京風月樓記	李穡	1371년. 『동문선』, 『牧隱文藁』. 1371년 西京尹 林公이 迎仙店 터에 건립, '풍월루'라는 글씨는 上堂承旨 韓孟雲이 씀
大同門記	權近	1394년. 『동문선』, 『양촌집』(「平壤城大同門樓記」). 1361년 홍건적의 침입 때 대동문과 함구문이 불탔다가 1393년 가을에 평양윤 趙温이 왕명을 받아 성을 수축하고 1394년 봄에 대동문과 함구문을 신축
江之水辭	鄭道傳	『동문선』, 『삼봉집』(「江之水詞」). 아래 鄭文炯의 사 제목으로 볼 때 정도전이 관찰사로 있을 때 사행 다녀온 시점에 지은 것이므로 1393년 작으로 추정(1391년 평양부윤, 1384년 서장관, 1390년 성절사, 1392년 計稟使)
江之水辭	鄭文炯	『삼봉집』(「次韻-按公使還日作江之水詞鏤揭大同江樓公之曾孫文炯按節箕甸時次韻仍竝揭」). 정문형은 정도전의 증손자로, 1472년 관찰사 부임
風月樓重新記	徐居正	1471년 관찰사 부임, 1476년 원접사(의정부좌찬성). 『四佳集』. 풍월루는 1463년 관찰사 金謙光이 重新 공사를 시작하여 1465년 관찰사 吳伯昌이 완성

표 39. 1590년 읍지에 수록된 산문(계속)

제목	저자	출전 및 기타 사항
浮碧樓記	申叔舟	1460년. 『保閑齋集』(「平壤浮碧樓御製記」). 세조가 서경에 행차했을 때 부벽루에서 과거시험이 치러졌는데 당시 신숙주는 좌의정으로 호종함
營主題名記	金連枝	1447년. 1457년 관찰사 부임. 관찰사 명단 작성 관련 글
先生按題名記	宋處儉	1514년. 教官 李好霖과 제명기 교정
風月樓記	董越(명)	1488년. 귀환하는 길에 관반 許琮(이조판서)과 평양에 도착, 관찰사 成俔이 대동강 가에서 기다려 함께 배를 타고 車門樓로 가서 정전을 본 뒤 풍월루에 도착
練光亭記	唐皐(명)	1521년. 귀환길에 관반 李荇과 평양에 가서 生陽館에서 기다리는 관찰사 柳聃年과 함께 연광정에 올라 그곳에서 보이는 풍경을 열거(덕암, 금수산, 을밀대, 사허정, 모란봉, 부벽루, 기린굴, 조천석, 능라도, 백은탄, 주암, 읍호루, 정전, 풍월루, 대동관 안 쾌재정)
作成庫小序	安琛	1507년. 1506년 관찰사 부임. 1507년에 永柔縣令 李終孫의 간언에 따라 함흥부처럼 都會를 설립하고 유생 양성에 필요한 재원을 마련하기 위해 都事 李蕃, 서윤 李龜珍, 판관 柳繼先과 상의하여 작성고 설치
學堂補長小序	安潤德	1517년. 1515년 관찰사 부임. 향교 수리 증축. 1516년 향시에서 성적이 우수하거나 복시에 합격하는 향교생이 등장함. 안유덕이 체직하게 되었을 때 감영에 비축한 목면을 향교 운영 비용으로 충당하도록 함
重新快哉亭記	李思鈞	1530-1531년 추정. 1530년 평안도 절도사 부임. 관찰사 李芑, 서윤 洪愼, 판관 李壽堅과 상의하여 쾌재정 증축
秋香堂跋	無名氏	李繼孟 사후(1523년 이후). 관찰사 李繼孟이 1513년에 관아 뒤쪽 밭에 추향당 건립
愛蓮堂記	閔齊仁	1542년. 같은 해 관찰사 부임. 서윤 李元孫이 풍월루 북쪽 연꽃을 심은 못 안 섬에 애련당 건립
平壤題詠記	洪暹	1552년 관찰사 부임. 『忍齋集』. 여러 누대의 시판을 확인하여 『동국여지승람』과 『황화집』을 토대로 교정 및 보완하고 生陽驛 서쪽에서 의주 義順館까지 한 달여 만에 작업 완료
閱雲亭記	楊士彦	1557년. 1546년 대동찰방 부임. 열운정은 대동관 북쪽에 있음(찰방은 대동관 부속 건물에 재직). 양사언이 '열운'이라는 이름을 붙이고 柳祖訒이 편액을 씀. 『蓬萊詩集』. 趙絅의 「府使蓬萊楊公墓碣銘」에는 찰방으로 있을 때 쓴 것처럼 되어 있으나 기문 뒤에 작성일이 명시되어 있음
君子樓記	尹毅中	1572년 추정(본문에 '중국 사신'에 대한 언급이 나오는데, 명 사신 韓世能이 1572년 11월에 옴). 1571년 관찰사 부임. 서윤 安寬, 판관 閔宗道와 추향당 서북쪽에 휴식과 활 쏘는 곳으로 군자루를 건립

표 39. 1590년 읍지에 수록된 산문(계속)

제목	저자	출전 및 기타 사항
練光亭重修記	成壽益	1578년 추정. 1578년 대동찰방 부임. 1577년 홍수로 練光亭이 무너지자 관찰사 金繼輝가 중건한 뒤 1577년 관찰사 李俊民 부임. 이준민과 서윤 張義國이 관청과 요리하는 곳을 이동하고 앞문 위치 조정
頓氏碑詞	盧稙	1582년 관찰사 부임. 아버지가 낚시하다 桃李潭에서 익사하자 물에 빠져 죽은 효녀 돈씨를 위해 노직이 묘를 세우고 비를 세워 표창함

표 40. 1730년 읍지에 수록된 시

제목	저자	출전 및 기타 사항
題西京影殿御容	太祖	
行到平壤贈別具鏊	孝宗	
敬次西京影殿韻	肅宗	
檀君祠	肅宗	
箕子墓	肅宗	
浮碧樓感古事	肅宗	
浮碧樓	王鶴(명)	1546년
浮碧樓	朱之蕃(명)	1606년
浮碧樓	梁有年(명)	1606년
浮碧樓	楊道寅(명)	1621년
浮碧樓	劉鴻訓(명)	1621년
浮碧樓	王夢尹(명)	1626년
浮碧樓	李承召	1457년. 같은 해 종사관, 1459년 謝恩副使, 1470년 선위사, 1480년 선위사 奏聞副使. 2수. 『三灘集』(「浮碧樓筵上陳高兩天使強之使作」, 「浮碧樓次牧隱韻」)
浮碧樓	徐居正	1471년 관찰사 부임, 1476년 원접사(의정부좌찬성). 2수. 제2수는 『四佳詩集』(次浮碧樓韻」)에 수록
浮碧樓	鄭希良	『虛庵遺集』(「登浮碧樓次牧隱詩」의 일부)
浮碧樓	奇大升	1567년 종사관. 『高峯集』(「次牧隱韻」)
浮碧樓	李珥	1582년 원접사(좌찬성). 3수. 『栗谷全書』(「浮碧樓」, 「次黃天使浮碧樓韻」, 「乘船遊浮碧樓」)
浮碧樓	趙希逸	1606년 종사관. 『竹陰集』(「次浮碧樓韻」)
浮碧樓	柳根	1606년 원접사(의정부좌찬성), 1609년 원접사(영중추부사). 『西坰集』(「敬次兩使登浮碧樓韻」)

표 40. 1730년 읍지에 수록된 시(계속)

제목	저자	출전 및 기타 사항
浮碧樓	車天輅	1601년 제술관, 1609년 제술관. 『五山集』(「遊浮碧樓舊址奉上使相兼示諸公」, 「浮碧樓」)
浮碧樓	車雲輅	1621년 제술관
浮碧樓	金止男	1616년. 1602년 서장관, 1616년 사은부사. 『龍溪遺稿』(「浮碧樓次韓世能韻-以下丙辰以恩副使赴京時」)
浮碧樓	李安訥	1601년 종사관, 1615년 성절사, 1623년 접반사. 『東岳集』(「浮碧樓感舊」)
浮碧樓	李植	1623년 종사관. 『澤堂集』(「浮碧樓口占」)
浮碧樓	鄭弘溟	1626년 종사관, 1628년 종사관. 『畸庵集』(「正使浮碧樓韻」)
浮碧樓	金昌翕	1706년 관서지역 유람
練光亭	楊道寅(명)	1621년
練光亭	劉鴻訓(명)	1621년
練光亭	李滉	1539-1542년 추정(관찰사 상진 재임기간). 『退溪集』(「平壤練光亭陪監司尙公-震-夜讌」). '연광정'이라는 이름을 명 사신 당고가 지었다는 현판을 봄
練光亭	李珥	1582년 원접사(좌찬성). 『栗谷全書』
練光亭	高敬命	1583년 서윤. 『霽峯集』(「練光亭晩眺」)
練光亭	趙希逸	1606년 종사관. 『竹陰集』(「次梁子漸練光亭韻-慶遇」)
練光亭	車天輅	1601년 제술관, 1609년 제술관. 『五山集』
練光亭	權韠	1601년 제술관. 『石洲集』(「和許天使練光亭晩眺韻」)
練光亭	申欽	1593년 종사관, 1594년 서장관, 1597년 종사관, 1598년 종사관, 1601년 영위사, 1606년 영위사, 1609년 영위사, 주청사. 『象村集』(「還到箕城少尹李公-幼淵-爲設大享達夜乃罷宿練光亭朝起有作」)
練光亭	李植	1623년 종사관. 『澤堂集』(「練光亭翫月用先祖容齋公韻」)
練光亭	吳竣	1639년 주청부사, 1640년 左副賓客, 1648년 성절사, 1650년 別延慰使. 『竹南堂稿』(「次平壤庶尹」)
練光亭	金尙憲	1609년 종사관, 1626년 聖節兼謝恩陳奏使. 『淸陰集』(「次西坰使相練光亭重修韻」)
練光亭	趙絅	『龍洲遺稿』
練光亭	李景奭	1641년 世子貳師, 1646년 사은사. 『白軒集』
練光亭	李殷相	1676년 영변부 武科殿試 試官. 『東里集』(「發箕城」)
練光亭	徐宗泰	1703년 동지사

표 40. 1730년 읍지에 수록된 시(계속)

제목	저자	출전 및 기타 사항
永明寺	金尙憲	1626년. 1609년 종사관, 1626년 성절겸사은진주사. 『淸陰集』(「次書狀金去非遊永明寺韻」, '金去非'는 金地粹임)
涵碧亭	金堉	1527년 종사관, 1636년 聖節千秋使. 『潛谷遺稿』(「涵碧亭次杜韻」)
快哉亭	朱之蕃(명)	1606년. 2수
快哉亭	程龍(명)	1633년
快哉亭	朴淳	1568년 원접사(이조판서). 『思菴集』(「次成天使快哉亭韻」)
快哉亭	李珥	1582년 원접사(좌찬성). 『율곡전서』(「次王天使沿途諸作」)
快哉亭	俞泓	1584년 관찰사 부임, 1587년 사은사. 『松塘集』(「早登快哉亭」)
快哉亭	柳根	1606년 원접사(의정부좌찬성), 1609년 원접사(영중추부사). 『西坰集』(「敬次正使快哉亭韻」)
觀風殿	權近	1389년 사행, 1396년 사행. 『陽村集』(「西都雜咏同李待制次其韻」)
東門小樓	許琮	1488년 원접사(이조판서)
挹灝樓	朱之蕃(명)	1606년
挹灝樓	梁有年(명)	1606년
挹灝樓	楊道寅(명)	1621년
風月樓	朱之蕃(명)	1606년
風月樓	梁有年(명)	1606년
風月樓	李珥	1582년 원접사(좌찬성). 『율곡전서』(「風月樓雨中賞蓮次韻」)
望日軒	金壽恒	1662년 추정. 1653년 서장관, 1658년 연위사, 1662년 영송사, 1663년 영송사, 1670년 영송사, 1673년 사은사. 2수. 『文谷集』(「關西方伯任公-義伯-新構望日軒於營衙之東余適過宿方伯索題賦贈」)
望日軒	吳道一	1686년 서장관, 1694년 陳奏兼奏請副使
望日軒	權瑎	1674년 서장관, 1692년 관찰사 부임
籌邊樓	金壽恒	1653년 서장관, 1658년 연위사, 1662년 영송사, 1663년 영송사, 1670년 영송사, 1673년 사은사
籌邊樓	權瑎	1674년 서장관, 1692년 관찰사 부임
乙密臺	朱之蕃(명)	1606년
乙密臺	梁有年(명)	1606년

표 40. 1730년 읍지에 수록된 시(계속)

제목	저자	출전 및 기타 사항
望月亭	歐希稷(명)	1568년
望月亭	高敬命	1583년 서윤 재직. 『霽峯集』
詠歸樓	崔岦	1577년 질정관, 1594년 주청부사, 1598년 평양 우거. 『簡易集』(「次登詠歸樓遇微雨韻」)
詠歸樓	兪泓	1584년 관찰사 부임, 1587년 사은사. 『松塘集』
詠歸樓	趙泰耉	1706년 관찰사 부임
鳳凰臺	金時習	1458년 관서 유람. 『梅月堂集』(「鳳凰臺作招鳳歌」)
鳳凰臺	車天輅	1601년 제술관, 1609년 제술관. 2수. 『五山續集』
石湖亭	李進	읍지에는 평양에 우거하면서 石湖亭을 '挾仙亭'으로 불렀던 사람(1582년생, 호 '挾仙', 1638년 문과 급제)으로, 문과 합격자에서 校檢(『승정원일기』에 1638년 승문원 검교)으로 등장
石湖亭	金瑬	1616년 성절사. 2수. 『北渚集』(「次挾仙亭韻」)
石湖亭	李明漢	1626년 관서 무과 합격으로 의주행. 『白洲集』(「次李祕書-進-石湖亭韻」)
大同館	熊化(명)	1609년
大同館	申欽	1593년 종사관, 1594년 서장관, 1597년 종사관, 1598년 종사관, 1601년 영위사, 1606년 영위사, 1609년 영위사, 주청사. 『象村集』(「大同館夜坐」)
大同館	權韠	1601년 제술관. 『石洲集』(「平壤客館與子敏輝世夜酌次說之黃州詩韻」)
栽松院	龔用卿(명)	1537년
栽松院	吳竣	1639년 주청부사, 1640년 左副賓客, 1648년 성절사, 1650년 別延慰使. 『竹南堂稿』(「栽松亭道中」)
檀君祠	崔鳴吉	1637년 사행, 1638년 사행, 1639년 사행. 『遲川集』(「次金侍郎檀君廟韻」)
檀君祠	金堉	1527년 종사관, 1636년 성절천추사. 『潛谷遺稿』(「檀君殿」)
檀君祠	鄭斗卿	1626년 종사관. 『東溟集』
東明王祠	鄭斗卿	1626년 종사관. 『東溟集』
箕子廟	董越(명)	1488년
箕子廟	陳鑑(명)	1457년
箕子廟	金安國	1506년 종사관, 1518년 사은사, 1539년 원접사. 『慕齋集』(「次述征十絕韻」 중 제5수)
箕子廟	兪泓	1584년 관찰사 부임, 1587년 사은사. 『松塘集』(「平壤謁箕子廟」)

표 40. 1730년 읍지에 수록된 시(계속)

제목	저자	출전 및 기타 사항
箕子廟	李睟光	1590년 서장관, 1597년 陳慰使, 1611년 주청부사. 『芝峯集』(「次箕子廟」 제1수)
箕子廟	鄭經世	1609년. 『愚伏集』(「往在甲申春余方讀論語夢謁箕子祠有感賦一短律覺而記其首聯以語同伴則或戲之云覺時作還不及後二十五年己酉秋余以冬至使過平壤時方爲君服斬不得入祠宇瞻拜于廟下遂憶夢中句足成短律」)
箕子廟	崔鳴吉	1637년 사행, 1638년 사행, 1639년 사행. 『遲川集』(「箕子廟次金侍郎韻」)
箕子廟	鄭斗卿	1626년 종사관. 『東溟集』(「箕子祠」)
箕子墓	宋應昌(명)	1593년. 2수
箕子墓	程龍(명)	1633년
箕子墓	梁慶遇	1606년 종사관, 1609년 제술관, 1626년 종사관. 『霽湖集』(「次五山箕子墓」)
箕子墓	車天輅	1601년 제술관, 1609년 제술관. 『五山集』
箕子墓	趙絅	『龍洲遺稿』(「謁箕子墓」)
箕子墓	李景奭	1641년 세자이사, 1646년 사은사. 『白軒集』(「謁箕子墓有感」)
箕子墓	李敏求	1636년 접반사. 『東州集』
愍忠壇	朱之蕃(명)	1606년
愍忠壇	梁有年(명)	1606년
愍忠壇	王夢尹(명)	1626년. 3수
愍忠壇	柳根	1606년 원접사(의정부좌찬성), 1609년 원접사(영중추부사). 『西坰集』(「敬次副使愍忠壇詩韻」)
愍忠壇	金堉	1636년 성절천추사. 『潛谷遺稿』(「愍忠壇次杜韻」)
井田	朱之蕃(명)	1606년
井田	梁有年(명)	1606년
井田	車天輅	1601년 제술관, 1609년 제술관
箕子井	楊道寅(명)	1621년
箕子井	車天輅	1601년 제술관, 1609년 제술관. 『五山集』
牧丹峯	朱之蕃(명)	1606년
牧丹峯	梁有年(명)	1606년
牧丹峯	崔岦	1577년 질정관, 1594년 주청부사, 1598년 평양 우거. 2수. 『簡易集』(「次題牡丹峯韻」)
牧丹峯	俞泓	1584년 관찰사 부임, 1587년 사은사. 『松塘集』
大同江	王鶴(명)	1546년

표 40. 1730년 읍지에 수록된 시(계속)

제목	저자	출전 및 기타 사항
大同江	朱之蕃(명)	1606년
大同江	梁有年(명)	1606년
大同江	王夢尹(명)	1626년
大同江	李承召	1457년. 같은 해 종사관, 1459년 謝恩副使, 1470년 선위사, 1480년 선위사 주문부사. 『三灘集』(「平壤大同江次陳翰林-鑑-詩韻」)
大同江	尹根壽	1589년 성절사, 1592년 전위사, 접반사. 『月汀集』(「寄贈箕城少尹」 제3수)
大同江	李德馨	1592년 접반사, 1595년 경기·황해·평안·함경 4도 부체찰사. 『漢陰文稿』(「浿江二絕」 제1수)
大同江	車天輅	1601년 제술관, 1609년 제술관. 『五山集』(「大同舟中奉上使相兼示諸公」)
大同江	崔岦	1577년 질정관, 1594년 주청부사, 1598년 평양 우거. 『簡易集』(次重泛大同江韻」)
大同江	李廷龜	1593년 종사관, 1597년 종사관, 1598년 陳奏副使, 1601년 원접사, 1602년 영위사, 1604년 주청사, 1606년 遊觀宰臣, 1609년 원접사, 1619년 진주사, 1621년 영위사, 1622년 접반사. 3수. 『月沙集』(「大同江泛舟次前人韻」, 「次監軍沿途所作韻」)
大同江	權韠	1601년 제술관. 『石州集』(「次韻謝上使書示遊浿江之作」)
大同江	申欽	1593년 종사관, 1594년 서장관, 1597년 종사관, 1598년 종사관, 1601년 영위사, 1606년 영위사, 1609년 영위사, 주청사. 『象村稿』(「還到浿江船上口占」)
綾羅島	朱之蕃(명)	1606년
綾羅島	梁有年(명)	1606년
綾羅島	楊道寅(명)	1621년
綾羅島	車天輅	1601년 제술관, 1609년 제술관
麒麟窟	朱之蕃(명)	1606년
麒麟窟	梁有年(명)	1606년
麒麟窟	劉鴻訓(명)	1621년
朝天石	朱之蕃(명)	1606년
朝天石	梁有年(명)	1606년
德巖	朱之蕃(명)	1606년
德巖	梁有年(명)	1606년

표 40. 1730년 읍지에 수록된 시(계속)

제목	저자	출전 및 기타 사항
德巖	劉鴻訓(명)	1621년
酒巖	朱之蕃(명)	1606년
酒巖	梁有年(명)	1606년
酒巖	劉鴻訓(명)	1621년
白銀灘	朱之蕃(명)	1606년
白銀灘	梁有年(명)	1606년
白銀灘	劉鴻訓(명)	1621년
白銀灘	楊道寅(명)	1621년
嬋娟洞	李睟光	1590년 서장관, 1597년 진위사, 1611년 주청부사. 『芝峯集』
嬋娟洞	洪柱元	1647년 사은사, 1649년 告訃請謚請承襲正使, 1653년 사은사, 1661년 陳慰兼進香正使. 『無何堂遺稿』(「次嬋娟洞韵」)
保山城	洪翼漢	1624년 서장관, 1636년 서윤 부임. 2수. 『花浦遺稿』(「曉吟遣懷」, 「寶山城夜聞江上笛聲感而賦之」)
箕城弔古	程龍(명)	1633년. 4수
箕城弔古	姜曰廣(명)	1633년
箕城弔古	李植	1623년 종사관. 『澤堂集』(「次姜天使平壤弔古效李長吉體」)
箕城弔古	鄭弘溟	1626년 종사관, 1628년 종사관. 『畸庵集』(「副使平壤弔古韻」)
西都雜詠	顧天俊(명)	1602년
西都雜詠	王夢尹(명)	1626년
西都雜詠	徐居正	1471년 관찰사 부임, 1476년 원접사(의정부좌찬성). 『四佳集』(「次韻正使重過大同江」)
西都雜詠	金麟厚	1539년 사신 접대. 『河西集』(「西都」)
西都雜詠	俞泓	1584년 관찰사 부임, 1587년 사은사. 『松塘集』(「律詩」)
西都雜詠	尹斗壽	1568년 영위사, 1577년 사은사, 1587년 관찰사 부임. 2수. 『梧陰遺稿』(「亂後過平壤有感」, 「又」)
西都雜詠	崔鳴吉	1637년 사행, 1638년 사행, 1639년 사행. 『遲川集』(「和東溟詩」)
西都雜詠	朴瀰	1638년. 같은 해 冬至聖節使. 11수. 『汾西集』(「西京感述」)
西都雜詠	李尙質	『家州集』(「平壤歌送李點馬之關西」)

표 40. 1730년 읍지에 수록된 시(계속)

제목	저자	출전 및 기타 사항
西都雜詠	洪世泰	1691년. 1698년과 1703년 사신 응대. 『柳下集』(「大同門樓-辛未」)
箕城寓居	崔岦	1577년 質正官, 1594년 주청부사, 1598년 평양 우거. 『簡易集』(「有和方伯朴公應邵」)
箕城寓居	金瑬	1616년 성절사
箕城寓居	洪瑞鳳	1602년 종사관. 『鶴谷集』(「流寓平壤病臥書示內兄柳淵叔-潚」)
箕城寓居	權韠	1601년 제술관. 『石洲集』(「平壤寓居有僧來訪」)
箕城寓居	李達	1580년 최경창, 서익, 이달이 시회. 2수. 『蓀谷詩集』(「西京」, 「渡浿江題裁松亭」)
春遊浮碧樓	許晳	평양 거주 문과 합격자(1655년생, 1690년 급제)

표 41. 1730년 읍지에 수록된 산문

제목	저자	출전 및 기타 사항
箕子贊	肅宗	『列聖御製』
遊平壤記	薛廷寵(명)	1539년. 문묘와 기자묘, 단군묘, 동명왕묘-연광정-풍월루-부벽루(능라도, 주암, 백은탄 구경)-을밀대-쾌재정-기자묘
武烈祠祭李將軍如松文	朱之蕃(명)	1606년. 주지번과 양유년이 제향하며 올린 제문
龍堰宮大宴致語	金富佾	『동문선』(터가 부 북쪽 4리, 1107년에 고려 예종 때 술사의 말을 듣고 용언궁을 창건)
大花宮大宴致語	李之氐	『동문선』(터가 부 북쪽 30리, 1128년에 고려 인종이 묘청의 말을 듣고 林原驛 위치에 대화궁 창건)
平西京賊妙淸獻捷表	金富軾	1136년. 『동문선』(「平西京獻捷表」)
太祖大王御製詩序	權近	1402년 추정. 1389년과 1396년 사행. 『양촌집』(「上製詩序」). 태조가 평양에서 자신의 영정을 보고 절구 1수를 지었는데 태종이 그 시에 차운하고 여러 신하들이 화운하여 이를 모아 책을 만든 뒤 어명으로 작성한 서문. 태조의 시는 「題西京影殿御容」이고 본문은 "薄相胡爲在此中, 深思此理古人風. 朝鮮始祖雖稱號, 德乏前賢愧不窮". 본문에는 '洪武二十五年(1392년, 태조 1)'이라고 되어 있으나 본문의 '太上王'과 맞지 않음. 태조는 1402년(태종 2)에 평양부에 체류

표 41. 1730년 읍지에 수록된 산문(계속)

제목	저자	출전 및 기타 사항
擬九歌	金時習	1458년 관서 유람. 4수. 『梅月堂集』(「擬楚辭九歌」). 檀君祠, 箕子祠, 后土, 墳衍
破平壤城倭賊露布	車天輅	1593년 추정. 1601년 제술관, 1609년 제술관. 『오산집』. 1593년에 조명 연합군이 평양성을 탈환한 뒤의 승전보
閱雲亭記	李廷龜	1604년. 1593년 종사관, 1597년 종사관, 1598년 陳奏副使, 1601년 원접사, 1602년 영위사, 1604년 주청사, 1606년 遊觀宰臣, 1609년 원접사, 1619년 진주사, 1621년 영위사, 1622년 접반사. 3수. 『月沙集』. 전란 이후 관사가 폐허가 되어 대동찰방이 촌가에 우거하는 상황에서 1603년에 趙希輔가 대동찰방으로 부임하여 관사를 세움. 1604년에 사행 가는 길에 조희보가 열운정에서 기문을 요청하여 쓴 글
崇仁殿碑文	李廷龜	1612년. 1593년 종사관, 1597년 종사관, 1598년 陳奏副使, 1601년 원접사, 1602년 영위사, 1604년 주청사, 1606년 유관재신, 1609년 원접사, 1619년 陳奏使, 1621년 영위사, 1622년 접반사. 3수. 『月沙集』(「箕子廟碑銘」). 1611년에 평양 사인 曹三省, 楊德祿, 鄭旻의 연이은 상소로 鮮于氏를 기자의 후손으로 정하고 1612년에 기자 사당에 '崇仁殿'을 사액하고 선우식에게 殿監 벼슬을 내려 세습하게 함. 이 당시 관찰사는 鄭賜湖, 이정귀는 예조판서로 있었음
生祠堂祭李完平文	崔岦	1595년 추정. 1577년 질정관, 1594년 주청부사, 1598년 평양 우거. 『簡易集』(「爲平壤士民祭李相公生祠文」). 李元翼(1592-1595년 관찰사 재임)의 생사당 제문
盈虛堂記	崔岦	1599년 추정. 『簡易集』. 서윤의 관사에 대한 기문. 본문에 언급된 서윤 姜公은 姜昱(1599년 서윤 부임)으로 보임
西倉記	申欽	1606년. 1593년 종사관, 1594년 서장관, 1597년 종사관, 1598년 종사관, 1601년 영위사, 1606년 영위사, 1609년 영위사, 주청사. 『象村稿』(「平壤西倉記」). 1605년에 서윤으로 부임한 朴燁이 평양부 서쪽 甘草里에 있는 羅漢寺 빈터에 창고를 짓고 '西倉'이라 함
練光亭序	任叔英	1606년경 추정. 『疎菴集』. 당시 관찰사는 朴東亮, 서윤은 李弘胄
洪忠烈公精忠碑銘	李景奭	1638년. 1638년에 이경석이 맡았던 관직은 양관대제학겸성균과지사, 예조참판, 대사관, 이조참판. 1641년 세자이사, 1646년 사은사. 『白軒集』(「精忠碑銘」). 병자호란 때 전사한 관찰사 洪命耉(1596-1637)의 사후 1년 뒤 정충비를 세웠고 그 전에 명을 지어 달라고 청함

표 41. 1730년 읍지에 수록된 산문(계속)

제목	저자	출전 및 기타 사항
三愛堂記	鄭斗卿	1647-1650년 추정. 1626년 종사관. 『東溟集』. 서윤 柳時定(1647년 부임)이 관아 서쪽 예전 西軒 자리에 삼애당을 짓고 기문을 요청
龍谷書院碑文	宋時烈	1672년 이후 추정. 『宋子大全』(「遯菴鮮于公墓碣銘」). 용곡서원은 1658년에 세워졌고 鮮于浹(1588-1653)을 향사. 이 글은 선우협의 문인들이 스승의 무덤 앞에 비를 세우기 위해 요청한 碑銘이며 1672년에 쓴 李樿의 행장을 들고 와서 청함. 이담의 행장에 따르면 선우협의 무덤은 부 서쪽 煙臺山 蛤池洞이고 용곡서원은 용악산 아래임
忠武祠宇記	宋時烈	1670년. 『宋子大全』(「平壤府乙支公祠宇記」). 1668년 관찰사 李泰淵이 을지문덕을 제향하는 사당을 세우다가 갑자기 사망했고 1669년에 관찰사로 부임한 閔維重이 완공. 읍지의 '학교' 항목의 충무사는 창광산 남쪽에 있으며 1645년에 관찰사 金世濂이 창건하였고 1670년에 민유중이 을지문덕의 위판을 봉안했다는 기록과 차이가 있음
孝宗大王御筆跋	崔錫鼎	1697년. 1685년 陳奏副使, 1697년 주청사, 『明谷集』(「龍潛尋院錄跋」). 친동생 崔錫恒이 1703년 관찰사 부임. 사행으로 중국에 가던 길에 인현서원에 가서 본 '尋院錄'에 효종이 봉림대군 시절에 쓴 것을 보고 효종의 위업을 서술한 뒤 관찰사 閔鎭周에게 '심원록'을 다시 장정하게 하였고 그해 가을 돌아오는 길에 요청을 받아 쓴 발문
學規增修序	柳尙運	1685년(뒤의 박세채의 글과 같은 시기에 작성한 것으로 보임). 1680년 관찰사 부임, 1682년 사행, 1684년 관찰사 부임. 유상운이 다시 관찰사로 부임한 뒤 쓴 글로, 향교에서 齋任과 관련하여 논란이 있지만 재임 자체를 혁파할 필요는 없으며 재임의 임명 요건, 齋會 때 10개 조목 외에는 함부로 규제하면 안 된다는 내용
學規增修跋	朴世采	1685년. 1681년 관찰사 유상운이 향교와 서원에 규제가 없어서 성균관의 제도를 본떠 節目을 만들었고 1693년에 관찰사로 부임한 申翼相이 보완하여 학규 수십 조항을 만듦. 1685년 유상운이 다시 관찰사로 왔을 때 유생 洪時萬이 『學規增修』를 가져와서 보여주자 쓴 글

중국 사신이든 조선 사신이든 이들은 외부인이기 때문에 이들의 시문은 외부 관찰자의 입장에서 평양을 바라봤을 때의 심경이나 알게 된 정보가 주조를 이루고 있다. 평소 들었던 정보에 입각하여 평양에서의 경험을 이해하기도 하고 고된 사행길의 기착점에서 잠시 쉬면서 여행객의 마음으로 평양의 이곳저곳을 둘러봤을 것이다. 그런데 1837년 읍지부터는 관찰사가 지은 시문의 비중이 높아졌다. 이들은 사신들과는 관심사도, 재임 기간도 달랐기 때문에 시문의 내용에서도 근본적인 차이를 보였으며, 시를 짓는 상황도 차이가 있었다. 시는 내용상 창작 상황을 구체적으로 알기 어렵지만, 1713년에 부임한 민진원의 "문무 영재가 그물 안에 들어왔으니, 성상이 마음으로 먼 지역임을 슬퍼하신 덕분. 경연에서 윤음을 받들고 나와, 세류영에 시험장을 크게 마련했네. 해 아래 상서로운 구름이 서로를 비추고, 급제자 머리에는 붉은 계수가 교차하네. 합격자를 뽑은 뒤 모두 성대하다 하니, 조정으로 돌아가서 자랑하리라(文武英才入網羅, 聖心深軫道路賒. 綸音擎出金華殿, 試幄高開細柳衙. 日下祥雲光互暎, 頭邊丹桂影交叉. 得人共道於斯盛, 歸向朝中儘可誇)"라는 시는 관찰사가 연광정에서 시험을 주관하는 장면을 보여 준다. 이처럼 관찰사는 중앙에서 파견된 외부인이자 평양을 유람하는 여행객으로 일정 기간 동안 거주하면서 공무를 수행해야 했고, 따라서 19세기 읍지에 주로 수록된 관찰사의 시문을 보면 이전 읍지의 시문에 비해 당시의 시대 상황이나 지역에 대한 관심이 훨씬 잘 나타나 있다. 예컨대 시문의 소재 중 서산서원은 병자호란 당시 평양서윤이었던 홍익한(洪翼漢)의 사당으로, 관련 시는 홍익한의 절의와 함께 대명의리를 강조했다. 전란 이후 간행된 1730년 읍지에서는 외적의 침략에서 나라를 지켜 낸 구국의 영웅으로 을지문덕을 부각시킨 것과 비교하면 그 강조점이 달라진 것이다.

1837년 읍지에 수록된 산문을 보면 당시의 시대 분위기를 짐작할 수 있다. 변계량(卞季良)의 「기자묘비」에서 이이의 「알기자묘부(謁箕子廟賦)」까지 4편의 글은 이전 시기의 읍지에는 수록되지 않았는데, 윤두수가 『평양지』를 간행하기 전에 따로 『기자지(箕子志)』를 편찬했기 때문에 글을 중복 수록할 필요가 없다고 생각했기 때문인 듯하다. 『기자지』[9]에서 이 4편의 글을 확인할 수 있다.

평양에서 기자가 중시된 주된 계기는 중국 사신의 관심이 집중되었기 때문이다. 1590년 읍지의 '문담' 항목에는 명나라 사신 허국(許國)이 기자가 조선에 언제 봉해졌는지를 물었을 때 원접사가 미처 대답하지 못했으며, 이 문제의 답을 찾기 위해 찾아본 문헌 중 『필원잡기(筆苑雜記)』에서 기자가 조선에 봉해진 것이 주 무왕(武王) 기묘년(己卯年)이라고 했지만 정확한 연도를 알 수 없었는데, 『통감(通鑑)』 '외기(外紀)' 「주기(周紀)」에서 무왕 원년 기묘년에 기자를 조선에 봉했다는 구절을 발견함에 따라 서거정이 이 자료에 근거하여 『필원잡기』를 썼음을 알게 되었다는 내용이 있다. 그전까지는 막연하게 평양을 기자조선의 도읍지로 생각하면서 평양에 있는 유적들을 기자와 관련지었다면, 평양에 체류하던 중국 사신들이 기자의 사당을 참배하고 기자의 무덤이나 정전으로 지목된 곳을 직접 가 보면서 구체적인 근거나 정보를 요구함에 따라 조선 관인들은 어떻게든 질문에 답변해야 하는 상황에 직면했던 것이다. 변계량의 기문이 기자 사당을 중수한 사실을 기록한 기문이라면, 서거정의 부는 기순(祁順)이 지은 「알기자묘부(謁箕子祠賦)」에 차운하여 지은 것이고, 중국 사신이 기자 사당에 참배한 뒤 부를 짓고 조선 관반이 차운해 부를 짓는 일은 왕경민(王敬民)이 왔을 때에도 반복되었다. 특히 왕경

---

9. 서울대학교 규장각한국학연구원 소장본 『箕子志』(奎 4929, 5권 1책)의 경우 권1에서 권3까지를 윤두수가 편찬한 것이며 권4, 5는 그 이후에 내용을 보충한 것으로 추정하고 있다.

민은 기자의 옛 고을인 하남성 서화(西華) 출신이어서 '홍범(洪範)'의 뜻에 대해 공부한 적이 있지만 기자가 조선으로 들어갔다는 사적을 자세히 알 수 없으니 기자의 옛 사적을 알려 달라고 요청했고, 이이는 사신의 질문에 대비하여 편찬한 「기자실기(箕子實記)」를 보여 주기도 했다.[10]

평양에서 기자 존숭이 중요한 사안이 된 것은 처음에는 중국 사신 때문이었다. 그런데 시간이 지나면서 기자를 통해 평양의 위상을 높이려는 여러 시도가 나타났다. 인현서원이 사액을 받은 일이나 기자 사당을 '숭인전'으로 바꾼 뒤 전감(殿監)을 둔 일련의 조치는 평양 사인의 상소로 이루어졌다는 점에서 지역민들도 기자와 평양의 위상 간 관련성을 충분히 인지하고 있었던 것으로 보인다. 그런 만큼 평양에 오는 관찰사에게도 기자 관련 유적을 정비하는 것은 우선 과제였다. 1606년에 부임한 박동량(朴東亮)이 기자정에 기자정각을 세웠고, 1725년에 부임한 이정제(李廷濟)가 외성의 기자궁에 담을 두르고 구주단(九疇壇)과 문, 사적비를 세웠으며, 1740년에 부임한 서종옥(徐宗玉)이 외성의 정전에 양정재(養正齋)를 이건하여 '삼익재(三益齋)'라고 했고, 1776년에 부임한 서명응이 삼익재와 구주각(九疇閣)을 합쳐 구삼원(九三院)을 세웠고, 1824년에는 김조순의 건의로 숭인전에 참봉을 두고 경직(京職, 중앙직)으로 전환하도록 했는데, 1837년 읍지에 수록된 산문은 대부분 이런 사업들과 관련되어 있으며,[11] 그 외에 퇴락한 건물이나 성문을 중수한 뒤 쓴 기문도 있다.

후반부에 실린 서종옥(徐宗玉)의 「삼익재기(三益齋記)」와 민응수(閔應洙)의 「일영재기(日影齋記)」, 윤봉구(尹鳳九)의 「경안재기(敬安齋記)」는 이 시기의 문풍이 강조되는 분위기를 보여 주는 글이다. 특히

---

10. 금장태, 『율곡평전: 나라를 걱정한 철인』(지식과교양, 2011).
11. 이은주, 「평양인의 자기 인식: 읍지 자료를 중심으로」 참조.

지방 사인이 일영재 같은 강학 공간을 건립하면 관찰사가 직접 글을 지어 권면하는 당시 분위기를 확인할 수 있다.

1855년 읍지에는 시가 없고 산문만 수록되어 있는데, 전체적으로 분량이 적은 읍지에서도 한 권을 할애해 산문을 싣고 있는 만큼 이에 적지 않은 의미를 두었다고 할 수 있다.

3) 평양에 온 청나라 사신

조선에 온 청나라 사신들은 명나라 사신처럼 관반들과 시를 창화하는 전통을 이었을까? 명나라 사신이 창화한 작품들은 『황화록』으로 남았기 때문에 그 전모를 확인할 수 있지만, 청나라 사신은 그렇게 집대성한 자료가 없기 때문에 단편적인 기록을 통해 상황을 재구성할 수밖에 없다. 예컨대 앞에서 언급한 「평양승적」을 보면 명나라 사신들은 평양의 여러 명소를 직접 방문한 뒤의 감회를 읊고 있으므로 그들이 평양에서 하룻밤 묵는 정도가 아니라 평양 곳곳을 둘러볼 정도로 체류했다는 것을 알 수 있다.

청 초기에 조선에 온 사신 중에도 비슷한 경우를 찾아볼 수 있다. 1649년 2월에 중국으로 돌아가는 칙사 행차[12]가 17일에 평양에 머문다는 보고에 이어 21일에도 평양에 머문다는 보고가 있는 것으로 보아 이전과 비슷한 관행이 있었으리라 짐작해 볼 수 있다. 심지어 어느 시점이 되면 남한산성에서 치욕을 당했는데도 사대부들까지 칙사 행렬을 구경하는 것에 대해 개탄할[13] 정도로 실제로는 명나

12. 『인조실록』 1648년 12월 9일 기사. 청 칙사가 12월 2일에 출발한다는 공문이 도착했는데 上使는 威勒起喇哈峯恩, 副使는 愛什喇庫哈峯谷, 筆帖大胡는 阿士哈尼, 三使는 尼萬, 四使는 骨馬會이며, 一等頭目 9명, 二等頭目 2명, 跟隨가 20명인 행차였다.

13. 『승정원일기』 1726년 7월 16일 기사. 이러한 영조의 개탄은 성균관 유생이 문묘 축문에 청나라 연호를 쓰지 말도록 요청했는데 秋享大祭가 열릴 때 이 문제를 어떻게 처

라 사신들의 행차와 그다지 다른 점은 없었던 것 같다. 그러나 조정에서 『황화집』처럼 청나라 사신들이 지은 시문을 따로 관리하여 판각하지 않았고 읍지에도 청나라 사신이 평양을 유람하면서 지은 시문이 거의 수록되지 않았다는 차이점이 있다. 1892년 읍지에는 '시' 항목에 청나라 사신의 시가 일부 수록되어 있는데, 장정매(張廷枚)와 아극돈(阿克敦)의 「기자묘(箕子墓)」, 백준(柏葰)과 서상(瑞常), 장백렴(長白廉),[14] 괴령(魁齡), 오랍희숭아(烏拉喜崇阿)의 「쾌재정(快哉亭)」 등이 그것이다.

물론 열거한 사람 외에 다른 청나라 사신들이 지은 시가 없다고 볼 수는 없다. 『승정원일기』에도 단편적인 기록들이 나와 있는데, 1735년 영접도감(迎接都監)에서 상사(上使)와 부사(副使)가[15] 쾌재정에 대한 시를 지었고, 이 시 2수를 판각해 쾌재정에 걸도록 원접사가 감영에 분부하여 그 2수를 별지에 베껴 도감에 올려보냈다는 내용의 보고를 올린 것이 있다.[16] 이들이 지은 시를 조정에서 논평한 것도 확인할 수 있는데, 주로 이들이 시에 쓴 단어나 구절의 의미를 확

리할 것인지를 논의하는 맥락에서 나온 것이다. 영조가 신하들과 논의할 때 대체적인 의견은 효종 때도 이런 상소가 있었는데 그때는 청과의 관계에서 문제가 될까 봐 요청을 받아들이지 않았으나 지금은 상황이 달라졌으니 특별히 윤허하자는 것이었다. 그러나 영조는 존주대의는 스스로 힘쓰면 되는 것이지 굳이 태묘에도 쓰는 연호를 문묘에 쓰지 않는 조치를 할 이유가 있냐고 했고, 만약 문묘에 연호를 쓰지 않았다는 사실이 알려지면 불화를 일으킬 수 있다고 생각해 윤허하지 않았다.

14. 『동문휘고』의 칙사 명단에서 확인되지 않으나 청나라 사신들의 시를 모아 놓은 항목에 수록되었기 때문에 일단 청나라 사신으로 보았다. 『일성록』 1786년 8월 26일 기사를 보면 이때 부사가 시를 쓴 뒤 자신을 '長白瑞保'라고 했으므로 '長白廉'의 경우에도 성이 廉인 인물일 것이다. 『동문휘고』 칙사 명단에서 성이 廉인 사람으로는 1812년에 온 부사 廉善이 있는데 사행 시기순으로 된 앞뒤 인물을 보면 잘 맞지 않는 측면이 있다. 1858년에 온 상사 景廉도 있지만 이 경우 '장백'에 이름을 조합했을 가능성은 낮기 때문에 '장백렴'은 청나라 사신이 확실한 것 같지만 이름을 확정하기는 어렵다.

15. 이때 상사는 병부시랑 종실 德沛, 부사는 부사 散秩大臣 覺羅 海奉이었다.

16. 『승정원일기』 1735년 11월 7일 기사.

인하거나 약간의 논평을 하는 내용이다.[17] 사신들이 묵는 대동관 근처에 쾌재정이 있다 보니 이들은 주로 쾌재정에 대한 시를 많이 지었다. 1786년에도 칠언율시 1수를 쾌재정에 게판(揭板)하겠다는 내용이 나오는데, 이런 경우에는 칙사가 돌아가기 전에 작업을 완료해 이들이 자신의 시가 걸린 것을 확인할 수 있게 하는 것이 관례였다.[18] 이때에도 칙사가 지은 쾌재정 시를 지방관(평안감사)이 모각(模刻)하여 벽에 걸었고, 따로 1부를 인출(印出)하여 장첩(粧帖)한 뒤 청나라 사신에게 전해 주었다.[19] 이런 식의 공식 관례가 있다면 실제로 쾌재정에 여러 청나라 사신의 시판을 추가해 걸었을 것임을 알 수 있다. 그러나 실제로 확인할 수 있다고 해도 청나라 사신의 시는 읍지에 거의 수록되지 않았고 1892년 읍지에 수록된 청나라 사신의 시문도 일부에 불과했던 것으로 보아 어떤 부정적인 감정이 잔존했던 것 같다.

그런데 이런 단편적인 기록에서도 청나라 사신들이 대개 대동관에 묵으면서 근처에 있는 쾌재정을 둘러보았고 기자묘를 반드시 참배하지 않더라도 여전히 관심을 보였음이 드러난다.[20] 명나라 사신들의 「평양승적」에는 당연하게 포함된 대동문 근처 연광정조차 이들이 평양을 체류할 때 가는 곳은 아니었던 것 같다.[21]

---

17. 『승정원일기』 1735년 11월 12일 기사.
18. 『일성록』 1786년 8월 26일 기사. 副使 瑞寶(瑞保)가 쾌재정에 대해 쓴 칠언율시 원문은 다음과 같다. “邊氓指點父師墓, 坏土蕭然藏此身. 訪範心酸十三祀, 投荒義率五千人. 遙同元子稱遺老, 遙同元子稱遺老. 敬薦寒芳搴沼芷, 海風吹斷馬蹄塵.” 시 옆에 “登快哉亭留題箕子墓.”
19. 『일성록』 1786년 9월 13일 기사.
20. 『일성록』 1786년 8월 18일, 23일 기사.
21. 『승정원일기』 1876년 2월 8일 기사. 이때 칙사들에게 연광정을 구경하게 하자 이들이 매우 기뻐했다는 사실을 특기했는데, 그 뒤에 평안감사가 주상의 뜻을 받들어 특별히 대접하고 반나절 유람했다는 서술이 나오는 것으로 보아 일반적인 관행은 아니었던 듯하다.

청나라 사신의 평양을 소재로 한 시문 창작과 관련된 내용은 평양 읍지에서 거의 찾을 수 없다. 그렇지만 많지는 않아도 청나라 사신들의 저술이 있으므로[22] 제한적으로나마 참고할 수 있을 것이다. 1844년 조선에 온 백준의 『봉사조선역정일기(奉使朝鮮驛程日記)』를 보면 1843년 12월 20일에 황명을 받은 사신 일행은 1844년 2월 14일에 평양부에 들어와 대동관에 묵었고 이튿날 근처의 쾌재정에 올라 대동강 경관을 본 뒤 곧바로 한양에 갔다가 일을 마치고 난 뒤 평양에 머무르지 않은 채 곧바로 귀국했다. 따라서 이들이 평양에서 간 곳은 대동관과 쾌재정 정도였다고 할 수 있다. 그러나 이 일기를 보면 사행로 몇몇 곳에서 조선 관료들과 수창한 흔적도 있는데,[23] 평양에 와서 쓴 「평양성회고(平壤城懷古)」는 1892년 읍지에 「쾌재정」이라는 제목으로 실려 있다. 괴령의 『동사기사시략(東使紀事詩略)』도 양상은 비슷하다. 9월 17일에 "지금은 평양으로 불리는 대동부(大同府)"에 도착했고 18일에 대동강을 건넜는데, 이때 지은 시는 「대동회고(大同懷古)」, 「쾌재정」, 「효도대동강(曉渡大同江)」이었다. 「쾌재정」 시에는 정자의 벽에 이전에 왔던 중국 사신들의 제영시가 나와 있는데, 이튿날 새벽에 건널 때 본 "부슬비가 자욱해서 마치 봄 풍경(煙雨迷漫恍如三春景象)" 같은 대동강 풍경에 감명을 받아 시를 짓기도 했지만, 청나라 사신들은 예전의 명나라 사신들처럼 평양에 여유 있게 머무르지는 않았다.

---

22. 지금까지 알려진 자료를 정리하면 1717년에 2차례, 1722년, 1724년에 사신으로 온 阿克敦의 『奉使圖』와 『東遊集』, 1844년에 온 柏葰의 『奉使朝鮮驛程日記』, 1866년에 온 魁齡의 『東使紀事詩略』, 1882년에 온 馬建忠의 『東行三錄』, 1890년에 온 崇禮의 『奉使朝鮮日記』 등이 있다.

23. 「渡鴨綠江」, 「東林城」, 「林畔館」, 「遠接使趙羽堂(秉鉉)索和」는 원접사 趙秉鉉이 지은 시에 수창한 시이고 「淸川江」, 「差備官李藕船(尙迪)索贈」, 「重宿新安館」은 差備官 李尙迪의 시에 수창한 시이다.

표 42. 1837년 읍지에 수록된 시

제목	저자	출전 및 기타 사항
浮碧樓感古事	金堉	1527년 종사관, 1636년 성절천추사. 이전 읍지의 '浮碧樓'를 수정하여 수록. 『潛谷遺稿』(「登浮碧樓」)
浮碧樓感古事	洪錫輔	1726년 관찰사 부임
浮碧樓感古事	洪象漢	1752년 관찰사 부임
浮碧樓感古事	李箕鎭	1746년 관찰사 부임. 『牧谷集』(「李子由(箕重)送其兄仲三燕行自灣上歸路見訪與汝明弟同宿練光亭仍邀大同丞洪載厚 得厚江西宰尹敬而(心宰)順安宰李士浩(時中)其弟仁夫(最中)三登宰李恒五(剛中)同遊余亦牽輿屏徒從肩輿出徑造浮碧樓遂共眺賞待月泛舟而還次三淵集韻要諸君同和」)
浮碧樓感古事	洪良漢	1791년 관찰사 부임. 1777년 洪良漢에서 洪良浩로 개명.
浮碧樓感古事	洪良浩	1791년. 같은 해 관찰사 부임. 『耳溪集』(「七月既望泛舟浿江滂上浮碧樓」)
浮碧樓感古事	金載瓚	1795년 관찰사 부임
浮碧樓感古事	徐榮輔	1808년 관찰사 부임
練光亭	閔鎭遠	1713년 관찰사 부임
練光亭	金楺	1717년 관찰사 부임
練光亭	李正臣	1721년. 1713년 問安使, 1721년 사은부사. 『櫟翁遺稿』(「歸路登練光亭」). 「燕行錄」에 수록된 시로, 이 시권에는 '辛丑公以副使赴燕時上使趙泰采書狀官梁聖揆'라는 기록이 있는데 이 시 아래에는 '一云癸巳五月以迎勑中路問安使居宿此亭時作未知孰是' 주석이 있음
練光亭	李徽之	1779년 관찰사 부임
練光亭	洪良浩	1791년. 같은 해 관찰사 부임. 『耳溪集』(「大雨初收登練光亭觀漲」)
練光亭	洪秀輔	1781년 동지부사
練光亭	李匡呂	2수. 『李參奉集』(「主人共宿練光亭晨起」, 「練光亭」). 묘향산 여행을 했던 1767년의 작품으로 보임. 평양서윤 鄭錫保(1765-1767년 재임)와 만남
練光亭	徐榮輔	1808년 관찰사 부임
仁賢書院	金祖淳	1792년 서장관, 1824년 관서로 목욕하러 감
西山書院	李台重	1754년 관찰사 부임
西山書院	趙觀彬	1742년 관찰사 부임
西山書院	鄭寀	1767년 관찰사 부임
普通門樓	洪良浩	1791년 관찰사 부임
間似亭	朴宗甲	1796년 관찰사 부임
間似亭	趙得永	1807년 관찰사 부임

표 43. 1837년 읍지에 수록된 산문

제목	저자	출전 및 기타 사항
箕子廟碑	卞季良	1428년. 태종 때 기자묘를 중수하고 세종 때 낙성하였으므로 비명을 지으라는 명으로 쓴 글. 건물을 짓고 경제적 지원을 했으며 제사를 지내도록 명했다는 내용
謁箕子廟賦并序	王敬民(명)	1582년. 자신이 기자의 옛 고을인 하남성 西華에 살 때 홍범당에서 기자에 대해 연구했는데 뜻밖에 조선에 사행 와서 기자 사당을 보고 이 땅에 교화가 펼쳐져 있기에 箕廟賦를 짓는다는 내용
謁箕子廟賦并序	徐居正	1476년. 1471년 관찰사 부임, 1476년 원접사(의정부 좌찬성). 『四佳集』(「次韻祈戶部謁箕子祠賦」). 祁順의 「謁箕子祠賦」에 차운한 부
謁箕子廟賦并序	李珥	1582년. 같은 해 원접사(좌찬성). 『栗谷全書』(「次王天使-敬民-箕子廟賦韻」). 왕경민의 부에 대해 차운한 부
箕子廟碑銘并序	南龍翼	1666년. 같은 해 사은겸진주부사, 1681년 원접사, 1682년 문안사. 『壺谷集』(「平壤箕子廟碑銘并序-奉使燕行時」). 1612년에 기자묘를 '숭인전'으로 사액한 뒤 관찰사 鄭賜湖가 비를 세우고 명을 짓기로 결정하고 李廷龜가 비문을 짓고 金玄成이 글씨를 써서 사당 앞에 비를 세웠고, 이후 南龍翼이 사행차 평양을 지나다가 비석을 보고 명을 썼음
箕子宮碑文	李廷濟	1725년. 1724년 관찰사 부임. 1725년에 이정제는 장계를 올려 외성의 기자궁에 담을 두르고 九疇壇과 문, 사적비를 세움
箕子井田紀績碑	徐命膺	1776년 관찰사 부임. 『保晩齋集』. 1740년에 부임한 아버지 徐宗玉이 養正齋를 외성 정전에 이건하여 三益齋라고 했는데 1776년에 徐命膺이 와서 삼익재와 家塾을 중건하면서 가숙에 九疇閣이라는 이름을 붙이고 이 둘을 합쳐 九三院이라고 한 뒤 기적비를 세우고 쓴 명
箕井學政本末序	徐命膺	1776년 관찰사 부임. 구삼원과 五謹堂, 五詢亭을 설립하고 學政과 관련하여 徐命膺이 실행한 제반 일들을 『學政本末』로 작성하고 이 책에 쓴 서문
仁賢書院廟碑文	金祖淳	1792년 서장관, 1824년 관서로 목욕하러 감. 『楓皐集』(「仁賢書院廟庭碑」). 평양 인현서원에 비가 없기에 요청에 따라 쓴 비문
仁賢書院門樓重修記	沈象奎	1820년. 1819년 관찰사 부임. 인현서원의 홍범당 정문 위 문루인 洛書樓가 무너져 沈象奎가 부임한 이듬해 문루를 중수하고 쓴 기문
仁賢書院藏修記	鄭元容	1833년 관찰사 부임. 『經山集』(「仁賢書院藏書記」). 이임을 앞두고 인현서원 밖의 田地 2구역을 팔아서 받은 4만 전을 건물 수리비와 經書, 通史, 儀禮, 小學, 八家文을 소장하는 용도로 씀

표 43. 1837년 읍지에 수록된 산문(계속)

제목	저자	출전 및 기타 사항
平壤城重修記	鄭志儉	1779년. 의주부윤인 鄭志儉이 관찰사 金鍾秀가 이임할 때 이야기를 듣고 평양성의 담을 수리한 金鍾秀의 치적을 쓴 기문
正陽門重修記	李宗城	1745년. 1731년 평안도암행어사, 1745년 관찰사 부임. 『梧川集』. 1624년에 내성을 축소하면서 남문인 정양문을 없애고 주작문을 두었는데 李宗城이 암행어사로 평양에 갔을 때 비판하는 의견을 듣고 관찰사로 부임한 뒤 정양문을 중수하고 쓴 기문. 정양문 중수 작업을 담당한 서윤 李墰을 칭찬한 내용
普通門重修記	蔡濟恭	1775년. 1774년 관찰사 부임. 『樊巖集』. 부임한 이듬해 교통의 요충지인 보통문루의 사방과 서까래가 낡아서 떨어지자 보수한 뒤 쓴 기문
普通門重修記	沈象奎	1819년 관찰사 부임. 1473년, 1614년, 1644년, 1775년에 이어 보통문을 중수한 뒤 쓴 기문
得月樓重修記	洪良浩	1791년 관찰사 부임. 『耳溪集』. 1759년에 강동현감이었을 때 북성장을 겸해야 하므로 북성의 방비를 위해 守堞軍 설치를 건의했는데 다시 1791년 관찰사로 부임해서 보니 북성군의 훈련도 없어졌고 득월루도 퇴락하여 중수한 뒤 쓴 기문. 득월루는 홍양호의 宗兄이자 1752년에 관찰사로 부임한 洪象漢이 창건
挹灝樓重修記	李秉模	1793년. 1792년 관찰사 부임. 선화당과 대동문을 중수. 읍호루는 대동문루임
挹灝樓重修記	金祖淳	1810년. 1792년 서장관, 1824년 관서로 목욕하러 감. 순조의 장인이자 金逌根의 생부. 『楓皐集』. 1808년 서영보가 부임한 뒤 이듬해 부벽루, 대동문, 함구문, 북성 여러 문의 성루를 수리한 뒤 절친한 이만수, 심상규, 김조순에게 글을 써달라고 요청하여 쓴 기문
含毬門重修記	徐榮輔	1808년 관찰사 부임. 『竹石館遺集』(「重修含毬門記」). 1623년 내성을 축소할 때 성 남문으로 주작문을 만들면서 함구문이 없어졌고 1768년 관찰사 鄭宲이 중성을 만들고 후임 李景祜가 이 작업을 이어받아 나중에 함구문을 세움. 1809년에 관찰사 서영보가 함구문을 수리한 뒤 지은 기문. 읍지에는 별도로 「正陽門記」가 있으나 이 글을 잘못 이해해서 두 종의 글로 나눈 것임. 이 글 후반부(읍지에서는 「정양문기」 부분)에 임진왜란 때 명 장수 駱尙志가 통과한 문이라고 서술했는데, 이때 세 곳의 공격로는 칠성문, 보통문, 함구문이었음
鏡波樓記	洪良浩	1791년. 같은 해 관찰사 부임. 『耳溪集』. 평양성에 五營이 있는데 부임한 뒤 상황을 물어 左營이 폐허가 되었다는 보고를 듣고 공사를 한 뒤 지은 기문. 경파루는 대동문과 장경문 사이에 있는 성루로 좌영장의 건물.

표 43. 1837년 읍지에 수록된 산문(계속)

제목	저자	출전 및 기타 사항
		홍양호가 '경파루'를 써서 편액을 달았는데, '경파'라는 이름은 대동강이 이 앞에서 소용돌이치는 맑은 모습이 越州(소흥)의 鏡湖와 비슷하여 붙은 이름이라고 함
浮碧樓重修記	李晩秀	1809년. 1810년 관찰사 부임. 『展園遺稿』. 1808년에 관찰사로 부임한 서영보가 이듬해 부벽루를 중수하고 편지로 글을 써달라고 요청하여 쓴 기문
三益齋記	徐宗玉	1740년 관찰사 부임. 삼익재는 외성 箕井 북쪽에 있음. 삼익재는 어린이에게 학문을 가르치는 곳으로서 吳命恒이 창건하고 尹游가 이름을 정했으며 閔應洙가 이건하여 養正齋라고 했음. 그보다 전에 宋寅明이 經義士를 선발하였던 것이 점차 쇠퇴하여, 서종옥이 司馬 5인을 선발하여 양정재에 상주하게 하여 經義를 강학하는 공간으로 삼는다는 내용의 기문
日影齋記	閔應洙	1738년 관찰사 부임. 성 남쪽 日影池에 觀象測候하던 장소가 황폐해진 뒤 주민 宋奎運이 여러 사람들과 못 안의 섬에 서실용 정자를 지어 강학 공간으로 삼자 관찰사 민응수가 축하하며 學糧을 지원하며 격려한 기문
敬安齋記	尹鳳九	평양의 사인 金澤이 黃江에 있는 權尙夏에게 배운 뒤 평양에 돌아와서 南岳에 서실을 짓자 권상하가 '敬安齋'라는 이름을 붙여 줌. 김택을 면려하는 기문
閒似亭記	徐命敏	1779년. 1766년 증산현령으로 평양에 갔다가 주민 金得讓을 알게 되었고 1778년 평양서윤으로 부임한 지 1년 뒤에 김득양이 대동강 가에 정자를 짓고 글을 요청하자 '閒似亭'으로 이름 짓고 써준 기문. '한사정'은 黃庭堅의 시 "江南野水碧於天, 中有白鷗閑似我"에서 따온 것임. 예전에는 鄕飮禮 장소였다고 함
紹賢書院上樑文	趙斗淳	1835년 동지부사, 1848년 관찰사 부임, 1850년 관반. 『心庵遺稿』. 1824년 평양에 요양차 방문한 김조순*이 숭인전과 숭령전 참봉을 동반직으로 바꾸고 참봉직 등용 문제로 간언한 것을 찬미하여 김조순을 제향하는 소현서원을 건립한 뒤 뒤 쓴 상량문. 원래 창강서원 앞에 있었다가 1836년 충무사 왼쪽으로 이건
重建五詢亭記	金逌根	1836년. 1827년 평안도관찰사에 임명되었으나 부임 도중 가족이 피살되어 돌아옴. 1831년 원접사. 1835년 관찰사로 부임한 李紀淵이 이듬해 친구 김유근에게 편지를 보내 작년에 불탄 오순정을 중건하였기에 글을 써달라고 요청하여 쓴 기문

* 이은주, 「평양인의 자기 인식: 읍지 자료를 중심으로」, 24면에 제시한 표의 1855년의 내용에서 김조순을 감사로 설명한 것은 착오이다.

표 44. 1855년 읍지에 수록된 산문

제목	저자	출전 및 기타 사항
駐蹕閣碑	英祖	1776년. 1774년에 평양 사인 崔配浩가 상소하여 선조가 임진왜란 때 자신의 6대조 崔崙의 집에서 하룻밤을 지낸 적이 있으므로 표석을 세워 달라고 청하여 비각을 건립하고 비석을 세우게 한 뒤 쓴 어제. 어필비각은 평양부 抄鍮坊에 있고 1855년에 서윤 趙奎年이 중수
仁里書室記	閔百祥	1757년. 같은 해 관찰사 부임. 평양부 서남쪽 仁賢里에 鮮于恪이 서실을 건립하여 공부하는 사람이 모여들었는데 당시 관찰사였던 李台重(재임 1754-1756)이 지원하여 건립을 도왔고 윤봉구가 '仁里書室'이라고 당호를 지어 보냈음. 선우각이 글을 요청하여 써준 기문
雩井記	徐命膺	1776년 관찰사 부임. 평양부 栗里坊 바위 아래에 샘이 있고 그 서쪽에 牛井이라는 기우단이 있는데, 여름에 가뭄이 들어 서윤 金獻柱 및 여러 사민들과 숭령전에 제사를 지내고 집사 趙鼎耈에게 우정에 가서 기우제를 지낸 뒤 비가 오자 牛井을 '雩井'으로 바꾸고 쓴 기문
影廬祠記	徐憙淳	1831년. 서희순은 당시 도승지로 있었음. 평양 유생의 청에 따라 金台佐를 제향한 서원을 사액하면서 '蒼岡' 편액을 내려주었음. 그런데 영로사(金學起 제향 사당) 사적을 통해 김태좌의 선조인 김학기의 행적을 알게 되었고 사당을 중신하고 편액을 써달라는 요청을 받아 쓴 기문
永明寺重修記	洪在赫	1846년. 洪在喆의 동생. 1845년에 관찰사로 부임한 홍재철이 이듬해 홍수로 진휼을 마친 뒤 북성 영명사의 황폐한 상황을 보아 중수하고 마침 형을 만나러 왔던 홍재혁에게 요청하여 쓴 기문. 당시 영명사는 군수물자를 보관하고 승려로 북성군을 조직하여 군사훈련을 했음
大同門重修記	趙斗淳	1850년. 1848년 관찰사 부임. 『心庵遺稿』(「挹灝樓重修記」). 후임자로 온 洪鍾應이 부임한 지 얼마 지나지 않아 대동문루 중수 공사를 알려 왔기에 쓴 기문
大同門重修記	洪鍾應	1850년. 같은 해 관찰사 부임. 가을에 대동문루 중수를 마치고 쓴 기문
練光亭重修記	鄭元容	1850년. 1833년 관찰사 부임. 관찰사 홍종응이 연광정을 중수했다는 것을 듣고 쓴 기문. 이때 연광정을 수리하고 남은 자재로 침수를 막기 위해 陸路門을 만들었음
練光亭重修記	權敦仁	1850년. 1819년 서장관. 홍종응이 연광정을 중수한 뒤 글을 지어 달라고 요청하여 쓴 기문
練光亭重修記	金興根	1850년. 1841년 관찰사 부임. 홍종응이 2개 문과 누정 수리 작업을 마치고 글을 요청하자 쓴 기문
練光亭重修記	金左根	1850년. 김좌근은 김조순의 아들임. 홍종응이 연광정을 중수한 뒤 글을 써달라고 편지로 요청하여 쓴 기문

표 44. 1855년 읍지에 수록된 산문(계속)

제목	저자	출전 및 기타 사항
練光亭重修記	洪鍾應	1850년. 같은 해 관찰사 부임. 대동문과 육로문을 수축하고 연광정을 중수한 뒤 쓴 기문
崇仁殿序文	李鶴秀	1852년. 같은 해 관찰사 부임. 기자 사당인 숭인전은 1612년에 창건되었고 당해 선조 李廷龜가 「숭인전비문」을 썼다. 1804년 화재로 숭인전 관련 기록이 모두 불타자 선우씨 후예가 몇십 년간 자료를 수집하여 謄錄 1권을 작성한 뒤 이정귀 후손인 이학수에게 서문을 요청하였음
鏡波樓重修記	李景在	1854년. 1853년 관찰사 부임. 좌영인 경파루가 홍양호가 중건(1791년)한 뒤에도 다시 황폐해져서 1854년 중수하여 9월 13일에 완공함. 규모는 5樑 10楹, 공사 기간은 3개월, 역부는 970인, 비용은 10만 2천 錢. 경파루를 중수한 뒤 이 기문을 써서 걸되 홍양호가 쓴 편액은 그대로 둠
長慶門重修記	李景在	1854년. 1853년 관찰사 부임. 1804년 화재로 불탄 장경문을 중건했으나 다시 퇴락하여 통행이 불가능하자 1854년 중수함. 규모는 大柱 6개 大樑 2개. 3월 28일에 공사를 시작해서 25일 만에 완공
朱雀門重修記	李景在	1853년 관찰사 부임. 내성을 축소하면서 주작문을 만든 뒤 정양문은 그 역할을 못하게 되었음. 주작문은 1804년 화재 때도 불에 타지 않았지만 점차 퇴락하여 먼저 성곽과 성루를 보수한 뒤 주작문을 중수하고 쓴 기문
訓鍊院重修記	李景在	1855년. 1853년 관찰사 부임. 훈련청이 1818년에 중수한 이후 다시 황폐해져서 중수한 뒤에 쓴 기문
西將臺重修記	李景在	1855년. 1853년 관찰사 부임. 서장대는 창건 연대는 알 수 없지만 1770년에 관찰사 趙曮, 1818년에 관찰사 李肇源이 보수한 이후 다시 퇴락하여 이경재가 훈련청을 중수한 뒤 담당자를 이동시켜 6만 錢의 비용, 700명의 인부를 써서 2월 21일에 공사를 시작하여 32일 만에 완공했고 규모는 7량 28영. 入防軍은 6개 읍에 산재해 있으며 10哨. 겨울 농한기에 대장이 서장대에 나와 훈련을 하다가 강물이 얼면 다시 동장대로 가서 6차례 點閱하는 것이 원칙인데 점차 해이해져서 군사훈련도 제대로 되지 않으므로 서장대를 중수하였으니 군대도 정련하겠다는 내용의 기문
思穎影堂紀蹟碑文	鮮于鏶	선우집은 숭인전 참봉, 봉사, 직장을 거쳐 감찰을 역임. 1852년 흉년으로 주민들이 굶주리자 관찰사로 온 金炳冀가 보고하여 나라에서 17만 緡錢으로 진휼하는 등의 구제책을 시행했고, 그가 이임된 뒤 주민들이 선정과 청렴함을 기리는 생사당과 기적비를 세우면서 쓴 비문

표 45. 1892년 읍지에 수록된 시

제목	저자	출전 및 기타 사항
崇靈殿	沈埈	1727년 平山縣監
箕子墓	宋應昌	1593년. 병부시랑
箕子墓	倪謙(명)	1450년
箕子墓	龔用卿(명)	1537년. 辭
箕子墓	吳希孟(명)	1537년. 辭
箕子墓	張廷枚(청)	1717년. 『阿克敦詩』(「謁箕子墓」, 글자 출입 있음)
箕子墓	阿克敦(청)	1717년. 『아극돈시』(「謁箕子墓」, 글자 출입 있음)
丁字閣杜聯-六言	南廷哲	1885년 관찰사 부임
箕子墓守護所	南廷哲	1886년. 1885년 관찰사 부임
箕子墓守護所	李漢永	1886년. 정주목사. 차운시
箕子墓守護所	李軒卿	1886년. 안주목사. 차운시
箕子墓守護所	沈相漢	1886년. 성천부사. 차운시
箕子墓守護所	金思準	1886년. 용강현령. 차운시
箕子墓守護所	趙秉益	1886년. 은산현감. 차운시
箕子墓守護所	金弼洙	1886년. 강동현령. 차운시
箕子墓守護所	閔泳肅	1886년. 서윤. 차운시
箕子墓守護所	申台善	1886년. 순안현령. 차운시
箕子墓守護所	李寬稙	1886년. 영유현령. 차운시
箕子墓守護所	李秉德	1886년. 삼화부사. 차운시
箕子墓守護所	金永喆	1886년. 희천군수. 차운시
箕子墓守護所	洪謹周	1886년. 순중군. 차운시
箕子墓守護所	李鶴圭	1886년. 親軍西營軍司馬. 차운시
五詢亭試士後仍發延勅之行	趙秉鉉	1845년. 1844년 관찰사 부임. 『成齋集』
五詢亭試士後仍發延勅之行	洪鍾應	1850년 관찰사 부임
五詢亭試士後仍發延勅之行	徐念淳	1857년 관찰사 부임. 2수
平遠堂	洪鍾應	1850년 관찰사 부임
平遠堂	徐念淳	1857년 관찰사 부임
平遠堂	金尙鉉	1876년 관찰사 부임
平遠堂	金永壽	1882년 관찰사 부임
平遠堂	閔泳駿	1888년 관찰사 부임

표 45. 1892년 읍지에 수록된 시(계속)

제목	저자	출전 및 기타 사항
多景樓	趙斗淳	1848년 관찰사 부임. 2수
多景樓	金炳冀	1852년 관찰사 부임. 4수
多景樓	徐念淳	1857년 관찰사 부임. 2수
多景樓	金尙鉉	1876년 관찰사 부임
多景樓	閔泳緯	1878년 관찰사 부임. 2수
多景樓	金永壽	1882년 관찰사 부임. 2수
杜聯-六言	金永壽	1882년 관찰사 부임
杜聯-六言	南廷哲	1885년 관찰사 부임
杜聯-六言	閔泳駿	1888년 관찰사 부임. 2수
練光亭-七絕次鄭知常韻	洪鍾應	1850년 관찰사 부임
練光亭-七絕次鄭知常韻	金炳冀	1852년 관찰사 부임
練光亭-七絕次鄭知常韻	徐念淳	1857년 관찰사 부임
練光亭-七絕次鄭知常韻	金尙鉉	1876년 관찰사 부임
練光亭-七絕次鄭知常韻	閔泳緯	1878년 관찰사 부임
練光亭-七絕次鄭知常韻	閔泳駿	1888년 관찰사 부임
練光亭-七絕次鄭知常韻	趙冕鎬	1849년. 1848년 평양서윤 부임. 『玉垂集』(「官船題板」)
練光亭-七絕次鄭知常韻	尹泰元	1884년. 1883년 평양서윤 부임. 3수
練光亭-七絕次鄭知常韻	申緯	1812년 서장관
練光亭-七絕次鄭知常韻	朴綺壽	1837년 동지사
練光亭-七絕次鄭知常韻	李豊翼	1866년 동지사. 2수. 『六玩堂集』(제1수는 「次鄭知常板上韻」)
練光亭-七絕次鄭知常韻	徐衡淳	1860년 동지부사, 1864년 사은사
練光亭-七絕次鄭知常韻	徐相朝	
練光亭-七絕次鄭知常韻	朴周冕	
練光亭-七絕次鄭知常韻	鄭文和	
練光亭-七絕次鄭知常韻	趙昌永	1870년. 성천부사
練光亭-七絕次鄭知常韻	李輔仁	
練光亭-七絕次鄭知常韻	朴鳳彬	
練光亭-七絕次鄭知常韻	張龍相	
練光亭-七絕次鄭知常韻	金炳陸	원문에는 德川이라고 했으나 金炳陸은 1867년에 殷山縣監이 되었음
練光亭-七絕次鄭知常韻	李範晉	1885년. 성천부사

표 45. 1892년 읍지에 수록된 시(계속)

제목	저자	출전 및 기타 사항
七絕各韻	洪義浩	1824년. 1823년 동지겸사은정사
七絕各韻	李龍秀	1824년. 1823년 동지겸사은부사
七絕各韻	曺龍振	1824년. 1823년 서장관
七絕各韻	金允植	1881년. 같은 해 領選使. 『雲養集』(「宿練光亭」)
七絕各韻	金銑	1812년 진주겸주청부사
七絕各韻	金綺秀	1888년 진하겸동지사은부사
七絕各韻	朴浚愚	
七絕各韻	李晩用	1820년 평안도관찰사 沈象奎 방문. 2수. 『東樊集』(「練光亭」)
七絕各韻	李鎰	
七絕各韻	李澤永	1884년 평안중군. 3수
七絕各韻	朴鳳彬	1871년 서장관
七絕各韻	金弼洙	1887년. 강동현령. 10수
七絕各韻	朴綺秀	
七絕各韻	裵婰	
七絕各韻	李範晉	
七絕各韻	徐相朝	
七絕各韻	李鶴圭	
七律	洪良浩	1791년. 같은 해 관찰사 부임. 『耳溪集』(「浿江氷解登練光亭」)
足金黃元聯句	李晩秀, 洪義浩, 洪奭周 聯句	1803년 사은정사 이만수, 사은부사 홍의호, 서장관 홍석주
新修後題	權大肯	1850년 歲幣使. 2수
新修後題	趙性敎	1867년 동지부사
燕行歸路	林濟遠	1781년. 1780년 서장관
燕行歸路	鄭健朝	1873년 사은겸동지정사
燕行歸路	閔泳緯	1879년. 1878년 관찰사 부임
燕行歸路	南廷哲	1885년 관찰사 부임
燕行歸路	趙冕鎬	1848년 평양서윤 부임
燕行歸路	沈東獻	1875년 서장관
燕行歸路	任應準	1881년. 1880년 사은겸동지정사
燕行歸路	金在田	

표 45. 1892년 읍지에 수록된 시(계속)

제목	저자	출전 및 기타 사항
燕行歸路	洪檢	1779년 동지겸사은부사
燕行歸路	李鑣永	
燕行歸路	沈鶴永	
燕行歸路	尹庚鎭	
燕行歸路	鄭鴻慶	
燕行歸路	權翰成	1866년 대동찰방
燕行歸路	李晩恩	
燕行歸路	朴永輔	
燕行歸路	李鍾浩	
燕行歸路	李裕膺	
燕行歸路	崔仲瑞	
燕行歸路	閔致駿	
燕行歸路	朴宣陽	
燕行歸路	李漢永	
燕行歸路	李澤永	
五絕	李邦翼	
五律	趙希逸	1606년 종사관. 『竹陰集』(「次梁子漸練光亭韻-慶遇」)
五律	李集斗	1800년 주청부사, 1810년 동지정사
五律	南周獻	
五律	鄭寅協	
五律	金持默	
五律	黃鐵永	
五律	趙秉常	2수
五律	李輔仁	
杜聯-六言	徐念淳	1857년 관찰사 부임
浮碧樓-五絕	李斗淵	
五律	徐念淳	1857년 관찰사 부임
五律	閔泳駿	1888년 관찰사 부임
五律	崔東煥	
五律	李應夏	
五律	李輔仁	

표 45. 1892년 읍지에 수록된 시(계속)

제목	저자	출전 및 기타 사항
五律	權翰成	
五律	禹成圭	
五律	李源祚	
五律	沈敬澤	
五律	尹庚鎭	
五律	宋廷和	
七絕	閔觀植	1886년. 1885년 서윤
七絕	尹龜永	
七絕	李輔仁	
七絕	李裕元	1845년 서장관, 1875년 주청정사
七絕	朴師海	
七律	洪鍾應	1850년 관찰사 부임
七律	金尚鉉	1876년 관찰사 부임
七律	南廷哲	1885년 관찰사 부임. 2수. 『霞山集』(「夏日登浮碧樓二首」)
七律	趙性敎	
七律	韓章錫	1876년. 『眉山集』(「挐舟練光亭下將向浮碧溯流至白雲灘詩成而月亦上」)
七律	李元在	
七律	鄭寅協	
七律	趙昌永	
七律	李時在	1838년 서장관. 본문의 '乙亥三行人'과 맞지 않음
七律	李鍾浩	
七律	李鶴	
七律	李源祚	
七律	閔鍾默	
七律	李鑢永	
七律	李澤永	2수
七律	李漢永	
七律	李輔仁	
七律	金弼洙	2수
七律	權龜仁	

표 45. 1892년 읍지에 수록된 시(계속)

제목	저자	출전 및 기타 사항
乙密臺	韓章錫	1876년 『미산집』. 문집 세주에는 이때 안주, 영변, 순안, 강동, 은산수령과 함께 있었다고 했음
乙密臺	金弼洙	2수
活來亭	閔泳緯	1878년 관찰사 부임. 2수
活來亭	金永壽	1882년 관찰사 부임
活來亭	李澤永	
快哉亭	柏葰(청)	1844년. 『奉使朝鮮驛程日記』(「平壤城懷古」)
快哉亭	瑞常(청)	1849년
快哉亭	長白廉(청)	인명이 확인되지 않으나 1812년 副使로 온 廉善으로 추정
快哉亭	魁領(청)	1866년. 호는 華峰. 2수. 본문에는 이름이 '華峰魁(缺)'로 표기. 제1수는 '大同懷古' 표기
快哉亭	烏拉喜崇阿(청)	1876년. 호는 達峰. 본문의 '烏柱喜崇阿'는 오기
敬臨堂	趙厚鎭	1798년. 같은 해 서윤 부임
敬臨堂	俞致益	1877년. 1876년 서윤 부임. 2수
制勝堂	李澤永	
鄕社堂	趙斗淳	1848년 관찰사 부임
鄕社堂	趙台淳	1847년. 서윤
鄕社堂	趙性純	
大同門	趙性純	
朱雀門	金埱	
三益齋	徐命膺	1777년. 1776년 관찰사 부임. 『保晩齋集』(「留別箕城士民」)
日新齋	金勉柱	1801년. 같은 해 관찰사 부임
日新齋	李景在	1854년. 1853년 관찰사 부임
育英齋	趙秉鉉	1844년 관찰사 부임
閒似亭鄕飮禮	朴晦壽	1838년. 1837년 관찰사 부임
江漢樓-西山書院	洪鍾應	1850년 관찰사 부임
觀瀾亭-在鳳鳴山下詳前續志文談	申應朝	1873년. 같은 해 관찰사 부임
精一齋	俞致益	1876년 서윤 부임. 2수

표 45. 1892년 읍지에 수록된 시(계속)

제목	저자	출전 및 기타 사항
平遠堂	閔泳緯	1878년 관찰사 부임. 2수
明倫堂-乙卯夏使各齋入格生居接課工伏日召集于倫堂而設食堂賦一律示諸生	閔泳緯	1855년. 1854년 좌부승지로 평안도 성천부임소에 있었으며 1878년 관찰사 부임
平遠堂	閔丙奭	1890년. 같은 해 관찰사 부임. 2수
明倫堂-巡相繼其祖按節遵乙卯故事與居接儒生食堂于玆續次板上韻	閔丙奭	1890년 관찰사 부임
多景樓	閔丙奭	1890년 관찰사 부임. 2수
愛蓮堂	閔丙奭	1890년 관찰사 부임
秋夜無寐漫吟于宣化堂中	閔丙奭	1891년. 1890년 관찰사 부임
愛蓮堂	金在韶	1891년 親軍西營軍司馬. 2수
練光亭	金鼎夏	
過旌忠碑閣敬題	李應聃	평양인. 1865년 진사 급제

표 46. 1892년 읍지에 수록된 산문

제목	저자	출전 및 기타 사항
御製崇仁殿宣額後致祭祝	光海君	1612년
別致祭祝	金德諴	1623년. 예조참의
龍谷書院賜額致祭祝	張世良	1683년. 예조정랑. 선우협의 제문
崇仁殿別致祭	正祖	1788년. 『弘齋全書』(「崇仁殿致祭文」)
武烈祠致祭祝	正祖	1788년. 『弘齋全書』(「武烈祠致祭文」)
武烈祠追配駱參將日致祭文	正祖	1792년. 『弘齋全書』(「駱參將尙志追配武烈祠致祭文」). 尙書石公, 李忠烈公, 左協將楊公, 中協將李公, 右協將張公, 參將駱公
龍谷書院別致祭文	林東鎭	1826년. 慈山府使. 선우협의 제문
箕子墓封陵時告由祝	洪冕周	1889년. 1887년 평양서윤 부임. 기자묘를 기자릉으로 높인 것을 알리는 고유문
封陵後致侑祝	閔泳駿	1889년. 1888년 관찰사 부임. 기자릉으로 봉해진 뒤의 제문
箕聖墓墓庭碑	南廷哲	1887년. 1885년 관찰사 부임. 『霞山稿』(「箕子墓碑」). 기자가 병술생이고 무오년에 졸했으며 향년 3,061세라는 『震朝通紀』를 인용
箕子陵碑	閔鍾默	1889년. 홍문관 제학. 1593년에 한 글자가 빠졌고 정유년에 비석을 새로 세우면서 건물을 증축

표 46. 1892년 읍지에 수록된 산문(계속)

제목	저자	출전 및 기타 사항
花浦洪先生就義遺墟碑	李羲玄	1808년. 江西縣令. 1637년에 두로도에서 붙잡혀 심양으로 끌려간 홍익한을 위해 비석을 세웠고 1808년(본문의 '英廟戊辰'은 글 내용과 관련 인물의 인적 사항으로 볼 때 오기)에 비석을 다시 세운 뒤에 씀. 임술년에 두로도의 사인 金益瑞가 터에 비를 세웠는데 고사를 잘 알지 못해 홍명구가 여기에서 殉義했다고 착각하고 雙節壇을 세움. 그 뒤 黃宅周와 楊澤雲이 이 오류를 바로잡는 작업을 한 뒤 이희현에게 요청하여 쓴 글
淸聖臺碑	李羲玄	1808년 추정. 1705년 서산서원 건립(홍익한 제향, 홍명구 배향), 1742년 관찰사 趙觀彬이 묘정에 '淸聖臺' 비석을 세웠고 1775년 權尙夏의 글을 비석 뒷면에 새김
關聖帝君廟庭碑	申箕善	1881년. 시강원 문학. 『陽園遺集』(「關聖帝西廟碑銘」). 1875년 梁憲柱가 연경에서 약을 사서 돌아왔는데 그 안에 관우 소상이 있었음. 1880년 봄에 朴道煥이 서울의 南廟로 가져가려고 했으나 꿈을 꾼 뒤 포기했고 康仁誠, 李能秀, 張好民 등이 대성산 아래 관풍전 옛터에 사당을 세우기로 하고 1881년에 완공함
紹賢書院碑	洪鍾應	1857년. 홍문관 제학. 1850년 관찰사 부임. 『紹賢書院碑銘』. 1824년 김조순이 관서에 목욕하러 다녀온 뒤 숭령전과 숭인전 참봉에 대해 건의한 공적을 기려 1836년 창광산 아래에 김조순을 제향하는 소현서원을 설립하고 제사를 지냄
倡義士碑	洪祐吉	1866년. 1863년 관찰사 부임. 1811년 홍경래의 난 때 사인 尹東庠, 朴榮臣 등이 창의했으나 이후 자신의 공을 말하지 않아 논공행상에서 빠졌는데 1863년 평양 사인들이 이들을 위해 모란봉 아래에 기적비를 세우면서 글을 요청하여 쓴 비명
頓孝娥碑	宋眞明	1732년. 1731년 관찰사 부임. 익사한 아버지를 따라 물에 빠져 죽은 돈씨의 일을 당시에 조정에 보고하지 않아 정려도 받지 못하고 관찰사 盧稙(재임 1582-1584)이 세운 비석도 글자를 알아볼 수 없게 된 것을 안타깝게 여긴 사인 金錫德, 羅樞正, 李斗壽 등이 비석을 다시 만들었다는 소식을 듣고 쓴 글
頓氏碑銘-并序	盧稙	1584년. 관찰사. 1590년 읍지에 수록된 「頓氏碑詞」에는 비명만 있고 서문은 없었음. 돈씨는 대동강 상류 桃李潭 위의 秋鬱美에 살았는데 얼음이 깨져 아버지가 익사하자 시신을 수습하려다 못하고 투신함. 서리들이 이 일을 보고하지 않아 70여 년이 흐르는 동안 입으로만 전해졌는데 진사 黃勤이 이 사적이 민멸될까 봐 들은 내용을 정리하여 향약에 올렸고 契長 車鰲의 보고로 관찰사 노직이 알게 됨. 서윤 丁景達과 판관 李近 등이 사인들과 함께 비석을 세움

표 46. 1892년 읍지에 수록된 산문(계속)

제목	저자	출전 및 기타 사항
李孝娥碑	南廷哲	1887년. 1885년 관찰사 부임. 『霞山稿』. 아버지가 1824년에 옥에 갇히자 당시 9세였던 李孝娥가 옥바라지를 했고 아버지가 茂山에 유배되었을 때도 따라가서 봉양했음. 1843년에 아버지가 풀려난 뒤에도 시집가지 않고 아버지를 모셨으며 아버지 사후에 3년간 여막에서 살았음. 이효아가 죽은 뒤 사인들이 이 일을 관청에 알리고 傳記를 편찬했고 1885년에 부임한 남정철이 이 일을 듣고 평양부 동쪽 몇 리에 있는 묘 앞에 비석을 세우고 쓴 비명
韓處子旌閭閣重建文	閔昌植	1870년. 1869년 서윤 부임. 어떤 남자의 희롱을 피해 물에 뛰어들어 자결하여 정려문을 세웠으나 세월이 지나 퇴락하여 옛터에 작은 건물을 세웠다는 전말을 쓰고 贊을 붙임
義烈祠義妓桂月香碑	鄭元容	1835년. 1833년 관찰사 부임. 부임한 뒤 老妓 竹葉에게서 계월향의 사적을 듣고 진주의 논개 사당 義烈祠처럼 현양하겠다고 생각하여 예전에 관찰사 鄭晩錫(재임 1811-1815)이 그리게 한 초상화를 가져와 새로 지은 사당에 두고 '의열사'라는 편액을 닮. 半刺 金治石이 요청하여 迎神送神之曲을 봄가을로 송축하고자 지은 노래에 붙인 가사
義妓玉介碑銘-并序	閔泳駿	1889년. 1888년 관찰사 부임. 임진왜란 때 적에게 사로잡혔다가 욕을 당하지 않으려고 성에서 떨어져 죽은 기생 玉介를 기리기 위해 의열사 옆에 비석을 세움
巡中軍鄭志鎔斥邪紀蹟碑	李在靖	1876년. 平安中軍. 천주교가 성행했을 때, 정몽주의 후예이자 평안도병마절도사 등을 역임한 鄭纘述의 6세손인 당시 巡中軍 정지용이 1866년 정월에 三門을 열고 군민을 모아 천주교도들을 체포하여 처벌하거나 장살하고 괴수는 강에 빠뜨려 죽인 뒤 책을 불태우고 패를 부수고 나서 효와 충으로 계도하여 기풍을 새로 세웠음. 이에 1876년 자신이 순중군으로 왔을 때 사민들이 정지용의 사적을 기념하고자 정지용과 죽마고우였던 이재정에게 요청하여 지은 글
三希齋紀蹟碑	朴文一	1886년 執義. 『雲菴集』(「三希齋序」). 남정철이 부임한 뒤 천주교가 성행하는 풍조를 일소하고자 독실하게 공부하는 黃岦을 격려하면서 녹봉 수십만 文을 내어 서실을 짓고 책을 갖춘 뒤 사람들을 불러 모아 성리학과 윤리를 가르치는 강학 공간을 만들고 '삼희재'로 편액을 닮. 황립이 이 일을 도우면서 박문일에게 요청하여 쓴 글
武烈祠重修紀蹟碑	金弼洙	1887년. 檢校待敎. 임진왜란 때 구원병으로 온 명나라 군대가 1593년 평양성을 수복하고 그 공을 관찰사 李元翼이 조정에 보고하여 靜海門 안에 무열사를 건립하고 명장수 5명을 제향. 1792년에 관찰사 홍양호의 요청으로 駱尙志를 추가로 배향하고 증축했으나 황폐해져 1887년 순중군 洪謹周의 요청으로 관찰사 남정철이 중수를 명하고 홍근주가 공사를 감독했으며 李如柏의 11세손이자 당시 참봉이었던 李顯穆이 참여함

표 46. 1892년 읍지에 수록된 산문(계속)

제목	저자	출전 및 기타 사항
箕子陵紀蹟碑	黃岦	1889년. 승문원 정자. 箕子墓는 기자의 弓劍이 묻힌 곳임. 1888년 기자묘를 봉심한 관찰사 민영준과 金命來가 여론을 배경으로 묘를 능으로 등급을 올려 달라는 상소를 올림. 1889년 기자릉으로 승격하자 令 1명과 참봉 1명으로 인원 추가
鄕禮紀蹟碑	黃岦	1889년. 승문원 정자. 관찰사 민영준이 1888년 11월 10일에 鄕飮, 鄕射, 鄕約儀節을 종합한 책을 간행하고 사인들을 선화당에 모아 三禮를 강론함. 또 녹봉에서 만여 緡을 내어 도내의 사인을 선발하여 修契하게 하고 관찰사를 都約長, 읍졸을 副約長으로 삼았고 서윤 洪冕周도 百金을 내어 도움. 32개 면에서 각각 계를 조직하고 매년 釋奠 다음 날 향인들이 명륜당에 모여 習儀하고 坊人들이 이이의 西原約法을 따름. 1776년에 관찰사로 부임한 徐命膺이 향약을 창설했으나 명목만 있고 실제가 없었는데 이제 수계한 뒤 1889년 봄에 각 면의 유사가 校宮에서 만나 예를 강하고 향약을 읽고 준수하겠다는 公議를 내고 기적비를 세움
祝聖壇碑	閔丙奭	1890년. 관찰사 閔丙奭이 찬하고 서윤 洪冕周가 글씨를 씀. 聖節이 되면 사인들이 평양 서남쪽 창광산에 가서 제단을 청소하고 송축하는데, 1885년 진사 金命羲와 참봉 崔商翼이 '蒼獻'이라는 이름의 修禊帖을 만들자고 하여 조정의 허락을 얻어 축성단을 개축하고 담을 두르고 비석을 세움
御製蒼岡書院 賜額致祭祝	純祖	1831년 10월 13일. 예조좌랑 趙迪相에게 명하여 金台佐를 제향하게 하고 蒼岡書院을 사액함. 御製祭文 수록
遂明齋紀蹟碑	韓章錫	1892년. 규장각 제학. 1669년에 부임한 閔維重과 1713년에 부임한 閔鎭遠(민유중 아들)이 관찰사로서 소학과 鄕禮를 강조했고 1890년에 부임한 이들의 후손 민병석이 大學 강독을 강조했음. 주자의 議德行科를 따르고 이이의 『學校模範』을 여러 주현에 배포하고 사인을 뽑아 長을 시키고 月課에서 춘추를 강의하고 飮射禮를 행하며 經史義策을 講製함. 조정에 보고한 뒤 허락을 얻어 기성의 바깥에 '수명재'를 지어 강학 공간으로 삼음. 齋儒 진사 趙基昌과 崔益煥이 편지를 보내 글을 요청하자 써준 글
愛蓮堂重建紀蹟碑	韓章錫	1893년. 1542년에 부임한 관찰사 민제인이 짓고 이름을 붙인 뒤 1713년에 부임한 관찰사 민진원이 개축했고 다시 민병석이 와서 녹봉을 덜어 개축함
		이상 권중

표 46. 1892년 읍지에 수록된 산문(계속)

제목	저자	출전 및 기타 사항
箕子墓修補序	金取魯	1731년. 1730년 관찰사 부임. 서윤 金泰衍과 상의하여 조정에 보고하고 녹봉의 일부를 비용으로 삼아 보수한 뒤 전말을 기록
蒼獻帖序	閔丙奭	1885년. 규장각 檢校直閣. 1890년 관찰사 부임. 聖節이 되면 평양 사인들이 창광산 아래 天壇에 모여 송축한 뒤 홍범당에 가서 각기 頌禱詩를 율시 1수씩 짓기에 이 시를 모아 '창헌첩'을 만들었음. '蒼'은 창광산, '獻'은 남산의 장수를 헌수함(獻南山之壽)을 뜻함. 진사 金命羲와 참봉 崔商翼이 修禊列錄에서 제현의 이름을 시첩에 덧붙이고 서문을 요청하여 쓴 글
蒼獻帖序	尹容植	1885년. 翰林. 선조 尹陽來(시호 翼獻)가 관찰사로 온 인연(1736년 부임)으로 요청에 따라 쓴 서문
蒼獻帖序	金天洙	承旨. 선조 金繼輝(호 黃岡)가 1575년 관찰사로 부임한 뒤 기자의 가르침을 따라 강학 공간으로 홍범당을 세움. 김천수의 叔祖 金尙鉉(호 經臺)이 1876년에 관찰사로 부임하여 홍범당을 수리하고 물품을 보충함. 창광산 아래 天壇에서 千秋節에 축수하고 시를 지어 '창헌첩'을 만들 때 김상현의 후예라는 인연으로 요청하여 지은 글
蒼獻帖序	閔丙承	待敎. 선조 閔鎭遠(호 丹巖)이 1713년 관찰사로 와서 학문을 진흥시켰고 1884년에 관찰사로 부임한 부친 閔應植이 사인을 뽑아 홍범당에서 강습하게 했으므로 그 인연으로 司馬 李秉杰의 요청을 받아 쓴 글
蒼獻帖頌-并序	閔泳駿	1889년. 1888년 관찰사 부임. 1885년부터 매년 제천단에서 축수한 뒤 홍범당에서 지은 시를 모아 시첩을 만드는데 都正 金命羲가 시첩을 보여 주어 지은 頌
栗里鄕約序	徐念淳	1857년 관찰사 부임. 서염순이 관찰사로 왔을 때 율리에서 향약을 준수하고 있었는데 선조 徐命膺이 관찰사로 있던 1777년에 향약을 만든 인연으로 율리의 사인 文學奎 등이 契帖을 만들면서 서문을 요청하여 쓴 글
四崇齋序	南廷哲	1886년. 1885년 관찰사 부임. 『霞山稿』(「四崇齋記」). 사숭재는 1828년에 관찰사로 부임한 金魯敬(호 酉堂)이 세웠고, '사숭'의 '四'는 詩書禮樂임. 齋生 李源晋의 요청으로 쓴 글
釋奠儀節序	南廷哲	1885년 관찰사 부임. 『霞山稿』. 齋掌議로서 석전을 주관하던 黃岦이 『釋奠儀節』을 간행하면서 글을 요청하여 쓴 서문
三希齋序	南廷哲	1885년 관찰사 부임. 『霞山稿』(「新建三希齋序」). 녹봉의 일부로 비용을 대어 외성에 건물과 전답을 사서 강학 공간을 만들고 周敦頤의 "聖希天, 賢希聖, 士希賢"을 가져와서 '삼희재'로 명명한 뒤 黃岦에게 맡김

표 46. 1892년 읍지에 수록된 산문(계속)

제목	저자	출전 및 기타 사항
鄉禮三選序	閔泳駿	1888년. 1888년 관찰사 부임. 7세조 閔維重(시호 文貞)이 1669년에 관찰사로 부임했을 때 향음례, 향사례 의식을 가르치려고 새로 『小學』, 『五禮儀』, 『家禮備要』, 『喪禮備要』 등을 간행하여 여러 읍의 향교에 배포했음. 민영준이 관찰사로 온 뒤 녹봉 100여 만 전을 내어 각 읍 향교에 보내어 원금은 두고 이자로 세시의 제사 물품 마련과 경전 考訂을 보조하게 하고 향음, 향사, 향약의절을 담은 『鄉禮三選』을 간행하게 한 전말을 쓴 글
鄉禮契序	閔泳駿	1888년 관찰사 부임. 200금을 내어 향음례와 향사례를 행하게 하고 다시 300금을 내어 계를 결성하게 한 뒤 쓴 글
鄉禮契序	洪冕周	1888년. 1887년 서윤 부임. 閔泳駿이 관찰사로 온 뒤 교화를 강조하며 1만 4천여 금을 내어 향음과 향사 비용으로 삼고 『鄉禮三選』을 간행하여 배포한 뒤 평양 32방의 사인들이 契帖을 만들고 관찰사를 都約長, 서윤을 副約長으로 함
箕子陵陵官先生案序	閔泳駿	1889년. 1888년 관찰사 부임. 1889년 기자릉으로 승격하고 令 1명, 참봉 1명을 두고 재실에 輪直하게 함. 민영준이 재실에 '寅淸齋'로 편액을 닮. 능관의 명단을 만들어 영 李鍾游와 참봉 金冕夏가 글을 요청하여 쓴 서문
滄浪亭遺稿序	任憲晦	1875년. 창랑정은 外川에 있는 洪益圭의 정자. 홍익규의 종손이 유고를 가져와 글을 청하여 쓴 서문
蒼獻帖序	洪冕周	1890년. 1887년 서윤 부임. 어느 유생의 제안으로 창광산 아래에 단을 쌓고 담을 둘러 聖上千秋節과 元良誕日에 축수하고 홍범당으로 와서 송도의 뜻을 시로 짓기로 함. 관찰사 민병석이 그 뜻을 장려하여 '창헌첩'이라는 계첩을 만들고 명단을 작성함
浮碧樓重修記	洪良漢	1773년. 1772년에 관찰사로 부임한 尹東暹이 1773년 봄에 중성 담을 쌓고 부벽루 중수를 마친 뒤 글을 요청하여 쓴 기문
武烈祠重修記	洪良浩	1792년. 1791년 관찰사 부임. 『耳溪集』. 임진왜란 때 명나라 연합군과 평양성을 수복한 것을 관찰사 이원익이 조정에 보고하여 무열사를 건립하여 다섯 장수의 초상화를 봉안하고 제사를 지냄. 홍양호가 부임한 뒤 먼저 무열사에 참배했는데 李如柏 및 楊元, 張世爵의 초상은 불에 타고 건물이 퇴락하여 다시 보수한 뒤 駱尙志의 추향을 청해 재가를 얻어 이여백의 5세손 李源에게 제사를 지내게 하고 조정에서도 향축과 제문을 보내 줌. 무과를 설행했는데 급제자가 90여 인이었음
日新齋記	金獻柱	1777년. 1776년 서윤 부임. 부성 서쪽에 편액 없는 서재가 있는데 齋長 李民中 등이 청하여 '일신재'로 이름을 지어 줌. 이 서재는 사인 李馨善과 權養心이 자금을 마련하고 관찰사 李台重(1754년 부임)과 閔百祥(1757년 부임)이 도와 1760년경 공사를 시작하여 1762년에 완공

표 46. 1892년 읍지에 수록된 산문(계속)

제목	저자	출전 및 기타 사항
日新齋記	金勉柱	1802년. 1801년 관찰사 부임. 金勉柱는 金獻柱의 동생. '일신재' 편액을 김헌주가 손수 썼음. 1798년 김면주가 동지부사로 평양을 지날 때 제생들이 이 일을 알려 주면서 시문을 요청했으나 1801년에 관찰사로 부임한 뒤에야 그 전말을 서술하고 절구 1수를 씀
鄕校重建記	金甲壽	1804년. 진사(1780년 생원). 1804년 神祇를 仁賢里 九三院에서 공자 다음 순서로 神廟에 봉안. 당해 봄에 화재로 큰 피해를 입은 뒤 관찰사 李書九와 서윤 李永瑗이 20만 銅을 내어 구호사업을 하면서 향교를 중건하여 쓴 기문
梧里先生影堂重修記	洪義浩	1806년. 의주부윤. 中軍 李榏과 安定(순안) 縣令 沈應奎가 편지를 보내 관찰사 李勉兢과 서윤 李永瑗이 100금을 내어 기자궁 옆에 있는 이원익의 생사당 梧里影堂을 중수하고 글을 요청하여 쓴 기문
訓鍊院重修記	李完植	1817년 평양중군. 관찰사 徐有聞과 管城將 俞秉柱가 지원하여 훈련원을 중수한 뒤에 쓴 기문
育英齋記	趙斗淳	1845년. 예문제학. 1848년 관찰사 부임. 『心庵遺稿』. 외천에 강학 공간인 육영재를 1844년에 관찰사로 부임한 趙秉鉉이 건립
育英齋記	金晉敎	1844년 서윤 부임. 관찰사 趙秉鉉이 아버지 趙得永이 관찰사였을 때(1807년 부임) 교육과 교화에 힘썼던 인연으로 외천에 육영재를 건립하자 그 전말을 쓴 기문
九三院重修記	趙秉鉉	1845년. 1844년 관찰사 부임. 『成齋集』. 養正齋에서 三益齋였다가 九三院으로 바뀜. 구삼원 사인들의 요청으로 예전대로 중수하고 쓴 기문
崇範齋重修記	趙秉鉉	1845년. 1844년 관찰사 부임. 『成齋集』. 사인들의 요청으로 숭범재를 중수하고 쓴 기문
日新齋重修記	趙秉鉉	1845년. 1844년 관찰사 부임. 『成齋集』. 일신재를 중수한 뒤 쓴 기문
仁賢書院洪範堂鄕飮禮記	洪鍾應	1852년. 1850년 관찰사 부임. 1576년에 제사를 지내고 공부하는 공간을 건립했고 그때 徐渻(호 蓮峰)이 북경으로 사행을 갔다가 河南 사람에게서 기자의 초상을 가지고 와서(『평양지』에서는 서성이 감사일 때 조맹부가 그린 기자 그림을 얻었다고 했음) 이곳에 봉안하고 조정에 청해 사액됨. 1611년에 옛터에 숭인전을 세움. 1852년 5월에 사인들이 서원에서 향음례를 하자 쓴 기문
水門重建記	洪鍾應	1850년. 1850년 관찰사 부임. 대동문에서 남쪽으로 2리에 성의 움푹한 곳에 강물이 침식해서 중성과 외성에 수해가 있었으므로 고려 성종 때 수문을 설치. 돌을 쌓은 이 문을 속칭 陸路門이라고 했는데 오래되어 퇴락한 것을 관찰사로 부임한 해에 공사를 마침

표 46. 1892년 읍지에 수록된 산문(계속)

제목	저자	출전 및 기타 사항
日新齋重修記	李景在	1853년. 1853년 관찰사 부임. 1756년 이경재의 증조부 李台重이 관찰사가 되었는데(1754년에 부임) 어느 날 사인들이 「日新齋記」를 보여 주며 일신재가 이태중이 창건한 곳이라고 알려 줌. 일신재는 화재 이후 중건했고 퇴락해도 중수하여 강학 공간이 된 지 오래이고 승보시 우수자도 이 서재 출신이 많다는 내용
日影齋重修記	李景在	1854년. 1853년 관찰사 부임. 기자 유적이라는 설도 있고 옛날 관상측후소라는 설도 있음. 1740년(원문의 '肅宗庚申'에서 '肅宗'은 오기로 보임) 사인 宋奎運이 못 옆에 일영재를 만들었고 당시 관찰사 閔應洙(1738년 부임)가 그 일을 써서 찬미함
浮碧樓重修記	徐念淳	1857년. 1857년 관찰사 부임. 서염순의 종숙부 徐榮輔(호 竹石)가 1808년에 관찰사로 부임하여 부벽루를 수리하고 李晩秀(屐園)가 중수기를 쓴 지 50년 뒤 서염순이 관찰사로 부임하여 중수한 뒤에 쓴 기문
水月樓記	徐念淳	1857년 관찰사 부임. 선화당 동쪽에 있는 天一樓의 이명. 서영보가 관찰사로 있을 때 같은 건물이라 2층 건물에는 따로 이름을 붙이지 않고 건물에 '六軍鳧藻' 4자를 붙였음. 이후 화재가 났는데 그 재건 과정에서 1층 天一堂을 '川至堂'이라고 하면서 '六'은 물의 수, '軍'은 물의 상, '鳧'는 물새, '藻'는 물풀이라고 설명했고 그 뒤로 50년간 화재가 없었음. 불의 기운을 억누르기 위해 서염순이 2층 건물을 '水月樓'라 하고 쓴 기문
凝碧亭記	韓啓源	1870년. 1869년 관찰사 부임. 퇴락한 누대를 수리하면서 부성에서 암문을 통해 북성으로 가면 水月菴이 있는데 그 앞 빈터를 사서 새로 응벽정을 짓고 쓴 기문
普通門重修記	韓啓源	1870년. 1869년 관찰사 부임. 속칭 神門. 채제공(1774년 관찰사 부임)이 앞쪽을 중건했고 沈象奎(1819년 관찰사 부임)가 後門을 중수. 한계원이 부임하여 성곽, 누대 등 10여 구역을 수리한 뒤 쓴 기문
箕宮敍倫堂記	韓啓源	1872년. 1869년 관찰사 부임. 기자가 말을 타고 올 때 黃州의 鐵島에 처음 머무른 것을 기려 철도에 당을 만들어 기자의 초상을 두었는데, 한계원이 부임한 해 가을에 조정에서 서원철폐령을 내리자 한계원이 평양의 한씨 종가와 의논하여 외성의 기자궁 옆에 초상을 봉안한 당을 세운 뒤에 쓴 기문
平遠堂記	趙成夏	1875년. 1874년 관찰사 부임. 만수대 끝자락이자 선화당 北園 언덕 위 다경루 옆에 있는 평원당을 1875년에 수리한 뒤 쓴 기문

표 46. 1892년 읍지에 수록된 산문(계속)

제목	저자	출전 및 기타 사항
敬臨堂重建記	俞致益	1877년. 1876년 서윤 부임. 관찰사 金尙鉉이 장로들에게 의견을 구한 뒤 퇴락한 관청(內衙)을 새로 지으면서 서윤의 관청을 '敬臨當', 북쪽 건물을 '近民堂', 서쪽 건물을 '三愛堂', 서남쪽의 기실을 '中軒堂'이라고 함. 서윤 관아를 중건한 뒤 쓴 기문
靜海門重修記	金尙鉉	1878년. 1876년 관찰사 부임. 서울에서 평양까지의 거리는 550리. 내성을 축소하면서 정해문을 만들었는데 '바다는 잔잔하고 하늘은 맑다(海晏天淸)'는 의미. 1878년에 문의 붕괴를 우려하여 중수한 뒤 쓴 기문
得月樓重修記	金尙鉉	1876년 관찰사 부임. 예전에 관찰사 閔鎭遠(1713년 부임)이 북성을 쌓고 승려들을 모아 군대를 조직하여 군사훈련을 했고 강동현감이 북성장이 되었음. 이후 민진원의 손자 관찰사 閔百祥(1757년 부임)이 守堞軍 100명을 조직해 군사훈련을 함. 북성의 영명사 내에 있는 득월루를 수리한 뒤 이곳이 북성군과 관련된 곳인데 지금은 승려들이 걸식하느라 군사 훈련을 하지 않는 것을 개탄하는 내용
轉錦門重修記	閔泳緯	1879년. 1878년 관찰사 부임. 전금문은 민영위의 조부 閔鎭遠(시호 文忠)이 세운 것으로, 퇴락하여 1879년에 을밀대 서북쪽 모퉁이에서 동쪽 암문까지의 성곽과 북성의 전금문을 수리한 뒤 쓴 기문
日影齋記	閔泳緯	1881년. 1878년 관찰사 부임. 조부 민진원이 함구문 안에 연못을 파서 觀象測候所로 삼았고 강학 공간으로 日影齋를 만듦. 일영재를 세습해서 지키고 있는 宋基兆가 일영재 관련 내용을 정리한 책을 꺼내 글을 요청하여 쓴 기문
制勝堂重建記	丁若豊	1884년. 평안중군. 1883년 봄 중군영에 화재. 관찰사 金永壽(1882년 부임)가 제승당 중건 공사에서 인력 동원 문제를 걱정하자 정약풍이 공사를 주도하였음
梧里祠重修記	尹泰元	1884년. 1883년 서윤 부임. 오리사는 부 남쪽 外川 2리에 있음. 관찰사 金永壽가 100금을 내어 수리하기로 하여 有司 金永瓛이 감독하여 완공한 뒤 요청하여 쓴 기문
遊平遠堂記	南廷哲	1886년. 1885년 관찰사 부임. 『霞山稿』(「平遠堂記」). 평원당은 선화당 북쪽에 있으며 관찰사의 휴식공간임
泛蓮堂重修記	南廷哲	1885년. 1885년 관찰사 부임. 『霞山稿』(「泛蓮堂記」). 부임하여 감영에 갔을 때 선화당 서쪽에 있는 건물이 공사중이라 물어보았더니 호부종사 李濬相이 1884년에 화재로 불타 1885년 봄에 전 관찰사 閔應植이 공사를 명하였으나 아직 완공되지 않았다고 답함. '泛蓮'은 모두 물과 관련된 것으로 1804년 대화재 이후로 이렇게 이름을 붙임. 남정철은 이름은 그대로 두되 그 의미를 물에 떠 있는 연의 미덕으로 설명함

표 46. 1892년 읍지에 수록된 산문(계속)

제목	저자	출전 및 기타 사항
閱雲亭重建記	南廷哲	1887년. 1885년 관찰사 부임. 열운정은 大同丞의 관청. 예전에는 대동관 東廂에 있는 正廳이었음. '열운정'은 楊士彦이 지었음. 임진왜란 때 불에 타고 나서 십수 년 이후에 찰방 趙伯益이 중건하였고 李廷龜가 기문을 씀. 1804년 화재로 賓館 동쪽에 우거한 지 80여 년이 되었음. 1887년 대동승 金持元이 이 사실을 알리면서 건물 공사를 권하기에 남정철이 2,500緡을 지원하고 김지원도 녹봉을 덜어 당시 定州邸舍로 쓰던 열운정 옛터를 사들이고 넓혀서 관청을 만들고 열운정 옛 편액을 건 뒤 요청에 따라 쓴 기문
鄕社堂重修記	南廷哲	1888년. 1885년 관찰사 부임. 1884년에 동지부사로 북경에 가는 길에 평양에 들러 亞官의 업무처인 향사당에서 사흘을 묵고 돌아올 때도 사흘을 묵었는데, 건물이 낡은 것을 보고 1888년에 이임할 때 중수해 줄 것을 청하여 200金을 지원하여 공사하게 하고 쓴 기문
鏡波樓重修記	李應辰	1886년. 연광정과 부벽루 사이에 있는 城樓인 경파루가 1885년 큰비로 무너졌는데, 관찰사 南庭哲이 1886년에 중수한 뒤 글을 청하여 쓴 기문. 洪良浩가 창건하고 李景在, 南庭哲이 중수했다는 사실을 밝힌다는 내용
行飮射禮記	閔泳駿	1888년. 1888년 관찰사 부임. 민영준의 7세조 閔維重(시호 文貞)이 관찰사로 있을 때 학문 진흥의 공이 있었고, 이에 민영준은 1884년에 영변부사로 있을 때 各社에서 향음례를 한 경험을 살려 『鄕飮三選』을 만들어 여러 읍에 배포한 뒤 봄가을 석전한 다음 날 가르치도록 하고 각 읍에 300금을 지원하여 修禊를 하도록 함. 각 읍의 2인이 11월에 선화당에서 향음례를 행하여 다음 날 五詢亭에서 향사례를 한 뒤 쓴 기문
寅清齋記	閔泳駿	1889년. 1888년 관찰사 부임. 金命來가 기자묘를 능으로 승격해 달라고 상소를 올려 1889년에 기자릉으로 높이고 향축을 보내 고유제를 지낸 뒤 丁字閣과 典祀廳 및 인원 증설을 관장하게 함. 기자릉 재실 '寅清齋'를 지은 뒤에 쓴 기문
多景樓重修記	閔泳駿	1888년 관찰사 부임. 선화당 북쪽 언덕 위에 평원당과 나란히 있는 다경루를 중수한 뒤 지은 기문
義烈祠重修記	閔泳駿	1888년 관찰사 부임. 관찰사 鄭晩錫이 계월향의 초상을 그려 藏香閣에 봉안하고 제사를 지내다가 40여 년 뒤 鄭元容이 衣田峴에 의열사를 세움. 사당이 퇴락하여 부의 사인이 수리할 것을 청하여 500金을 내어 중수하고 제사를 지낸 뒤 쓴 기문
時雨堂記	閔泳駿	1889년. 1888년 관찰사 부임. 1889년 여름에 가뭄이 들어 좌영에서 재계하고 숭인전에서 제사를 지내자 사흘 뒤에 큰비가 내림. 조정에서 親軍을 설치하자 민영준이 이런 뜻을 담아 친군영 건물을 '시우당'이라고 하고 쓴 기문

표 46. 1892년 읍지에 수록된 산문(계속)

제목	저자	출전 및 기타 사항
荷恩堂記	閔泳駿	1889년. 1888년 관찰사 부임. 1889년 대동강을 건너기 전 대동문 맞은편에 '하은당'을 지어 신구 관찰사가 交龜하는 장소로 삼게 한 뒤 쓴 기문
日影齋記	閔觀植	1885년. 1885년 서윤 부임. 평양 사인 宋基兆의 집안과 민관식의 族祖 閔鎭遠(호 丹巖)이 친분이 있었는데, 송기조는 日影齋를 대대로 받는 후손으로 민관식에게 일영재를 보러 오기를 요청하여 일영재와 일영지를 둘러본 뒤 요청을 받아 쓴 기문
洪範堂重修事蹟記	楊基稷	1878년. 進士(1846년 진사 급제). 1576년 관찰사 金繼輝가 學古堂을 세워 강학 공간으로 삼은 뒤 曹三省(호 文堂 및 楊德祿(호 晦軒)에게 의견을 구해 학고당 왼쪽 땅에 洪範堂을 세웠음. 시대가 흘러 강학 공간이 사라지자 양기직이 정언 曺承鐸과 1876년에 부임한 관찰사 金尙鉉이 선조 김계휘의 뜻을 이어 홍범당을 중수하고 규범을 만들며 향사례와 향음례를 지내도록 한 전말을 쓴 기문
愛蓮堂重建記	閔丙奭	1890년. 1890년 관찰사 부임. 1542년 관찰사로 부임한 선조 閔齊仁이 애련당을 건립. 민병석이 관찰사로 부임한 뒤 애련당을 중수하고 쓴 기문
愛蓮堂記趺	閔丙奭	1890년. 1890년 관찰사 부임. 선조 민제인이 세운 애련당이 화재로 인해 없어져서 이번에 중건한 뒤 민제인이 쓴 기문을 읍지에서 찾아 나무판에 새겨 애련당에 걸어 놓는다는 내용
松桂堂記	閔丙奭	1890년 관찰사 부임. 1878년에 조부 閔泳緯가 관찰사로 부임할 때 민병석이 따라와 선화당 북쪽에 있는 平遠堂에서 독서함. 관찰사로 부임한 뒤 여러 사람들과 이곳에서 독서하면서 韓愈의 시구 "讀書松桂林"에서 따온 '松桂堂'이라는 편액을 달았음
邃明齋記	閔丙奭	1891년. 1890년 관찰사 부임. 1891년 겨울에 德行科를 설행하는 일을 보고하고 허락을 받아 청천강 남북에 賓興所를 두었는데 평양의 빈흥소는 '수명재'임
練光亭重修記	閔丙奭	1893년. 1890년 관찰사 부임. 연광정이 평양을 대표하는 누각이기에 부득이하게 중수하였고, 1879년 관찰사였던 조부 閔泳緯와 연광정에 올라 시를 지었던 적이 있기 때문에 더 감회가 있어서 무너지기 전에 중수했으며, '연광'은 공자의 뜻을 담은 이름이라는 내용
九三院重修記	閔丙奭	1891년. 1890년 관찰사 부임. 구삼원은 관찰사 徐命膺이 사인을 양성하기 위해 外川 정전에 건립한 것으로 九疇閣과 三益齋를 합쳐 '구삼원'이라고 부름. 1891년에 민병석이 덕행과 설행을 허가받은 뒤 사인들을 선발하여 향교와 구삼원에 있도록 했는데 구삼원이 낡아서 걱정하자 중수한 뒤 쓴 기문

표 46. 1892년 읍지에 수록된 산문(계속)

제목	저자	출전 및 기타 사항
望美亭記	閔丙奭	1893년. 1890년 관찰사 부임. 선화당 북쪽 언덕인 萬壽臺에 글자를 새기고 나무를 심고 그 앞에 1間 4楹 규모의 정자를 지어 남쪽 편액은 '망미정', 북쪽 편액은 '依斗樓'로 달고 지은 기문
存道齋記	閔丙奭	1890년 관찰사 부임. 천주교가 횡행하는 상황에서 덕행과를 설치하고 봄가을에 시취하고 향음례와 향사례를 익히며 인재를 뽑아 學宮에서 공부하게 하려고 齋室을 설립했고 민병석의 녹봉 30여만 錢으로 비용을 처리하게 함. 재실의 이름을 모두 '존도재'라고 붙였으며 평안도 내 재실은 모두 32개로, 소재지는 평양, 중화, 상원, 삼등, 성천, 자산, 개천, 순안, 숙천, 안주, 박천, 영변, 태천, 정주, 가산, 곽산, 용강, 운산, 위원, 용천, 선천, 강서, 삼화, 구성, 의주, 함종, 맹산, 희천, 철산, 삭주, 영유, 강동 지역임
聖廟重修記	全秉翼	1892년. 禁府都事. 1890년에 부임한 관찰사 민병석이 學政에 힘써서 덕행과를 설치하고 存道齋를 건립하며 봄가을에 試取하는 등 학문을 독려하였음. 문묘가 퇴락하여 관찰사와 서윤 洪冕周가 수리를 명하여 완공한 뒤 전말을 쓴 기문
箕子陵丁字閣重建上梁文	閔泳駿	1889년. 1887년 관찰사 부임. 1889년 기자릉으로 승격한 뒤 정자각을 중수하고 증축한 뒤 쓴 상량문
得月樓上梁文	玄光宇	1753년. 종사관. 관찰사 洪象漢이 부친 洪錫輔(1726년 부임)가 관찰사로 있을 때 부벽루 시를 게시하고 영명사 일대에 왔던 기억을 떠올리며 녹봉을 덜어 득월루를 신축하면서 쓴 상량문
三益齋重建上梁文	尹履相	1776년. 종사관. 1740년에 부임한 관찰사 徐宗玉(시호 文敏)이 삼익재를 만들어 사인들을 양성했는데 서종옥의 아들 徐命膺(호 恬溪)이 1776년에 관찰사로 부임하여 녹봉을 덜어 삼익재를 중건하면서 쓴 상량문
崇義齋上梁文	金啓洛	1792년. 楚山府使. 관찰사 洪良浩가 임진왜란 때 도와준 명 장수의 사당 무열사를 중수하면서 녹봉 千金을 내어 강학 장소로 두 書齋를 지으면서 쓴 상량문
喜雨樓上梁文	李晩秀	1811년. 1810년 관찰사 부임. 『屐園遺稿』. 누각의 이름은 '희우'로 정자 이름을 지은 蘇軾의 전례를 따랐고 '희'가 인간의 七情 중 가장 먼저 발하는 것이며 '우'는 하늘의 기운 중 가장 좋은 징조여서 붙임. 희우루를 건립하면서 쓴 상량문
五詢亭重建上梁文	鄭元容	1836년. 內閣提學. 1833년 관찰사 부임. 『經山集』. 오순정은 선화당 서쪽 壁月池 근처에 있음. '오순'은 '司徒之詢五物'이라는 의미. 원래 이름은 '反求亭'인데 활쏘기나 투호를 하고 양로를 위해 주연을 베푸는 장소. 관찰사 徐命膺이 증축하였고 이후 관찰사 李紀淵(호 海谷)이 중건하였음

표 46. 1892년 읍지에 수록된 산문(계속)

제목	저자	출전 및 기타 사항
育英齋上梁文	趙秉鉉	1845년. 1844년 관찰사 부임. 조병현의 아버지 趙得永이 1807년 관찰사로 부임. 『成齋集』. 書齋 육영재를 건립하면서 쓴 상량문
轉錦門重修上梁文	閔泳緯	1879년. 1878년 관찰사 부임. 1713년에 관찰사로 부임한 선조 閔鎭遠(호 丹巖)이 북성을 만들었던 일을 생각하고 북성의 남문 전금문을 중수하면서 쓴 상량문
制勝堂重建上梁文	金永壽	1884년. 1882년 관찰사 부임. 제승당이 화재로 전소된 뒤 중건하면서 쓴 상량문. 중영에 있는 당으로 추정됨
鏡波樓重建上梁文	南廷哲	1886년. 1885년 관찰사 부임. 『하산집』. 좌영에 속한 경파루를 중건하면서 쓴 상량문
三希齋上梁文	金弼洙	1888년. 內閣提學 江東縣監. 관찰사 南廷哲이 강학 공간 三希齋를 건립. '삼희'는 周敦頤의 "聖希天, 賢希聖, 士希賢."에서 따온 것임
愛蓮堂重建上梁文	閔丙奭	1890년. 1890년 관찰사 부임. 1542년에 관찰사로 부임한 선조 閔齊仁이 애련당을 만들었는데, 화재로 불탄 애련당을 중건하면서 쓴 상량문
世賢祠上梁文	洪冕周	1890년. 1887년 서윤 부임. 1669년에 부임한 관찰사 閔維重(호 芚村)이 학문을 진흥했던 것을 1713년에 閔鎭遠(호 丹巖)이 관찰사로 부임해서 龍谷書院에 지원하면서 선조의 유업을 계승했고 1878년에 부임한 관찰사 閔泳緯(호 蘂屐)가 선대의 유업을 계승하여 기자 사당의 제사에 제수를 보태고 지원했기에 창광산 근처에 이들을 제향하는 사당을 지으면서 쓴 상량문
存道齋上樑文	洪冕周	1893년 1887년 서윤 부임. 관찰사 閔丙奭이 三世에 걸쳐 관찰사로 와서 학문을 진흥시키고 덕행과를 설치하고 녹봉을 덜어 선비 양성을 지원함. 민병석이 독실하고 학행이 있는 평양 사인 黃岦(호 井圃)을 찾아간 뒤 서재 존도재를 짓게 했음. 서윤 홍면주가 축하하는 의미에서 쓴 상량문
望美亭上樑文	閔丙奭	1893년. 1890년 관찰사 부임. 북문 밖 언덕에 망미정을 지으면서 쓴 상량문. '望美'는 杜甫의 忠義를 흠모하여 누각 이름을 지은 蘇軾을 따라 지은 이름
浿水賦	徐念淳	1857년 관찰사 부임. 평양에 대해 쓴 賦
旗幟新備後祭文	徐念淳	軍旗를 새로 만든 사실을 알리기 위해 쓴 제문

이상 권하

4) 선대의 유업을 계승한 관찰사

1892년 읍지에 수록된 산문을 보면 흥미로운 경향 하나를 발견할 수 있다. 평안도관찰사는 중앙에서 파견하는 지방관이므로 당연히 공무를 수행하는 것이 이들의 가장 주된 관심사였다. 그런데 몇몇 글을 보면 이들이 했던 일들 중 일부는 공무이기도 하지만 동시에 어떤 개인적인 소명의식에 따른 것처럼 보이는 측면이 있다. 일단 평안도관찰사로 한정할 때 혈연관계로 이어진 사람들을 적지 않게 발견할 수 있는데, 이는 곧 선조를 이어 관찰사로 온 후손들이 정해진 공무 외에 새로운 사업을 하거나 지원할 때 선조의 유업을 강하게 의식하고 계승하려 했음을 의미할 것이다.

대표적으로 1727년에 관찰사로 온 윤두수의 5대손 윤유가 윤두수의 『평양지』를 이어 『평양속지』를 간행한 것도, 또 이때 『평양지』의 항목과 체제를 그대로 유지했던 것도 기본적으로는 선조가 읍지를 간행했을 때의 의도와 기획을 존중한다는 의미였을 것이다. 그런데 실제로 평안도관찰사로 부임한 사람이 가장 많은 가문은 여흥 민씨인 민제인(閔齊仁) 일가였는데, '관찰사 중 여흥 민씨 일원'을 정리하면 표 47과 같다.

여러 글을 볼 때 애련당은 민제인이 지었기 때문에 관찰사로 온 후손들이 애련당 개축에 중점을 두었고, 민유중(閔維重)과 민진원(閔鎭遠)이 학문을 진흥하고 향례를 강조한 일 역시 후손들에게 계승할 업적으로 남았다. 특히 민진원이 북성을 축조하고 북성군을 조직했으며 함구문 안에 연못을 판 뒤 옆에 강학 공간을 설립했기 때문에 이런 점들도 후손들이 관찰사가 되면 할 일에 포함되었다.

여흥 민씨 일문에서 관찰사로 온 사람이 가장 많기는 했지만, 혈연으로 이어져 선대 업적을 계승하는 것은 다른 가문에서도 찾아볼 수 있다. 광산 김씨 가문에서는 1575년에 온 김계휘(金繼輝)가 강학 공간인 홍범당을 설립한 것에 이어 1876년에 온 후손 김상현(金尙鉉)이 홍범당을 수리하고 지원했다. 대구 서씨 가문에서는 1740년에 온 서종옥, 1777년에 온 서명응, 1808년에 온 서영보(徐榮輔), 1857년에 온 서염순(徐念淳)을 들 수 있다. 서종옥은 강학 공간 삼익재를 만들었는데 이후 아들 서명응이 부임하여 삼익재를 중건했고, 서영보가 부벽루를 수리하자 이후 서염순이 종숙부 서영보를 따라 부벽루를 중수했다. 또 서염순은 서영보가 천일루에 화재를 막는 편액을 붙인 일을 따라하기도 했다.

풍양 조씨 가문에는 1807년에 온 조득영(趙得永)과 1844년에 온 조병현(趙秉鉉)이 있다. 이들은 부자 관계로 조병현은 부친 조득영이 교육과 교화에 힘쓴 점을 이어 육영재를 건립했고 구삼원, 숭범재, 일신재를 중수했다. 한산 이씨 가문에는 1756년에 온 이태중(李台重)과 1853년에 온 이경재(李景在)가 있다. 이태중의 증손자인 이경재도 일신재를 창건한 증조부의 업적을 계승하기 위해 일신재를 중수했다. 동래 정씨 가문에는 1811년에 온 정만석(鄭晩錫)과 1833년에 온 정원용(鄭元容)이 있다. 정만석은 임진왜란의 의기 계월향을 장향각에 봉안하고 제사를 지냈는데 이를 이어 정원용이 의열사를 세웠다.

풍산 홍씨 가문에는 1698년 서윤 홍중기(洪重箕) 이래 1726년에 온 홍석보(洪錫輔)와 1752년에 온 홍상한(洪象漢), 1791년에 온 홍양호(洪良浩)가 관찰사로 부임했고, 1806년에 홍인모(洪仁謨)가 서윤으로 왔다. 홍석보가 관찰사로 왔을 때 아들 홍상한도 따라 왔었는데 그는 이때 부벽루 시를 게시하고 영명사 일대에 왔던 기억을 떠올리며 나중에 관찰사로 왔을 때 득월루를 신축했고, 홍양호는 1791년에 관찰사가 되어 득월루를 중수했을 때 종형(宗兄) 홍상한을 떠올렸다. 홍석주(洪奭周)의 「청류벽마애기(淸流壁磨崖記)」에 따르면 평양부민들이 서윤으로 온 5세조 홍중기와 고조부 홍석보, 증조부 홍

표 47. 관찰사 중 여흥 민씨 일원

이름	부임 연도	혈연관계	업적 및 관련 글
閔齊仁	1542년		애련당 건립
閔聖徽	1630년 1637년		
閔維重	1669년	민제인의 5대손	소학과 향례를 강조했으며 『小學』, 『五禮儀』, 『家禮備要』, 『喪禮備要』 등을 간행하여 배포
閔宗道	1675년		
閔就道	1689년		
閔鎭周	1696년	閔光勳의 1남인 閔蓍重의 아들	
閔鎭遠	1713년	민광훈의 3남인 민유중의 아들	학문 진흥 및 향례 강조. 북성 축조 및 전금문 건립. 함구문 안에 연못을 파서 관상측후소로 삼고 강학 공간으로 일영재를 지음. 민유중을 이어 용곡서원 지원하여 학문 육성
閔應洙	1738년	민진주의 아들	민진원이 만든 일영재에 대해 「일영재기」 작성
閔百祥	1757년	민진원의 손자, 閔亨洙의 아들	북성을 축조하고 북성군을 조직한 민진원을 이어 수첩군 조직, 득월루 수리
閔百興	1769년	민백상의 동생	
閔鍾顯	1798년	閔百瞻의 아들, 조부 閔遇洙, 증조부 閔鎭厚, 고조부 閔維重	
閔泳緯	1878년	閔元鏞의 아들, 閔致和의 손자	북성을 세운 선조 민진원을 이어 성곽 및 북성 전금문 수리, 「일영재기」 작성, 기자 사당 제사 지원, 동양지를 파고 활래정 지음, 민유중을 이어 인현서원 학규 수정
閔應植	1884년	閔泳愚의 아들, 閔漢俊에게 입양	민진원을 따라 사인을 선발하여 홍범당에서 강습
閔觀植	1885년		평양서윤. 민진원 족손. 「일영재기」 작성
閔泳駿	1888년	조부 閔致敍, 閔蓍重의 7대손	閔泳徽로 개명. 홍범당에서 시은 시를 모아 시첩을 만듦. 7대 선조 민유중을 따라 『향례삼선』 간행. 향사례와 향음례를 행하게 함. 향례계 조직

표 47. 관찰사 중 여흥 민씨 일원(계속)

이름	부임 연도	혈연관계	업적 및 관련 글
閔丙奭	1890년	민관식의 아들, 민영위의 양손자	민유중, 민진원을 따라 대학 강조. 강학 공간 '수명재' 지음. 민제인, 민유중을 이어 애련당 개축. 조부 민영위를 따라 평원당에서 독서했고 부임 뒤 '송계당' 편액을 닮. 민영위와 연광정에 올라 시를 지었던 적이 있으며 연광정 중수. 민유중, 민진원을 이어 향례 지원, 재실 건립. '존도재' 건립. 북문 밖에 망미정 지음

상한 삼세(三世)의 유애각석(遺愛刻石)을 청류벽에 새겨 놓았는데 1806년에 홍인모(洪仁謨)가 서윤으로 부임한 뒤 이끼를 제거하고 붉게 칠했으며 영명사 밖의 비각에 일가인 홍낙명이 기문을 썼다고 했다. 서윤으로 형제가 연이어 부임한 경우도 있다. 경주 김씨 가문에서 1776년에 김헌주가 서윤으로, 1801년에 동생 김면주가 관찰사로 왔는데, 김면주는 형이 사인의 서재에 '일신재'라는 이름을 지어주고 편액을 손수 썼다는 이야기를 듣고 「일신재기(日新齋記)」를 썼다.

아버지든 할아버지든 아니면 더 윗대의 조상이든 집안의 누군가와 인연이 있던 곳은 각별하게 와닿을 것이다. 게다가 평안도관찰사는 아무나 할 수 없는 높은 자리였고 이 지역에 왔을 때 선조의 유업이 가시적으로 남아 지역민들이 기억하고 있다면 새로 부임한 관찰사로서는 한편으로 뿌듯하면서도 다른 한편으로 자신도 무엇인가를 해야만 할 것 같은 부담감을 느꼈을 것이다. 그런 인식이 있었기에 관찰사든 주변 인물이든 거주민이든 어떤 일을 기록하는 기문을 쓸 때는 자연스럽게 이런 점들을 부각시켰다. 당사자인 관찰사에게는 이 지역에서 선조부터 이어지는 가문의 명망을 떨어뜨리지 않으려는 노력의 일환이었겠지만, 거주민에게는 지역 발전을 위해 관찰사의 호의와 성의를 이끌어 낼 만한, 놓칠 수 없는 또 다른 기회로 작용했을 것이다.

2. 사행록과 시문의 평양 관련 서술

1) 사행록의 평양 관련 서술

평양 읍지는 여러 차례 간행되었지만 그 시기는 대략 16세기 말, 18세기 전반, 19세기, 20세기 초반으로 정리할 수 있다. 17세기, 18세기 후반 등 읍지 간행의 공백 시기에 따라 생략된 당대성을 채우기 위해, 또 공시적인 사실 정보만으로는 알기 어려운 구체적인 양상을 파악하기 위해 연구자들은 여러 시문을 활용하게 된다. 음악이나 회화 같은 분야의 연구에서도 읍지와 함께 문학작품을 비중 있게 다루는데, 당대의 공연 양상과 레퍼토리, 당시의 분위기와 사람들의 인식 등 지역에 대한 인상과 관심도를 이해하는 데 도움이 되기 때문이다. 평양은 사행로에 있었고 사신들은 체류하면서 평양의 여러 곳에 대한 기록을 남겼다. 따라서 연행록 자료에는 그 비중이 크지는 않아도 평양에 대한 기록이 많기 때문에 연행록은 통시적인 변천 양상을 보기에 적합하다. 여기에서는 편의상 한국고전번역원에서 현재까지 구축한 연행록 자료 관련 데이터베이스를 중심으로 평양에 대한 기록들을 정리했다.

사행 자료에서 가장 주안점을 둔 것은 가 볼 기회가 적은 중국의 지리 정보였지만, 사신들은 평양에 대해서도 흥미를 끌었던 일들을 기록했다. 이들 자료에서 주목할 만한 부분을 다음 몇 가지로 정리할 수 있다.

먼저, 사신으로 갈 때 관찰사 및 평양부 관리들의 응대 양상을 구체적으로 볼 수 있다. 사신이 오면 관찰사가 관선을 대기하고 맞이한다든가 이들이 묵는 숙소가 위계를 가진다는 점 등을 읽어 낼 수 있는데, 상황에 따라 다른 곳으로 옮기기도 하고 시대에 따라 숙소의 위상이 달라지기도 했다. 기본적으로 대동관 동쪽과 서쪽 건물은 상객(上客)만 묵을 수 있었고 관선은 사신이나 당상관 이상만 탈 수 있었다. 또 19세기 기록을 보면 예전에는 서장관의 숙소였던 연광정이 이 시기에는 정사의 숙소가 되었다는 내용도 있다. 중국에 가는 사신과 동침하는 기생을 특별히 '별부(別付)'라고 지정하여 응대하는 관례도 있었다.

그다음으로 사신들이 평양에 올 때에는 평양을 유람하고 싶다는 강한 목적의식이 있었기 때문에 어딘가를 방문하고 특별히 관심을 보이는 부분도 있었다. 이들의 기록을 보면 시대에 따른 작은 변화들을 볼 수 있는데, '제일강산(第一江山)' 편액은 초연대가 건립된 뒤에 그쪽으로 옮겨 달았지만 19세기로 오면 다시 연광정에 '제일강산' 편액이 걸려 있었다. 김황원(金黃元)의 연구(聯句)는 원래 부벽루에서 쓴 것이지만 어느 시점에서 연광정에 걸리게 되었고 이곳에 온 이만수(李晩秀)와 홍의호(洪義浩), 홍석주(洪奭周)가 김황원의 연구에서 남은 부분을 채워 시를 완성하여 걸어 두자 이 시가 사람들의 새로운 관심거리가 되었고, 누각에 있는 시문에 대해 평가하는 일도 이어졌다. 임숙영(任叔英)의 기문에 대한 언급도 찾아볼 수 있다.

왕명을 받고 떠나 공식 업무를 수행하는 사행단이 사행로의 각지에서 접대받는 것은 당연한 일이었지만, 기본적으로 이들도 일련의 접대가 지역마다 부담을 가중시키는 일종의 민폐에 해당된다는 사실을 자각하고 있었다. 그래서 예전 명나라 사신의 '평양승적' 관례와는 달리 각자의 관심사에 따라 특정한 영역들을 찾아갔다. 또 평양에는 누정이 많은 만큼 여러 누정을 다니면서 누정마다 독특한 경관이나 분위기를 파악했다. 예컨대 연광정의 경우 올라가면 서쪽으로는 평양성 시내가 보이고 동쪽으로는 대동강과 그 너머의 십리 장림(十里長林)도 보였기 때문에 평양의 전경을 다 볼 수 있다는 장점이 부각되었다. 연광정의 주된 비교 대상은 부벽루였는데, 부벽루는 평양 성내와 떨어져 있었기 때문에 맑고 시원한 기운이 있다는 점이

표 48. 연행록에 제시된 평양 관련 기록

<table>
<tr><th>사행 날짜</th><th>내용</th></tr>
<tr><td colspan="2">權橃, 『冲齋集』(「朝天錄」)</td></tr>
<tr><td>1539년
8월 9일</td><td>• 재송정을 거쳐 대동강에 도착했다. 감사 金麟孫이 亭子船을 대기시켜 맞았는데 음악과 술이 차려져 있었고 妓樂을 태운 배 두 척이 옆에 있어서 번갈아가며 음악을 연주했는데 이것이 관례이다. 상류로 올라가 부벽루에서 술자리를 차리고 서윤, 판관과 술을 마셨다. 감사와 兩使는 가마를 타고 왔고 기생도 말을 타고 와서 촛불을 들고 춤을 추며 노래를 부르고 악공들이 음악을 연주했는데 이것도 관례이다. 길에서 다시 술을 마신 뒤 대동관에 유숙했다. 부사가 황주 기생을 데리고 왔다.</td></tr>
<tr><td>1539년
8월 10일</td><td>• 아침에 쾌재정에 올라 중국 사신의 시를 보았고 저녁에 술과 음악을 연주하는 배를 타고 車避門으로 가서 영귀루에 올라 술을 마셨다. 저녁에 파하고 돌아오는데 어제처럼 음악을 연주하는 사람들이 앞을 인도하였다.</td></tr>
<tr><td>1539년
8월 11일</td><td>• 연광정에서 御使를 전별하였다. 술을 마신 뒤 대동문 풍월루에 올랐다.</td></tr>
<tr><td>1539년
8월 12일</td><td>• 오후에 감사가 쾌재정에 올라 술자리를 마련하였다.</td></tr>
<tr><td colspan="2">許篈, 『朝天記』</td></tr>
<tr><td>1574년
5월 22일</td><td>• 평양부 남쪽 10여 리에 있는 栽松亭은 언덕 위에 있는 정자로 중국으로 사행 가는 이가 옷을 갈아입는 곳으로 사용한다.
• 재송정 앞에는 서윤 李元孫의 遺愛碑가 있으며 이원손의 기일에 부민들이 제사를 지낸다.
• 허봉과 同榜인 李剛, 金文豹(개성인), 金德豪, 楊德禧, 金台佐가 맞아 평양으로 같이 갔다.
• 십리 장림 안은 서늘하고 대동강이 숲 밖으로 희미하게 보인다.
• 관찰사 李文馨이 妓樂을 실은 배를 타고 맞았고 도사 李希得과 찰방 金希弼이 동석하였다. 배의 현판은 '乘碧亭'이고 띠풀로 덮고 金碧으로 꾸몄다.
• 덕암 위의 연광정은 李繼孟이 지었으며 洪愼과 洪淵 부자가 이어 서윤이 되었을 때 꾸미고 다듬었다. 이 정자의 전망은 밤이 가장 좋다.</td></tr>
<tr><td>1574년
5월 23일</td><td>• 대동관 대청에서 方物을 다시 봉하고 淸華館에 가서 일행의 짐을 재고 중국인이 新館에 있다는 말을 듣고 만났다.
• 감사가 부벽루에서 불러서 장경문 밖으로 나갔는데 강을 따라 있는 절벽은 중국 사신 吳希孟이 '淸流壁'이라고 이름 지은 것이다.
• 부벽루는 영명사 남쪽에 있고 동명왕 구제궁 옛터이다. 청운교와 백운교는 동명왕 때의 것이라고 한다. 기린굴과 조천석에 대한 말은 믿을 만한 것이 아니다. 부벽루는 '浮碧亭'이라고도 한다. 대동강은 부벽루 앞에서 능라도를 중심으로 둘로 나누어진다. 멀리 연광정이 보이고 재송정의 장림이 보인다. 동쪽으로 주암, 서쪽으로 을밀대가 보인다. 부벽루의 전망은 동쪽이 가장 좋다. 동쪽에 涵碧堂이 있다. 감사가 연회 자리를 펴고 과녁을 능라도에 걸고 군관에게 짝을 지어 활쏘기를 시켰으며 연회에서는 抛球·響鈸·舞童·舞鼓를 공연했다.
• 동방들이 저녁에 함구문의 누각에서 전별 자리를 마련하여 누각에서 정전의 옛 구획을 보았다. 기자가 도읍한 곳이다.</td></tr>
</table>

표 48. 연행록에 제시된 평양 관련 기록(계속)

사행 날짜	내용
1574년 5월 24일	• 찰방 김희필이 자신과 도사 이희득을 閱雲亭으로 불렀다. 열운정은 찰방 관아에 있고 府使 楊士彦이 짓고 斯文 柳祖詢이 편액을 썼다. 지저분하고 좁고 낮았다.
1574년 5월 25일	• 감사가 연광정에서 불러 영귀루에 가자고 약속하였다. 일단 애련당으로 왔는데 애련당은 풍월루 앞 연못 가운데 작은 섬이다. • 애련당 터는 더러운 것을 버리는 곳이었는데 감사 閔齊仁이 서윤 李元孫에게 연못을 파고 정자를 짓게 하였다. 애련당 앞에는 나무로 다리를 놓았고 다리 안에 작은 문을 세우고 '凌波'라는 편액을 달았다.
1574년 5월 26일	• 동방들과 평양부 유생 李應虛를 만났다. • 참봉이 없어서 영숭전 참배는 할 수 없었고 칠성문으로 나가 箕子墓에 배알했다. 묘에는 담이 둘러 있고 '기자묘'라고 새긴 작은 지석이 있었다. 石馬와 石人 한 쌍이 넘어져 있었고 묘 앞에는 정자각을 세워 중국 사신이 전배하는 곳으로 삼았다. 금년에 승지 權德輿가 정자각이 좁아서 창건해 달라고 건의하여 공사가 시작되었다. • 돌아오는 길에 관풍전에 들렀다가 을밀대에 올랐다. 을밀대는 높아서 모란봉과 마주하고 부벽루가 내려다보인다. 모란봉 정상에서 승려들이 징을 치고 북을 두드리며 기우제를 지내는 것을 보았다.
1574년 10월 19일	• 감사 이문형이 연회를 준비했으나 자신은 제삿날이라 불참하고 풍월루에 묵었다.
1574년 10월 20일	• 감사가 만경대에 가자고 초대했는데 만경대는 대동강 하류에 있고 넓게 트여 있어서 바다 입구를 볼 수 있다. 봉황대를 감상하고 밤이 깊어 보통강에서 풍류를 끝내고 함구문을 지나 성안으로 들어왔다.
1574년 10월 21일	• 搜檢御使 尹伯昇이 价川에서 부벽루에 왔다고 하여 그곳으로 갔고 뒤이어 서윤 李裕仁과 찰방 김희필이 와서 즐겁게 술을 마셨는데 윤백승이 翰林曲을 불렀고 나머지 셋은 같이 일어나서 춤을 추었다.
1574년 10월 22일	• 동방 李柔中, 金挺之, 揚景純, 金伯燮이 술을 가지고 애련당으로 찾아왔다.
1574년 10월 23일	• 點馬 閔汝慶이 부벽루에 가서 술자리를 마련하기로 했는데 해가 질 무렵이라 연파가 가득하여 매우 아름다웠다. • 배를 타고 내려가 연광정에서 잤다.
金堉, 『朝京日錄』	
1636년 6월 25일	• 감사 洪命耈와 管餉使 李袨이 맞이했고 저녁에 都元帥 金自點이 왔고 뒤이어 서장관이 도착하였다.
1636년 6월 26일	• 望日軒에서 원로들을 보았고 도사 金宗一을 청화관에서 만났다.
1636년 7월 1일	• 아침에 강동의 아전 金應世가 金龍湫(金鶴壽의 아들)·邊義立(邊福의 아들)·韓義(韓一寶의 아들)를 데리고 와서 만났다. 김용추와 변의립은 옛 주인의 아들들이다.

표 48. 연행록에 제시된 평양 관련 기록(계속)

사행 날짜	내용
1636년 7월 5일	• 외성으로 가서 깊이가 5-6장 되고 구멍 뚫린 돌이 덮인 箕子井을 관람하였다. 물맛이 매우 달았다. • 창광산의 인현서원에 배알했는데 사당 가운데 모신 기자 화상 위에 '殷太師箕子之像'이 쓰여 있었고 기자의 필적이 있었다. • 서문으로 들어가 무열사를 봤는데 石星과 李如柏의 화상이 있었다. • 중영에 올라가 유람하고 쾌재정으로 돌아와 더위를 피했다.
麟坪大君, 『燕途紀行』	
1656년 8월 10일	• 永濟橋를 건넜는데 돌다리이고 비석에 '영제교'라고 새겼다. 영제교에서 대동강 나루까지 10리가 되는데 붉은 유자나무가 숲을 이루고 그림자가 석양을 가렸으며, 강물은 넓은데 고기잡이배가 여기저기 있어서 마치 그림 같았다. • 대동강은 '王城江'이라고도 하며 영변부 경계와 陽德縣 文音山을 수원으로 하여 용강현 急水門에서 바다로 들어간다. • 대동강을 건너 肩輿를 타고 대동문을 통과하여 연광정에 유숙했다. 달빛은 강물에 너울거리고 고기잡이 불은 강가에서 깜빡여 객지의 시름을 위로해 주었다.
1656년 8월 11일	• 연광정은 새벽에 안개가 물에 자욱하고 여자들이 비단을 빠는 모습이 보였고 저녁에는 비단빛 물결에 기러기와 들 밖의 우뚝한 산이 선명하고 아름다웠다. • 부벽루와 酒巖은 북쪽 강 언덕에 있고 금수봉과 을밀대는 부벽루 뒤에 있으며 기자서원, 정전은 함구문 안에 있고 기자묘는 보통문 밖에 있고 덕암은 연광정 아래에 있으며 조천석은 장경문 밖 강물에 잠겨 있다. 영명사와 문무정은 부벽루 아래에 있고 무열사는 성안에 있다. • 평양성은 낡았으나 민가가 밀집하고 사람들이 많으며 상인들이 몰려들어 물건이 풍부하니 관서에서 제일가는 都會이다. • 연광정에 2개의 懸額이 있는데 대들보 위 초서는 李山海가 쓴 것이고 기둥 밖의 楷書는 韓濩가 쓴 것이다.
1656년 8월 12일	• 감사가 전송하여 술을 두어 잔 마시고 헤어졌고 畫角이 세 번 울린 뒤 행렬이 정돈되어 교자를 타고 大同館에 이르렀다. • 부사와 서장관 및 순사가 초대하는 뜻을 보이기에 장경문 돌길로 가서 부벽루에서 술잔을 나눈 뒤 교자를 타고 錦繡峰 아래로 가서 竝峴에 이르자 감사와 都事, 通判이 기다리고 있어서 잠시 술을 마셨다. 이때 마신 것은 秋露酒이다.
1656년 12월 9일	• 병현을 넘고 기자묘를 지났다. 정오에 보통문을 통과하여 대동관에 유숙했다. 순찰사와 도사 李曾延과 통판 崔寬이 대접하였다.
1656년 12월 10일	• 자신의 환갑과 서장관의 생일을 맞아 순찰사가 주안상을 차려 주었다. 감영에 가서 대접을 받았다.
1656년 12월 11일	• 대동강에 이르렀을 때 순찰사가 배에 올라 술잔을 권하며 전송했다. 얼음이 얼어 배를 탈 수 없어서 썰매를 타고 강을 건넜다. 말 2필이 썰매를 끄는 식이었다.

표 48. 연행록에 제시된 평양 관련 기록(계속)

사행 날짜	내용
	姜銑,『燕行錄』
1700년 3월 15일	• 귀로. 감사 洪萬朝, 中軍 尹濟萬, 大同察訪 李龜齡, 龍崗縣令 李震栻이 맞으러 왔다. 房妓는 鳳凰臺, 甘切, 晉琴, 翠仙이다.
1700년 3월 16일	• 새벽에 출발하여 부벽루와 연광정을 지나 중화에서 조반을 들었다. 평양판관 洪重箕가 와서 만났고 金儆이 와서 만났다.
	金昌業,『燕行日記』
1712년 11월 11일	• 대동강이 가까워지자 역졸들이 권마성을 하면서 재송정을 지났고 대동문을 바라보니 粉堞이 새로 되어 있었다. 성 남쪽의 누각(초연대)은 전 감사 李濟가 만든 것이라고 한다. 서윤 黃爾章이 배를 준비했는데 배에는 정자가 있고 사면에 朱欄이 있었고 '碧漢浮槎'가 붙어 있었으며 배를 타니 槃果가 나오고 두 줄로 기생이 늘어서 있었다. • 마침 감사가 파직되어 사저에 있었기에 감사 처소 宣化堂에 들었다. 당 넓이는 10여 楹으로 매우 화려했다. • '黃固執' 黃順承을 만났다. 도둑도 황순승을 알아보고 피했다고 한다. 평양의 畫師 金振汝가 자기가 그린 李如柏 화상을 보여 주었다. 私家에서 묵었는데 증산군수 朴泰迪이 찾아왔다. • 茶母를 부르는 소리가 새벽까지 들려서 물어보았더니 행렬의 裨將과 역원들이 다모를 찾았다고 한다. 손님을 맞을 읍내 기생은 기껏해야 수십 명이다. 연경 가는 사람과 동침하는 기생을 '別付'라고 하는데 하룻밤에 너덧 군데를 돈다. 서장관은 연광정에서 묵었다.
1712년 11월 12일	• 황순승과 盧警來가 찾아왔다. 이전에 李廷熽의 총애를 받은 府妓 四金이 노래를 잘 부른다고 한다. 이전 감사(이제)의 아들과도 애정 관계가 있었다고 한다. • 초연대를 갔는데 대 위에 丁字 모양의 누각은 짜임이 정교하고 단청이 아름다웠고 삼면에 牕檻을 내었다. 視界가 광활하고 지나치게 우뚝 솟아, 평온하고 조용한 연광정만 못하였다. • 읍호루에 올랐는데 읍호루는 대동강 문루이다. 연광정은 앉으면 강물과 난간이 같은 높이로 느껴진다. 달이 떠 금빛 물결이 가득한데 서윤이 妓樂을 차리고 청사초롱에 촛불을 밝혀 들보에 매다니 대낮처럼 밝았다. 사은사인 김창집은 선화당으로 갔고 나는 私寓에 묵었다.
1713년 3월 23일	• 기자묘에 배알하였다. 옛 비석은 임진왜란 때 부서져 반쪽만 남아 새 비석 뒤에다 붙여 쇠못으로 박았다. 산맥이 동쪽에서 뻗어 오다가 방향을 틀어 산머리가 남향을 이루고 있으니 穴法이 신기하다. 정자각 위에는 중국 사신 倪謙, 龔用卿, 吳希孟의 시가 있었다. 칠성문으로 들어가니 살구꽃이 피어 있었고 재송정 느티나무 잎도 모두 돋아 있었다. • 저녁에 비가 올 것 같아 고깃배들은 정자 아래 정박하였다. 사방을 보니 저녁 빛이 기이하고 절묘하였다. 예전에 10월 보름쯤 연광정에서 잤는데 새벽의 지는 달빛이 강을 비추는 모습이 매우 기묘하였다. 지금 광경이 다르기는 해도 감회는 그때와 비슷했다.

표 48. 연행록에 제시된 평양 관련 기록(계속)

사행 날짜	내용
1713년 3월 24일	• 밥을 먹고 배를 타고 부벽루에 도착했는데 그때 마침 보슬비가 내려 절벽 아래로 물이 흘렀고 버들이 모두 푸르러 그 광경이 한 폭의 그림 같았다. 기생들이 강둑에 올라 버들강아지를 따 먹으면서 한담을 나누었다. 선연동은 성 밖에 있는데 기생의 무덤이 있는 곳이다. • 문무정과 기린굴을 구경하였다. 기린굴은 동명왕의 기린마가 나와 왕이 그 말을 타고 승천한 곳이며 문무정도 그때 판 것이라고 한다. 그러나 모두 허물어져 메워졌고 돌 조각만 남아 있었다.
	崔德中,『燕行錄』
1712년 11월 10일	• 평양 上山亭에서 유숙했다. 대동강에 얼음이 반쯤 얼어서 얼음을 떠낸 다음 배로 강을 건넜다. 성천태수가 기다려 二衙로 갔다가 상산정에 돌아왔고 감사 李濟가 와서 회포를 풀었다. 뒤처졌던 정사와 서장관은 중화에 유숙하였고 무사 중에는 桂雲芳·金振汝·鄭世弘 등이 보러 왔다.
1712년 11월 11일	• 李濟가 새로 지었다고 하는 超然臺에 올랐다. 대동문 아래 東鋪樓 옛터에 옹성을 높이 쌓아 누대를 지은 것인데 모양이 丁字 같고 전망은 연광정과 겨룰 만하다. • 부사를 모시고 정사에게 가서 물품을 점검한 뒤 밤에는 옛 평안감사가 와서 부사와 함께 잤다.
1712년 11월 12일	• 부사를 모시고 선화당에 가서 정사에게 하직한 뒤 연광정에서 아침을 먹고 서장관 및 여러 수령과 작별하였다. 강동현에 유숙할 때는 성천 기생 7명이 기다렸고 밤에 巫山仙의 거문고 연주를 들었다.
1713년 3월 22일	• 평양 二衙에 유숙하였다. 부사가 칠성문에 도착하니 서윤 및 성천수령이 기다리고 있었다. 다담을 든 뒤 성을 돌아가다가 정해문루 위에서 잠시 쉬었다. 성 쌓은 것을 보니 성 및 안팎 인가를 다 허물어서 體城과 문루를 함께 수리했고 성 위는 군사가 행진할 만했지만 서쪽 평지의 성이 낮은 것이 흠이었다. 다만 역로를 변통한 일로 사람들이 호소하고 비난하여 이곳의 인심이 좋지 못한 것을 알 수 있었다. • 삼화수령 金重九, 함종수령 趙彬, 용강수령 權益寬, 중화수령 李夏禎, 증산수령과 상원수령, 강서수령이 모두 여기에 와서 기다렸다.
1713년 3월 23일	• 정사가 연광정에 숙소를 정하고 서장관은 東別館에 숙소를 정하였다. 초연대는 감사 李濟와 兵使 李弘述이 새로 지은 것인데 전망이 연광정보다는 못한 듯하다. • 정사가 영의정의 房妓인 次點을 불러서 보았다. 차점이 邊速에게 시집간 뒤 변속의 가속이 내려와 모두 그에게 의지하여 힘들어 보였다.
1713년 3월 24일	• 정사는 비를 맞으며 부벽루를 보러 배를 타고 갔고 부사는 대동강을 건넜다. 성천부사는 배 위에서 송별하였다.
	黃梓,『庚午燕行錄』
1750년 11월 13일	• 安岳의 객사에 있을 때 서윤 魚有璜이 비장을 보내 문안하였다. • 西路의 고을에서는 사행이 지나가는 것을 도적 떼의 겁탈처럼 본다고 한다. 1737년 사행 때에는 백성들에게 전혀 민폐가 없었는데 이번 사행도 다르지 않을 것이다.

표 48. 연행록에 제시된 평양 관련 기록(계속)

사행 날짜	내용
1750년 11월 14일	• 얼어붙은 대동강을 건너 연광정에 올랐다. • 外東軒에 묵었다.
1750년 11월 15일	• 望殿禮를 행하였다. • 연광정에서 査對하였다.
1751년 5월 13일	• 평양에 도착하여 연광정에 묵었다. • 막 부임한 서윤 李時中을 저녁에 찾아가 만났다.
李義鳳, 『北轅錄』	
1760년 11월 10일	• 狗峴을 넘어 몇 리를 가니 수십 개의 흙더미가 겹겹이 이어 있어 역부에게 물으니 임진왜란 때 죽은 명나라 병사의 都塚이었다. 『평양지』 기록을 보면 이여송은 평양성 전투 때 군대를 셋으로 나누어 칠성문, 보통문, 함구문을 공격했고, 자신은 五車峴 동쪽 어귀에 진을 치고 압박했다. 이때 불화살을 써서 난 불 때문에 일본군이 토굴로 들어갔는데 이들이 토굴에서 총을 발사하여 명 군대가 많이 죽었다. 그 시신을 이 땅에 묻고 민충단을 만들었다. • 재송원 길 좌우에는 遺愛碑가 많고 임진년 선조가 이곳에 왔을 때 부성 사람들이 여기에서 맞았다고 한다. • 영제교를 지나 長林으로 들어가니 역졸들이 말을 타라고 권하여 순식간에 대동강에 이르렀는데 얼음이 얼어 있었다. 썰매를 가지고 오는 서윤 鄭克淳을 기다려 차례로 썰매를 탔고, 앞에 있는 자는 끌고 뒤에 있는 자는 밀었다. • 아버지 李徽中은 견여를 타고 대동문을 거쳐 동포루 옛터 초연대로 갔는데, 이는 仲曾祖 星谷 李濟가 창건하였던 것이 홍수로 무너졌다가 작년에 재종숙인 李成中이 중건하였다. 화려하고 단청이 선명하며 올라가 보면 학을 타고 나는 것 같았다. 벽 위에 주지번의 '第一江山' 글씨가 있는데 예전에는 연광정에 있다가 초연대를 건립한 뒤 이곳에 옮겨 달았고 여기에 지금에 들어 이성중의 시와 서문을 걸었다. • 대동관이 처소인데, 평양의 오랜 풍습에 따르면 관에서 빈객의 지위 고하에 따라 처소를 잡아 준다. 대동관 동쪽과 서쪽 건물은 上客에게만 허가한다. 館舍가 트여 있으나 적막해서 향사당으로 옮겼고 관의 동헌을 거쳐 30계단이 되는 돌다리를 걸어 올라가 쾌재정에 오르니 멀리 있는 산과 강이 잘 보였다. 쾌재정은 서윤 洪愼과 판관 李壽堅이 지은 것이며 위에는 명나라 사신이 쓴 '江山一覽', '高風遠寄'라는 현판이 걸려 있었고, 앞뒤에는 칙령으로 쓴 詩板이 있었다. • 얼린 숭어회가 맛있기로 유명해서 먹었더니 맑고 시원했다. • 감사 鄭翬良과 서윤 정극순이 방문했으며 부에서 근무하는 李景聃과 營妓 牡丹이 왔다. 이경담은 이휘중의 書手였고 모란은 외조부 徐宗玉을 모시던 자였다.
1760년 11월 11일	• 거리에 나가니 마을은 번성하고 시장은 풍성하여 한양과 비슷하였다. 그 가운데 건물 현판에 '西市新鐘'이라 적혀 있었다. 예전에는 종이 읍호루 위에 있었는데 그 뒤에 將臺로 옮겼다가 병오년에 다시 주조하여 여기에 옮겨 달았다고 한다.

표 48. 연행록에 제시된 평양 관련 기록(계속)

사행 날짜	내용
1760년 11월 11일	• 대동문을 나와 썰매를 탔는데 아침 햇살이 얼음에 비쳐 산 그림자나 물 가운이 자욱했고 누대와 성곽이 황홀해서 수정 세계 안에 있는 것 같았다. • 수많은 磨崖碑가 감영과 부의 先生案이 되겠지만 좋은 산하를 어지럽혀 애석하다. 그 가운데 '淸流壁'이 새겨져 있어 붉은색으로 메웠고 그 아래에 龔用卿의 비가 있다. • 전설에 따르면 三韓 때 銀鍾을 만들었는데 이 때문에 전쟁이 날까 두려워서 돌벽을 뚫고 숨겨 놓았다가 적이 쳐들어오자 강물에 던졌다고 한다. 덕암과 주암 아래 두 마리 용이 싸우다가 주암의 용이 이겨서 종을 차지한 뒤 물이 사흘간 거꾸로 흘렀다고 하는데 지금도 절벽 아래에는 종을 감춰 둔 흔적이 있다고 한다. • 전금문에 와서 영명사로 들어갔더니 승려들이 이 절은 동명왕의 구제궁 옛터이고 고려 肅宗이 이곳에 와서 신하들과 함께 연회를 열어 시를 수창했다고 한다. • 得月樓에 올라가니 숲은 먼 봉우리 같고 물가 모래는 쌓인 눈 같았다. 능라도에는 모래톱 사이에 초가집이 들쭉날쭉 있었고 여러 봉우리들이 합하여 엷은 구름처럼 자욱한 산이 紋綉山이었다. 普光殿은 불당이고 雲霞堂과 寂默庵은 僧舍이다. 奏樂樓에서 내려와 수십 층의 돌계단을 올라 부벽루에 이르면 곧바로 긴 강이 굽어보이고 능라도가 보이며 동남쪽으로 점점이 봉우리가 있어 매우 기이한 경치이다. 현판에 주지번의 '浮碧樓' 글씨가 걸려 있다. 원래 영명사 남쪽 건물로 興上人이 창건하였고 고려 睿宗이 순행할 때 여러 신하와 창화하였는데 玉堂 李頫에게 명하여 이 이름을 지었다고 한다. • 涵碧亭은 거의 퇴락했으며 뜰에는 5층탑이 있는데 조선 세조가 부벽루에서 시험을 칠 때 문과는 서쪽 뜰의 석탑에서, 무과는 동쪽 뜰의 석탑에서 시험을 보게 하고 능라도에 장막을 펴놓고 선비를 뽑았다고 하는 그 탑일 것이다. 함벽정 아래 언덕에 사리탑 셋이 있는데 華岩宗主인 洞夢堂大師, 月渚堂大師, 寂花堂大師의 탑이다. • 정미년(1607년으로 추정) 큰 홍수로 장경문 밖 언덕이 무너졌을 때 기린굴의 주춧돌이 조천석을 향한 것을 확인했으나 이제 다시 무너져 기린굴이 막혔다고 한다. 그 옆에 마른 우물이 둘 있는데 위에 있는 것이 '文井', 아래에 있는 것이 '武井'으로 '兄弟井'이라고 부른다. 七星殿에는 두 비구니가 있다. 뜰에 있는 돌탑 가운데 석불을 둔 뒤 4개의 소상을 뒤에 두었는데 고을 사람들이 이 돌에 아들을 낳게 해달라고 빌면 영험을 본다고 한다. 10여 보를 가면 七星壇이 있는데 볼만한 것은 없다. • 금수산에 올라 最勝臺에 도착했고 모란봉에 올라갔다. 왼쪽 봉우리를 文峰, 오른쪽 봉우리를 武峰이라고 한다. 긴 강을 굽어보며 푸른 벽에 기대 큰 들판을 바라보는데 누대가 은은하게 비추는 것이 보였다 안 보였다 하며 아득한 바다 기운이 보였다 안 보였다 한다. 평양 집들의 밥 짓는 연기가 모두 보인다. 평양의 전경을 보기에는 이곳이 가장 좋다. • 칠성문에 이르러 작은 길을 따라 가면 兔山이 나오는데 箕子墓가 있다. 무덤 높이는 10척이고 曲墻을 둘렀으며 한호의 필적으로 '기자묘'라고 새긴 짧은 비가 있다. 쇠못으로 뚫어 새로운 비 뒤에 옛날 돌을 붙였다. 1593년 일본군이 비석을 부러뜨려 다시 石人 4개와 石羊 2개를 세우고 정자각을 담 밖에 세웠는데 감사 許頊이 한 것이다.

표 48. 연행록에 제시된 평양 관련 기록(계속)

사행 날짜	내용
	• 밥을 먹은 뒤 朱雀門을 통해 外城에 갔다. 이곳은 唐浦의 상류이다. 箕子宮에 갔는데 八敎門을 거쳐 九疇坍으로 올라가면 담장이 둘러 있고 남쪽에 '箕子宮遺基'를 새긴 비석이 있다. 비석 뒤에는 감사 李廷濟의 小識를 새겼다. 고을 사람들이 밭 70묘를 사서 九區의 제도로 삼고 有司를 배치하였다고 했다. • 烏灘 가에 있는 養正齋는 李眞儉이 만든 것으로 외조부 서종옥이 수리하고 기문을 만들어 壁齋에 걸었는데 처음 이름은 '觀瀾'이었다가 '養正'으로 고쳐 어린아이들이 글을 익히는 곳으로 삼았다. 또 편액에 '三益齋'라고 했는데 尹淳의 필적이다. 문밖에 우물이 있고 그 옆에 '箕子井' 비석이 있다. • 읍지에 따르면 외성의 지형은 평평하여 우물을 파면 깊이가 똑같은데 물이 많고 적은 것은 강물의 조수 때문으로 여름에는 물이 더욱 맑고 차니 대동강과 근원이 통하기 때문이다. • 창광산 기슭 인현서원에 갔다. 이곳은 神護寺의 터이다. 왼쪽 협문을 거쳐 洪範堂에 올라갔고 內神門을 따라 들어가 뜰아래에서 네 번 절하고 초상화를 보았는데 화가 李信欽이 모사한 것이다. 돌아오는 길에 생사당에 가니 방 하나에 李元翼, 閔聖徽, 金起宗, 鄭萬和, 許積, 李萬元, 柳尙運, 洪萬朝, 李世載의 초상화를 봉안하고 있었다. 오른쪽 작은 방에는 再從曾大父 惠定公(李濡)의 초상화를 봉안하였다. • 을지문덕을 제향한 忠武祠를 간 뒤 정해문을 거쳐 武烈祠에 갔다. 문미 현판에 朱之蕃이 써서 주었다는 글귀가 있었으며 사당 안에는 李信欽이 그린 石星과 李如柏의 초상화를 봉안했다. 1593년에 감사 이원익이 사당을 건축하였고 '武烈'로 사액 받았다.
1760년 11월 12일	• 八角門을 통해 애련당에 들어갔는데 이는 서윤 柳澍가 지은 것이다. 연못 크기가 사방 20여 보였다. 가운데 섬은 둘레가 백여 척이고 높이가 몇 길이었으며 연못에 '凌虛橋'라는 다리를 만들어 그 다리로 오간다. 섬 위에는 팔각으로 채색된 당이 있는데 전서로 '애련당'이라고 쓰여 있다. • 濯淸門으로 올라간 연광정에서 내려다보았는데 부벽루와 애련정의 전망이 좋다고 해도 연광정은 평양의 전경을 다 볼 수 있다. 연광정에는 朱之蕃, 韓濩, 尹淳이 쓴 3개의 편액이 있다. 뒤에 있는 小軒 光影樓에서 府校가 언 물가 위에서 군졸을 훈련시키는 것을 보았다. 깃발 신호에 따라 앉았다 일어났다 했으며 북을 쳐서 진퇴 연습을 하였다. 대동문에서 17개, 8개의 돌계단, 7개의 나무계단을 오르면 '挹灝樓'가 나오는데 감사 安潤德이 이름을 지었다. 누각이 우뚝하고 드넓어 쾌재정과 우열을 가릴 수 없다. • 서문을 나섰는데 안의 현판에 '西門鎖鑰', 밖의 현판에 '普通門'이 걸려 있었다.
1761년 3월 30일	• 箕子墓에 갔다. 향을 사르고 네 번 절한 뒤 봉심을 고했다. • 보통문으로 들어가 무열사에 갔다. 연광정에 올라가니 봄 물결이 넘실대고 멀리 있는 나무는 무성하고 장삿배와 빨래하는 여자들이 보였는데 설경보다 나았다.

표 48. 연행록에 제시된 평양 관련 기록(계속)

사행 날짜	내용
1761년 4월 1일	• 아침밥을 먹은 뒤 대동강에 도착하니 府校가 亭子船을 대령하여 배에 탔다. 배에는 중국 사신 오희맹이 쓴 '乘碧亭'과 許國이 쓴 '碧漢浮槎' 편액 2개가 걸려 있었다. • 지역 사람들이 말하길 평양의 관례에 따르면 서울로 가는 사신이나 당상관 이상이 아니면 이 배를 탈 수 없다고 한다.
李坤, 『燕行記事』	
1777년 11월 5일	• 조부가 감사를 역임했기 때문인지 순영의 여러 관리들이 강가에 나와 기다렸다. 서윤 金履復이 過涉差使員으로 배에 들어와 인사하였다. • 正使가 먼저 연광정에 가 있어서 배에서 내려 가마를 타고 대동문을 통해 갔다. 대동관에 유숙했다.
1777년 11월 6일	• 대동강이 밤사이에 얼고 客館은 바람이 많이 들어 오래 머무를 수 없어 吏廳으로 옮겨 거처하였다. • 세 사신이 연광정에 모여 문서를 점검한 뒤 장계를 써서 보냈다.
1777년 11월 7일	• 사신들이 평양에 체류하는 것은 근래의 관례이다. 밤에 감사가 煎鐵을 보냈다. • 세 사신이 연광정에 모여 이야기했는데 초승달이 막 떠오르고 장림이 푸르러 경치가 매우 아름다웠다. 다만 國喪이 있어 유람할 수 없었다.
1778년 3월 22일	• 正使와 함께 箕子墓에 가서 봉심하고 吏廳에 관사를 정하였다. • 저녁에 부벽루에 올랐다가 기생들과 배를 타고 상류까지 갔다가 다시 내려와 정사가 유숙하는 연광정에 내렸다.
李海應, 『薊山紀程』	
1803년 10월 30일	• 장림 사이에 강물 빛이 흐릿하게 나타나 수풀 길이 우회하는 것을 깨닫지 못한다. 저녁에 대동강에 도착했는데 배의 크기가 100여 명도 들어갈 것 같다. 茅亭을 꾸며 붉게 칠하고 현판을 걸었는데 왼쪽에는 '綾羅泛舸', 오른쪽에는 '碧漢浮槎'이다. 10여 명의 장정이 뱃줄을 끌어 건너간다. 대동문으로 들어가니 '읍호루'라는 현판을 달았고 서쪽에 초연대가 있었다. • 中營의 西館에 유숙하였다.
1803년 11월 1일	• 세 사신이 査對를 마치자 연광정에 妓樂을 마련하였다. 현판에는 '第一江山'을 걸었고 주련에는 '長城一面溶溶水, 大野東頭點點山'이 있는데 朱之蕃의 글씨이다. 離舟曲과 旋風舞를 하는 기생이 있는데 사행로 여러 읍의 기생 중에서 으뜸간다고 한다. • 평양은 상가가 즐비하고 마을이 연이어 있는데 땅은 좁고 사람은 많아 집이 조밀하다.
1803년 11월 2일	• 대동관에 머물렀다. 주작문과 함구문을 나서서 외성의 정전으로 갔다. 箕子宮 옛터에 갔는데 기자궁이 우뚝했고 마을 입구에 '仁賢里' 비석이 세워져 있었으며 기자궁 문에는 '八敎門' 현판이 걸려 있었다. 문으로 들어가면 '九疇壇'이 있다. 또 '箕子宮舊基'가 새겨진 비석이 있고 뒤에 감사 李廷濟가 쓴 陰記가 새겨져 있다. 앞으로 가면 우물이 있고 '箕子井'을 새긴 돌이 있다. 우물의 깊이는 10길가량이고 굽어보면 파란 물빛

표 48. 연행록에 제시된 평양 관련 기록(계속)

사행 날짜	내용
	만 보인다. 九三門으로 안에 들어가면 북쪽에 三益齋, 남쪽에 養正齋, 좌우에 依仁齋, 志道堂이 있다. 재실에는 經義生이 있다. • 구주단에서 앞으로 10리를 가면 강이 나오는데 '수레가 드나드는 문'이라는 뜻의 車門으로 나가면 閒似亭이 있다. 黃庭堅의 '江南水色碧於天, 中有白鷗閒似我' 구절에서 그런 이름이 붙었고 '한사정'이라는 현판이 걸렸으며 10여 개의 시판이 걸려 있다. • 외성 안에 기자의 영정을 모시고 있다. 徐渻이 중국에 갔을 때 기자가 홍범을 진술하는 그림을 구해 와서 여기에 보관하였다. • 忠武祠는 을지문덕과 金良彦을 제향하기 위해 건립하였다. 김양언은 평양 사람으로 이괄의 난 때 공을 세웠다. • 정해문으로 들어가 武烈祠로 갔다. 석성과 이여송의 영정을 봉안했다. • 부벽루의 앞 기둥에는 '靜影沉璧 浮光躍金' 대련이 있다. 아름답고 깨끗하기가 으뜸이다. 동쪽으로는 조천석이 서쪽으로는 을밀대가 보인다. 가운데 둥그런 봉분 형상이 있는데 乙密의 墓라는 설이 있어서 읍 사람들이 이곳에서 산에 제사를 지낸다. 밤에 득월루를 거쳐서 돌아왔다. • 부벽루 가는 길에 '청류벽'이 새겨진 석벽이 있다. 밤에는 벼랑을 도는 초롱불이 여기저기서 비친다.
1803년 11월 3일	• 중국으로 갈 때에는 보통 보통문으로 나가지만 기자묘를 찾아가기 위해 칠성문으로 나갔다. 묘는 네모나고 위가 뾰족하다. 무덤 앞에 '기자묘'라 새긴 작은 비석이 있고 또 '墓' 글자만 남아 있는 부서진 비석이 있는데 쇠못으로 붙여 놓았다. 임진왜란 때 일본군이 부러뜨린 비석을 후대에 수리할 때 새로움을 꾀하면서 옛 모습을 남기자는 뜻으로 돌을 합친 것이다. 정자각 안에 1, 2개의 詩板이 걸려 있다. • 기생들의 무덤이 있는 선연동 안에는 무덤이 다닥다닥 늘어서 있다. 길에는 큰 돌이 마주 보고 있는데 풍수가가 '배가 가는 형상'이라고 했기에 2개의 노처럼 돌을 세워 배가 가는 형상을 만든 것이다.
1804년 3월 19일	• 평양 대동관에서 점심을 먹고 중화로 가서 생양관에서 잤다. • 「箕城卽事」. 의주 용만관에 있을 때 3월 3일에 평양에 화재가 났다는 말을 들었는데 정해문에 오자 성 밖에 불탄 집이 많았고 정해문 譙樓도 불타서 문짝만 남아 있었다. 성문 안으로 들어가 보니 성안의 집들이 거의 사라졌고 담장과 벽만 남아 있었다. 감영의 선화당과 문묘, 숭인전 등 관공서와 창고 모두 화재 피해를 입었고 민가는 거의 5천 호가 탔으며 인명 피해도 100여 명 이상이라고 한다. 삽시간에 불이 나서 반나절 동안 불에 탔고 순영 창고의 화약 등 재물을 옮길 겨를도 없이 화재 피해를 입었다. 貳衙 건물과 연광정, 대동문 근방의 민가 800-900호 정도만 남았으며 무열사 인근 민가도 불에 탔는데 무열사만 피해를 면했다. 이런 상황으로 인해 이 고을에 폐를 끼칠 수 없어 낮에 연광정에 머물다가 간소한 밥상만 받고 곧바로 떠났다.
金善民, 『觀燕錄』	
1804년 11월 6일	• 저녁에 대동강에 이르니 아름답게 치장한 배 한 척이 대기하고 있었는데 기생들이 나란히 강어귀에서 기다리고 있었다. 배 위에는 彩閣이 있었는데 문에 '綾羅泛舸'라고 쓰여 있었다. • 배에서 내려 대동문으로 들어가 연광정에 올랐다.

표 48. 연행록에 제시된 평양 관련 기록(계속)

사행 날짜	내용
1804년 11월 7일	• 아침에 査對한 것을 파발 편에 보내고 성 밖에 나가 기자정과 정전을 보았다. 箕子碑가 있는 비각 앞에 기자정이 있었다. 두레박으로 퍼서 마셔 보니 매우 달고 상쾌하였다. • 주작문으로 들어가 연광정에 갔다. 밥을 먹은 뒤 대동문으로 나와 배를 타고 갔는데 석벽이 높이 솟아 있고 능라도 모습이 강물에 일렁였다. 배에서 내려 부벽루에 오른 뒤 영명사로 갔다. 북문을 돌아 나가 기자묘에 갔다. 묘갈은 임진왜란 때 글자 반이 소실되고 '子碑' 두 글자만 남아 있었다. 四拜한 뒤 산을 내려가 배를 타고 연광정으로 갔다.
1805년 3월 7일	• 箕聖廟를 지나면서 배알하였다.
	申泰羲, 『北京錄』
1826년 11월 7일	• 장경문으로 나가 청류벽을 걸어 올라가 부벽루에 이르렀고 돌아오는 길에 영명사에 갔다. 또 을밀대에 올라갔다가 拱襟亭으로 돌아왔다. • 연광정에서 妓樂이 있다고 해서 참석하였다.
1826년 11월 8일	• 한사정에 갔다. 정자는 강가에 있는데 기둥이 부서지고 처마가 허물어져 있었지만 경치는 괜찮았다. 기자의 영정을 봉안한 인현서원에 갔는데 벽에 홍범을 써놓은 병풍이 둘러 있었고 기자가 홍범구주를 진술하는 것을 그린 화첩이 있었다. 돌아오는 길에 기자궁 터와 기자정을 보았다. 보통문으로 돌아와 무열사로 갔다. 主壁에는 석성의 화상을, 양옆에는 이여송, 이여백의 화상을 봉안하였다. 바깥쪽 벽에는 왜적이 진멸되는 모습을 그려서 걸어 놓았다.
1826년 11월 9일	• 일행이 출발했지만 一能이 감기에 걸려 사적으로 묵을 곳을 구하였다.
	李在洽, 『赴燕日記』
1828년 4월 21일	• 평양에 들어가 연광정 북쪽 민가에서 잤다.
1828년 4월 22일	• 오후에 배를 타고 부벽루에 올라가 劍舞를 관람하고 영명사의 득월루로 가서 쉬었다가 모란봉에 올라가 을밀대와 기자묘를 바라본 뒤 장경문으로 나와서 처소에 돌아왔다.
1828년 4월 23일	• 기자묘에 가서 참배하고 정전을 본 뒤 한사정으로 갔다. 한사정은 마을 수재들이 공부하는 공간이다. 데리고 간 妓樂이 연주하는데 맨발에 짧고 해진 옷을 입고 驄方冠을 쓴 술 취한 사람이 들어오려다가 제지당했다. 술을 청하여 부어 주니 난간 밖에 서서 마시고 춤을 추었다. 이 사람은 원래 학업을 하던 선비였는데 최근에 酒狂이 되었다고 한다. • 작은 배를 타고 연광정으로 와서 畫物床을 들고, 선화당 뒤 別亭으로 가서 검무를 구경하고 광대 노래를 듣다가 처소로 돌아왔다.
1828년 9월 24일	• 평양에 와서 연광정 서쪽 민가에서 잤다.

표 48. 연행록에 제시된 평양 관련 기록(계속)

사행 날짜	내용
	朴思浩, 『心田稿』
1828년 11월 4일	• 장림을 지난 뒤 단청한 누각과 흰 城堞이 강가에 우뚝 솟아 아스라이 비치는 광경이 그림 같다. 배에 올랐는데 붉은 난간과 아롱진 처마에 2개의 편액이 걸려 있다. • 배에서 내려 대동문을 거쳐 연광정으로 들어가 머물렀고 대동관에서 잤다.
1828년 11월 5일	• 세 사신이 澄淸閣에서 査對를 하고 장계를 보냈다. 연광정에는 주지번의 글씨로 된 '第一江山' 편액이 걸려 있고 金黃元의 聯句가 걸려 있다. 李晩秀, 洪義浩, 洪奭周 등이 사행을 갈 때 함께 이 누각에 올라 그다음 구를 채워 시를 완성하였다. • 金昌翕의 시와 鄭知常의 시 2편이 가장 회자된다. • 任叔英의 記文이 대들보 위에 걸려 있는데 문체가 고상하고 예스러우며 가락이 맑아 사람들이 음송한다. 연광정은 앞에는 대동강과 들판이 펼쳐져 있고 뒤에는 성내가 보이기에 杭州의 有美堂에 견줄 만하다. • 성안에 우물이 없는 것은 평양이 배가 가는 형국이어서 우물 파는 것을 꺼려서 그렇다고 한다. 고을 사람들은 강물을 길어다 마시며 2개의 돌기둥을 성 밖에 세워서 땅의 기운을 누른다. • 부벽루는 장경문 안에 있고 옆에는 모란봉이 있으며 앞에는 능라도가 보인다. 市街에서 떨어져 있어서 맑고 시원한 기운은 더 낫다. 영명사에 있는 득월루는 시원하고 트여 있다. • 주작문과 함구문을 나서면 정전 터가 있다. 밭두렁 안에 기자궁이 있고 동네 어귀에 '인현' 비가, 八敎門 안에 구주단이 있다. 근처에 기자정이 있는데 돌로 우물 난간을 만들었다. 九三門으로 들어가면 북쪽에 삼익재, 남쪽에 양정재, 좌우에 依仁房과 忠道室이 있다. • 기자 화상을 봉안한 인현서원 왼쪽에는 御史閣이 있는데 효종이 세자로 있을 때 이 서원에 온 舊蹟이다. 붉은 종이에 홍림대군이 쓴 글씨가 있다. • 충무사는 을지문덕과 金良彦을 제향하는 곳이다. 무열사는 石星과 李如柏의 화상이 있다. 정전 동문 밖에는 한사정이 있다. 기자묘는 칠성문 밖에 있다. 선연동은 기생을 장사 지내는 곳이다. • 포정문 안에 오순정, 다경루 등 여러 명승이 있다.
1829년 3월 22일	• 평양은 번화하여 강남의 銷金巷에 비유한다. 사람들의 사치와 풍부한 물화, 수려한 누대가 나라에서 제일이다.
1829년 3월 23일	• 양주 출신 趙僉使는 처음으로 평양을 보고 나이 일흔에 벼슬도 있고 자식도 있으니 바랄 것이 없지만 이제 기생 서너 명과 풍악과 술과 안주를 배에 싣고 능라도와 부벽루, 청류벽에서 뱃놀이를 한다면 죽어도 여한이 없겠다고 했다. • 정자에서 보니 백발노인이 배 위에서 소년과 소녀를 좌우에 앉히고 술상을 벌이고 관현을 연주하다 크게 취해 배에서 내리길래 즐겁냐고 물었더니 죽어도 여한이 없지만 집에 있는 아내가 노여워할 것이라고 했다. 그런데도 왜 이렇게 하느냐고 했더니 지금껏 다른 여인을 가까이하지 않았는데 오늘 파계한 것이라고 하였다.

표 48. 연행록에 제시된 평양 관련 기록(계속)

사행 날짜	내용
1829년 3월 24일	• 碧漢浮槎를 타고 대동강을 건넜다. 강가에 御史 錦沙의 선정비가 있다. 그때 어사가 別單으로 각 고을의 비석 세우는 폐단을 역설했는데 훗날 자신의 비석은 금하지 못했다.
韓弼教, 『隨槎錄』	
1831년 7월 29일	• 대동문에 들어가 연광정에 올랐고 세 사신이 연광정에서 查對를 했다.
1831년 8월 1일	• 대동강에서 배를 타고 청류벽과 조천석을 지났고 부벽루와 모란봉, 을밀대에 올랐다. 영명사, 기린굴, 문무정을 보았다. 돌아와서 선화당에 들어가 후원에 있는 다경루와 오순정에 올랐다. • 용강군수 徐元厚와 중군 趙存常이 妓樂을 데리고 왔고 각기 한 상 잘 차려 대접했다.
1831년 8월 2일	• 배를 타고 한사정에 갔다. 외성의 정전, 기자궁 터를 방문하고 기자정과 구주단을 보았다. 인현서원에 참배한 뒤 정해문으로 들어가 무열사에도 참배하였다.
1831년 8월 3일	• 대동문루인 읍호루에 올랐다. 정해문을 나와 보통문을 지나 기자묘에 참배하였다.
1831년 12월 1일	• 칠성문에 들어가서 평양부에서 잤다. 눈이 한 척 남짓 쌓였다.
1831년 12월 2일	• 중군 조존상이 찾아와 기생 노래를 들었다. 조존상이 상을 차려 대접하였다.
1831년 12월 3일	• 평양에 머물렀다.
1831년 12월 4일	• 얼음이 언 대동강을 건넌 뒤 긴 숲을 지나는데 온갖 나무들이 있는 좁은 길이었다.
遊賞隨筆	• 영제교부터 긴 숲이 시작되는데 푸른 녹음에 덮여 있고 때때로 좌우에 강물이 빛나다가 숲이 다하면 모래가 펼쳐지고 대동강이 나온다. 대동강은 寧遠 樂林 白山에서 나와 德川, 順川, 慈山의 경계를 지나 성천 비류강과 합류하여 평양 남쪽에 이르러 대동강이 되었다가 三和에 이르러 바다로 들어간다. • 연광정에는 주지번의 필적으로 된 '연광정' 편액이 있고 처마에 '第一山'이 있다. 뒤에 감사 尹淳이 '江' 자를 보충하였다. 정자 서쪽 주련에는 金黃元의 聯句가 있다. 1803년 이만수, 홍의호, 홍석주가 김황원의 연구에 이어 완성한 한 편의 시가 있다. 감사 金文淳이 이 시를 새겨 벽에 걸었는데 홍석주의 구절이 가장 잘 지었다고 한다. 시판의 시 중에서는 정지상과 김창흡의 시가 가장 유명하다. 後堂에는 '萬和樓'라는 편액이 걸려 있으며 남쪽 벽에는 任淑英의 서문이 있다. 김황원의 연구는 실제 풍경을 그린 것이라고 할 수 있다. • 성의 동북쪽이 요해처이므로 重城으로 둘러싸고 '北營'이라고 하였다. 언덕 위 물가에 부벽루가 있는데 房堗을 설치하지 않았다. 능라도는 남북으로 길고 동서로 짧은 모양에 사방으로 2리 남짓이고 드문드문 인가가 있고 밭두둑이 이리저리 나 있으며 수풀도 무성하다. 능라도 수박이

표 48. 연행록에 제시된 평양 관련 기록(계속)

사행 날짜	내용
遊賞隨筆	가장 맛있다고 한다. 부벽루 시판 중에서 정몽주, 이색, 김부식, 이숭인의 시가 뛰어나다. 고려시대에 세워진 부벽루는 淸幽한 승경이고 조선 초에 세워진 연광정은 상쾌한 승경이다. 서북 지역에서 전하는 말에는 연광정을 좋아하는 사람들 중에는 현달한 관리들이 많고 부벽루를 좋아하는 사람 중에는 한미한 사인이 많다고 한다. • 모란봉은 금수산 봉우리 중 가장 높은 봉우리이다. 길은 가파르지만 조망은 매우 트여 있어서 대동강과 장림이 다 보인다. 모란봉 밑에 최승대가 있다. 을밀대는 모란봉 아래에 있다. 누대 위쪽은 동성의 譙樓이다. 을밀대 북쪽 난간에 선연동이 있다. 을밀대 동남쪽은 수풀이 우거져 풍경이 잘 보이지 않는다. • 영명사 남쪽에 득월루가 있다. 강가에 있어 풍경이 매우 아름답다. • 기린굴은 모란봉 밑에 있는데 입구에 돌을 쌓아 方井 같다. 입구는 허리를 숙이고 들어갈 수 있으며 좀 더 들어가면 기어갈 수만 있고 거기서 조금 더 들어가면 넓어지며 길이 나오는데 조천석에 이를 수 있는 길이라고 한다. • 영명사 남쪽에 우물 2개가 있는데 文井과 武井이다. 동명왕의 宮井이라고 한다. • 감영의 선화당 뒤에 多景樓가 있다. 五詢亭은 선화당 오른쪽에 있는데 못가에 있고 다경루와 마주 보고 있다. 연못에는 연꽃이 막 피어 맑은 향이 스며들고 못 안의 작은 섬에는 정자가 있는데 다리를 놓아 통하게 해 놓았다. • 배를 타고 대동강 남쪽으로 7, 8리를 가면 강 서쪽 연안에 둑을 쌓은 외성이 있다. 여기에서 몇 리를 가면 한사정이 나온다. 강가에 있으며 정자에 오르면 市井의 떠들썩함이 없어 고즈넉한 맛이 있다. • 정전은 바둑판처럼 가지런하다. 구주각, 삼익재가 있고 徐命膺이 쓴 紀蹟碑가 있다. • 정전 뒤 황량한 들에 기자정이 있는데 돌로 쌓았으며 물이 항상 있다. 북쪽에 4층의 구주단이 있고 오른쪽에 '箕子舊基' 뒤에 李廷濟가 쓴 陰記가 있다. • 기자궁에서 정양문으로 들어가면 인현서원이 나온다. 기자의 초상을 봉안하였고 홍범도가 있다. 감사 李泰永 때 古本을 여러 차례 모사하여 卷軸을 만들었다고 한다. 문밖 왼쪽에 雲漢閣이 있는데 효종의 어필 粧帖에 '鳳林大君' 글자가 있다. 문 오른쪽에는 김조순의 제문을 새긴 비석이 있다. • 정해문으로 들어오면 오른쪽에 무열사가 있다. 주벽에 이여송, 석성이 있고 좌우에 양원, 이여백, 장세작, 낙상지가 있다. 이여송의 초상은 전란으로 없어졌고 석성과 이여백의 초상이 있다. 나머지 사람들은 위패만 있다. • 정해문과 보통문을 나가 기자묘에 배알하였다. 무덤은 위는 좁고 아래는 넓다. 산소 자리는 이른바 '馬鬣封'인데 은나라 예법이다. 묘 앞에 丞相石과 將軍石이 있고 石馬가 마주 보고 있다. 임진왜란 때 일본군이 부수어서 '子墓' 두 글자만 있는데 '子' 또한 윗부분이 깨져 있다. 매달 삭망에 숭인전관이 분향만 한다고 한다. 정자각 같은 건물 안에는 만력 연간 때 제영한 詩板이 있다.

표 48. 연행록에 제시된 평양 관련 기록(계속)

사행 날짜	내용
	金景善, 『燕轅直指』
1832년 10월 29일	• 장림에 이르러 수레에서 내려 부친 金基豐(평양서윤)의 遺愛碑를 봉심하고 성안에 들어가 吏廳에 숙소를 정했다. 김창업의 『연행일기』에서는 서장관의 숙소가 연광정이라고 했으나 지금은 정사의 숙소가 연광정이다. • 戚叔인 감사 沈能岳을 뵙고 부사와 연광정 정사의 처소에 가서 妓樂을 벌였다가 밤에 파했다. 평양 기생은 볼만하다고 하는데 옛날에 봤던 사람들은 妓籍에 없고 간혹 오는 사람은 모두 촌뜨기뿐이다.
1832년 10월 30일	• 순찰사 및 부사와 함께 연광정에서 查對하였다. 은산수령 李鎭晩, 증산수령 鄭埴, 용강수령, 대동찰방이 모두 참여하였다. 사대를 다한 뒤에 풍악을 차렸는데 삼등수령 李寅亮과 숙천수령, 중화수령, 순안수령 徐京輔가 모두 모였다.
1832년 11월 1일	• 대동관에 모여 망궐례를 행했다. 처소에 가니 본부에서 동지라 팥죽을 차려 왔다. • 사신 행차의 마부는 황해도와 평안도 驛奴로 정하는데 믿을 수 없는 점이 있지만 어쩔 수 없다. 부탁이 사방에서 들어와 모든 것을 首譯과 糧官에게 맡겨 적합한 사람을 구하게 하고 단속하게 하였다. 마부 고용과 관련하여 폐단이 매우 많다.
1833년 3월 22일	• 평양에 이르니 서윤과 대동 역승, 중군이 모두 보러 왔고 용강수령이 上使를 맞으러 왔다가 보러 왔다.
1833년 3월 23일	• 식후에 부사, 순안수령, 용강수령, 강동수령과 함께 妓樂을 배에 싣고 대동강에서 뱃놀이를 했다. 반나절 동안 강을 오르내리다가 방향을 바꿔 부벽루로 향했고 어두워져서야 돌아왔다.
	任百淵, 『鏡浯遊燕日錄』
1836년 10월 25일	• 중화수령 申觀浩와 시를 주고받으며 십리 장림을 지났다. 십리 장림을 지나 모래사장이 끝나는 지점에 대동강이 뻗어 있으며 강물을 바라보면 흰 성과 누각이 높이 솟았고 장림 동쪽에는 여러 산들이 점점이 솟아 있는데 삼면을 빙 둘러 있어 마치 그림 같았다. 校吏와 民夫들이 모여 얼음을 깨면서 길을 열고 있어서 가마를 메고 배를 끌면서 강을 건넜다. • 대동문으로 들어가 연광정 외문에 이르러 말에서 내려 올라가니 들보와 용마루, 기둥 사이에 시판이 걸려 있고 대들보에는 선조 임숙영의 서문이 걸려 있었다. 현판 아래에는 임숙영 사후 50년에 새겨 걸었다고 써 있었다. 연광정 위에 음식을 성대하게 차려 놓았다. 세 사신과 감사 李紀淵, 서윤 金應根이 모여 논 뒤 연광정을 내려와 남쪽 작은 길로 가서 숙소에 도착했다.
1836년 10월 26일	• 함구문을 나서 기자궁과 기자정을 보았다. '三益齋' 편액은 증조 任珽의 글씨였다. 기자궁, 정전, 인현서원에 갔다. 인현서원 옆에 御書閣이 있는데 효종이 잠저 때 쓴 글을 모신 곳이었다. 守僕이 들고 온 『尋源錄』에 題名을 했다.

표 48. 연행록에 제시된 평양 관련 기록(계속)

사행 날짜	내용
1836년 10월 27일	• 보통문으로 나와 청류벽을 지나 부벽루에 올랐다. 부벽루에서는 능라도 전체가 보이는데 버드나무 가에 인가의 연기가 피어오르고 밭두둑이 있고 소와 돼지의 우리가 보이고, 닭 울음과 개 짖는 소리가 들려 桃花源의 풍경 같았다. 암문을 걸어 들어가 을밀대에 올랐다. • 성 밖에 기자묘가 있다고 했다. 모란봉을 걸어 올랐는데 시야가 트여 있었다. 수많은 집과 누대, 강, 산봉우리가 석양에 더욱 아름다웠다. 봉우리 아래 최승대가 있고 최승대 아래 영명사가 있었고 불당 옆 層樓에 제영이 많았다. 다시 부벽루에 올랐다가 연광정으로 갔다. 연광정에 가서 김황원의 연구를 완성한 이만수, 홍의호, 홍석주의 율시를 보고 시를 지었다.
1836년 10월 28일	• 보통문을 나서 기자묘 앞을 지나갔다. 비가 올 듯하여 바삐 가느라 참배하지 못했다.
1837년 3월 9일	• 기자묘에 갔다가 칠성문을 경유하여 숙소로 들어갔다. 저녁에 기녀와 풍악, 술, 음식을 가득 싣고 배를 탄 뒤 부벽루, 청류벽으로 내려갔다가 배를 돌려 상류로 올라왔다. 연광정을 바라보니 등불과 촛불을 밝히고 歌樂이 한창이었다. 대동문루에 올라 노래를 듣고 검무를 보고 돌아왔다.
1837년 3월 10일	• 府妓 竹香이 그림을 잘 그려 상사와 내가 대나무를 그리게 하였다. 죽향의 自號는 '琅玕'이다. 노래와 춤을 구경하였는데 또 검무도 추었다. 官船을 타고 청류벽 아래까지 거슬러 올라갔다가 동쪽 기슭에 배를 대어 내려서 말을 타고 출발하였다.
李有駿,『夢遊燕行錄』	
1848년 11월 1일	• 영제교 아래 긴 하천이 흐르고 좌우 긴 제방에는 버드나무가 줄지어 있었다. 장림을 지나 나루 어귀에 이르니 두어 척의 큰 배가 대기하고 있었다. 현판에 '泛碧亭'이라 쓰여 있었다. 편액에는 시 너덧 수가 새겨져 있었다. • 성곽은 수십 리인데 둘레 안팎 인가는 거의 수만에 가까웠다. 대동문을 지나 관사로 향했다. 감사 趙斗淳과 서윤 趙冕鎬가 서장관을 만나러 왔다. 房妓 蓮心, 蘭玉, 玉姬, 素姬는 모두 교태가 있고 노래를 잘했고, 가장 어린 소희는 이제 12세인데 지난봄 궁중 연회에 女伶으로 뽑혔다고 한다. 노래와 춤이 평양에서 유명하다. • 평안도 습속은 사신을 영접하는 것이 영광이라고 한다. 역참에 도착할 때면 알현을 청하는 일이 매우 많아 영접하는 일이 매우 피곤하였다.
1848년 11월 2일	• 세 사신은 이곳에서 하루나 이틀을 더 머문다. 査對를 하기 위한 것이지만 겸하여 명승지를 유람하고 싶어서이다. 연광정에 올랐는데 예전에 주지번이 이곳에 올라 '天下第一江山'이라고 써서 걸어 두게 하였는데 병자호란 때 청 태조가 중국에 금릉과 전당이 있으니 천하 제일이 될 수 없다면서 '천하' 두 글자를 깎아 내게 하였다고 한다. 김황원의 연구는 맑고 웅장한 정취가 있어 삼라만상을 포함하면서 천고의 세월을 넘어서는 깊이가 있다. 풍악을 울리게 하니 기생 40-50명이 춤을 추었다. 錚舞, 鼓舞, 響鈸, 牙拍 등의 공연이 있었고 해가 지자 등불과 촛불이 빛나고 술잔치가 있었다.

표 48. 연행록에 제시된 평양 관련 기록(계속)

사행 날짜	내용
1848년 11월 3일	• 평양에서 뛰어난 경관으로는 연광정, 부벽루 두 가지가 있다. 비가 와서 몸이 좋지 못해 부벽루는 돌아올 때 보기로 하고 崇寧殿과 崇仁殿을 관람하였다. • 칠성문을 지나 인현서원에 갔다. 守僕이 幅巾과 深衣를 가져와서 이것을 입어야 참배할 수 있다고 했다. 함구문 밖으로 갔는데 들판의 모습이 쟁반처럼 펼쳐져 있었다. 정전과 기자정, 八條門과 九疇室을 보았다.
1848년 11월 4일	• 보통문을 나오니 기자묘가 있었다.
1849년 3월 18일	• 저녁에 대동관에 도착했다. 아름다운 여자들이 빙 둘러 앉아 있었다.
1849년 3월 19일	• 비는 개었지만 도로가 진흙탕이라 가기 어려워 하루 더 머물렀다. 상사는 연광정에 처소를 잡았다. 나는 말을 타고 북쪽으로 가서 장경문을 나가 성을 따라가니 금수산 모란봉이 보였다. 봉우리 아래 영명사가 있었고 영명사에서 10여 보 거리의 북쪽 절벽 위로 섬돌 수십 층이 있어 올라가니 부벽루가 있었다. 사방으로 窓楹이 없고 아래에는 벽돌을 깔았다. 강산이 그윽하고 상쾌하고 드넓은 것으로는 연광정만 못하지만 맑은 경치는 더 나았다. 아래로는 능라도가 보이고 서쪽 산에는 을밀대가 보이는데 풍경이 아름다워 仙界 같았다. • 돌아가는 길에 연광정에 올라가 상사를 만났는데 생황과 비파가 번갈아 울리고 기생들은 화려하고 아름다웠다.

두드러졌다. 아래를 보면 능라도가 보이고 서쪽 산에는 을밀대가, 북쪽에는 모란봉의 풍경이 보이는 입지에 있었기 때문이다. 그 외에 대동강에 인접한 성곽 위 누정이나 높은 곳에 있는 쾌재정 및 최승대의 전망도 자주 언급되었다. 기자묘에 대한 특별한 존숭도 시대의 흐름에 따라 더 강화되는 것을 볼 수 있다.

그 외에 평양의 여러 곳에 대한 구체적인 정보도 알 수 있다. 재송정(栽松亭)은 중국에 가는 사신들이 옷을 갈아입는 곳이었고 재송정 앞에는 서윤 이원손(李元孫)의 유애비(遺愛碑)가 있었다. 영명사의 칠성전은 비구니가 사는 곳이었고, 외성 남쪽 한사정(閒似亭)은 19세기로 가면 마을 수재들이 공부하는 공간이 되었다. 겨울에는 대동강이 얼어 썰매를 타고 건너야 하는데, 기록에 따르면 썰매의 형태는 일정하지 않았다. 어떤 경우에는 썰매를 말 2필이 끌기도 했고 어떤 경우에는 앞사람이 끌고 뒷사람이 미는 방식으로 이동했다. 1804년 대화재의 참상을 전하는 기록도 있다.

2) 읍지 수록작 외 평양 관련 시문

평양에 대해서는 읍지에 수록된 시문과 사행 자료에 나오는 단편적인 기록 외에도 수많은 자료가 있는데, 그중에서 여러 문집에 실린 시문을 빼놓을 수 없다. 여기에서 평양을 소재로 한 시와 신축 또는 중수한 건물과 관련된 기문, 여행 기록 등을 정리했다. 평양에 가서 지은 시는 상당히 많기 때문에 시와 산문 모두 비교적 긴 작품을 선별했고, 이 작품에서 특기할 만한 사항도 요약했다. 참고할 만한 작품들을 정리할 때에는 각 작품의 해석보다는 시대의 흐름에 따라 바뀌거나 추가되는 내용에 초점을 맞추었다.

개인 저술에는 관료의 공식 기록에서 보기 어려운 내용이 있어서 참고하기에 좋다. 박미(朴瀰)의 「서경감술(西京感述)」과 신광수(申光洙)의 「관서악부(關西樂府)」는 비교적 분량이 길어 다양한 내용이 담겨 있고, 이시항(李時恒)의 「서경부(西京賦)」는 평양민의 입장을 보여 준다. 특히 「관서악부」는 108수로 분량이 많아서 평양의 여러 정보를 풍부하게 제시하는데, 19세기에 창작된 장지완(張之琬)의 「평양죽지사(平壤竹枝詞)」와 김제학(金濟學)의 「차신석북관서악부백팔운(次申石北關西樂府百八韻)」도 편폭이 길어서 비슷한 장점을 지닌다. 또한 김제학의 차운시는 19세기 평양의 사회상을 살펴볼 수 있다는 점에서 주목할 필요가 있다.

특정한 사안만 다룬 작품도 눈여겨볼 만하다. 이만용(李晚用)의 「이선악가(離船樂歌)」처럼 교방의 공연 양상에 대해 참고할 수 있는 자료도 있고 1866년의 제너럴셔먼호 사건에 대해 시로 쓰면서 주석을 단 조면호(趙冕鎬)의 「서사잡절(西事雜絕)」도 특기할 자료이다. 이

시항은「서경부」외에 평양에서 열린 지역민들의 시회(詩會) 양상에 대해서도 기록을 남겼고, '황고집'으로 유명한 황순승(黃順承)이나 장복상(張福相) 같은 지역민의 일화를 기록한 심노숭(沈魯崇)의「사가야화기(四街夜話記)」도 당시 평양 내에서 화제가 된 인물의 모습을 잘 보여 준다.

이들 자료에서는 여타 기록에서 자주 나오지 않는 공간에 대한 서술을 발견할 수 있다. 김안로(金安老)의「유봉황대지(遊鳳凰臺志)」에서는 평양 외성 밖에 있는 봉황대에 대한 기록이, 이시항의「기성고순화산수록(箕城古順和山水錄)」에서는 평양부 서남쪽에 있는 옛 순화현(順和縣)에 대한 기록이 있다. 역락재(亦樂齋), 좌심재(坐深齋), 작옥영당(芍玉影堂), 벽곡사(碧谷祠), 유연재(油然齋), 사숭재(四崇齋), 분무대(奮武臺), 석호정(石湖亭) 등 읍지나 사행 기록에서는 거의 언급되지 않은 공간에 대한 기록도 있어 이곳을 찾은 사람들의 소회나 이 공간의 연혁을 이해하는 데에 도움이 된다.

19세기 기록에는 평양에 방문한 일반인이 지역민에게 들은 속설들을 옮겨 놓고 있는데, 읍지 등의 자료를 참고할 때에는 오류로 보이지만 당시 지역민의 인식을 보여 준다는 점에서 흥미로운 자료들도 있다. 예컨대 예전부터 있었던 '영제교'를 임진왜란을 피해 평양에 온 선조가 명명했다는 이야기라든가 상갑단에 쥐 떼가 나와 활줄을 끊은 사건이 임진왜란 때 일어났다는 이야기는 임진왜란이 지역민에게 얼마나 충격적이었는지를 잘 대변해 준다고 할 수 있다. 그 외 평양에 오는 사람들이 이곳 지역민의 기풍에 대해 논하거나 평양의 명소나 전설의 진위 등에 대해 자신의 견해를 피력하는 내용도 참고할 수 있다.

표 49. 평양 관련 시문

저자(생몰년), 제목(연도)	내용 및 특기 사항
河演(1376-1453), 「箕城三十韻」	•『敬齋集』 수록 •7언 4구 30수(금수산, 능라도, 모란봉, 청류벽, 기린굴, 조천석, 을밀대, 문무정, 단군사, 숭인전, 箕子墓, 정전, 기자정, 영숭전, 영명사, 백은탄, 덕암, 주암, 연광정, 부벽루, 읍호루, 쾌재정, 풍월지, 봉황대, 영귀루, 만경대, 석호정, 보통문, 藏春閣, 선연동) •다만 연광정, 읍호루, 쾌재정 등이 건립된 것과 '청류벽'으로 명명된 것은 하연 몰년 이후의 일이므로 이 시를 하연이 지은 것으로 볼 수 없음 •1427년 평안도 도관찰출척사 겸 평양부윤이 됨
金安老(1481-1537), 「遊鳳凰臺志」(1503)	•『希樂堂稿』 수록 •평양 외성 밖 강 너머 江神祠가 있는 언덕에 있는 봉황대가 모란봉과 부벽루에 비해 외딴 곳에 있어 사람들이 오지 않는 것이 안타깝다는 내용 •김안로는 여름에 강신사에 기우제를 지내러 가는 장인 蔡壽를 따라 갔다가 봉황대의 존재를 알게 되었고 7월에 봉황대 근처의 望日寺에 가서 공부를 했음 •1503년 평양 유람 당시 관찰사가 장인 蔡壽였음
朴瀰(1592-1645), 「西京感述」(1638)	•『汾西集』 수록, 7언 4구 30수 •역사 및 고적(단군, 기자, 정전, 기자정, 외성, 고구려, 묘청, 김부식, 문필봉, 평양성 전투, 斧山院, 동명왕), 명소 및 건물(연광정, 쾌재정, 영귀루, 봉황대, 주암, 池彦忠亭舍, 鎮西閣), 연회 및 공연, 船遊, 단오 풍속, 사월 초파일, 물 긷기, 썰매, 술 등에 대한 내용 •평안감사 朴東亮의 아들로, 1605년 부친이 평안감사로 재직한 3년간 평양에 체류했고 1638년에 동지성절사로 사행 가던 도중에 평양에서 「서경감술」을 지음
吳始壽(1632-1681), 「練光亭觀燈三十韻」(1673)	•『水村集』 수록, 7언 고시 30운 •사월 초파일 연등을 보면서 쓴 시로, 평양에 대한 전반적인 내용이 나오며, 서윤 柳之發(자 起之)의 차운시를 첨부 •1672년에 평안도 관찰사가 됨
吳始壽(1632-1681), 「浮碧樓重修記」(1673)	•『水村集』 수록 •부벽루에서 보이는 풍광과 부벽루의 느낌이 아름답고 상쾌하고 그윽하고 소쇄함을 겸비했다는 내용으로, 서윤 柳之發이 연광정을 중수하자 쓴 기문
李時恒(1672-1736), 「西京賦」	•『和隱集』 수록 •西京主人(평양인)과 東都賓(경주인)의 문답 형식으로 평양의 역사, 산천, 성곽, 건물, 토산, 인물 등 제반 사항을 과시하는 내용 •운산 출신으로 관찰사 柳尙運에게 수학했으며 1690년에 처가가 있는 평양으로 이주

표 49. 평양 관련 시문(계속)

저자(생몰년), 제목(연도)	내용 및 특기 사항
李時恒(1672-1736), 「箕城超然臺上樑文」	•『和隱集』 수록 •관찰사 李濟, 중군 鄭琳, 서윤 黃爾章이 주도하여 2년간 성곽을 수리한 뒤 砲樓 터에 초연대를 세웠는데, 읍밀대처럼 초연대는 위는 네모이고 아래는 원형이며 丁字 형태로, 편액은 한호의 글씨를 集字하였음
李時恒(1672-1736), 「浮碧樓文字飮序」(1733)	•『和隱集』 수록 •1733년 2월 26일에 벽한부사를 타고 백은탄으로 가서 청류벽을 보고 전금문 앞에서 내려 영명사를 거쳐 부벽루에 올라 시회를 가진 뒤 3월 6일에 다시 이전과 같이 유람한 다음 부벽루에서 열린 시회에 감사 宋眞明도 참석
李時恒(1672-1736), 「箕城九老會序」	•『和隱集』 수록 •구로회는 전임 崇靈殿郎 崔泰齊가 결성한 모임으로 회원은 前兵部員外郎 白川 趙之重, 僉樞 谷山 康時泳, 僉樞 長淵 盧國良, 延安 金仁徵, 太學生 南陽 洪百齡, 齊安 黃道和, 平昌 李萬夏, 太學生 延安 金致剛 9명인데, 조지중 사망 후 궐석으로 이시항이 들어감. 모임 그림을 그리게 한 뒤 白居易와 司馬光의 시에 화운시를 각자 지어 시권을 만들면서 쓴 서문
李時恒(1672-1736), 「亦樂齋學規序」	•『和隱集』 수록 •평양의 古順和縣에 있는 강학 공간으로 1716년 봄에 착공하여 1721년에 완공
李時恒(1672-1736), 「日影池記」	•『和隱集』 수록 •함구문 안에 있는 연못으로 예전에 있다가 없어진 것을 1712년 宋奎運이 제안하여 서윤 黃爾章이 판 연못 •일영지의 풍광과 이름의 의미를 서술 •연못을 판 뒤 평양 사인들이 시를 지어 수창하자 서윤 황이장과 감사 이제도 화운시를 지어 축하함
李時恒(1672-1736), 「箕城古順和山水錄」	•『和隱集』 수록 •평양 서남쪽 20리에 順和村이 있는데 옛 順和縣임. 고려 때 서경 6縣 중 하나로 서경에, 다시 祥原, 三和에 속했다가 지금은 順安이 됨. 대동강 하류 지역으로 풍경과 관련 유적 등을 서술
趙顯命(1691-1752), 「練光誇浮碧」 등 (1725)	•『歸鹿集』 수록(「練光誇浮碧」, 「浮碧誇練光」, 「練光嘲浮碧」, 「浮碧嘲練光」, 「判」) •조현명이 용강현령으로 있을 때 감영에 가서 감사 李廷濟가 부벽루와 연광정이 서로 자랑하고 조롱하는 시제로 지은 7언 절구에 차운한 시 •1725년 용강현령으로 부임, 1735년에 칙사의 접대를 담당하기 위해 평안도관찰사가 됨
申光洙(1712-1775), 「關西樂府」(1774)	•『石北集』 수록, 7언 4구 108수 •1774년 평안도관찰사로 부임한 蔡濟恭에게 써준 것으로, 평안도관찰사의 도임 장면, 평양의 역사, 명소, 풍속, 평안도 순력 장면을 포함한 竹枝詞

표 49. 평양 관련 시문(계속)

저자(생몰년), 제목(연도)	내용 및 특기 사항
李重慶(1724-1754), 「箕城行」(1751)	•『雲齋遺稿』 수록, 7언 고시 •평양의 역사를 요약
李重慶(1724-1754), 「西征錄」(1751)	•『雲齋遺稿』 수록(「西征錄序」, 「西征錄」) •1751년 8월 28일에서 11월 11일까지 115일간의 평안도 여행 기록으로 9월 18-20일간 평양에 체류. 재송원, 영제교, 장림을 지나 '乘碧亭'(벽한부사)을 타고 대동강을 건너 대동루 挹灝樓에 올랐고 연광정에 감. '永濟橋'가 임진왜란 때 선조가 와서 이름을 지었고 돌아갈 때 '永'을 '詠'으로 바꿨다는 전설이 있음(이전부터 '영제교'였으므로 오류임). 연광정 북쪽에 '光影樓'가 있고 앞에 작은 연못이 있으며 편액은 李山海가 썼다고 함. 정자가 천 년 뒤에는 용이 될 것이라는 속설이 있음. 주지번의 '第一江山' 글씨가 있고 尹淳이 따라 쓴 글씨가 있으며 김황원의 聯句가 있음 •내성에서 가장 높은 곳인 集勝臺, 단군사, 동명왕사, 쾌재정, 애련당, 정전, 기자궁, 기자정, 仁賢祠에 감. 쾌재정에는 중국 사신 朱世勛의 '江山一覽' 글씨, 徵沛의 '高風遠寄' 글씨, 博倫岱의 글씨와 오언율시 몇 수가 있음. 서쪽 淸華館 들보의 칼 흔적은 임진왜란 당시 왜장 小西飛가 이곳에 주둔했을 때 용강의 김 장군에게 머리가 베어진 상태에서 손에 칼을 들고 휘두르다 남은 흔적이라고 함 •대동문에서 배를 타고 덕암, 청류벽, 능라도를 지나 부벽루, 영명사, 함벽정, 기린굴, 箕子墓에 감 •평양의 산맥에 따라 건물의 위치를 설명
朴胤源(1734-1799), 「平壤詩」(1766)	•『近齋集』 수록, 5언 고시 •1766년 삼등현령인 부친 朴師錫의 임소로 감 •평양의 풍광과 명소에 대한 내용
申大羽(1735-1809), 「浮碧樓重修記」(1809)	•『宛丘遺集』 수록 •1809년에 사직하고 성천도호부사가 된 아들 申絢을 따라 성천으로 감 •부벽루는 고려 승려 興上人이 세운 것으로, 1809년 7월 16일 부벽루를 중수한 뒤 모임을 가질 때 성도 관사에 있던 신대우에게 편지를 보내 글을 요청하여 지은 기문 •중국 사신들이 '金陵'에 견주었고 정몽주, 이색이 시를 지었고 김부식, 이숭인 등의 시판이 있음 •연광정과 비교하여 부벽루의 특색을 서술
柳得恭(1748-1807), 「西京雜絕」(1773)	•『泠齋集』 수록, 7언 4구 15수 •1773년 윤3월 25일부터 4월 8일까지 박지원, 이덕무와 평양을 유람 •대동강, 기린굴, 을밀대, 선연동, 동명왕, 함구문, 기자궁, 대동문, 장림, 청류벽, 전금문, 풍속, 냉면, 사월 초파일 관등, 황순승(황고집) 등을 언급

표 49. 평양 관련 시문(계속)

저자(생몰년), 제목(연도)	내용 및 특기 사항
沈魯崇(1762-1837), 「西京雜詩二十首」(1783)	•『孝田散稿』 수록, 7언 4구 20수 •영제교, 장림, 대동강, 왜장 小西飛의 칼자국, 瞻星臺, 외성의 정전, 관찰사, 금수산, 능라도, 영명사, 기린굴, 巫俗, 평양 기생, 단오 그네 등을 언급
沈魯崇(1762-1837), 「帶星山神廟記」(1783)	•『孝田散稿』 수록 •장경문 동쪽 20리에 자리한 대성산에 감사 朴燁의 神廟가 있으며, 당 안에는 박엽의 초상이 있음 •사당이 건립된 내력을 서술 •대성산은 대부분 '大城山'으로 표기함
沈魯崇(1762-1837), 「四街夜話記」	•『孝田散稿』 수록 •장경문 四街站에서 全爾性이 들려준 張福相에 대한 이야기로, 베풀기를 좋아하는 장복상이 府庫를 축낸 죄로 처형을 당하게 되었을 때 여러 사람들이 메워 주어 죄를 면하게 하고 복직하지 못하여 굶주리게 되었을 때에도 기생들이 도와주어 배를 타고 낚시를 하며 여생을 보냈다는 내용 •丁若鏞의 「旁親遺事」(『茶山詩文集』 수록)에 '張福尙'에 대한 언급이 있음 •李聖載의 「西京詩」에 대한 평, 연광정에 걸린 詩板에 대한 개탄
洪敬謨(1774-1851), 「西京有聲畫帖引」(1794)	•『冠巖全書』 수록 •1791년에 관찰사가 된 조부를 따라 평안감영에 갔다가 1792년에 돌아왔는데 그동안 평양의 여러 곳을 다니면서 지은 시문 「西京有聲畫帖」에 대한 서문 •조부 洪良浩가 평안도관찰사
洪敬謨(1774-1851), 「西京記」(1791)	•『冠巖全書』 수록 •평양의 역사와 지리, 건물, 산문 등을 서술 •白銀과 鉛鐵이 대동강 지역 산에서 난다는 내용, 기자의 유풍이 전하면서 점차 변했지만 고려 때 협기를 숭상하고 이익을 추구하는 습속이 생겨 지속되고 있다는 내용이 있음
洪敬謨(1774-1851), 「殷太師畫像記」(1791)	•『冠巖全書』 수록 •인현서원에 봉안된 기자 화상에 대해 쓴 기문 •관찰사 徐渻이 중국에서 趙孟頫의 洪範圖를 가져왔고 1626년에 화사 李信欽에게 홍범도에 있는 기자의 화상을 모사하게 했으나 정묘재란 때 사라졌다가 1632년에 다시 모사해서 봉안한 것임
洪敬謨(1774-1851), 「仁賢書院記」(1791)	•『冠巖全書』 수록 •고려 현종 때 개성에 기자 사당을 지어 제향했으며 조선 태종 때 평양에 崇仁殿을 지은 뒤의 변화를 서술 •기자의 유물로 五色絲管筆 하나와 藤杖 둘을 소장했다고 하나 임진왜란 이후 전하지 않는데 여기에는 관찰사 俞泓이 節鉞로 썼다는 설이 있음

표 49. 평양 관련 시문(계속)

저자(생몰년), 제목(연도)	내용 및 특기 사항
洪敬謨(1774-1851), 「箕子墓記」(1791)	·『冠巖全書』 수록 ·칠성산 밖 兔山에 있는 기자묘를 임진왜란 때 왜군이 도굴하려고 했으나 음악소리가 들려 놀라서 도망갔다고 함. 중국 蒙縣에 있다고 하는 기자묘를 언급하면서 진짜 기자묘는 평양에 있다는 내용
洪敬謨(1774-1851), 「井田記」(1791)	·『冠巖全書』 수록 ·함구문과 정양문 밖에 있는 정전을 은나라 제도의 자취로 설명하면서 정전의 제도와 취지, 이후의 변천 등을 서술한 내용
洪敬謨(1774-1851), 「九梯宮遺墟記」(1791)	·『冠巖全書』 수록 ·모란봉 아래에 동명왕의 옛 궁궐 구제궁이 있었으며 그 터에 영명사가 있다는 점, 서쪽에 觀風殿, 남쪽에 萬壽臺가 있는데 그 위에 長樂宮이 있었고 만수대 남쪽에 있었던 永崇殿이 지금의 감영이라는 점, 龍堰闕 또는 大花宮, 珠宮으로도 불렸던 離宮 別館이 있었고 동명왕이 기린마를 기르다가 대동강 바위를 통해 하늘로 올라갔으며 그때 떨어뜨린 옥채찍을 용산에 묻었다는 설, 동명왕은 고구려의 시조로 졸본 부여에 도읍을 세웠다고 하는데 졸본 부여는 압록강 북쪽이며 동천왕 때 평양으로 이주했기 때문에 동명왕에 대한 설을 믿기 어렵다는 내용 등을 수록
洪敬謨(1774-1851), 「練光亭記」	·『冠巖全書』 수록 ·1528년 관찰사 許磁이 연광정을 창건했다는 내용과 연광정에서 보이는 전망과 사계절의 풍광을 서술
洪敬謨(1774-1851), 「浮碧樓記」	·『冠巖全書』 수록 ·부벽루의 풍광. 능라도, 주암, 구제궁, 조천석 및 대동강이 보이는 전망 ·고려 興上人이 창건하고 睿王이 순행했으며 平章事 李顗가 이름을 짓고 학사 金黃元이 시를 지었던 곳
洪敬謨(1774-1851), 「鏡波樓記」	·『冠巖全書』 수록 ·경파루는 左營 納勝臺 터에 세운 누각으로, 군사훈련을 하는 곳
洪敬謨(1774-1851), 「奮武臺記」	·『冠巖全書』 수록 ·분무대는 中營 大將臺 이름. 팔각의 이층 건물로, 성 안팎을 대부분 볼 수 있는 위치에 있음. 옛 이름은 集勝臺였는데 『상서』에서 "奮武衛"의 의미를 가져와 이름을 바꿈
洪敬謨(1774-1851), 「快哉亭記」	·『冠巖全書』 수록 ·대동관 북쪽 누각으로 사신을 맞이하는 곳이고 관찰사 安琛이 건립했으며 중국 사신이 '쾌재정'으로 이름을 붙임 ·지대가 높고 사방이 트여 있어 대동강이 보이며, 평양의 중앙에 있으면서도 걱정이나 피로를 씻어 줄 정도로 한적한 곳으로 인식

표 49. 평양 관련 시문(계속)

저자(생몰년), 제목(연도)	내용 및 특기 사항
洪敬謨(1774-1851), 「多景樓記」	•『冠巖全書』 수록 •다경루는 감영의 뒤쪽 만수대 위, 동명왕의 영숭전 옛터에 있음. 감영과 가깝고 민가에 접해 있으면서 소나무가 둘러 있어 잠시 와서 거닐 수 있는 공간
洪敬謨(1774-1851), 「石湖亭記」	•『冠巖全書』 수록 •석호정은 대동강 하류 호수처럼 된 곳에 휘돌아 있는 石峯의 끝자락에 읍민 李進이 세운 정자 •뒤에는 절벽이고 삼면이 강가에 있어 사계절의 풍광이 좋으며 정자의 위치가 산수의 아름다움과 도회지의 경관을 모두 볼 수 있는 곳임
洪敬謨(1774-1851), 「上甲壇記」	•『冠巖全書』 수록 •임진왜란 때 쥐 떼가 왜군의 진영에 들어가 화약을 물에 빠뜨리고 활을 잘라서 이튿날 왜군이 패하였다는 내용. 또 예전에 瑞興府에 적이 들어왔을 때 한 승려가 흰쥐로 변해 밤에 적진에 들어가 활을 모두 잘라 놓아서 적들이 패주했고 승려는 羅帳山 동굴로 들어가 쥐들의 신이 되었음. 전란이 끝난 뒤 을밀대 아래에 제단을 쌓아 봄가을에 제사를 지냈는데 '甲子'가 쥐의 해이고 '甲'이 천간의 맨 처음이기 때문에 '上甲'이라고 이름을 붙임 •평양 읍지(1590)에는 몽골군이 침략했을 때 쥐 떼가 적병의 활줄을 끊어 놓아 퇴각시킨 이야기로 나옴
洪敬謨(1774-1851), 「武烈祠記」	•『冠巖全書』 수록 •무열사의 건립과 화사 李信欽이 楊元의 초상화를 그릴 때의 일화. 임진왜란 이후에 사당을 만들어서 황량했는데 1792년에 사당을 확장하고 駱尙志를 추배하였으며 이여송의 5세손 李源을 헌관으로 삼음. 당시 관찰사였던 조부 홍양호가 정당을 수리하고 兩廡(崇義, 振武)를 만들고 外庭을 확장하고 대문을 세우는 등의 개축을 함 •명나라 원병의 의의와 이여송에 대한 세간의 의혹을 불식시키기 위해 공적을 강조
洪敬謨(1774-1851), 「古都沿革記」	•『冠巖全書』 수록 •三朝鮮(단군의 前朝鮮, 기자의 後朝鮮, 위만의 衛滿朝鮮)의 도읍지였다가, 漢四郡이 되어 왕검성이 낙랑군이 되었고, 고구려 장수왕 때 국내성에서 도읍을 옮겼으며, 보장왕 때 나당 연합군의 공격으로 멸망, 고려 태조 때 塩州·白川·黃州·海州·鳳山의 주민을 이주시켜 大都護府로 삼았다가 西京으로 바꾸었고, 광종 때 西都로 개칭, 穆宗 때 鎬京으로 개칭했다가 文宗 때 다시 서경으로 바꾸는 등의 행정단위 변화와 명칭에 대한 설명

표 49. 평양 관련 시문(계속)

저자(생몰년), 제목(연도)	내용 및 특기 사항
洪敬謨(1774-1851), 「箕城雜記」	•『冠巖全書』 수록 •평양에 있는 숭령전, 숭인전, 문묘, 충무사, 을밀대, 만경대, 풍월지, 금수산, 용악산, 부산, 창광산, 잡약산, 청류벽, 능라도, 주암, 도리담, 기자궁 터, 정전유제, 기자정, 내성, 중성, 외성, 북성에 대한 상세한 설명
洪敬謨(1774-1851), 「浿江泛月記」(1792)	•『冠巖全書』 수록 •1792년 7월 16일 소식의 적벽 고사를 따라 청류벽 아래에서 한 뱃놀이. 먼저 연광정에서 달 뜨기를 기다린 뒤에 달이 뜨고 연광정과 능라도 사이에서 배를 탔을 때의 풍경과 적벽부를 부르게 한 뒤의 흥취를 서술
洪敬謨(1774-1851), 「多景樓夜話記」(1793)	•『冠巖全書』 수록 •李喜經(호 綸庵, 十三齋)과 燕申堂에서 시에 대해 이야기한 뒤 그다음 밤에 이희경, 거문고를 연주할 기생 娟愛, 술통을 든 知印 鳳權과 다경루로 가서 시를 짓고 거문고 연주를 들었던 일에 대한 내용
洪敬謨(1774-1851), 「浿江仙遊帖」(1825)	•『冠巖全書』 수록 •조부 홍양호가 평안도관찰사로 재직하던 1792년 7월에 소식의 赤壁 船遊처럼 배를 타고 대동강 상류로 올라가 청류벽 아래에서 7언 율시를 짓고 화운한 뒤 소식의 「前赤壁賦」와 「後赤壁賦」, 대동강 선유 때 지은 시들을 장정해서 보관했는데 33년이 지난 뒤 다시 보면서 추억에 젖었다는 내용
睦台林(1782-1840), 「西遊錄」(1825)	•『雲窩集』 수록. 경남 사천에서 의주까지 다녀온 여행기. 「西遊錄序」, 「跋」, 경유한 각 지역에 대한 기록 •평양의 풍경, 명소를 둘러보면서 들은 이야기와 풍경을 설명. 「箕城賦」 수록['練光亭八景'(浮碧翫月, 永明尋僧, 普通送客, 乙密賞春, 馬灘春漲, 龍山晩翠, 車門泛舟, 蓮塘聽雨), '箕城十勝'(箕墓懷古, 武閱象功, 麟窟懷仙, 朝天老石, 長林驟雨, 銀灘觀魚, 舟巖落照, 狸灘歸檣, 綾羅夏綠, 星殿翫塔)] •오류: 임진왜란 때 선조가 '영제교'의 이름을 붙였다는 내용, 대동문을 남문이라고 한 점, 숭령전을 '崇義殿'으로 표기한 점, 계월향과 김경서를 각각 '花月', '金德良'으로 표기한 점 •새로운 내용: 평양 지역의 지형, 고구려 소수림왕 때 서역에서 부도를 보내 肖門寺를 세웠는데 이것이 영명사임. 영명사 뒤에 칠성전이 있는데 이곳은 여승이 사는 곳, 영명사는 남승이 사는 곳이라고 함. 箕林의 기자묘에 대한 전설
金濟學(1791-1859?), 「次申石北關西樂府百八韻」	•『龜菴集』 수록 •申光洙의 「關西樂府」에 대한 차운시로, 원시에 비해 평양 이외 평안도 지역의 비중이 높음 •평양의 시장, 풍속 등 19세기 평양에 대한 인식을 반영
李晩用(1792-1863), 「浿江觀炬火次蘇詩韻」(1820)	•『東樊集』 수록, 7언 율시 5수 •사월 초파일 불놀이에 대한 묘사 •1820년 평안도관찰사 沈象奎를 방문하고 대동강을 유람

표 49. 평양 관련 시문(계속)

저자(생몰년), 제목(연도)	내용 및 특기 사항
李晩用(1792-1863), 「離船樂歌」	•『東樊集』 수록 •평양에 원래 18개 舞가 있었으나 12개 舞만 전하는데 그중 하나인 이선악은 해로로 중국에 사행 갈 때 제작된 것으로 처연한 곡조로 배를 타고 이별하는 상황을 형용했음. 공연을 본 뒤 金命喜가 빨리 기록한 것을 바탕으로 쓴 시로, 시 구절에 箋注가 있음 •獻蟠桃, 劍舞, 響鈸, 牙拍을 언급했으며 이선악의 彩舫, 사행하러 배에 오르는 배역의 기생 복장, 바닷길로 가는 모습과 月出曲, 漁父詞로 마무리함 •1820년에서 약 10년 뒤 金命喜, 金相喜, 吳昌烈과 함께 평양에 옴
趙冕鎬(1803-1887), 「西事雜絕」(1866)	•『玉垂集』 수록, 7언 4구 45수 •1866년의 제너럴셔먼호 사건에 대해 쓴 시로, 시 구절에 주석이 있음 •1848년에 평양 서윤이 되었고 1858년 평안도 강서현으로 유배
申錫愚(1805-1865), 「平壤懷古」(1838)	•『海藏集』 수록, 5언 절구 17수, 시에 주석이 있음 •죽지사와 논시절구를 모방하여 지음 •1838년에 용강현령이 되었고 1860년에 사은겸동지사가 되어 사행을 감
張之琬(1806-1867 이후), 「平壤竹枝詞」(1844)	•필사본, 7언 4구 85수, 『枕雨堂集』에는 미수록, 『斐然箱抄』에 20수 수록 •평양 기생에 대한 내용이 많음
張之琬(1806-1867 이후), 「永明寺碑」(1846)	•『枕雨堂集』 수록 •1846년에 영명사 승려들이 영명사의 퇴락한 정황을 알려 관찰사 洪在喆이 허락하고 전 오위장 鄭命基의 지휘 아래 수리를 마친 뒤 영명사 승려의 요청으로 쓴 기문 •영명사가 북영의 역할을 수행한다는 점을 강조
朴淇鍾(1824-1898), 「遊平壤記」(1868)	•『竹圃集』 수록 •대동찰방에 제수되어 1867년 1월 15일에 출발하여 25일에 평양에 도착했으며, 평양에 대한 기록은 1월 25일, 2월 18일, 4월 25일임 •官庫의 酒物을 五里亭에 대기시킴. 수재를 대비하기 위해 평양의 동남쪽부터 외성 서남쪽까지 20여 리에 제방을 두르고 잡목을 심었는데 이것이 防水城임. 속설에 따르면 九堞으로 짓고 蒸土로 쌓았다고 함. 이것을 기자가 지었다는 설도 있음. 한사정에서 구진강 너머가 1866년에 이양선을 격파한 곳임. 艾島에 제너럴셔먼호 사건의 외국인을 묻었음. 무열사, 인현서원을 방문 •管餉裨將 李承爀, 車觀道, 辛瑢基와 府妓 鳳姬, 月仙, 蕙月과 함께 대동문에서 樓船을 타고 영명사와 부벽루로 올라감. 淸潭과 九老亭은 유락객이 이름을 지은 것이고 모란봉 아래 最勝臺는 趙斗淳이 세움

표 49. 평양 관련 시문(계속)

저자(생몰년), 제목(연도)	내용 및 특기 사항
	• 연광정의 이름은 南袞이 붙였다고 하며 연광정의 편액은 米芾의 '第一山' 모본에 '江'을 추가했다는 설도 있고 주지번의 글씨인데 임진왜란 때 '江山'이 타서 후인이 추가했다는 설도 있음 • 자신은 화려하고 트인(豪華敞豁) 연광정, 그윽하고 맑은(寥朗邃敻) 을밀대, 맑고 상쾌한(淸灑蕭爽) 부벽루를 '平壤三絕'로 꼽는다는 내용 • 1867년에 대동찰방이 됨
金允植(1835-1922), 「題平壤全圖屛風百一韻」(1868)	•『雲養集』 수록 • 평양 병풍에 대한 제화시로, 평양의 형승과 누각, 명승, 물산 등 제반 사항에 대해 쓴 7언 장편시
權晃(1789-?), 「壁月賞蓮詩序」(1854)	•『箕城錄』 수록 • 1854년 5월 가뭄 끝에 비가 내리자 五詢亭 앞에 있는 璧月池에 가서 비 올 때의 연꽃을 감상하며 쓴 시축의 서문과 시, 발문. 이때 모인 사람은 李景在(松西), 權晃(命汝), 錫玄, 이경재의 아들 李承九, 조카 李承五
李景在(1800-1873), 「坐深齋記後叙」(1854)	•『箕城錄』 수록 • 사인들의 강학공간인 日新齋, 坐深齋, 四崇齋를 창건한 증조부 李台重의 유지를 이어 중간에 좌심재에 화재가 났을 때 이태중이 쓴 글이 없어졌기에 요청을 받아 쓴 글
저자 미상, 「芍玉影堂記績碑」	•『箕城錄』 수록 • 부성 서쪽에 있는 서산서원에 관찰사 洪命耉의 精忠祠가 있고 그 서쪽에 홍명구의 후손인 관찰사 洪鍾應의 생사당이 있음 • 1851년 수해 구제 등 홍종응의 치적을 기리는 내용
李景在(1800-1873), 「碧谷祠講會錄序」	•『箕城錄』 수록 • 벽곡사는 관찰사 金蘭淳의 생사당임 • 평양 사인들이 관찰사 김난순의 조카 金輔根의 발문이 있는「碧谷祠講會錄」
저자 미상, 「油然齋記」	•『箕城錄』 수록 • 유연재는 성 남쪽 기슭의 서쪽에 있으며 관찰사 鄭晩錫의 생사당인 過齋祠의 齋室임. 정만석은 홍경래의 난을 잘 수습한 치적이 있음 • 楊澤九(棗坡)가 매월 여러 유생들을 데리고 정만재의 화상을 배알하고 유연재에서 소학을 강론하고 봄가을 제사를 지냈으며 지금은 양택구의 증손 楊基稷이 대를 이어 유지하고 있음
李景在(1800-1873), 「四崇齋重修記」	•『箕城錄』 수록 • 관찰사 李台重이 세운 강학 공간 일신재가 사람들을 다 수용하지 못하자 1757년 봄 隆德部에 私塾을 더 세우고 '사숭재'라고 했음. 이곳의 유생들이 과거에 급제하여 향음례를 행하고 향약의 규례를 강하면서 홍성하게 되었고 1853년 유생이 중수했다는 사실을 서술함

3. 조선시대 평양의 역사 명소와 관심사의 변화[24]

1) 평양 명소의 시대적 변천과 공간 재편성

조선시대 평양은 독특한 도시이다. 평안감사가 상주하는 평안감영이 있었고, 사행로의 경유지인 데다 사신들이 며칠간 체류하면서 휴식을 취하는 곳이어서 감사의 역할에 중국 사신을 접대하는 업무도 있었으며, 유흥과 환락으로 유명한 관광지였다. 즉, 다른 지역과는 달리 간헐적이라도 끊임없이 누군가가 찾아오는 도시였다.

평양을 찾는 사람들은 몇 가지 유형으로 나눌 수 있었다. 하나는 조선으로 오는 중국 사신이다. 조선 건국 이후부터 조선 말기까지, 또 명나라에 이어 청나라까지[25] 중국 사신들은 황명을 받들어 조선에 왔다. 어떤 경우든 평양을 경유하고 이곳에 체류했다는 점에서는 변함이 없지만, 명나라와 청나라의 사신들에 대한 자료를 보면 그들 사이에는 차이가 난다. 명나라 사신은 오가는 동안 끊임없이 시를 지었고 접반사(接伴使)가 관례적으로 이 시에 차운하는 시문 창화가 『황화집』이라는 이름으로 그때그때 정리되었으며, 이를 영조대에 집대성한 덕에 상당한 자료가 남아 있다. 반면에 청나라 사신은 개인 기록 이외에는[26] 이들이 왕래하는 동안 어디에서 어떻게 체류했고 어떤 시문을 지었고 어디에 관심을 보였는지를 파악하기가 어려

---

24. 이 절의 내용은 이은주, 「조선시대 평양의 역사 명소와 관심사의 변화」에서 가져왔다.
25. 『同文彙考補遺』 권9의 「詔勅錄」에서 1628년부터 1881년까지 청나라 사신의 방문 상황을 확인할 수 있는데, 명나라 사신과 비교해도 적다고 할 수 없을 정도로 자주 칙사를 보냈다.
26. 지금까지 알려진 자료를 정리하면 1717년에 2차례, 1722년과 1724년에 온 阿克敦의 『奉使圖』와 『東遊集』, 1844년에 온 柏葰의 『奉使朝鮮驛程日記』, 1866년에 온 魁齡의 『東使紀事詩略』, 1882년에 온 馬建忠의 『東行三錄』, 1890년에 온 崇禮의 『奉使朝鮮日記』가 있다.

울 정도로 관련 자료가 없거나 단편적으로만 남아 있다. 이는 청나라 사신들이 시문 창화라는 관례를 유지하지 않은 이유도 있겠지만, 조선에서도 청나라 사신들의 시문을 그다지 의미 있게 보지 않았기 때문이다. 또 하나는 중국으로 가는 조선 사신이다. 조선시대 내내 중국으로 가는 사행도 지속되었다. 이들도 중국을 오가면서 평양에 잠시 머물렀고, 이들이 당시 상황에 대해 남긴 기록도 다수 존재하여 당시의 이동 경로와 화젯거리 등을 확인할 수 있다. 이렇게 사행이라는 공적 임무를 수행하는 '권위 있는' 인물들이 수시로 드나들고 머무르면서 명소를 구경하는 일종의 '관광'을 했기 때문에 평양에서도 이들이 보고 싶은 것에 대응하는 한편, 이들에게 보여 주고 싶은 것을 강조했을 것이다. 또 다른 유형으로 사적인 이유로 평양에 오는 사람들이다. 이 경우에는 이곳으로 부임한 지방관도 있고, 지방관인 부친 또는 친척을 따라 온 자제들도 있고, 그 외 여행이나 여러 이유로 온 사람도 있었다. 국내 인물들의 기록은 문집 등에 수록되어 다수 전해지는데, 이미 『황화집』에 구체적인 내용들이 남아 있으므로 이 글에서는 『황화집』 이후의 시기, 곧 17세기 전반에서 19세기 후반까지의 상황을 알 수 있는 자료들로 한정하여 부분적으로 살펴볼 것이다.[27]

어떤 지역에서 읽어 내는 정보는 각자의 관심사와 이해관계에 따라 다를 수밖에 없다. 특히 평양은 사신들이 오가는 곳이었는데, 중국 사신들에게는 한양 외에 조선의 또 다른 얼굴이자 사행을 마친 뒤 잠시 쉬면서 노는 유락지(遊樂地)였으며, 국내 사신들에게는 한시적으로 부임한 평안감사와 사행을 오가면서 여러 정보를 주고받을 수 있는 고위급 관료들의 공식 모임 장소였다. 한편으로는 평생 한

27. 연행록 자료는 매우 많아서 편의상 한국고전번역원에서 데이터베이스를 구축한 연행록 자료를 대상으로 삼았다.

번쯤 가 보고 싶은 유흥지이면서 다른 한편으로는 오래된 역사 도시이기도 했던 평양에서 이들은 무엇을 보고 싶었을까. 또 평양 사람들은 귀한 손님이었던 이들에게 무엇을 보여 주고 싶었을까. 여기에서는 평양의 역사 경관의 시대적 변천을 따라가면서 이 공간이 갖는 성격과 그 의미에 대해 탐색해 보고자 한다.

조선시대 최초의 평양 읍지라고 할 수 있는 윤두수의 『평양지』가 1590년에 간행될 때 『황화집』과 『여지승람』은 주요 참고 자료였다. 현전하는 『신증동국여지승람』(1530년 간행)의 '평양' 항목에도 『황화집』에 있는 시문들이 대거 활용된 것을 보면, 국빈인 명나라 사신이 평양의 주요 방문자였으므로 조선 전기 평양의 관광 명소는 이들에게 어느 정도 맞추어졌을 것이다.

『평양지』에 수록된 고려시대 시를 보면 이곳에 왔던 사람들은 주로 부성 동북쪽에 있는 구제궁, 조천석, 기린굴, 영명루와 대동강 상류의 주암사, 평양성 남쪽의 흥복사, 남포, 다경루(唐浦 옛 성 문루), 영귀루, 이곳에서 강 너머에 있는 봉황대를 찾았던 것으로 보인다.

조선 건국 이후 명나라 사신이 평양에서 찾은 곳은 1521년 당고와 사도가 왔을 때를 기점으로 하여 그 이전과 이후로 나눌 수 있다. 『황화집』에 실린 시문에서 공간에 대한 내용을 추출해 보면 1450년에 온 예겸(倪謙)과 사마순(司馬恂)은 대동강과 기자묘(箕子廟), 기자묘(箕子墓)에 갔고, 1457년에 온 진감(陳鑑)과 고윤(高閏)은 기자묘(箕子廟)와 대동강, 부벽루에 갔다. 1459년에 온 진가유(陳嘉猷)는 대동강과 기자묘(箕子廟)에 갔고, 1460년에 온 장녕(張寧)은 대동강과 부벽루, 기자묘(箕子廟)를 찾았다. 1464년에 온 김식(金湜)과 장성(張珹)은 기자묘(箕子廟)와 대동강·부벽루를, 1476년에 온 기순(祁順)과 장근(張瑾)은 기자묘(箕子廟)·대동강·부벽루를, 1488년에 온 동월(董越)과 왕창(王敞)은 기자묘(箕子墓)와 기자묘(箕子廟), 대동강·부벽루·풍월루·거문루(車門樓)를, 1492년에 온 애박(艾璞)은 대동강·부벽루·

기자묘(箕子廟)를 찾았다. 곧 약간의 편차가 있다고 해도 15세기까지만 해도 명나라 사신은 평양에 오면 대개 기자묘(箕子廟)와 부벽루에 가고 대동강에서 선유하는 정도였으며, 여기에 기자묘(箕子墓)나 풍월루와 거문루를 찾았던 것이다. 이는 고려시대에 내국인이 찾은 곳과 차이를 보이는데, 여기서 이들의 관심사가 달랐음을 알 수 있다.

공통적으로 대동강에서 배를 탔고 부벽루에 올랐지만 고려인에게 평양성 동북쪽의 부벽루 일대는 구제궁, 조천석, 기린굴이라는 동명왕의 유적이 있는 곳이다. 고려는 불교 국가인 만큼 고려인은 주로 영명사와 평양 남쪽과 북쪽의 절을 갔으며 거문루, 남포, 다경루, 영귀루, 봉황대는 대동강 하류이자 뱃놀이의 노선으로서 강변을 조망할 수 있는 유상처(遊賞處) 정도의 의미였을 것이다.

반면 평양에 온 중국 사신의 최대 관심사는 기자(箕子)의 존재였다. 『황화집』에는 장녕이 쓴 「변유종원기자묘비어(辨柳宗元箕子廟碑語)」(권5)와 장성의 「서장황문기자묘비변후(書張黃門箕子廟碑辨後)」(권7)가 실려 있는데, 여기서 유종원과 장녕, 장성은 은주(殷周) 교체기에 기자(箕子)의 처신, 곧 은 주왕(紂王) 때는 나쁜 마음을 품지 않고 노예가 되는 치욕을 겪으면서도 임금을 위해 간언하지 않았던 반면 주나라가 들어서자 주 무왕에게 홍범(洪範)을 제시한 것을 어떻게 볼 것인가에 논의의 초점을 맞추었다. 이 시점에서 이들은 기자가 조선에 책봉되었다는 『서경(書經)』의 내용에 따라 평양에 남아 있는 기자의 유적에 관심을 기울였다. 기자의 사당과 무덤이 주된 관심사였고 기자의 유적인 정전을 보기 위해 평양의 남단인 거문루를 찾아갔다.[28]

15세기 후반에 접어들면 국내 문인들이 '평양팔경'으로 평양의 명소를 확대하는 것을 볼 수 있다. 조위(曺偉)의 「평양팔절(平壤八絕)」[29]과

---

28. 『皇華集』 권12에 수록된 董越의 「風月樓記」.

성현(成俔)의 「기도팔영(箕都八詠)」에서[30] 꼽았던 '평양팔경'은 을밀대의 봄 경치(密臺賞春), 부벽루에서의 달구경(浮碧翫月), 영명사에 중이 찾아가는 풍경(永明尋僧), 보통강에서의 전송(普通送客), 거문의 뱃놀이(車門泛舟), 연당의 빗소리(蓮塘聽雨), 용악산의 늦가을 녹음(龍山晩翠),[31] 마탄의 눈 녹은 봄물(馬灘春漲)이었다. 다만 이 8경은 장소와 특정한 상황을 고려했기 때문에 단기 방문자에게는 최적의 명소가 아니었다. 그런데 1521년 당고와 사도가 왔을 때 평양의 명소는 이보다 훨씬 더 늘어나 있었다. 당고와 사도는 평양의 여러 명소를 모아 총 20경의 「평양승적(平壤勝蹟)」(금수산, 모란봉, 대동강, 덕암, 주암, 능라도, 백은탄, 기린굴, 조천석, 정전유제, 을밀대, 연광정, 쾌재정, 풍월루, 부벽루, 기자묘, 문묘, 단군사, 기자사, 동명왕사)을 썼고, 이후 명나라 사신들은 당고의 이 시를 바탕으로 평양을 유람하고 「평양승적」을 짓는 관례를 만들어 냈다.

「평양승적」을 쓴 명나라 사신으로는 1521년의 당고와 사도, 1537년의 공용경과 오희맹, 1539년의 화찰과 설정총, 1545년의 장승헌이 있고 그 뒤에는 더 지어지지 않다가 1606년에 주지번이 「평양십육경」이라는 제목으로 다시 이 전통을 이었다. '평양승적' 자체는 읍호루 등을 추가하거나 문묘 등의 사당을 빼면서 21경으로 늘어

---

29. 조위가 이 시를 언제 지었는지는 분명하지 않다. 조위는 1481년 3월에 원접사의 종사관으로, 8월에 반송사의 종사관으로 평안도에 간 적이 있었고, 1483년에도 종사관이 되어 중국 사신을 전송한 적이 있었다.

30. 성현이 이 시를 지은 시점은 1485년 천추사로 중국에 가는 도중에 평양에 머무를 때였던 것 같다. 이 시는 『虛白當詩集』 권11에 수록되어 있는데 전후에 벽제관과 요동이 나와 있으며 권말에 수록된 시에서는 당시 감사가 朴楗이라고 했다. 성현의 「練光亭記」에서는 1486년에 박건이 체직된 뒤 자신이 후임으로 관찰사가 되었다고 했다.

31. 8경 중에서 '龍山'이 가리키는 산을 달리 보는 경우가 있다. 통일부에서는 '龍岳山'으로 보았고, 북한지역정보넷에서는 '大城山'으로 보고 있다. 대성산은 九龍山의 이칭으로, 두 산 모두 '용산'으로 줄여 부를 수 있기 때문이다. 다만 1892년 읍지에서는 용악산을 '용산만취'의 8경으로 설명하고 있다.

났다가 다시 16경으로 줄어드는 변화를 보였지만 '평양승적'에 포함되는 공간은 큰 변화 없이 유지되었고 평양의 대표적인 유람 코스로 자리 잡았다.[32]

'평양승적'이라는 유람 코스가 만들어질 수 있었던 요인에는 이 시기 전후로 여러 건물이 새로 만들어지거나 중수되었다는 점도 있다. 예전부터 있었던 부벽루는 1487년에 감사 성현이 중수했고, 1371년에 창건된 풍월루도 1465년에 감사 오백창(吳伯昌)이 중수하면서 사신들을 안내할 만큼, 규모 있는 누정이 되었다. 새로 지은 누정으로는 연광정과 쾌재정이 있었다. 동쪽 성곽 위의 연광정은 감사 허굉이 1520년에 새로 지었고,[33] 사신들이 묵는 숙소인 대동관(大同館) 옆에 있는 쾌재정은 감사 이계맹(李繼孟)이 1512-1514년 사이에 지었다.[34] 이렇듯 건물들은 신축 또는 중수되었고 '평양팔경'의 용악산과 마탄은 너무 먼 곳이거나 특정한 계절('용산만취'는 가을, '마탄춘창'은 봄)과 결부되었기 때문에 명나라 사신들의 유람 코스가 평양성 인근까지로 한정되었는데, 이것을 재정리하면 대체로 몇 개의 공

---

32. 이은주, 「명 사신의 평양 제영시 연구」, 7-14면 참조.

33. 허굉은 1519년에 감사로 부임한 뒤 1528년에 다시 감사로 왔다. 한치윤은 『海東繹史』 권29의 「城闕」에서 중국 사신 許國의 『許文穆集』에 평양의 누정을 다룬 시가 있다고 언급하면서 연광정의 창건 시기가 1520년이라고 했으며, 홍경모는 『冠巖全書』의 「練光亭記」에서 창건 시기를 '嘉靖 戊子年'인 1528년으로 썼다. 그러나 1521년 당고가 쓴 「평양승적」에 연광정이 포함되어 있으므로 1520년에 창건된 것으로 봐야 할 것이다.

34. 한치윤은 『海東繹史』 권29의 「城闕」에서 쾌재정이 연산군 병오년에 지어졌다고 했으나 연산군 대에 병오년은 없다. 1590년 『평양지』에서는 서윤 홍신과 판관 이수견이 지었다고 했으나 홍신이 서윤으로 1534년 재직한 것으로 나오기 때문에 당고가 온 1521년 이전에 쾌재정이 건립되었다고 본다면 許篈의 「朝天記」 기록을 믿어야 할 것이다. 「朝天記」에서는 쾌재정은 이계맹이 지었는데 처음에는 띠로만 덮었다가 나중에 洪愼(1534년 서윤 재직)과 洪淵(1561년 서윤 재직) 부자가 연이어 서윤이 되자 꾸미고 다듬어서 훌륭해졌다고 했다. 이계맹이 감사로 재직했던 시기는 1512-1513(1514?)년이다.

간으로 나눌 수 있다. 하나는 평양성 중앙에 있는 향교의 문묘, 기자 사당, 단군 사당, 동명왕 사당이고, 다른 하나는 평양성 동문인 대동문의 문루인 읍호루를 비롯하여 연광정, 풍월정이다. 또 대동강 선유의 주요 코스인 덕암, 조천석, 백은탄, 능라도, 주암이 있었고, 전통적인 관광 명소이자 역사 유적인 부벽루, 영명사, 기린굴과 그 옆의 금수산과 모란봉이 있었다. 기자묘(箕子墓)와 정전은 기자의 유적으로 방문해야 할 곳이었고, 숙소인 대동관 근처의 쾌재정은 높은 지대에 세워져서 조망이 좋은 곳이었다.[35]

1546년에 온 왕학(王鶴)이나 1567년에 온 허국(許國)과 위시량(魏時亮), 1568년에 온 구희직(歐希稷), 1568년에 온 성헌(成憲)과 왕새(王璽), 1573년에 온 한세능(韓世能)과 진삼모(陳三謨), 1582년에 온 황홍헌(黃洪憲), 왕경민(王敬民)은 '평양승적' 시를 짓지는 않았지만 이들도 대부분 대동강에서 선유하고 기자 사당과 기자 무덤을 참배했으며 연광정, 부벽루, 쾌재정에 올랐다. 1602년부터 명나라 사신들은 임진왜란 때 파병되어 전사한 중국인 장병들의 무덤인 민충단을 유람 코스에 추가했을 뿐 이전까지 구축된 '평양승적'에는 큰 변화가 없었다.

사행 때문에 평양에 온 국내 관료들이 유람하는 곳은 개인적인 편차가 있었겠지만, 대체로 이들은 중국 사신만큼 많은 곳을 다닐 정도로 후한 대접을 받지는 않았다. 이들도 대부분 대동관에 묵었으므로 쾌재정에 가고 대동강에서 선유하거나 연광정이자 풍월루, 부벽루, 영귀루 등 유명한 누정에 올랐고, '평양승적'이라는 유람 코스에 포함된 곳을 방문했다. 다만 국내 관료들은 1539년에 온 권발처럼 배를 타고 거피문과 영귀루로 가는 여정을 더 추가했을 뿐이었

35. 홍경모의 『冠巖全書』 제16책에 수록된 「快哉亭記」에서는 쾌재정이 사신을 맞이하던 迎賓所였다고 했다.

다. 1574년에 온 허봉이 강 너머의 봉황대와 만경대(萬景臺)에 가기는 했지만, 이는 예외적인 경우였다.

전란 이후 무너진 성곽을 재건하는 사업은 1637년 이후 청과 조선의 조약으로 인해 정체 상태에 있다가 1685년에 본격적으로 시작되어 1711년에 어느 정도 마무리되었다. 그 과정에서 성을 축소하여 내성(內城)을 쌓고 남은 부분은 중성(中城)으로 만들었으며, 내성에 여러 문을 짓고 동쪽 성곽에는 초연대라는 문루도 세웠다. 1714년에는 을밀대 모퉁이에서 모란봉을 둘러 내성의 동쪽 암문으로 이어지는 북성(北城)을 축조했고 내성 안에서 감영을 비롯한 여러 건물을 이동하는 등 도시의 공간 구성에 큰 변화가 있었지만, 이것이 방문객의 유람 코스에 결정적인 영향을 미치지는 않았다. 편의상 몇 종의 사행록에 나타난 방문처를 대략적으로 정리하면 표 50과 같다.

조선 사신들의 사행록을 정리하다 보면 어느 시점부터 뚜렷한 추세가 하나 나타나는데 바로 기자를 상징하는 유적의 변화이다. 명나라 사신들이 평양에서 기자와 관련해서는 대부분 기자 사당에 방문했고, 그렇지 않으면 기자묘, 드물게 외성의 정전에 갔다. 이에 비해 조선의 관료들은 기자 무덤과 함께 정전과 기자를 제향한 인현서원(仁賢書院)을 찾는 움직임이 두드러졌다. 서원은 1577년에 만들어졌고, 이후 학고당(學古堂)에서 홍범서원(洪範書院)으로 되었다가 1600년에 기자가 무왕에게 홍범도를 아뢰는 모습을 그린 조맹부의 그림을 얻어 서원에 보관한 뒤 상소문을 올린 결과 1608년에 '인현서원'으로 사액되었다. 인현서원은 외성과 가까이 있다고 해도 실제로는 중성 안에 있었는데, 인현서원을 언급할 때는 관례적으로 '외성의 인현서원'이라고 했다. 정전이 외성에 있었으므로 기자의 교화와 결부시키기 위해서였던 것 같다. 1636년의 김육(金堉), 1656년의 인평대군(麟坪大君), 1760년의 이의봉(李義鳳)에 이어 19세기로 접어들면 거의 대부분의 조선 사신들이 인현서원과 외성의 기자 유적을

표 50. 일부 사행록에 나타난 평양의 방문처

사행록	평양의 방문처
1539년 權橃, 「朝天錄」	대동강, 쾌재정, 거피문, 영귀루, 연광정, 풍월루
1574년 許篈, 『朝天記』	재송정, 장림, 대동강, 연광정, 부벽루, 청류벽, 함구문 누각(정전), 영귀루, 애련당, 箕子墓, 관풍전, 을밀대, 풍월루, 봉황대, 만경대
1636년 金堉, 『朝京日錄』	망일헌, 청화관, 외성(기자정), 인현서원, 무열사, 중영, 쾌재정
1656년 麟坪大君, 『燕途紀行』	대동강, 연광정, 부벽루, 箕子墓, 대동관(부벽루, 주암, 금수봉, 을밀대, 기자서원, 정전, 箕子墓, 조천석, 영명사, 무열사 언급)
1700년 姜銑, 『燕行錄』	부벽루, 연광정
1712-1713년 金昌業, 『燕行日記』	대동강, 선화당, 초연대, 읍호루, 연광정, 箕子墓, 부벽루, 문무정, 기린굴(선연동 언급)
1712-1713년 崔德中, 『燕行錄』	대동강, 초연대, 선화당, 연광정, 이아, 정해문루
1750-1751년 黃梓, 『庚午燕行錄』	대동강, 연광정
1760-1761년 李義鳳, 『北轅錄』	민충단, 장림, 대동강, 초연대, 대동관, 쾌재정, 종각, 청류벽, 영명사, 득월루, 함벽정, 기린굴, 금수산 최승대, 모란봉, 箕子墓, 외성, 기자궁, 양정재, 인현서원, 충무사, 무열사, 애련당, 연광정
1777-1778년 李坤, 『燕行記事』	연광정, 대동관, 箕子墓, 부벽루, 대동강 선유
1803년 李海應, 『薊山紀程』	장림, 대동강, 중영 서관, 연광정, 대동관, 정전, 기자궁, 구주단, 구삼문, 한사정, 인현서원, 충무사, 무열사, 부벽루, 조천석, 을밀대, 득월루, 청류벽, 箕子墓, 선연동
1804-1805년 金善民, 『觀燕錄』	대동강, 연광정, 기자정, 정전, 부벽루, 영명사, 箕子墓, 箕子廟
1826년 申泰羲, 『北京錄』	청류벽, 부벽루, 영명사, 을밀대, 공금정, 연광정, 한사정, 인현서원, 기자궁, 기자정, 무열사
1828년 李在洽, 『赴燕日記』	부벽루, 득월루, 모란봉, 箕子墓, 정전, 한사정, 연광정, 선화당 뒤 정자
1828-1829년 朴思浩, 『心田稿』	연광정, 대동관, 부벽루, 영명사, 득월루, 주작문, 함구문, 정전, 기자궁, 구주단, 기자정, 구삼문, 인현서원, 충무사, 무열사, 한사정, 箕子墓, 선연동
1831년 韓弼敎, 『隨槎錄』	연광정, 대동강, 청류벽, 조천석, 부벽루, 모란봉, 을밀대, 영명사, 기린굴, 문무정, 선화당, 다경루, 오순정, 한사정, 정전, 기자궁 터, 기자정, 구주단, 인현서원, 무열사, 읍호루, 箕子墓
1832-1833년 金景善, 『燕轅直指』	연광정, 대동관, 대동관 뱃놀이, 부벽루

표 50. 일부 사행록에 나타난 평양의 방문처(계속)

사행록	평양의 방문처
1836-1837년 任百淵, 『鏡浯遊燕日錄』	장림, 연광정, 기자궁, 기자정, 삼익재, 정전, 인현서원, 청류벽, 부벽루(능라도 봄), 을밀대, 모란봉 최승대, 영명사, 箕子墓, 대동강 선유
1848-1849년 李有駿, 『夢遊燕行錄』	장림, 연광정, 부벽루, 숭령전, 숭인전, 인현서원, 箕子墓, 금수산 모란봉, 영명사, 부벽루

방문했다.

또 주목할 부분은 서문 안의 무열사를 방문하는 사람들이 많아졌다는 것이다. 무열사와 을밀대 북쪽의 민충단은 모두 1593년에 건립되었는데, 무열사는 석성(石星)과 이여송(李如松)을 비롯한 명나라 장수 5인을 제향하는 사당이었고 민충단은 명나라의 전사한 장병에 제사 지내는 곳이었다. 앞서 언급한 것처럼 명나라 사신들이 평양에 와서 참배한 곳은 주로 민충단이었는데,[36] 국내 사신들은 거의 대부분 무열사를 찾아가고 있었다. 무열사를 중수했으나 그 과정에서 평양 유생에게 돈을 거뒀다는 이유로 파직된 감사 홍양호의 맏손자인 홍경모(洪敬謨)는 「무열사기(武烈祠記)」에서 명군의 파견은 만력제의 실책이 아니라 중국을 지키려는 깊은 계책이었고, 이여송이 아닌 심유경이 화친을 주장했으며 이여송은 평양을 수복한 뒤에도 동생

36. 『인조실록』 1634년 2월 19일 기사, 평안감사 張紳의 치계 내용이 나오는데, 정묘년(1627) 변란에 사당은 탈이 없었으나 다섯 장수의 화상 중에서 석성의 화상만 무사할 뿐 이여백은 허리 윗부분만 남아 있고 다른 세 장수의 화상은 소재를 모르는 상황이므로 이 문제의 처리를 요청하는 것이었다. 이때 장신은 조만간 중국 사신이 올 예정이고 지금도 중국 장수들이 많이 왕래하고 있다는 점을 근거로 들었다. 이렇게 보면 명나라 사신은 민충단에, 조선 관료는 무열사에 가는 것으로 확연히 나뉘었다고 보기는 어렵지만, 읍지에 수록된 이들 시문에서는 경향성을 말할 수 있을 정도로 나뉘고 있음이 드러난다. 민충단이 기자 무덤과 가까이 있고 무열사가 외성과 가까이 있었다는 점도 고려해 볼 수 있다.

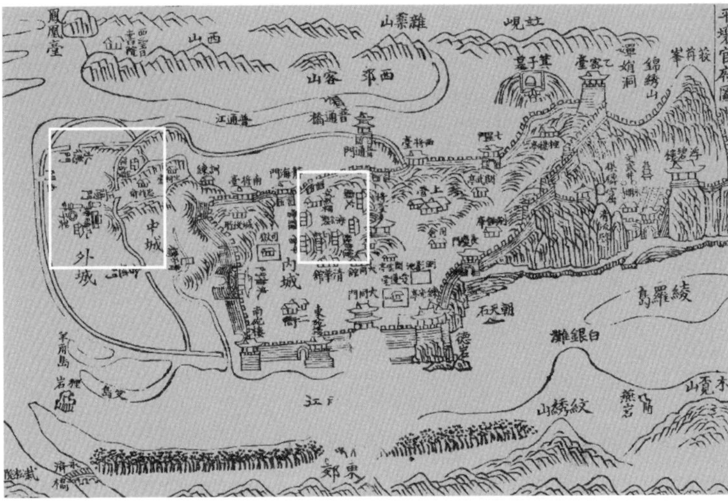

그림 16. 1730년 『평양속지』에 나와 있는 평양 서남부(왼쪽: 정전 일대, 오른쪽: 무열사)

이여백의 만류에도 불구하고 적을 섬멸하겠다는 의지가 충만했다는 점을 강조함으로써 명나라 원병의 의의와 이여송에 대한 세간의 의혹을 불식시키고자 했다. 이것은 다시 말하면 당시 명 장수에 대한 비판 여론이 있었고 이후 조정에서 무열사에 대한 일련의 조치가 이루어진 배경에 정치적 의도가 깔려 있었다는 뜻일 것이다.[37] 또 조선 관료를 안내하는 평양의 지방관이나 지역민의 입장에서 볼 때 명나라 장병보다 명나라 장수의 사당이 더 권위 있게 여겨졌을 것이다(그림 16 참조).

개인 여행자들의 기록을 볼 때 이들도 이전과 다른 곳을 방문했던 것 같지는 않다. 조부 홍양호 덕분에 평양에 자주 오갔던 홍경모를 제외하면 대부분은 '평양승적'과 이후 방문처로 추가된 외성과

37. 한명기, 「이여송과 모문룡」, 『역사비평』 90(역사비평사, 2010); 윤혜민, 「조선후기 石星에 대한 인식 변화와 그 의미」, 『조선시대사학보』 70(조선시대사학회, 2014).

사당 중에서도 일부 몇 곳을 보는 것에 머물렀다고 할 수 있다. 다만 1825년 평양에 간 사천 출신 목태림(睦台林)이 쓴 「서유록(西遊錄)」의 「기성부(箕城賦)」 아래에 부기된 '기성십승(箕城十勝)'을 눈여겨볼 수는 있을 듯하다. 목태림 외에 다른 자료에서 언급된 예를 발견하기는 어렵지만, 이 10경에는 기자묘 회고(箕墓懷古), 무열사 무공(武閱象功), 기린굴의 신선 회고(麟窟懷仙), 오래된 조천석(朝天老石), 장림의 소나기(長林驟雨), 백은탄 고기잡이 구경(銀灘觀魚), 주암의 낙조(舟巖落照),[38] 이암 여울의 돌아가는 배(狸灘歸檣),[39] 능라도 여름 녹음(綾羅夏綠), 칠성전 탑 구경(星殿翫塔)이 들어 있다. 이곳들은 '평양팔경'과는 달리 마탄이나 용산 같은 평양 외곽 지대를 제외하고 방문자들이 둘러볼 수 있는 명소에서 10경을 선별한 것이다.

2) 외부인과 지역민의 역사 명소 인식

평양에서 기자의 존재감이 부각된 직접적인 계기는 명나라 사신의 관심이었고, 그 이후 조선에서는 평양에서 기자의 자취를 찾으려고 부단히 노력했다고 할 수 있다.[40] 다만 앞에서 언급했듯이 당시 명나라 사신들은 평양의 기자 유적을 보았을 때 기자의 행적에 대한 평가에 관심을 가졌을 뿐, 이곳의 기자 유적이 진짜인가에 대해서는 그다지 관심을 두지 않았다. 그런데 조선에서는 기자 문제가 그 진

---

38. 목태림의 「서유록」은 오탈자와 잘못된 정보들이 있어서 유의할 필요가 있다. 여기의 '舟巖'도 '酒巖'의 오기이다. 이 자료를 볼 수 있게 도와주신 노연숙 선생님께 감사드린다.

39. 狸巖은 대동강 하류에 있는 섬으로 『신증동국여지승람』에서는 梯淵 남쪽에 있다고 알려진 곳이다. 이암 근처의 여울을 '狸灘'이라고 불렀는지는 알 수 없고 용례도 발견하지 못했다. '狸巖'의 오기로도 볼 수 있다.

40. 이은주, 「명 사신의 평양 제영시 연구」, 16-18면; 이은주, 「만들어진 유적, 평양의 로컬리티」, 『돈암어문학』 34(돈암어문학회, 2018).

위에 대한 논의로 이어졌다. 기자의 무덤이 중국에 있다고 한 문헌도 있었기 때문에 평양에 있는 기자묘가 진짜인가도 문제였고[41] 기자 때 조성했다고 하는 정전도 문제였다. 정전이 기자와 관련이 없다면 외성에 남아 있는 기자궁(箕子宮)과 기자정(箕子井)도, 실물로 전하는 기자장(箕子杖)[42]도 기자와 무관한 것일 수 있기 때문이다. 기자는 점차 중앙의 조정에서도 존숭하게 되었지만, 평양에 한해 기자의 존재는 지역의 위상과 무관할 수 없었다.

명나라 사신은 이국(평양)에 있었던 중국인이라는 점에서 기자에 관심을 가졌고 조선에서도 국가적 차원에서 기자를 강조했다.[43] 이와 달리 평양에서는 이곳에서 기자의 교화가 행해졌다는 점이 중요했다. 이것은 지역의 문풍(文風)을 입증하는 근거이자 지역민과 관찰사 모두에게 현실적으로 필요한 일이었다. 지역민으로서는 관료로

---

41. 李圭景, 『五洲衍文長箋散稿』 12, 「箕子事實墳墓辨證說-附子孫史册」. 가묘로 보는 경우도 있다. 1590년에 『평양지』를 간행한 윤두수는 기자묘가 의관을 묻은 곳이라고 했고, 목태림은 신발[舃]을 묻은 곳이라는 전언을 옮겨 오고 있다.

42. 기자장의 존재는 1590년 『평양지』에 언급되고 있으며 1730년 『평양속지』에서는 등나무 재질이며 이미 거의 썩어 부러질 정도로 오래되어 장식한 뒤 주석 상자에 넣어 보관했는데 임진왜란 때 잃어버렸다고 했다. 그런데 이후 기록에서는 약간씩 다른 부분이 존재한다. 1751년에 쓴 李重慶의 「西征錄」에서는 기자묘 앞의 기자전에 기자장이 있다고 했으며, 1791년에 쓴 洪敬謨의 「仁賢書院記」에서는 기자의 유물로 五色絲管筆 하나와 藤杖 둘이 있으며 지팡이는 감사가 관아를 나설 때 驍騎가 들고 앞길을 인도하는 용도였는데 부러져서 주석으로 감쌌으며 임진왜란 뒤에는 전하지 않는다는 설과 혹자는 감사 劉泓이 주석으로 감싸서 節鉞로 쓰고 있다고 본다는 설을 모두 소개했다. 1878년에 奇正鎭이 서문을 쓴 중간본 『箕子志』에도 유사한 언급이 있으나, 평양 유림이 전하던 오색사관필 하나는 金德良이 잃어버렸다고 했으며 藤杖 둘은 지금 감사가 절월로 쓰고 있다고 했다. 윤두수의 동생인 尹根壽의 「送朴子龍出按關西序」에서는 정전을 언급하면서 감사가 관아에 있을 때 기자장 한 쌍을 가지고 앞에서 인도했던 것이라고 했다. '기자의 유물'은 기자가 쓰던 것이었다기보다는 기자시대의 물건이라는 의미였다.

43. 김경태, 「임진왜란 시기 조선·명 관계와 기자 인식의 양상」, 『한국사학보』 65(고려사학회, 2016).

진출할 때 "예의와 염치를 모르고" 교화가 덜 된[44] 평안도 출신으로 매도되는 것보다는 기자의 유풍을 간직한 지역 출신이라는 것이 유리했고, 학문 진흥이라는 임무를 수행해야 했던 관찰사도 기자 관련 사업을 적극적으로 추진해 나갔다.

중국으로 가는 조선의 사신이 평양에 잠시 머물렀을 때 이들은 공적인 임무를 수행한다는 점에서 명나라 사신과 비슷했으나 관찰사의 입장에서 보면 차이가 있었다. 공적인 방문자인 이상 이들의 방문처도 사전에 조율된 공식 일정이었을 것이다. 즉, 평양에 있는 관찰사나 관원들이 이들에게 보여 주고 싶은 곳을 방문했을 것인데, 앞에서 언급한 국내 관료의 사행록을 보면 여기에서 어떤 경향성을 발견할 수 있다. 이들은 더 이상 외성의 정전만 보지 않고 외성의 정전과 기자의 영정이 봉안된 인현서원을 넘어 기자궁 일대, 곧 구주단과 삼익재, 구삼원 등 강학 공간도 함께 방문했다. 1638년에 박미(朴瀰)가 사행 가던 도중에 평양에서 지은 「서경감술(西京感述)」에서도 외성과 학문하는 사인을 연결시켰는데,[45] 학문하는 사인은 이후에 외성을 수식하는 수사적 표현이 되었다.[46]

---

44. 『숙종실록』 1693년 3월 18일 기사. 정언 李禎의 상소문에서 평안도 풍속을 언급한 내용이다.

45. 朴瀰, 『汾西集』 卷8, 「西京感述」 중 제5수. "外城傳道太師城, 弦誦洋洋比屋聲. 看取年年發科甲, 桂林強半是遺氓." 自註는 "外城是箕子所都, 至今士子, 皆居於此. 科甲不絕, 今則益盛."

46. 張之琬의 「平壤竹枝詞」는 실제 모습을 비교적 사실적으로 묘사하고 있다는 특징이 있다. 이 시의 제59수는 "궁벽한 시골 서당에 아이들 모아 놓고, 바보 같은 훈장이 스스로 우쭐한다. 항우와 패공을 모두 안다며 '도평장아' 소리가 온 당에 떠들썩하네(黌堂僻處集兒孫, 兀那冬烘坐自尊. 項羽沛公都解得, 都平丈我滿堂喧)"인데 제4구 '都平丈我'는 『論語』 「八佾」의 '郁郁乎文哉'를 '都都平丈我'라고 읽은 것에서 나온 말로, 글도 제대로 읽지 못하는 시골 선생을 말하는 상투어이다. 제67수인 "서리 내린 길에 짚신 신은 구식 서생, 저자로 왔으나 이름도 모르는 사람. 같이 함구문을 나란히 지나는데 입으로 어리버리 걸핏하면 '경, 경' 한다(履霜葛屨舊書生, 入市何嘗認姓名. 同過含毬門一步, 舌頭癡呆便卿卿)"의 세주에서는 "외성에 있는 사람들은 모두 예전엔 명

1868년 2월 18일. 구진강(九津江) 제관으로 차정되어 학당에서 향축을 받아 서문 밖 남쪽으로 나갔다. 정양문(正陽門)에 이르렀는데 옛 성의 남문이다. 그 남쪽이 지금 평양 외성으로 단군과 기자의 고도이다. 지세가 광활하고 풍수의 역량으로 볼 때 풍요로운 도읍지의 터이다. 남북이 5리 남짓이고 동서로 10리 남짓이다. 촌락과 여염집이 평양에 흩어져 있는데 집이 1,000호에 달하며 둘레의 담장이 규모가 있다. 지금 문관 4, 5인, 진사 수십 인이 있으며 사는 사람은 모두 문학을 숭상하고 글을 쓰는 사인들이 많다. 기자가 정한 정전의 구획은 지금도 완연하며 거주민에게 물어보니 각 구획은 120보인데 경계가 되는 곳에 각각 세운 표석이 아직도 남아 있다고 한다. 그 너머 구진강이 재작년 서양인들을 물리친 곳이다. 북쪽에는 양각도(羊角島)가 있고 섬 남쪽에 이암(狸巖)이 있는데 완연하게 그 동물의 형상이니 평양을 향하는 형국이라고 한다. 서쪽에는 애도(艾島)가 있는데 서양인을 묻은 곳이다. 비록 죽었지만 지금도 사람들이 이를 갈고 있다고 한다. 구진신단에 제사를 거행할 집사가 7, 8인인데 이미 제물을 받들고 와서 대기하고 있었다. 그중에 조시택(趙時澤), 장수억(張秀億), 여희현(呂希贒)은 모두 외성에 사는데 함께 말을 나눌 만한 유자들이다.[47]

외성은 기자의 문풍을 상징하는 곳이자 평양 사인들의 거주지였다. 대표적으로 평양에서는 선우협(鮮于浹)이 추앙받았으며, 읍지에는 그가 기자전 재실에서 낮잠을 잤는데 꿈에 기자가 나타났다는 일화가 실려 있다. 외성의 밭두둑 전체가 정전이라면 이곳을 방문한 사람에게는 와닿지 않을 것이므로 기자궁과 기자정을 증축해 외성의 표지로 삼았다. 기자정에는 기자정각을 세웠고 기자궁에는 담을

망가였던 빈한한 선비들이라 다른 사람들과 어울리지 않는다(外城皆寒士舊族, 故不與外人同流)"라고 했다.

47. 朴淇鍾, 『竹圃集』 卷8, 「遊平壤記」.

그림 17. 〈기성도병〉에 나와 있는 평양 서남부: 왼쪽부터 기자정(구삼원), 기자궁(구주단), 인현서원

두르고 구주단과 문, 사적비를 세웠으며 오탄의 양정재를 이건하여 구주각을 세우고 구삼원을 만들었다. 이곳의 위치는 인현서원과도 비교적 가까웠기 때문에 이런 일련의 과정은 기자의 현재성을 구현하는 또 다른 방법이었다고 볼 수 있다(그림 17 참조).

같은 국내 인사라도 사행으로 방문하는 사람들과 개인적인 용무로 방문하는 사람들 사이에는 차이가 있었다. 후자의 경우에는 사행으로 찾는 사람들에 비해 소수였고, 개인적으로 관심 있는 곳을 중심으로 자유롭게 일정을 짤 수 있었다. 이들도 낯선 지역인 이상 안내자가 필요했을 것이므로 지역민들과 비교적 가까운 관계를 형성했을 것이다. 그래서 이들의 기록에는 당시 지역에서 떠도는 지역민의 생각을 읽을 수 있는 전언들이 담겨 있다. 특히 이들은 전란에 대한 기억에 주목했다. 이것은 현실적으로 와닿는 화젯거리였고, 특히 임진왜란 때 평양은 선조가 의주로 가면서 경유한 곳이자 평양성 탈환 전투가 치열했던 곳이었으므로 관련해 전해지는 이야기들이 있었다.

1751년 두 달 남짓 평안도를 여행하던 이중경(李重慶)은 「서정록(西征錄)」에 몇 가지 주목할 만한 이야기를 기록했다. 그중에는 70여 년 뒤인 1825년 평양에 갔던 목태림의 「서유록」에도 나오는 내용이 있으므로 대조해서 볼 수 있다.

> 평양으로 가기 전 15리에 병묘(并墓)가 있는데 임진란에 왜군들의 시신을 묻은 곳이라고도 한다. 병묘를 지나면 재송원이 나오고 영제교(詠濟橋)를 건너는데 임진년에 어가가 용만으로 가려고 할 때 파천할 뜻이 있어서 이름을 '영제교(永濟橋)'라고 지었다가 돌아올 때 '영(詠)'으로 바꿨다고 한다.[48]

> 들판에 온달 장군 병묘(并墓)가 있는데 어느 시대 사람인지 모르지만 산소가 퇴락하고 사토(莎土)가 무너져 있는 것은 지키는 사람이 없어서일까. 재송현에서 영제교(永濟橋)를 지났는데 영제교는 3칸의 무지개 돌다리이다. 다리 아래로 긴 강물이 넘실거리는데 다리에서 아래를 보면 얼음을 밟는 듯이 두려운 마음이 든다. 임진왜란 때 선조대왕이 흉적들의 공격을 막을 힘이 없어 필마로 황급하게 의주로 달아났는데 애초에 어찌 조금이라도 살려는 마음이 있었겠는가. 팔도의 백성들이 거의 짓밟히고 국토 천 리가 금수의 차지가 되기에 이르렀다. 아아, 이 다리에 이르러 좌우를 돌아보며 "지금 상황이 이렇게 되었으니 어찌 다시 이곳을 건너겠는가?"라고 하

48. 李重慶, 『雲齋遺稿』 卷3, 「西征錄」.

> 시고 '영제교(永濟橋)'라고 이름했다. 아아, 누가 만리교 위 나귀 탄 당천자(唐天子)[49]를 불쌍히 여기랴. 이 다리에 오르는 사람은 적개심이 없을 수 없다.[50]

중국에서 올 때 북쪽에서 평양에 들어온 중국 사신들은 별로 언급하지 않았지만, 남쪽에서 평양으로 들어가는 사람들에게 평양 초입의 길은 매우 인상적이었다. 일반적으로 재송원을 거쳐 영제교라는 작은 다리를 건너는데, 그다음에는 숲길이 길게 뻗어 있다. '십리 장림'이라고 하는 이 길 옆으로는 나무가 우거져 숲길만 보이다가 길이 끝나는 지점 왼쪽에 대동강이 드넓게 펼쳐지고 하얀색의 평양성을 대면하게 된다. 여기에서 강을 건너면 대동문에 이르고 바로 그 옆에 유명한 연광정이 있기 때문에 이 길로 들어오는 사람들에게 십리 장림은 평양의 전경을 극적으로 보여 주는 역할을 했다. 그런데 그 십리 장림이 아니라 그 전에 있는 작은 다리인 영제교가 임진왜란 이후로 사람들의 입에 오르내리는 스토리를 갖게 된 것인데, 사실 이 이야기는 나중에 허구로 만들어진 것이다. 1590년 읍지에 이미 '영제교'가 언급되어 있기 때문이다. 영제교에 대한 설은 20세기에 이르면 전과 유사하지만 임진왜란과는 무관한 스토리로 바뀐다.[51] 게다가 『평양속지』(1730) '고사'의 기록을 보면 몽진 과정에서

---

49. 안사의 난을 피해 촉 지방으로 간 당 현종을 말한 것이다. 李圭景의 『五洲衍文長箋散稿』에서는 『松窓錄』에 실린 관련 일화를 인용했다. 현종이 피란을 가면서 자신의 운명이 어떻게 될지 모르겠다고 탄식했는데 그때 일행 선사가 "폐하가 만 리 길을 거둥해도 聖運은 다하지 않을 것이라고 대답했다. 이후 현종이 泗川省의 成都에 도착했을 때 큰 다리 이름이 '萬里橋'라는 것을 알고 안심했다는 내용이다. 위의 구절은 임진왜란 때 몽진한 선조가 영제교를 건넌 일을 안사의 난 때 몽진한 당 현종이 만리교를 건넌 일에 비유한 것이다.

50. 睦台林, 『雲窩集』, 「西遊錄」.

51. 평양 출신 김사량은 1943년에서 1944년까지 『매일신보』에 연재한 「바다의 노래」에

평양에 입성한 선조에 대한 민심도 좋지 않았다. 평양의 장로나 유지들은 전란이 일어난 이유에 대해 임금에게 자기 의견을 극렬하게 개진했고, 평양을 떠나 의주로 가는 선조의 행렬을 막고 평양에 머무르기를 요청하는 소동도 있었다.[52] 그러나 이 일화에서 선조에 대한 비판적인 어조는 사라지고 임진왜란 때 선조가 거쳐간 곳이라는 사실만 강조되었다.

영제교처럼 이전에 이미 있던 것을 임진왜란 때 새롭게 만들어진 것으로 설명하는 사례는 또 있다. 홍경모의 「상갑단기(上甲壇記)」에서는 상갑단(上甲壇)에 대해 이렇게 설명했다.

> 나는 기성의 상갑단이 기이하다고 생각한다. 예전에 임진년에 왜군이 평양을 점거하면서 이튿날 아침에 명 군사와 교전하려고 했는데 그날 밤 성안의 쥐가 무리를 모아 왜군의 진영에 잠입해 화약을 물에 빠뜨리고 활을 이빨로 다 잘라 놓고 모두 을밀대 아래로 가서 죽었다. 다음 날 왜군이 패하여 평양을 수복했다. 아아, 누가 그렇게 한 것인가. 그 당시 섬 오랑캐가 성안에 가득해 그들의 힘을 당해 낼 수 없었다. 비록 명 군사가 용맹하다고 해도 머뭇거리며 물러나지 않는 사람이 없었다. (중략) 난이 평정된 뒤 을밀대 아래에 단을 쌓아 봄가을에 제사 지내고 '상갑'이라고 했으니, '갑자'에서 '자'는 쥐에 해당하고 '갑'은 ('자'가 지지의 맨 앞에 있듯이) 천간의 맨 앞에 있으므로 이렇게 이름을 붙인 것이다.[53]

서 영제교의 유래에 대해 이렇게 설명하고 있다. 언제인지는 모르지만 왕자가 부왕과 의견이 맞지 않아 궁성을 나오다가 평양의 이 다리에 이르렀는데 신하들이 환궁을 권하자 왕자는 다시는 건너지 않겠다는 의미로 '영제교'라고 이름을 지었다. 이를 말리려고 신하들이 갓난 소는 장림 모래밭에, 어미 소는 대동강 너머 청류벽 아래에 매어 놓자 왕자는 부자 간 단절을 생각한 것을 반성하고 환궁하면서 다시는 건너지 않겠다고 한 영제교를 건널 수 없어 장차 건너겠다는 뜻의 '將進橋'로 만들어 건넜다.

52. 尹游 編, 『平壤續志』 卷2, 「古事」. 1592년 6월 8일 기사에는 평양을 떠나 의주로 향하는 선조의 행렬을 막은 죄로 주동자 3인의 목을 베었다는 내용이 나온다.

상갑단은 을밀대 남쪽에 있는 제단으로, 홍경모는 임진년 이후에 제단을 쌓은 것으로 서술했다. 그러나 『평양지』(1590)에 '상갑사(上甲祠)'로 이미 나와 있는 곳이다. 상갑단에 얽힌 내용도 거의 비슷해서 포위하고 있는 적의 활줄을 밤새 쥐 떼가 이빨로 다 잘라 놨기 때문에 위험을 모면했다는 이야기이다. 다만 홍경모의 글에서는 "그래서 평양성을 탈환할 수 있었다"고 한 반면 『평양지』에서는 "그래서 평양성을 지켜낼 수 있었다"고 했으므로, 적이 평양성 안에 있느냐 밖에 있느냐가 다르고 『평양지』에서 적은 몽골군이었다는 점에서도 차이가 있다. 또한 『평양지』에서는 '상갑'의 의미를 설명하지 않았는데, 홍경모의 글을 보면 후대에 제단의 이름을 쥐와 결부시켜 설명하기 시작했다고 볼 수 있다. 위의 사례와 완전히 똑같지는 않아도 어떤 장소를 전란과 연관 지으려는 시도는 계속 생겨나고 있었다. 나중에 임진왜란 때의 의기(義妓)로 떠오른 계월향의 경우, 그 일화를 특정 장소와 결부시키는 모습도 나타난다.

> 서쪽에 청화관(淸華館)이 있는데 청화관 들보 위에 칼자국이 있다. 물어보니 임진왜란 때 왜장 소서비(小西飛, 고니시 히)가 사인의 딸을 납치해서 이곳에 머물게 했는데 이름이 기억나지 않는 용강의 김 장군이 그 여자와 약속해서 왜장이 술에 취해 잠든 사이에 들어와 목을 베었다. 그러자 소서비가 손에는 칼을 들고 머리는 없는 채로 뛰어올랐고, 이 자국은 그때 칼로 내려친 것이라고 한다.[54]

> 대동관은 성 중앙에 있고 대동관 앞에 애련당이 있는데 예전에 왜적 조서비(鳥西飛)가 이 성에 머물며 진을 칠 때 이 당에 있었다. 이 사람은 당

53. 洪敬謨, 『冠巖全書』 16冊, 「上甲壇記」.

54. 李重慶, 『雲齋遺稿』 卷3, 「西征錄」.

시 용맹한 장수로, 잠을 자지 않을 때는 두 눈을 감고 있고 반쯤 자고 있을 때는 눈 하나를 뜨고 있었으며 완전히 잘 때에는 두 눈을 모두 뜨고 있어서 아무도 어떻게 하지 못했다. 또 당의 네 모퉁이에 방울을 달아 놓았는데, 부의 기생 화월(花月)이 바지솜을 잘라 방울을 틀어막고 장군 김덕량(金德良)이 조서비의 목을 베었다. 당의 들보에 칼자국이 있는데, 처음에 김 장군이 칼로 머리를 베었을 때 머리를 잘린 그 남자가 손으로 장검을 들고 몸을 날려 들보를 친 흔적으로, 다른 장사가 도끼 셋을 들고 남긴 자국보다 강하다고 하지만 화재를 겪은 뒤 지금은 남아 있지 않다. 아아, 화월은 일개 기생이면서도 충성스러운 뜻이 백만 군중(軍中)에서도 변함없었고, 여자이면서도 남자처럼 행동했으며, 행할 수 없는 일을 지략을 써서 순국하니 진주(晉州) 의기(義妓)와 견줄 만하다.[55]

위의 두 인용문에서는 김경서 장군과 기생 계월향을 각각 '이름이 기억나지 않는 용강의 김 장군', '사인의 딸'처럼 이름을 기억하지 못하거나 '김덕량', '화월'처럼 잘못 기억하고 있지만 이 이야기를 들었을 당시에는 '김경서'와 '계월향'이라는 이름을 제대로 들었을 것이다. 평양에서 계월향은 사당을 짓고 20세기 초까지도 제사를 지낼 정도로 영웅적인 인물이었고, 평양민들에게 계월향과 김경서 장군의 이 이야기는 매우 유명했기 때문이다. 계월향 이야기는 『평양속지』(1730)와 『김장군유사(金將軍遺事)』(1738)에 나오는데, 대강의 내용은 왜적에게 붙잡힌 기생 계월향이 잠입을 도운 덕에 김경서 장군이 왜장의 머리를 베고 나왔다는 것이다. 『평양속지』에는 여기에 같이 살아 나올 수 없는 상황이 되자 김경서 장군이 계월향의 목을 베고 나왔다는 이야기와, 유키나가(行長)의 부장(副將)(야사에서 小西飛라고 한다는 전언 부기)인 왜장은 죽을 때 머리가 떨어진 상태에서 검

55. 睦台林, 『雲窩集』, 「西遊錄」.

을 던졌는데 하나는 벽에 꽂혔고 다른 하나는 기둥에 꽂혔다는 묘사가 추가되었다.[56] 『평양속지』에서도 이곳의 위치를 특정하지는 않았는데, 시간이 흐르면서 「서정록」에서는 청화관, 「서유록」에서는 대동관 근처 애련당 등 각각 다르긴 해도 이 일이 일어난 장소가 특정되었다. 역으로 보면 왜장이 머리가 잘린 채 칼을 던져 칼자국이 남았다는 『평양속지』의 화소를 근거로 들보에 칼자국이 있는 곳을 이 스토리의 장소로 설명하고자 했던 것이다. 그 외에도 여러 곳이 전란과 결부되어 설명되었다.

> 북쪽에 있는 보통문은 기자시대의 옛 문이며, 성치(城雉)는 이미 무너졌으나 우뚝 솟아 퇴락하지 않았다. 임진년에 영하후(寧夏侯) 이여송(李如松)이 진천포(震天砲)를 쏘아 종사의 존망을 점쳐 보고자 했는데 굳건하게 미동도 하지 않았으니 매우 신이한 일이다.[57]

『평양속지』(1730)에는 누각이 예부터 장대하고 아름다웠는데 1593년 전쟁에서 모두 잿더미가 되었고 오직 보통문루만 불화살이 고슴도치 털처럼 모여드는 와중에도 홀로 우뚝하게 남아서 중국 사람들이 보통문을 '신문(神門)'이라고 했다는 전언이 실려 있다.[58] 이중경이 쓴 이 일화도 사실에 근거했다고 보기는 어렵다. 다만 몇 가지 화소가 결합된 것으로 추정할 수 있다. 왜군이 점거한 평양성을 탈환하기 위해 치열하게 전개된 평양성 전투에서 1593년 1월 6일 조명 연합군이 수세에 몰렸을 때, 밤에 구름 기운이 남과 북에서 일어나 안과 밖 두 진영의 형상을 만들었고 또 깃발이 늘어선 모습이

---

56. 이은주, 「만들어진 유적, 평양의 로컬리티」, 97면 참조.
57. 李重慶, 『雲齋遺稿』 卷3, 「西征錄」.
58. 尹游 編, 『平壤續志』 卷3, 「神異」.

있었는데 잠시 뒤 동남쪽에 진을 치니 구름이 사라져 명나라 장수들이 모두 "우리가 이길 징조이다"라고 했다는 일화가 있다.[59] 그러므로 이중경이 들은 이 이야기는 임진왜란 뒤 보통문만 남아 있었다는 사실과 평양성 전투 당시 조명 연합군이 승리의 조짐을 보았다는 일화를 결합해 만들어졌을 것이다.

병자호란과 관련된 곳도 있다. 병자호란이 발발한 뒤 1637년에 평양서윤이 된 홍익한(洪翼漢)은 대동강 하류의 보산성(寶山城, 保山城)을 수축하고 민병(民兵)을 모아 평양 방어에 주력하다가 두로도(豆老島, 豆里島)에서 체포되어 끌려갔다. 1705년에 서산서원을 세운 뒤 1707년에 홍익한을 제향했고 나중에 병자호란 때 김화에서 전사한 감사 홍명구(洪命耉)도 배향했다. 흥미로운 점은 의도했던 것은 아닐 수 있겠지만 1808년에 쓴 강서현령 이의현(李義玄)의 글을 보면 이전에 두로도의 사인 김익서(金益瑞)는 감사 홍명구가 이곳에서 순절했다고 오인하여 '쌍절단(雙節壇)'이라고 새긴 비석을 세웠고, 그 오류를 바로잡으려고 황택주(黃宅周)와 양택운(楊澤雲)이 창의하여 자금을 모아 비석을 다시 세우는 작은 해프닝이 있었다는 것이다.[60] 『평양속지』에 따르면 홍익한은 1705년에 사당(西山祠, 西山書院)을 세워 1707년에 홍명구의 위패를 봉안하고 홍명구를 배향했는데, 처음에는 홍명구를 평안도 자산의 자모산성에 있는 최춘명(崔春命) 사당[61]에 합사했다가 이후(1730년 이전)에 홍명구의 위패를 서산서원

---

59. 尹游 編, 『平壤續志』 卷2, 「古事」.

60. 南廷哲 編, 『平壤續志』 卷中. 李羲玄, 「花浦洪先生就義遺墟碑」.

61. 최춘명은 1231년(고종 18) 자주부사로 몽골군에게 포위된 성을 지키면서 항복하지 않은 공이 있었는데 1634년(인조 12) 관찰사 홍명구가 사당을 세워 최춘명을 경모했다. 나중에 홍명구가 전사했을 때 제향한 곳이 최춘명의 사당이었다. 『서원등록』 1669년 2월 23일 기사에는 평안감사 李泰淵이 書狀을 올려 자산의 사당은 애초에 최춘명을 위해 건립되었으므로 홍명구를 위한 사당을 따로 건축하여 사액해 달라는 요청을 한 것이 나와 있다. 『일성록』 1802년(순조 2) 8월 30일 기사에는 홍익한과 홍명

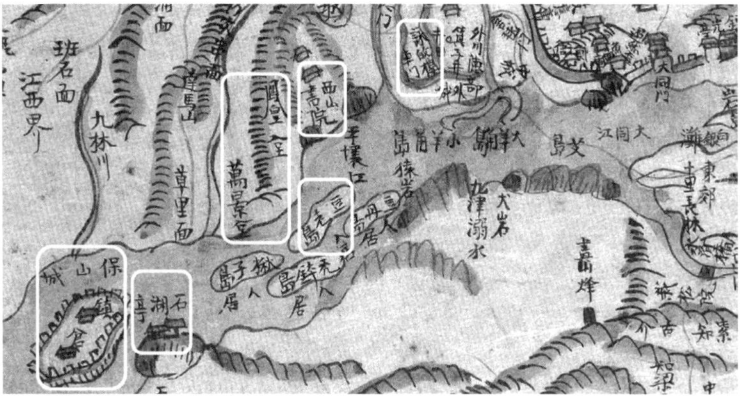

그림 18. 『지승』에 나와 있는 '평양윤': 왼쪽부터 보산성, 석호정, 만경대/봉황대, 서산서원, 두로도, 거문/영귀루

으로 옮겼다(그림 18 참조).

김안로는 1503년에 당시 감사였던 장인 채수(蔡壽)를 따라 기우제에 참석했다가 외성 밖 강 너머에 있는 봉황대의 존재를 알게 되어 7월에 그 근처의 망일사(望日寺)에 가서 공부를 했다.[62] 만경대는 자연적으로 만들어진 대이며 '남호승람(南湖勝覽)'이라고 알려져 있었지만[63] 그래도 대동강 선유는 대체로 대동문에서 대동강 상류로 거슬러 올라가 주암까지 간 뒤에 돌아오는 여정이었다. 대동강 하류로 갈 때 그동안에는 평양부 남단의 영귀루에 갔다. 그런데 신광수

구를 제향한 西山祠를 사액해 달라는 평안도 유생의 상소문이 나와 있다. 『일성록』 1802년 9월 14일 기사에는 비변사에서 "관서 지방에 몸을 바쳐 절개를 세운 충신과 의사가 많은데도 조정에서 사당을 건립하고 편액을 하사하는 일을 신중하게 처리한 데에는 은미한 뜻이 있으니 이대로 두는 것이 어떻겠습니까?"라고 아뢴 내용을 윤허하면서 서원의 사액은 무위로 끝나게 되었음이 나와 있다.

62. 金安老, 『希樂堂稿』 卷5, 「遊鳳凰臺志」.

63. 李時恒, 『和隱集』 卷5, 「箕城古順和山水錄」.

의 「관서악부」에는 대동강 하류로 가는 새로운 선유 코스도 언급되어 있다. 대동강 상류에 나왔던 지명이 아주 오래된 동명왕의 역사 유적이 있는 부벽루와 조천석, 기린굴과 술이 흘러나온다는 전설을 가진 주암, 절경으로 유명한 청류벽이었던 것과 비교할 때, 대동강 하류의 보산성과 두로도는 병자호란 때의 기억을 가진 곳이므로 분위기가 사뭇 다르다. 그저 강물이 합류하고 사방이 트인 곳으로 인식되었던 이곳들은 전란과 결부되면서 스토리가 있는 새로운 공간으로 인식되었다.

평양의 곳곳에는 전란과 결부된 새로운 이야기가 덧씌워졌는데, 연광정의 편액도 그런 사례 중 하나이다. 연광정에 걸린 '제일강산(第一江山)' 편액은 처음에는 '천하제일강산(天下第一江山)'이었는데, 청나라에서 중국에 금릉과 절강이 있으니 이곳이 제일이 될 수 없다며 부수게 하려다가 글씨가 훌륭하여 '천하'만 없애 버리게 했다는 설도 있고, 송나라 오거(吳琚)가 쓴 '천하제일산(天下第一山)'을 모사한 것인데 중국 사신이 '천하'를 없애 버리고 '제일산'이라는 세 글자만 남기자 감사 윤순(尹淳)이 '강' 자를 보충했다는 설도 있다. 비슷하지만 다른 설도 전해진다.

> 연광정은 동성 대동문 북쪽으로 십여 보 떨어진 곳에 있는데 누가 창건했는지는 알 수 없다. 남곤이 '연광'으로 이름을 지었는데 물이 비단 같다는 뜻을 취한 것이다. 건물이 넓어서 명불허전이다. '제일강산' 네 글자는 필력이 웅장해서 용이 올라가는 기세이다. 예전에 미불이 '제일산' 세 글자를 여산에 썼는데 우리나라 사람들이 원본을 구해 모사한 뒤 '강' 자 하나를 추가해서 이 누각에 편액으로 달았다. 어떤 사람들은 주지번이 쓴 것이라고 한다. 임진왜란 때 '강산' 두 글자가 화재로 타서 후대 사람들이 글씨를 추가해서 완성했는데 전해지는 설에는 와전된 것이 많아서 맞는지는 알 수 없다. 그러나 지금 '강' 자 한 글자를 살펴보니 '제일산' 세 글자보다 훨씬

못하므로 앞에서 말한 설이 옳은 듯하다.[64]

어떻게 보면 이런 이야기들은 전란 등의 여러 사건을 겪으면서 구전으로 추가되고 변개된 이야기들을 반영한다고도 할 수 있다. 다른 한편으로 보면 평양의 명소는 사실 방문자와 평양 지역민(지방관까지 포함)의 상호작용의 결과물이라고도 볼 수 있다. 명나라 사신 허국이 "기자가 주 무왕에게 언제 봉해져서 이곳에 왔는가?"라고 질문했을 때 원접사는 즉답을 하지 못했는데 이것은 그냥 넘어갈 수 없는 문제였다. 종사관 기대승(奇大升)이 나중에 『필원잡기』를 보고 '주 무왕 기묘년'이라는 것을 알았다고 한 것처럼, 이런 일들은 언제라도 명나라 사신이 물어보면 대답해야 하는 중요한 사안이었기 때문에 읍지에도 수록되었다.[65]

평양을 찾는 방문자는 낯선 지역에서 낯익은 무엇인가를 발견하려고 했다. 조선시대에 중국 사신들은 평양에서 기자의 흔적을 발견하고 싶어 했고, 평양은 그 기대에 부응하기 위해 역사 유적에서 동명왕보다 기자를 중시하는 방향성을 갖게 되었다. 명나라 사신을 통해 부각된 기자 관련 유적들은 이후 지방관과 평양 지역민들의 이해관계와 결부되어 학문 진흥의 또 다른 표상이 되었고, 기자는 단순히 예전에 문명을 가져온 사람이 아니라 여전히 영향력을 미치는 인물로 거듭났다. 특히 평양의 외성은 기자시대 정전이 있는 곳이자 그 여파로 사람들이 학문에 전념하는 곳이었다. 이 점은 학문 진흥이 치적이 되는 지방관에게도, 또 지역의 위상이 높아지면 유리할 지역민으로서도 놓칠 수 없는 기회였다. 그래서 정전이 있는 외성의

---

64. 朴淇鍾, 『竹圃集』 卷8, 「遊平壤記」. 박기종은 1867년에 대동찰방이 되었는데, 이 기문도 이때 쓴 것이다.

65. 尹斗壽 編, 『平壤志』 卷5, 「文談」.

강학 공간을 강조하는 움직임이 나타났다.

국내 사인들에게 평양의 매력은 유흥 도시라는 점일 것이다. 이들은 역사 유적을 답사하거나 유명한 학자의 서원을 방문하기 위해 평양에 온 것이 아니었다. 그렇지만 낯선 지역에 온 이상 자연스럽게 명소를 둘러보게 되었을 것이고 기자 및 동명왕과 관련된 유적 외에 여러 장소에 얽힌 각종 이야기도 흥미롭게 느꼈을 것이다. 특히 이 낯선 곳에서 전란의 흔적을 발견하는 일도 인상적인 경험 중 하나였을 것이다. 그런 점에서 평양 명소는 방문자가 보기 원했던 것과 방문자에게 보여 주고 싶은 것을 조율한 결과물이었다. 특히 기자와 평양의 문풍, 전란 때 평양을 경유한 선조의 일화와 유명한 사람들의 이야기, 영웅적이고 신이한 여러 이야깃거리는 이 지역을 특별한 곳으로 보이게 하는 효과를 낳았다.

4. 20세기 전반기 문학에 나타난 평양의 공간성

평양의 도시 공간은 근대에 접어들면서 큰 변화를 겪지만, 20세기 이후 새롭게 재편된 평양의 공간성이 전근대 시기와 완전히 절연한 것은 아니었다. 평양의 대표 공간 중에는 전 시대에서 이어진 것도 있고 새롭게 추가된 것도 있었다. 평양에 대한 인식도 마찬가지였다. 전근대 시기에도 외부인과 지역민 모두 평양에 대한 글을 남겼고 20세기 이후에 평양은 조금 더 중요한 서사적 공간으로 등장했다. 그렇다면 20세기 사람들이 평양을 바라보는 시각 안에 혼재해 있는 여러 요소를 어떻게 분별해 낼 수 있을까. 평양의 어떤 특성이 전근대 시기에 생성된 것이고 어떤 특성이 근대에 덧붙여지거나 달라진 것일까. 이 점이 분명하게 드러나려면 먼저 시기별로 구획된 평양 연구들이 서로 소통되어야 할 것이다. 20세기 이후 평양을 소재로 한 문학 작품들이 전근대 시대의 시문과 완전히 성격이 같은 것은 아니지만 이 시기 수필이나 소설 등의 작품도 평양 출신 문인이 자전적 체험을 담은 글이거나 평양 출신이 아니더라도 직접 평양에 가보고 쓴 글이어서 당시 평양의 실제 상황을 보여 준다. 그런 만큼 전근대 시기 시문에 제시된 평양의 모습과 성격상 유사한 점이 있다고 생각하므로 여기에서는 20세기 전반기 문학 작품에 나타난 평양의 공간성과 관련된 연구들을 검토하면서 계승과 변화의 측면을 간략하게 정리해 보고자 한다.

1) 여행객의 공간에서 일상의 공간으로

20세기라는 새로운 시대로 접어들었다고 해서 연광정, 부벽루, 청류벽, 대동강, 모란봉 등 전근대 시기에 평양을 대표하던 명소가 사라진 것은 아니다. 그렇지만 20세기 문학에서 가장 두드러진 변화는 평범한 사람들의 삶이 조명되기 시작했다는 점이다. 그전까지 평양에 대해 기록을 남긴 사람들이 공무 수행차 이곳에 와서 접대를 받던 사신들이나 지역의 최고 행정권자인 평안감사 같은 지방관들이었다면, 이제는 그 자리를 문필(文筆)에 종사하는 문학인이나 기자들이 대신하기 시작했다. 이들은 평양 출신인 경우도 있고 아닌 경우도 있었지만, 이들이 쓴 소설이나 기행문 등에서 평양의 곳곳은 그동안 거의 드러나지 않았던 평범한 사람들이 일상을 영위하는 장소로 되살아났다.

> 나는 평양의 자연을 사랑한다. 牡丹臺, 淸流壁의 遊客本位의 그것보다도 평양시민과 밀접한 생활을 하는 고기잡이 터, 헤엄 터, 어죽자리, 모래찜자리 그것들을 사랑한다. 평양부에서 萬金을 들여 닦아놓은 高句麗道보다도 얼음 구멍 뚫고 낚시질하는 광경을 더욱 사랑한다. 그런 것이 평양으

로 하여금 근로하는 도회 백성들에게 살기 좋은 도시를 만든 것이다. 평양이라 하면 기생부터 먼저 연상하는 이들에게 평민의 도시로서의 그로테스크한 모던성을 보라고 권한다. 또는 최근의 고무직업 파업으로써 나타난 새 평양이 너무 현실적인 형태를 관찰하기를 바란다.[66]

평양 출신인 주요한은 평양에서 외부 방문자가 유람하는 공간과 지역민의 일상 공간을 나누어 생각하고 있다. 그렇지만 이것은 물리적인 공간의 분리라기보다는 이 공간에서 어떤 일에 주안점을 두고 있는가의 문제일 것이다. 외부인이 평양에서 짧은 기간 체류할 때 이들은 가마나 배를 타거나 걸어서라도 무엇인가를 '보려고' 노력할 것이다. '비단 같은' 대동강과 금수산 모란봉을 보거나 기이한 절경인 청류벽을 보거나 버드나무가 우거지고 몇몇 인가가 있어 마치 무릉도원 같은 능라도를 구경할 것이다. 방문객에게는 성 안팎의 풍경을 볼 수 있는 성곽 위 여러 누각에 가서 그 풍경들을 조망하며 줄곧 들어 왔던 수려한 자연을 직접 경험하거나 이질적인 장소에서 하는 비일상적인 체험이 인상적이었던 것이다. 특권적이고 문명을 중요시하는 방문객에게 지역민의 평범하고 비문명적인 일상들, 곧 주요한이 말한 고기잡이 터, 헤엄 터, 어죽자리, 모래찜자리, 얼음 구멍을 뚫은 뒤 하는 낚시질 같은 것들은 평양에서 보고 싶은 풍경이 아니었다.

20세기 이후 문학에 나타난 평양의 풍경에서 근본적으로 달라진 부분은 조명하는 대상의 변화라고 할 수 있다. 전근대 시기에 글의 강조점은 외부의 유력자들에게만 유의미한 것들이었다. 평양에 들어섰을 때 영제교를 지나면 곧바로 이어지는 십리 장림에서 간간이 보이는 대동강 풍경과 장림의 끝에 갑자기 펼쳐지는 대동강, 여러

66. 주요한, 「평양과 나」, 『주요한 문집: 새벽 Ⅰ』(요한기념사업회, 1982), 687면.

누각이 펼쳐져 있는 평양성의 아름다운 장관은 방문자에게는 시각적으로 충격을 주었겠지만[67] 지역민에게는 낯익은 풍경이었다. 조선시대에 평양은 기자의 도시였기 때문에 평안도에서 우월한 지위를 차지할 수 있었고, 이곳을 방문하는 사신들은 때때로 의주대로로 곧장 통하는 보통문 대신 일부러 칠성문으로 나가 기자묘를 참배하는 우회로를 택했다. 최소한 조선시대에 기자묘는 외부에 평양의 문명을 담보하는 존재였을 뿐 평범한 지역민의 삶과 관련되어 그려지지 않았다. 우리가 전근대 시기의 글에서 평양의 여러 공간이 어떤 모습이고 어떻게 인식되었는지를 읽을 수는 있겠지만, 지역민들이 어떻게 살아가는지는 알 수 없다.

이인직의 「혈의 누」에서 옥련 어머니가 딸 옥련을 찾으러 다녔던 곳이자 옥련이 부모를 잃고 헤매다가 부상을 입은 곳은 모란봉이었고, 남편과 딸을 잃고 실의에 빠진 옥련 어머니가 자살하려고 했던 곳은 대동강이었다. 모란봉은 성안 전체를 볼 수 있는 훌륭한 조망처였지만 유사시에 먼저 점거하면 전략적으로 매우 유리한 군사적 요충지이기도 했다. 임진왜란 때 평양성 탈환이 쉽지 않았던 것도 일본군이 모란봉을 점거하면서 우위를 점했기 때문이며, 청일전쟁에서도 마찬가지로 모란봉을 선점한 쪽이 유리했다.[68] 전근대 시기의 글에서 평양성 전투를 기억하는 방식은 결국 평양성을 탈환한

---

67. 이사벨라 버드 비숍, 이인화 옮김, 『한국과 그 이웃나라들』(살림, 1994). 1895년에서 1897년까지 평양을 세 차례 방문했던 비숍에게 평양의 첫인상은 매우 아름답다는 것이었다. 그녀는 대동강 양편에 넓은 평야가 펼쳐져 있고 강기슭에 푸른 안개가 피어오르며 맑은 대동강 물 위를 한가롭게 떠다니는 배들 뒤로 평양성이 우뚝 솟은 모습을 서술했는데, 이것은 조선시대에 평양을 방문하는 사람들이 십리 장림을 지난 뒤 본 대동강과 성곽에 대한 인상과 일치한다. 이러한 극적인 반응은 대동강 변의 풍경을 제대로 볼 수 없는 십리 장림과 대동강 변에 조성된 평양성이라는 위치적 특성 때문이다.

68. 이은주, 「비단과 꽃의 기억: 금수산 모란봉을 그린 한시」, 『문헌과 해석』 82(태학사, 2018).

조명 연합군의 활약과 일본군 장수를 죽이는 데 일조한 기생 계월향의 일화 정도였지만, 이인직의 「혈의 누」(1906)에는 전란 속에서 고통받는 평범한 사람들의 현실이 나타나 있다. 청일전쟁 당시 청나라 군대의 행패를 피해 성 밖의 산골로 피란을 간다 해도 산에서 청나라 군사를 만나면 겁탈이나 강도를 당했기 때문에 어쩔 수 없이 다시 평양성으로 돌아오는 사람들도 있었다. 전쟁이 완전히 끝나지 않아 여전히 철환(鐵丸)이 쏟아지고 총소리가 가득한 상황에서 옥련 어머니는 "성중에는 울음 천지요, 성 밖에는 송장 천지요, 산에는 피란꾼 천지라. 어미가 자식 부르는 소리, 서방이 계집 부르는 소리, 계집이 서방 부르는 소리, 이렇게 사람 찾는 소리뿐이라. 어린아이를 내버리고 저 혼자 달아나는 사람도 있고, 두 내외 손을 맞붙들고 마주 찾는 사람도 있더니, 석양판에는 그 사람이 다 어디로 가고 없던지"[69] 인적 없는 모란봉에서 애를 태우며 딸을 찾아 다녔다.

대동강은 전근대 시기의 글에서 뱃놀이 명소로만 나오지만, 절망에 빠진 옥련 어머니가 자살을 생각할 때 자연스럽게 떠올렸던 곳이었다. 『동아일보』 평양지국에서 근무했던 오기영이 "대동강은 평양 사람의 유일한 자살장인 것을, 기림리의 송림이 좋기는 하지만 때마다 소나무에 매달린 목매 죽은 송장의 조시(弔詩)를 읊어 본 일이 있는가", "그림과 같이 곱고 아름다운 평양의 경치는 달 빗긴 밤 사랑하는 애인을 붙들고 젊음을 노래하기에 더없는 곳이다. 그러나 평양아, 네 자랑 삼는 아름다운 경치는 얼마나 많은 추부(醜婦)와 추남(醜男)에게 구역나는 야합의 장소가 되었더냐", "'돈 있으면 금수강산 돈 없으면 적막강산'이란 옛사람이 일찍부터 평양을 말한 것이지만, 이제 이들 놀잇배 속의 장구 소리, 계집의 웃음소리, 노랫가락과 그 머리 위에 날고 있는 비행기의 소음과 강 언덕의 실업군과의 삼각

69. 이인직, 「혈의 누」, 권영민 책임편집, 『혈의 누』(문학과지성사, 2007), 14면.

대조는 어떤가",[70] "매생이에 매어 둔 어죽놀이와 모래찜의 추억!"이라고[71] 한 일련의 언급들은 전통적인 관광 명소였던 이곳에서 현지인의 일상을 새롭게 읽어 낸 것이다.

김동인의 「눈을 겨우 뜰 때」(1923)에서 기생 금패에게 사월 초파일 대동강의 뱃놀이는 흥취 넘치는 일이 아니다. 손님과 함께하는 뱃놀이에서 금패는 예상치 못하게 근처 배에서 여학생들이 주고받는 경멸 어린 말과 눈초리에 상처를 받았고, 배를 타고 주암에 가서 어죽을 쑤어 먹는 일명 '어죽놀이'[72]를 하면서도 쓰라린 심정으로 술을 마셨다. 또 어느 날은 뱃놀이를 할 때 청류벽 위에서 여자아이가 물에 몸을 던지는 것을 본다. 오랫동안 번민에 휩싸인 금패[73]는 기자묘의 무성한 소나무에 매단 그네를 타다가 떨어져 죽고 만다. 이와

---

70. 오기영, 「도시의 행진곡: 평양 제1진」, 전집 편찬위원회 엮음, 『동전 오기영 전집 6: 류경(柳京) 8년』(모시는사람들, 2019).

71. 오기영, 「대동강에 남긴 추억: 모래찜과 어죽놀이」, 전집 편찬위원회 엮음, 『동전 오기영 전집 6: 류경(柳京) 8년』(모시는사람들, 2019).

72. 소설에서도 어죽이 어떤 요리인지 짐작할 수 있다. 이효석의 「유경식보(柳京食譜)」, 이효석문학재단 엮음, 『이효석 전집 5』(서울대학교출판문화원, 2016)에 따르면 어죽은 닭과 물고기로 쑨 흰죽을 고추장에 버무려 먹는 음식이다. 물놀이를 하다가 나와서 먹는, 여름철의 진미라고 한다.

73. 「눈을 겨우 뜰 때」를 분석한 문학 연구 중에는 기생 금패의 괴로움을 전통적 조선의 기생, 곧 예기에서 창기로의 인식 변화로 본 경우도 있다. 정혜영, 「근대문학에 나타난 기생의 이미지 고찰: 김동인의 〈눈을 겨우 뜰 때〉를 중심으로」, 『한국현대문학연구』 15(한국현대문학회, 2004), 231면. '여학생'의 등장으로 '기생'이라는 자기 처지를 자각하게 된다거나 당시 기생 제도에 대한 비판이 등장하는 등 당대적 상황과 관련된 점도 많겠지만 어쨌든 '예기'는 20세기 이후에 등장한 개념이지 전통적인 기생을 통칭하는 것은 아니다. 서기재, 「전략으로서의 리얼리티: 일본 근대 「여행안내서」를 통하여 본 '평양'」, 『비교문학』 34(한국비교문학회, 2004); 박찬승, 「식민지시기 다중적 표상으로서의 평양기생」, 『동아시아문화연구』 62(한양대학교 동아시아문화연구소, 2015), 17면 참조. 조선시대 교방에 소속된 관기들은 공연도 했지만 연향과 성적 서비스, 잡무 등이 분업화된 것은 아니었다. 조선시대 사신이나 지방관들의 회고담에는 자신이 특별히 아꼈던 기생들과의 하룻밤 인연이 언급되는 경우도 있다.

같이 이 소설에 나오는 대동강과 청류벽, 주암, 기자묘의 장소성은 전근대 시기에서는 찾아보기 어려운 것들이다.

> 숲 입구에는 자동차 몇 대가 늘어서 있었고, 훌륭한 옷차림을 한 많은 사람의 긴 행렬이 숲을 오르고 있었다. 어떻게 된 일인가 하고 빠른 걸음으로 앞으로 가 봤다. 행렬 선두에는 도포에 자수를 놓은 관대(冠帶)를 맨 늙은 참봉들이 양손에 패를 받들고 무거워 보이는 목이 긴 신발을 매우 위엄 있게 움직였다. 그는 오늘이 능묘제(陵墓祭)구나 하고 생각했다. 그래서 그는 사력을 다해 그 무리를 앞질러 전각에 도착했다. 그곳에는 구경꾼들이 가득 모여 석전 가운데에도 참례를 와서 의식(儀式)을 기다리고 있는 노인이나 유학자들로 넘쳐 났다.[74]

시대가 달라졌음에도 기자묘에서는 여전히 능묘제를 지냈지만, 대부분의 사람들에게 이곳은 의미 있게 인식되지 않았다. 이 소설에서 기자묘는 "이 돌 수로에 둘러싸인 능묘(陵墓)는 본래 고구려 때 만들어진 것이다. 하지만 후세의 한학이 지나치게 경직돼서 유학자가 지나(支那)를 과도하게 숭배한 나머지, 그것을 동쪽에서 왔다고[75] 태사(太師) 기자의 묘로 봉한 것이다. 게다가 기자의 자손에는 세 계통이 있어서, 현재는 이 능관리나 참봉(參奉, 제사인)인 영직(榮職)을 오직 이 삼계 가운데서 가장 세력이 있는 선우씨가 맡고 있었다"[76]로 설명되는데, 이제 평양에서 기자묘는 고구려 때 조성된 것으로 생각하고 기자의 존재가 부정되면서 기자가 가져다준 문명의 공간이라는 후광도 사라졌다.

---

74. 김사량, 「기자림」, 김재용·곽형덕 편역, 『김사량, 작품과 연구 4』(역락, 2014), 240면.
75. 번역 문제인지는 알 수 없지만 중국 은나라 사람인 기자가 한반도로 건너왔다면 '동쪽에서'가 아니라 '동쪽으로'가 의미상 맞다.
76. 김사량, 「기자림」, 『김사량, 작품과 연구 4』, 237면.

전근대 시기의 명소에 대한 인식 변화도 눈에 띈다. 이태준의 「패강랭」(1938)에서 부벽루는 "다락에는 제일강산(第一江山)이라, 부벽루(浮碧樓)라, 빛 낡은 편액(扁額)들이 걸려 있을 뿐, 새 한 마리 앉아 있지 않"은[77] 곳이 되었고, 을밀대나 주암산은 비행장 때문에 올라가기 어려운 곳이 되었다. 전 시대 문인들이 주목했던 시판(詩板)을 보는 인식도 달라졌다.

> 우리는 황달(黃疸)이 들어가는 잡초에 싸인 부벽루 앞 축대 밑까지 다다랐다. 소경회루(小慶會樓)라 할 만큼 빈 누내(樓內)에는 뽀얀 가을 햇빛이 가벼운 아침 바람에 안기어 전면에 흘러들어 왔다. 좀 피로한 우리는 누내에 놓인 벤치에 걸터앉으면서 여기저기 매달린 현판을 쳐다보다가,
>
> "사람이란 그럴까, 저것 좀 보아."
>
> 좌편에 달린 현판 곁에 붙인 찰(札)을 가리키며 나는 입을 열었다.
>
> 자기의 존재를 한 사람에게라도 더 알리려는 것이 본능적 욕구라면 그만이지만, 저렇게까지라도 하지 않으면 만족할 수 없다는 것을 보면…. 참 정말 불쌍하다고 생각했다.
>
> "그는 고사하고 지금 지나온 그 절벽에 역력히 새긴 이 모, 김 모란 성명은 대체 누구더러 보라는 것이야…. 이러구서도 밥이 입으로 들어갔으니 좋은 세상이었지."
>
> 나는 금시로 알 수 없는 분노가 치밀어 올라와서 벌떡 일어나와 성벽에 기대어 아래를 내려다보고 섰었다.
>
> "그것이 소위 유방백세(流芳百世)라는 것이지."[78]

부벽루에 대한 묘사는 전근대 시기에 폐허가 된 옛 도읍지에 대

---

77. 이태준, 「패강랭」, 김윤식 책임 편집, 『까마귀』(문학과지성사, 2006), 103면.
78. 염상섭, 「표본실의 청개구리」, 『만세전』(문학사상사, 2004), 192면.

한 묘사와 상당히 유사한데, 염상섭의 「표본실의 청개구리」(1921)에서는 여기에서 더 나아가 시판과 절벽의 여러 글자를 조소하는 양상으로 이어지고 있다. 이전 시대에 시판은 언제나 누정에 남아 후대 사람들이 그 시의 존재를 알게 하는 매개물이었다. 시판에 걸려 있다면 그 당시 괜찮은 시라고 검증되었다는 뜻이다. 조선시대까지만 해도 사람들은 부벽루에 올라 풍경을 감상하는 한편 부벽루에 걸린 시판들을 보면서 언젠가 이곳에 왔던 사람들이 어떤 감회에 젖었고 그것을 어떤 방식으로 형상화했는지 확인한 뒤, 그들과 문재(文才)를 겨루거나 시판의 여러 시를 평가하는 것을 주된 화제로 삼았다. 청류벽에 새긴 글자 역시 마찬가지이다. 이것은 비석(碑石)에 글을 새겨 영원의 시간에 두는 것과 같은 방식이었다. 청류벽이라는 석벽에 새긴 글자는 쉽게 사라지지 않을 것이기 때문이다. 그러나 시대가 변하면서 물리적으로는 살아남았다고 할 수 있지만 사람들의 마음속에서 시판과 돌이 가지는 영원성의 가치는 사라졌다. 자신의 존재를 불후하게 하려는 전통적인 시도는 새로운 시대에 애잔하면서도 동시에 분노를 자아내는 한심한 일이 되었다.

20세기 전반기 문학 연구에서 주목한 평양의 도시적 특징은 여성성과 고도(古都)로 요약할 수 있다. 최남선의 「평양행(平壤行)」(1909)은 근대적 의미에서 평양의 로컬리티를 새롭게 보여 주는 상징적인 작품으로 인식되었다.[79] "그리하야 밤낫으로 戀慕하던 平壤은 비를 中媒하야 서로 對하난데 풀엇던 머리도 쪽지고 더러운 얼골도 깨끗하게 하야 모처럼 오난 손님을 마짐이 適當하거늘 무슨 意思로 이러

79. 정종현, 「한국 근대소설과 '평양'이라는 로컬리티」, 『사이間SAI』 4(국제한국문학문화학회, 2008). 이 논문에서는 이전에도 지방색이 있었지만 근대적 로컬리티라는 것은 네이션(Nation)과 세계(World)라는 전체성을 인식할 때 가능하다고 보고 있다. 곧 균질화된 전체 속에서 어떤 지역의 특수성을 발견할 때 중심과 주변으로서의 관계성을 바탕에 둔다는 것이다.

케 험상스럽게 하고 잇나뇨"라는 부분[80]은 평양의 여성성을 단적으로 보여 주며, 이러한 젠더성은 근대에 새롭게 파악된 것으로 이해되었다. 곧 평양을 동경하는 여행자는 평양을 상사의 대상으로 인식하고, 그 결과 평양을 여성으로 본다는 것이다. 이 점을 다시 말하면 "기차로 대변되는 근대성의 젠더적 성격이 남성성을 띤다면 여성성은 근대성의 타자로서 의미를" 가지므로 "「평양행」에서 평양의 존재 방식 – 여성 혹은 부재하는 상상 공간 – 은 평양을 근대의 타자적 공간으로 자리매김한다"라는 것이다.[81] 평양을 여성으로 보는 젠더적 인식은 평양 하면 자연스럽게 떠오르는 평양 기생의 존재로도 뒷받침되었을 것이다.[82]

이런 분석은 이 시기에 일어난 근대적 변화를 참조한 것이겠지만, 여기에서는 이것이 전근대 시기의 평양 인식과 비슷하며 산수에 대한 전통적인 표현이기도 하다는 점을 덧붙이고 싶다. 중국 사신들이 평양에 와서 산천의 아름다움을 설명할 때 평양은 중국 강남 지역의 소주나 항주에 자주 비견되었다. 소식(蘇軾)이 항주 서호(西湖)에 대해 날씨가 맑으면 물빛이 좋고 비가 내리면 산색이 좋다고 하면서 "서호를 미인인 서시(西施)에 비유한다면, 진한 화장 연한 화장 모두 어울린다고 할까(欲把西湖比西子, 淡妝濃抹總相宜)"라고[83] 표현한

---

80. 최남선, 「平壤行」, 『少年』 13(1909).

81. 우미영, 「억압된 자기와 고도 평양의 표상」, 『동아시아문화연구』 50(한양대학교 동아시아문화연구소, 2011), 39면.

82. 정종현은 논문 「한국 근대소설과 '평양'이라는 로컬리티」에서 가토 다케오(可藤武雄)의 「平壤」[『일본잡지 《모던일본》 조선판 1939』(어문학사, 2007)에 수록]에 주목하면서 식민주의자들이 식민지를 섹슈얼한 여인으로 표상했으며 '색향' 평양이 그 중심에 있었고, 특히 계월향에 대한 문답에서 그녀의 행적을 일본에 대한 저항 서사가 아니라 한 개인의 용기 있는 행동으로 맥락화한다고 보는데, 계월향의 원래 서사가 18세기 이후 충절의 서사로 비약되었다는 점을 고려할 필요가 있다. 정지영, 「'논개와 계월향'의 죽음을 다시 기억하기: 조선시대 '의기(義妓)'의 탄생과 배제된 기억들」, 『한국여성학』 제23권 3호(한국여성학회, 2007) 참조.

것은 전근대 시기에 산수를 수식하는 관용적인 표현이었다. 18세기에 신광수는 「관서악부」에서 평양에 대해 "연하게 단장한 산수(淡粧山水)"(제105수)라고 표현한 적이 있었다. 양주동의 "대동강을 사람에 비한다면 아모래도 남성이 아닌 여성이오", "아용한 기상과 발철한 정신"이라는 표현[84] 역시 이런 맥락에서 이해할 수 있다. 양주동에게 평양은 기차로 오는 여행자에게 여성적으로 인식되는 방문 대상이어서가 아니라 평양의 산수가 험준하거나 기괴하지 않기 때문에 여성적인 것이었다. 김안서가 평양을 두고 수해를 일으키지 않는 아름다운 마음씨의 숙녀라고 한 것[85]은 사실과는 다르다. 평양에서 대동강 범람은 고질적인 문제였기 때문이다. 그렇지만 대동강을 비단 물결로 이해했던 전통적인 인식과 다르지 않다. 평양이 "제국의 근대적 혹은 식민적 기획에 억눌린 자에게" 돌파구를 마련해 주고 위무해 주는 공간이 되었다는 표현[86]의 명확한 의미를 알기는 어

---

83. 소식의 시 「飮湖上初晴後雨二首」 중 제2수의 제3, 4구.

84. 양주동, 「기행 대동강」, 『삼천리』 12권 5호(삼천리사, 1940).

85. "平壤이란 山이고 江이고 할 것 없이 男性的이 아니요, 文字 고대로의 女性이외다. 같은 女性이라도 마음씨 고흔 아름다운 淑女라면 自畵自讚의 感이 없지는 아니하외다. 그러나 그것이 事實인데야 무엇을 더 에누리할 것입니까. 글세, 그렇게 큰 江이면은 가다가 다 洪水도 汎濫하여 한 번쯤은 平壤市街를 휩쓸어 버릴 法도 하건만은 도모지 그런 禍變이란 일으키지 않는 것으로만 보아도 아름다운 마음씨의 淑女가 아니고 무어란 말입니까. 또 게다가 大同江 물은 다른 江물과는 딴판이랄가, 거츨게 뛰놀거나 억세게 휘돌지 아니하고 언제나 비단결 같은 잔물쌀을 놓으면서 혼자로서 고이 淑女처럼 제 興을 즐기며 滿足해 하는 感을 주니 누구라서 奇異타 하지 않을 것입니까." 김안서, 「浿江遊記」, 『民聲』 41호(1949).

86. 우미영, 「억압된 자기와 고도 평양의 표상」. "조선시대의 억압된 평양의 정서와 식민지 시대 조선인들의 억압된 정서가 만나 위무의 힘을 발휘하는 것이다. 억압적 조건에도 불구하고 평양인들이 가지고 있는 기질의 호방성은 억압된 자들을 더욱더 평양으로 끌어들이는 요소로 작용했을 것이다."라는 설명이 더 필요한 서술이다. 평안도, 특히 평양의 차별 문제는 구체적인 측면에서 생각해 볼 필요가 있다. 평안도 차별 담론과 평양민의 상황에 거리가 있다는 연구는 이은주, 「평양인의 자기 인식: 읍지 자료를 중심으로」 참조.

렵지만, 근거 자료로 김상룡(金相龍)의 「가수(歌手)의 도(都) 평양(平壤)」(1935)에서 "이럿튼 것이 漢陽朝에 와서 西北道 사람은 업누루는 바람에, 가슴에 뭉친 울분은 참을지언정, 전통으로 가지고 잇는 정서는 버릴 수 없엇다"라고 한 부분을 제시한 것은 평안도 차별 담론이 아니라 1930년대에 평양 기생 출신 가수들이 많은 것을 설명하는 맥락에서 나온 발언이었다.[87]

평양에서 고도(古都)를 논할 때 이야기나 신화로 받아들이는 경향이 있는 것도 근대적인 현상이 아니다. 평양에는 단군 사당이 있었고 동명왕의 여러 유적이 있었지만, 조선시대에도 단군은 역사의 시작을 상징하는 존재로 인식되었고 동명왕의 유적은 흥미로운 전설 정도로 인식되었다.[88] "평양의 역사와 고적은 자연화되고 전원화되며 그들의 실체성은 위력을 상실한다"라는 서술[89]은 이런 측면에서 보면 정확하지 않다. 실제로 조선시대에 평양에서 중요한 역사 유적은 기자와 관련된 것이었다. 당시에는 기자의 존재가 현실에서 강력한 힘을 발휘하고 있었기 때문이다.[90] 그러나 근대에 접어들면서 평양의 역사 인식에서 이전에는 평양의 위상을 공고하게 만들어 주었던 기자의 존재가 부정되는 극적인 변화가 일어났다. 따라서 기자만 강조하던 그전까지의 흐름 속에서 갑자기 기자가 사라짐에 따라 그 공백으로서 평양 역사 고적의 비실체성이 대두된 것이다.

곧 20세기 이후 평양을 중심으로 고적 발굴과 유물 조사가 이루

---

87. 박찬승, 「식민지시기 다중적 표상으로서의 평양기생」, 42면. 이 논문에서도 김상룡의 글을 언급하면서 평양이 '가수의 도시'로 불릴 만큼 평양 기생 출신 가수가 많았는데 이는 이들이 어려서부터 기생학교에서 가무 훈련을 철저히 받았기 때문이라고 설명하고 있다.

88. 이은주, 「만들어진 유적, 평양의 로컬리티」.

89. 우미영, 「억압된 자기와 고도 평양의 표상」, 51면.

90. 이은주, 「평양인의 자기 인식: 읍지 자료를 중심으로」.

어졌고, 조선총독부 촉탁 세키노 다다시(關野貞)가 1909년부터 매년 가을과 겨울에 걸쳐 평양 대동강 남부에 있는 전실고분(塼室古墳)을 조사하여 이를 낙랑시대의 계통이라고 보고했다. 이는 한반도를 지배한 중국의 존재를 부각시킴으로써 식민 지배를 합리화하고 한반도의 역사를 타율적으로 규정하려는 의도를 지녔다고 설명할 수 있겠지만,[91] 기자나 위만, 낙랑군의 존재는 이전 시대에 평양 지역의 역사를 서술할 때도 등장했던 내용이다. 또한 20세기 이후 단군이 강조된 것은 사실이지만 이전에도 단군이 조선 역사의 출발점이었고 평양이 단군이 세운 고조선의 도읍지라는 점이 희석된 적은 없었다.[92] 다만 전근대 시기에 '고도'는 오래된 역사를 회고하며 인간사의 흥망성쇠를 한탄할지라도 실제로는 유구한 역사를 가진 도시이며 도읍을 세울 만한 입지임을 의미했다면, 20세기 이후에는 근대와 식민지 현실이라는 두 요소가 중첩되어 '고도'라는 표현에서 낡고 폐허가 된 과거라는 의미가 강조되었다고 할 수 있다.

2) 근대의 새로운 평양

1892년에 간행된 평양 읍지에는 '장시(場市)'라는 항목이 새롭게 나오는데, 대표적인 곳이 대동관 앞 사거리 양쪽의 시전(市廛)과 행상

---

91. 오태영, 「평양 토포필리아와 고도의 재장소화: 이효석의 「은은한 빛」을 중심으로」, 『상허학보』 28(상허학회, 2010).

92. 오태영의 「평양 토포필리아와 고도의 재장소화: 이효석의 「은은한 빛」을 중심으로」에서는 내지 일본인 남성 작가들이 식민지 조선의 평양을 전적지, 색향, 명승지로 이해함으로써 평양이 식민지이자 여행자의 낭만적 욕망의 전유물로 재장소화되었다고 설명하고 있는데, 평양이 여행자의 낭만적 욕망의 장소가 된 것은 조선 후기로 소급할 수 있다. 또 이 논문에서 "근대 초기부터 진행되었던 평양에 관한 고적 조사와 그 결과를 바탕으로 한 조선 고대사 서술 등이 평양에 고도로서의 위상을 부여했다"라는 표현은 그 자체로는 받아들이기 어려운 측면이 있다. 이전부터 평양을 설명할 때 가장 먼저 등장하는 표현은 三朝鮮과 고구려의 도읍지라는 것이었다.

(行商)이다. 시전에서 파는 물품은 식자재, 의복과 담배, 안경 같은 생활용품 등 43종에 달할 정도로 다양했다. 그러나 전근대 시기에는 읍지 항목이나 짧은 서술에 평양이 물산의 집산지로 언급되는 것으로 미루어 볼 때 활기찬 분위기를 짐작할 수 있을 뿐 이것이 평양에 온 여행자에게 인상적인 것은 아니었던 듯하다. 그들에게는 여전히 십리 장림을 통과한 뒤 대동강과 함께 보이는 평양성의 전경이 평양의 첫인상이었을 것이다.

시대가 달라져서 말이나 도보가 아닌 기차를 타고 평양에 들어서게 되자 방문객의 동선도 크게 달라졌다. 기차를 타고 평양에 오면 대동강 철교 위 기차 안에서 평양의 여러 풍경을 보게 된다. 능라도, 모란봉, 청류벽 같은 풍경을 보면서 외성 구역(외천방)에 위치한 평양역에 도착하고, 그곳에서 인력거를 타는 방식으로 이동할 것이다. 이광수의 『무정』(1917)에서 형식은 영채를 찾아 기차를 타고 평양에 도착한 다음 인력거를 타는 동안 예전에 처음 평양에 왔을 때를 떠올린다. 그때 형식은 칠성문에서 평양 시가를 굽어보며 크다고 감탄했고 대동문 거리에서 일본 상점을 보면서 큰 유리창과 이질적인 옷차림을 신기해했다. 어린 형식에게 대동문 거리의 상점들과 대동강 위로 떠가는 화륜선, 대동문으로 수없이 왕래하는 물지게는 평양에서 본 인상적인 풍경이었다. 이제 성인이 되어 다시 평양에 온 형식의 눈에는 다른 모습도 비친다. 칠성문을 나서면 보이는 쓰러져 가는 집들, 철도가 생기기 전에는 지나가는 손님이 있어서 술이나 떡을 팔았지만 이제 장날이 아니면 사람 그림자도 보기가 어려운 적막한 풍경도 눈에 들어오는 것이다.[93]

여기에는 전근대와 근대가 혼재하고 있지만 분명한 것은 빠른 속도로 도시가 재편되고 있다는 것이었다.

---

93. 이광수, 김철 엮음, 『무정』(문학과지성사, 2005).

저것 보시오. 우리 學校에 댕길 쌔에는 저런 거시 별노 업섯는데 近日에는 저거시 하루도 그친 날이 업서요. 그려고 前에는 乙密臺에나 淸流壁에나 거문 두루막 닙은 學徒들의 기운 잇는 唱歌 소리가 늘 들니드니 요새는 주정꾼의 잡소리밧게 안들니지오. 箕子墓나 萬壽台는 前에는 健全한 靑年學生의 쒸노는 運動場이드니 요새는 浮浪者 雜流輩의 노리터로 專用을 하지오! 前에 大運動하든 경찻 訓練 마당은 지금 料理집, 술 製造所, 담배 製造所로 채워젓습니다. 그런데 데-일 憤한 거슨 우리가 어려슬 쌔에 조흔 精神과 思想을 배우고 少年時代의 神聖한 人格을 기르든 日新學校 자리가 妓生學校로 變한 거시야요. 또 그려고 잇다금 설시당쏠노 올나가 보면 전에 내가 댕기든 學校 자리가 지금은 터만 나만는데 일홈 모르는 雜草가 茂盛히 나고 主人 업는 포프라나무 입만 욱어진 거슬 보면 참 감개한 늣김을 아니 가질 수가 업서요.[94]

전영택의 이 글에서는 평양의 변화를 이야기하고 있지만 그 변화의 비교 대상은 조선시대가 아니라 10년 전이라는 '최근'이다. 전영택이 기억하는 을밀대나 청류벽은 창가 소리가 들리던 곳이었고 기자묘와 만수대, 훈련마당은 운동장이었다. 이것은 새로운 시대에 발빠르게 맞춰 나가는 희망적인 모습이었으나 점점 모든 것이 바뀌어 이제는 주정꾼과 유랑자가 모여드는 요릿집이나 술과 담배의 제조소가 되었다는 것이다.

근대에 접어들어 새롭게 생겨난 변화 양상은 몇 가지로 정리할 수 있다. 먼저 교회의 설립이다. 1866년 천주교인 박해에 이어 제너럴셔먼호 사건을 겪은 평양은 선교가 쉽지 않은 곳이었으나, 1894년 청일전쟁 때 피란을 갔다가 돌아온 지역민들의 절망적인 상황에서

94. 전영택, 「평양성을 바라보면서」, 표언복 엮음, 『늘봄 전영택 전집 1』(목원대출판부, 1994), 89면과 92면. 이 글은 전영택, 『생명의 봄』(박문서관, 1926)에 실렸다.

선교사와 교인들이 적극적인 구호 활동을 펼치고, 특히 의료 선교사 윌리엄 홀(William J. Hall)이 순직하면서 지역민의 지지를 이끌어 내어 기독교 교세가 급속하게 증가했다.

> 엇던 사람이던지 평양을 처음 와본 사람의게 평양의 유명한 것이 무엇인가 하면 異口同聲으로 례배당의 죵소래라고 한다. 례에 의하야 슌례쟈는 남산현 교회를 방문하야 보려고 지난 十八일 저녁 七시경에 남산 밋헤를 도달하니 사면팔방에셔 울어 나오는 죵소래는 서로 交響이 되야 과연 황혼의 평양셩을 흔들어 빼는 감이 업지를 안엇다. 매쥬일 매삼일 그 외에라도 거의 빠지는 날이 업시 그 죵소래를 듯고 잇는 슌례쟈의 귀에도 특별하게 들니거든 처음으로 평양을 방문한 이로셔 례배당의 죵소래를 평양의 한 가지 명물로 치는 것이 그다지 둔한 감각이라고 할 수가 업는 것이다.[95]

1887년에는 장로교 선교사 언더우드(H. G. Underwood)와 감리교 선교사 아펜젤러(H. G. Appenzeller)가 평양을 시찰하면서 선교를 위한 사전 탐색을 마쳤다. 장로교와 감리교에서는 상업이 발달하고 교통의 요지이기도 한 평안도, 특히 평양을 눈여겨보고 선교 기지로 삼았다. 1890년에는 장로교 선교사 모펫(Samuel A. Moffett)과 아펜젤러, 1892년 감리교 선교사 윌리엄 홀, 장로교 선교사 리(Graham Lee)와 스왈렌(W. L. Swallen)이 들어오면서 본격적인 선교가 시작되었다. 앞에서 언급한 것처럼 청일전쟁 이후 절망에 빠진 사람들을 위로하고 전염병을 치료하는 일련의 과정을 통해 교세를 확장한 결과, 선교 활동에서 의료사업과 함께 교육사업도 병행되었다.[96]

장로교의 경우 평양 최초의 교회인 널다리골교회를 확장시키고

---

95. 「평양교회를 차저서: 남산현교회」, 『긔독신보』, 1928. 11. 28.
96. 이광린, 「평양과 기독교」, 『한국기독교와 역사』 10(한국기독교역사연구소, 1999).

자 1898년 장대현에 건물 부지를 구입하여 1901년에 장대현교회를 설립했고, 감리교의 경우 내성 서남부 성벽 안쪽에 남산현교회를 설립한 뒤 교인이 증가하면서 여러 곳에 교회를 새롭게 세울 수 있었다. 이전까지 대동강 연안의 대동문 근방이 평양의 중심지였다면 청일전쟁 이후 일본인 거류지가 조성된 평양성 밖 외천리 일대와 외국인 선교사가 교회를 세운 장대현 및 남산현으로 중심지가 이동했다. 일본인 거류지는 외천리를 중심으로, 나중에는 대동강과 보통강이 합류하는 곳에서 모란봉 북단까지 성 밖 일대로 확장되었다. 또 장대현, 산정현, 남산현 같은 높은 지대를 중심으로 교회 첨탑과 건물이 설립되고 이곳 주변에 기독교 계열 병원, 학교, 선교사 사택 등이 자리 잡으면서 이 시기에 평양에서는 급속한 공간 재편이 일어났다.[97]

일제강점기에 도시가 발전함에 따라 평양에는 빈민가가 형성되었고, 이는 평양의 새로운 서사 공간으로 등장했다. 칠성문과 기자림에 이르는 일대는 역설적이게도 새로운 빈민가로 탈바꿈했는데, 김동인의 「감자」(1925)에서 복녀가 점차 몰락하면서 떠밀려 간 곳이 칠성문 밖 빈민촌이었다. 김사량의 「기자림」(1940)에서는 퇴영적인 분위기가 더 짙게 나타나 있다.

> 성안으로 들어가는 칠성문 서쪽에는 야트막한 만수대(萬壽臺)라고 하는 언덕이 있다. 그 서쪽 경사면에는 초가지붕의 볼품없는 집들이 발 디딜 틈도 없이 빼곡하게 들어서 있었다. 산기슭에는 눅눅한 저습지(低濕地)가 이어져 있고 멀리 남쪽에는 개울 철도 선로가 달리고 있다. 그것을 넘으면 넓은 평야의 조망이 펼쳐져 있다. 그 옛날 이 언덕 일대에는 높은 나무가 울밀하게 들어차 있어서 죄인을 효수(梟首)하는 형장으로 사용됐는데 지

97. 윤정란, 「근대전환기 지역공동체의 변화: 기독교와 접속한 평양」.

금은 유명한 빈민굴로 그 모습이 바뀌었다.[98]

"기자왕(箕子王) 사천 년 역사를 잇는 후예라는 사실을 더욱 자랑스러워"하며 "기자릉(箕子陵) 숲속에서 음양복서(陰陽卜筮)의 길을 통해 선조 대대로 내려온 참뜻을 전하고 있"다고 생각하는 기초시(箕初試)는 기자림 입구 한편에서 양산을 펴고 대자리를 깔고 앉아 사람들에게 역상(易相)을 봐준다. 그는 자신이 기자의 자손 중에서도 정통 기씨라고 으스대지만 현실은 매춘을 하는 딸에게 빌붙어 사는 처지이다. 처음 평양에 왔을 때 기초시 가족은 만수대 아래에 작은 움집을 마련하고, 돈벌이할 수단이 없자 부인과 딸이 강변을 걸으며 불 피울 것을 모아 오거나 중국인의 밭에서 야채를 훔쳐 왔지만, 결국 살기 위해 딸은 매음을 할 수밖에 없었다. 이들의 삶의 모습을 요약하면 "칠성문 밖을 한 부락으로 삼고 그곳에 모여든 모든 사람들의 정업은 거러지요, 부업으로는 도적질과 (자기네끼리의) 매음, 그 밖에 이 세상의 모든 무섭고 더러운 죄악이었다. 복녀도 그 정업으로 나섰다"[99] 정도가 될 것이다.

보통강 근처 토성랑은 전형적인 도시 빈민가의 모습을 갖추고 있었다. 도시 빈민가는 주로 도시와 인접한 하천 변의 저습지, 제방이나 다리 아래, 아니면 숲에 조성되었는데, 도심지에서 생계를 유지해야 했으므로 도심과 멀어질 수 없어 도심 인근 하천 변이나 삼림에 토막(土幕)을 짓고 사는 것이다. 김사량의 「토성랑(土城廊)」(1936)에 나오는 공간도 마찬가지이다. 보통문 밖에서 창광원 쪽으로 이어지는 보통강 인근 빈민가는 침수 피해를 자주 입는 지역이다.[100] 이

98. 김사량, 「기자림」, 김재용·곽형덕 편역, 『김사량, 작품과 연구 4』, 223면.
99. 김동인, 「감자」, 『김동인 단편 전집 1』(가람기획, 2006), 165면.
100. 김사량, 「토성랑」, 김재용·곽형덕 편역, 『김사량, 작품과 연구 1』(역락, 2008)에 수록.

소설은 홍수 피해를 입고도 토성랑 움집에 원삼 영감이 남아 있으니 "국제선로가 토성랑 앞을 달리고 있음에도 불구하고 거지 소굴이 그 앞에 있음은 도시 미관을 대단히 해친다"라는 이유로 이곳에 퇴거 명령을 내리자 부에서 움집을 도랑 속으로 밀어 넣고 공장을 세우는 것으로 끝나지만, 토성랑 일대 빈민가는 계속 남아 있었다. 보통강 변 토성랑 일대 빈민가가 수해와 전염병 등의 고통에서 벗어난 시점은 1946년 보통강 개수 공사와 1954년 이후 평양시 복구 건설 총계획이 시행된 뒤였다. 보통강 일대는 대표적인 빈민가로, 소수나 일부만이 살았던 예외적인 구역이 아니었다.

> 지난날 보통강이라면 평양의 오물구뎅이였고 빈민굴의 대명사였습니다. 보통강 사람들이 참으로 비참하게 살았습니다. 왜놈들은 저 창광산 부근에 가시철망을 쳐놓고 호의호식하며 살았고 미국 놈들은 숭실중학교 자리가 있는 양촌에서 살았습니다. 가난한 조선 사람들은 선조 대대로 살아오던 좋은 집터들을 다 빼앗기고 이 뚝 아래 움막집을 치고 짐승같이 살고 짐승같이 앓다가 짐승같이 목숨을 잃었습니다.[101]

최학수의 장편소설 『평양시간』의 회고담에서는 평양의 구역 분리 양상을 선명하게 보여 준다. 김사량의 『바다의 노래』에서 칠석네와 고만이를 찾으러 평양에 간 해산은 이틀간 이곳저곳을 돌아다니는데, 각 구역에 대한 서술에서 새롭게 재편된 도시의 모습이 구체적으로 재현되어 있다.

> 해산이는 날이 밝기가 무섭게 이불을 걷어차고 거리로 뛰쳐나왔다. 나

101. 최학수, 『평양시간』(문예출판사, 1976); 김성수, 『남북한 문학에 나타난 서울과 평양의 도시 이미지 비교』(서울시정개발연구원, 2004), 48면에서 재인용.

오기는 나왔으나 처음 온 거리요, 또한 넓을 대로 넓은 평양이었다. 지향없이 싸다녀서는 찾을 길이 망연함을 깨닫고 아랫거리로부터 훑어 올라가기로 작정했다. 먼저 고무공장이니 술 회사니 철공장이니 정미소 이런 것들을 사이사이에 두고 오구자자한 류정 거리와 황금정 부근을 이 잡듯이 찾아보았다. (중략)

그래 황금정 아래쪽은 대체로 단념하고 올라와 이번은 남문거리로부터 박구리 흑노리 쪽을 찾기로 했다. 여기서도 역시 이렇다 할 종적을 잡지 못하고 저작거리니 미전이니 가마전이니 비료장사니 소금전이니 이런 가게들이 늘어앉아 사람 떼로 보글보글 살틋하는 이앗다리 거리를 유심히 훑어보며 나오니 육로문 선창이었다. 해산이는 여기에 이르자 못에 박힌 사람처럼 빳빳이 굳어졌다. 고만이가 배에서 내려 달아났다는 곳이 바로 이 선창이었다.

김장독 항아리 버죽이 등의 어수선한 행렬. 성같이 쌓인 소나무 단의 진영(陣營) 백하젓독의 산병선(散兵線) 그리고 선창에 들이닿은 목선들의 일렬진(一列陣) 떠짓걸한 사람 떼의 물결 언덕으로는 배에서 푸다 나달 짐을 어깨에 메고 인부들이 씨끌씨끌 올라온다. (중략)

해질 무렵이 되어서야 해산이는 다시 힘없는 발걸음을 옮기기 시작했다. 이번은 진향리로부터 향나무골 하층골을 더듬더듬 걸어서 신절골로 빠져나와 염점리로 들어섰다. 염점리의 뒷골목 삿전골은 평양에서도 유명한 상술집 천지였다. 때마침 전깃불이 켜져 유흥배 불량배들이 골목골목을 흘러 다니는데 요염하게 차린 작부들은 길목에 줄렁줄렁 나와 서서 수작도 건네며 사내들을 붙들고 실랑이도 치며 혹은 수심 적게 대문에 기대고 콧노래를 부르고 있기도 한다. 고기를 굽는 냄새가 코를 찌르고 손뼉을 치는 소리도 요란히 울린다. (중략)

그는 다시 윗거리를 향하여 걸어 올라갔다. 대동문 세길 어름에 이르러 두리번두리번하다가 이번은 대동문 쪽으로 굽어 들었다. 얼마쯤 가니 대동문이라고 쓴 삼층 누문이 밤하늘에 우뚝 솟아올라 앞을 막는다. 움쳐 서서

되돌아오느라니 오른손 쪽 이문골로 들어가는 어귀에 ××여관 입구라는 푯말이 서 있었다. 하나 이 이문으로부터 채관리로 신창리 경제리에 이르기까지의 일대는 역시 유흥가로 기생촌을 이루고 있었다. 그러므로 이 골목 저 골목으로부터 새 장구 소리도 일어나 찌릉찌릉 소리에 길을 비키면 향수 내를 풍기며 기생을 실은 인력거가 달려간다. (중략)

이번은 기생 동리를 널리 피하여 창대재와 닭전골 일대를 살펴보다가 아무래도 빈한한 그네들이 백여서 살 곳임 즉한 곳을 찾아서 서문거리로 빠져나가 시장마당에 들어서서 두리번두리번 돌아보았다. 신앙리와 서성리 암정동의 지전분한 앞 골목 뒷골목도 모두 다녀 보았다. 높은 형무소 담장 밑을 끼고 돌아 기차길을 건너서면 보통강 줄기의 토성 자리에 오막살이집이 빽빽이 들어앉은 빈민굴로 유명한 저 토성랑이다. 밟으면 쓰러질 듯한 움집 새를 주볏주볏 조심스레 걸어서 둔덕 위에 올라서니 넓으니 넓은 보통벌을 쳐돌아오는 칼로 에이는 듯한 삭풍이 성랑 줄기에 부딪치며 노호를 한다. 굽이치는 보통강은 어둠에 굳게 잠기고 흐릿한 까마귀 떼만 흩어져 나를 뿐 움집들은 쥐 죽은 듯 고요했다. 사람의 그림자는 하나도 얼씬하지 않고 전율하는 침착한 움집에서 실낱같이 오르는 연기줄만이 여기에도 뭇 생명이 깃들이고 있는 것을 알릴 뿐이다.

이 성랑 위를 더듬더듬 걷기 시작한 해산이는 벌써 누님이나 고만의 일은 잊어버리고 그 옛날 일청싸움에 목숨을 바친 주란섬 사내들의 용감한 죽음을 조상하고 있었다. 패주하다 쓰러진 청병들로 시산시해(屍山屍海)를 이루었다는 토성랑이요 보통벌이었다. 강가의 움집들 새로 홀연히 솟아오른 웅장한 보통문이 보기에 더욱 처연한 광경이었다. 오른쪽으로 쳐다보면 숲이 우거진 만수대 그야말로 용맹과 비장한 죽음이 신화처럼 전해 오던 미륵 어른이 총포화의 쏘나타 속에서 새벽 햇빛을 팔 벌리고 전사했다는 곳이다. 고개를 돌리며 강 건너는 서장대 용감무쌍한 열아홉 살의 해성형이 돌격전에 한 떨기의 꽃으로 흩어진 곳이 그 밑이었다. 해산의 결심은 여기서 최후적으로 굳어졌다.(밑줄 - 인용자)[102]

외성에 있는 평양역에 도착한 다음 날부터 해산은 외성에 있는 유정(柳町)과 황금정(黃金町) 부근, 대동강 변의 육로문(陸路門) 선창(船艙), 내성 구역의 염점리(鹽店里), 차관리(釵貫里),[103] 신창리(新倉里), 경제리(鏡齊里)를 다녔고 그다음 날에는 보통강 가의 토성랑에 있는 언덕에 올라 보통벌을 바라보았다. 즉, 조선시대 평양성으로 바꿔서 표현하면 해산의 이동 동선은 가장 남쪽에 있는 평양역에서 외성, 내성 남단 육로문, 내성의 대동문을 거쳐 내성의 북단까지 간 뒤에 다시 서쪽으로 선회하여 보통강 근처로 가고 있다. 해산이 가는 구역마다 풍경도 달라진다. 신시가지가 된 외성에는 근대의 제조소들이 있다면 내성 남단 육로문에는 선창과 함께 상점들이 늘어서 있다. 그 위로 대동문까지는 차례로 술집과 기생촌이 포진한 유흥가이다. 대동강 변 연광정 부근에 위치한 이문골은 근처 차관리에 있는 평양 기생학교 때문에 평양에서 가장 대표적인 환락가로 알려지기도 했다. 서문으로 나서면 앞서 나온 보통강 인근의 가난한 사람들 거주지가 나온다.[104] 1924년 간행된 잡지에는 평양의 구역 분할을 다음과 같이 요약했다.

> 平壤도 다른 都會가티 新舊兩市街가 잇는데 舊市街는 朝鮮人과 舊韓國時代에 온 日本人이 살고 新市街에는 新入한 日本人이 산다. 그런데 그 두

---

102. 김사량, 『바다의 노래』, 김재용·곽형덕 편역, 『김사량, 작품과 연구 5』(역락, 2016), 324-329면에 수록. 이 소설은 1943년 12월 14일부터 1944년 10월 4일까지 『매일신보』에 연재되었다. 앞에 1927-1928년 濟南事件이 언급되어 있으므로 1920년대 후반 평양의 모습이라고 할 수 있다.

103. 釵貫里의 독음은 '차관리'이다. 1914년 행정구역 통폐합 때 평양부 융덕면의 차동, 소관동과 대흥면의 신수구동, 창동 일부를 병합해 신설한 리이며, 차동의 '차'와 소관동의 '관'을 결합시켜 차관리라고 한 것이다. 북한지역정보넷(http://www.cybernk.net) 참조.

104. 이경재, 「평양 표상에 나타난 제국 담론의 균열 양상: 김사량의 『바다의 노래』를 중심으로」, 『어문연구』 49권 2호(한국어문교육연구회, 2021).

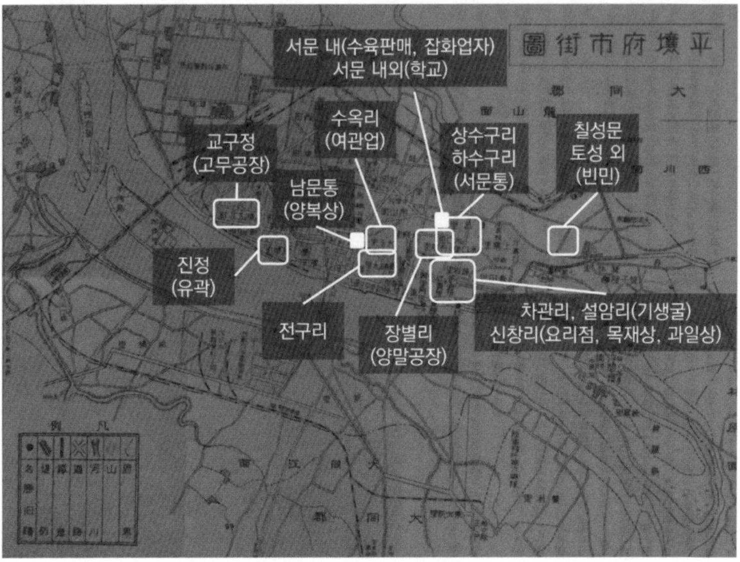

그림 19. 『조선여행안내기』(조선총독부철도국, 1934)에 수록된 〈평양부시가도〉

> 市街를 다시 解剖하야 살펴보면 水玉里에는 旅舘業이 만코, 南門通 新舊路邊에는 洋服商, 고무신 商이 만코, 二衙橋에는 食料品塲이 만코, 西門內(學堂골)에는 獸肉販賣及雜貨業者가 만코, 釵貫里와 薛岩里는 妓生窟이오, 江岸通(新倉里)은 料理店과 材木商, 新倉里는 果物商, 七星門土城外에는 貧民, 橋口町은 고무工場, 莊別里는 洋襪工場, 西門內外는 學校, 賑町은 遊廓, 磚九里, 西門外, 橋口町은 勞働者, 南門通은 古物商, 上下水口里는 密賣春家가 만타.[105]

이렇게 공간이 구분되면서 최명익의 「비오는 길」처럼 "성 밖 한끝에 사는 병일(丙一)이가 봉직하고 있는 공장은 역시 맞은편 성 밖

105. 「西京夜話」, 『개벽』 51(1924. 9) 참고(한국사데이터베이스 사이트).

한끝에 있"고 "맞은편이지만 사변형의 대각(對角)은 채 아니므로 30분쯤 걷는 그 길은 중로에서 성안 시가지의 한 모퉁이를 약간 스칠 뿐"[106]이라고 할 때, 이후 서술을 고려하면 골목을 지나 만나는 거리의 사진관은 칠성문 근처 사진관이고 사진사가 죽은 뒤 사진사의 유족들이 서문통 안으로 사라지는 것을 보고 있다는 것으로 보아 병일이가 거주하는 곳은 칠성문 바깥이며 "신흥 상공 도시라는 이 도시의 공장 지대"에 있는 맞은편 성 밖의 공장은 외성의 공업단지였을 것이다.

일제강점기에 접어들면서 평양의 명소도 큰 변화를 겪었다. 일본인들이 재편한 명소에서 가장 두드러진 점은 평양에 남아 있는 일본의 흔적 찾기였다.

> 최무수 씨는 여름풀이 무성한 강가를 보며 내게 권했다.
>
> "내려서 주암산(酒巖山)을 오르지요, 고구려 성벽의 사적과 청일전쟁의 전적이 한눈에 보인답니다."
>
> 최무수 씨가 앞쪽 강기슭에 올라서서 바위산을 가리키며 말했다. 구릉의 반쪽이 적송 숲으로 덮이고 강 흐름에 면한 반쪽은 깍아지른 듯한 암벽으로 되어 있었다. 수면에서 5, 60척은 되지 않을까. (중략) 해 질 무렵, 우리들은 경제리(鏡齊里)의 강변에 배를 댔다. 강변에는 조선요리집들이 늘어서 있고 안쪽 골목은 기생거리였다.[107]

하마모토 히로시(濱本浩)의 소설 「여수」에서 아내를 사별한 뒤 마음의 상처를 치유하러 조선으로 여행 온 '내'가 추천받은 장소는 주

---

106. 최명익, 「비오는 길」, 신형기 책임 편집, 『비오는 길』(문학과지성사, 2004), 44면.
107. 濱本浩, 「旅愁」. 모던일본사 편, 한비문 역, 『일본잡지《모던일본》조선판 1939』(어문학사, 2007), 79-81면.

암산이다. 일본인들이 식민지 조선의 여러 지역을 여행할 때 자신들의 흔적을 발견하려는 노력은 어떻게 보면 자연스러운 반응이라고 할 수도 있다. 조선시대 중국 사신들이 평양에 왔을 때 기자의 유적을 보고 싶어 했던 것이나 제너럴셔먼호 사건 이후 1887년에 평양에 온 미 감리회 선교사 아펜젤러가 제너럴셔먼호 사건의 진상과 현장을 확인하고 싶어 한 것과 다를 바 없다. 그러나 아펜젤러가 사건의 현장, 특히 토머스가 매장된 곳을 알고 싶어 해도 지역민들은 그 일을 떠올리고 싶지 않기도 했고 이후의 파장도 두려웠기 때문에 가르쳐 주지 않았으며,[108] 그런 점에서 아펜젤러는 기자를 묻던 중국 사신과는 다른 결과를 맞이했다. 이와 달리 식민지를 경영하는 일본인들은 평양을 자기 식으로 재편했고, 그 과정에서 평양의 전통적인 모습 위에 새로운 이미지가 덧씌워졌다.

> 모란대 경사면에 세운 평양 박물관이다. 관장 고이즈미(小泉) 씨는 역시 학자다운 차분한 사람이었다. 고이즈미 씨는 일부러 우리들의 안내에 나서 주었다. 고이즈미 씨의 명쾌하고 요령 있는 설명을 들으며 우리들은 그곳에 진열된 유물들을 돌아보았다. 그곳에는 주로 낙랑 고분에서 나온 것들을 모아 놓았다. (중략) 청일전쟁은 내가 일곱, 여덟 살 때 일어났다. 숙부도 출정했고 내가 삼촌이라고 부르며 따르던 옆집 아저씨도 출정했다. 하라다 주키치(原田重吉)의 사진도 벽에 걸려 있었는데 이 현무문(玄武門)의 용사의 이름과 나란히 적장 좌보귀(左寶貴)의 이름도 내 소년 시절의 마음에 강하게 남아 있었다. (중략) 박물관을 나와 옆쪽 오솔길로 내려가자, 발굴된 두 개의 고분이 원형 그대로 옮겨져 있었다. 하나는 기와, 다른 하나는 목재를 쌓아 올려서 만든 상당히 큰 규모의 것이었다.[109]

---

108. 이덕주, 『남산재 사람들』(그물, 2015), 29면. 朴琪鍾의 「遊平壤記」(『竹圃集』 卷8)에 따르면 제너럴셔먼호 사건 때 외국인을 묻은 곳은 대동강 하류 쪽의 애도(艾島)이다.

평양에서 볼만한 것은 대동강 변의 풍경과 교외 강서 지방의 고구려 고적과 대동강 맞은편의 낙랑 유적이라고 하는 사람도 있었을 만큼[110] 낙랑 유적은 일제강점기 내내 관심의 대상이었다. 세키노 다다시(關野貞)가 1909년에 실시한 첫 낙랑 유적 조사는 초반부터 식민사관에 의해 이루어진 것은 아니었지만, 1916년에 고적조사위원회(古蹟調査委員會)가 발족되고 '고적 및 유물 보존규칙'이 시행되면서 낙랑 유적 조사의 맥락이 만들어졌다. 식민사관을 기획한 구로이타 가쓰미(黑板勝美)가 낙랑 유적 조사에 가세하여 한치군(漢治郡) 관련 유적을 기획 조사 대상으로 삼았고, 이를 통해 낙랑군 설치에 따라 중국 문물이 수입되면서 한국사가 시작되었다는, 이른바 '타율성론'을 입증하는 근거를 마련했다. 낙랑 유적은 이곳이 고대부터 '식민지' 낙랑군이었다는 것을 보여 주는 물적 증거가 되었다.[111]

한편 1930년에 발행된 『조선만주여행안내(朝鮮滿州旅行案內)』에는 평양의 유람 순서를 신궁(神宮), 칠성문, 을밀대, 기자묘, 현무문, 모란대, 영명사, 오마키노차야(お牧の茶屋), 부벽루, 청류벽에 간 뒤, 배를 타고 이동해 대동문, 연광정, 기생학교, 박물관(旭町에 위치)[112] 상품진열관에 가는 것으로 제시되어 있다.[113] 이 유람 코스에서 신궁과 요정(料亭), 상품진열관을 제외하고 새롭게 등장한 곳이 칠성문과

109. 加藤武雄, 「平壤」. 모던일본사 편, 한비문 역, 『일본잡지 《모던일본》 조선판 1939』, 90-91면.

110. 穗積重遠, 『朝鮮遊記』(社会教育協会, 1934); 서기재, 「전략으로서의 리얼리티: 일본 근대 「여행안내서」를 통하여 본 '평양'」, 『비교문학』 34(한국비교문학회, 2004).

111. 정인성, 「關野貞의 낙랑유적 조사 · 연구 재검토: 일제강점기 「古蹟調査」의 기억 1」, 『호남고고학보』 24(호남고고학회, 2006); 정인성, 「일제강점기의 낙랑고고학」, 『한국상고사학보』 71(한국상고사학회, 2011).

112. 박물관은 1928년 평양부립도서관 안에 있었는데 규모가 협소해 1933년에 모란대 공원 안에 독립된 건물로 새로 지어졌다. 『조선만주여행안내』가 나온 1930년에 평양부립도서관은 旭町에 있었다.

113. 鮮滿案內所, 『朝鮮滿洲旅行案內』(鮮滿案內所, 1930).

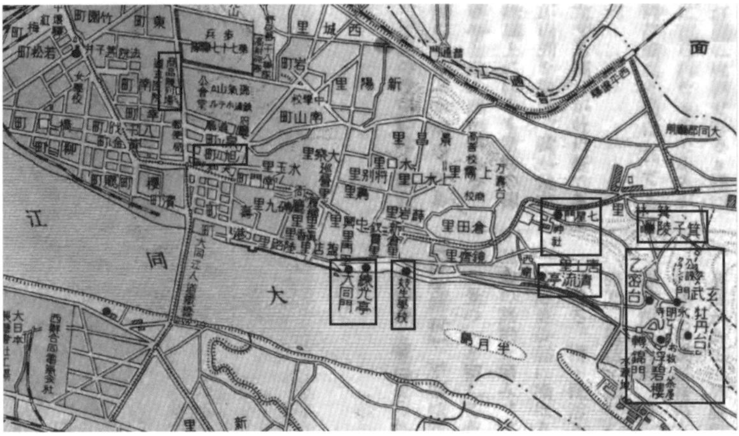

그림 20. 『조선만주여행안내』에 제시된 평양 관광 명소(〈평양부시가도〉에 표시)

현무문, 기생학교, 박물관이다. 이 코스를 『조선여행안내기』(1934)의 〈평양부시가도〉에 표시하면 그림 20과 같다.

칠성문은 러일전쟁에서 일본군이 러시아군에게 추격을 당했을 때 칠성문 밖 분대가 러시아군을 물리쳤다는 점 때문에,[114] 현무문은 청일전쟁 때 미무라(三村幾太郎) 중위가 이끄는 군대가 공을 세운 곳이라는 점, 특히 하라다 주키치(原田重吉)의 영웅담이 돋보이는 곳이라는 점 때문에 일본인에게 특별한 곳으로 자리 잡았다.[115] 일본인들이 찾아낸 임진왜란, 청일전쟁, 러일전쟁과 관련된 평양의 역사 유적들[116]은 이후의 역사 서술과 평양의 관광 명소에 그대로 반영되었다.

---

114. 佐藤種治, 『最近朝鮮歷史地理辭典』(富山房, 1933).

115. 최인택, 「평양명승 사진그림엽서 '현무문'에 얽힌 전쟁영웅담」, 『일본문화연구』 71(동아시아일본학회, 2019). 이 논문에서는 미무라 중위 휘하에 있었던 一等卒 하라다 주키치가 평양성 전투의 전쟁 영웅으로 일본 국내에서 각광받은 양상을 소개하고 있다.

116. 오태영, 「평양 토포필리아와 고도의 재장소화: 이효석의 「은은한 빛」을 중심으로」,

1933년부터 나온 일련의 『평양소지(平壤小誌)』 뒷부분에는 '명소구적안내(名所舊蹟案內)'가 실려 있다. 여기에서는 평양을 모란대 공원 부근, 도서관, 중학교, 서기산(瑞氣山) 공원 부근, 선교리, 낙랑고분, 승호리 방면으로 구획했는데, 해당 구역 안에 있는 건물들을 보면 각 구역의 성격을 짐작할 수 있다. 모란대 공원 부근과 연광정 부근이 역사 고적이 있는 관광 명소였다면 전근대 시기에 중성 구역이었던 서기산 공원 부근은 평양의 신시가지로, 육군관아, 평양공회당, 평양상공회의소 같은 근대식 건물이 들어서 있다. 선교리에는 제당회사, 일본곡산공업주식회사, 서선합동전기주식회사, 동척광업주식회사평양광업소 같은 제조회사가, 대동강 상류 쪽에는 낙랑 고적이, 대동강 남단 사동 및 비행대에는 해운연료창평양광업부, 비행제6연대, 평양골프장 등이 자리하면서 각 구역의 성격을 어느 정도 명확히 보여 준다.

정치영, 「일제강점기 일본인의 평양 관광 연구」, 『문화역사지리』 34권 2호(한국문화역사지리학회, 2022).

부록

서울역사박물관 소장 〈기성도병〉 고찰*

읍지 자료로 본 제작 경위

1. 서론

평양은 전경(全景)이 담긴 병풍도가 현전하는 몇 안 되는 지역이다. 병풍도에는 지역의 전경을 넘어 관원 행렬같이 인물을 그린 작품들도 있는데, 평양의 경우에 평안감사를 중심으로 한 행렬 장면이 나오는 작품들이 있다. 개인 또는 해외 박물관이 소장하는 병풍도도 있어서 여기서 실물을 확인하기 어려운 작품까지 모두 망라할 수는 없었지만,[1] 서울역사박물관 소장 8폭 병풍 〈기성도병(箕城圖屛)〉, 국

---

* 이 글은 『문헌과 해석』 88호(2021)에 실린 논문을 재수록한 것이다. 이 논문은 서울역사박물관에서 간행한 『기성도병』에 수록된 「읍지로 본 〈기성도병〉과 19세기 평양 사회」의 후속 작업으로, 본서를 저술하는 데 직접적인 동기가 되었을 뿐 아니라 읍지 자료의 활용 가능성을 보여 준다고 판단해 수록했으며, 기수록된 논문에서 내용을 수정하거나 다듬었고 부분적으로 도판을 교체했다.

1. 박정애, 「19세기 평양기성도의 전개 양상과 〈기성도병〉: 행사장면이 첨가된 사례를 중심으로」, 『기성도병』(서울역사박물관, 2019). 이 논문에서는 강상 행렬이 포함된 작품 목록을 소개하고 있는데, 여기에 따르면 해외 소장품은 미국 포틀랜드박물관의 〈평양성도〉(8폭), 프랑스 국립기메동양박물관의 〈평양도〉(8폭), 개인 소장 〈평양도〉(8폭)가 있으며, 육로 행렬의 경우 평양조선미술박물관의 〈평양전도〉가 있다. 이 부분은 박정애, 「19세기 연폭 실경도 병풍에 관한 고찰」, 『문물』 8(한국문물연구원, 2018), 149-

립중앙박물관 소장 〈평양성도(平壤城圖)〉, 서울대학교박물관 소장 10폭 병풍 〈평양도(平壤圖)〉를 그 예로 들 수 있다.

평안감사를 주축으로 하는 행렬을 크게 '육로 행렬(陸路行列)'과 '강상 행렬(江上行列)'로 분류한 연구도 있다.[2] 다만 여전히 '육로 행렬'과 '강상 행렬'이 유의미한 유형 분류인지에 대해서는 논의가 필요하다. 예컨대 국립중앙박물관에 소장된 〈평안감사향연도〉 중 〈월야선유도〉는 병풍도는 아니지만 평안감사를 중심에 둔 강상 행렬을 제시했다. 그런데 19세기 병풍도에서 새롭게 등장하는 '중군(中軍)'을 고려할 때, 중군이 등장하는 강상 행렬이 중군이 등장하는 병풍도의 육로 행렬과 중군이 등장하지 않는 〈월야선유도〉의 강상 행렬 중 어떤 그림과 더 친연성을 갖는지는 고민해 볼 여지가 있다. 따라서 현전하는 작품군을 비교하면서 유형을 분류할 때에는 결국 개별 그림이 어떤 상황에서, 또는 어떤 목적으로 제작되었는지를 논의하는 작업이 동반되어야 한다.

문제는 개별 그림의 제작 목적을 파악하는 것이 결코 쉽지 않다는 점이다. 제목을 명시하거나 당시 상황을 알려 주는 내용이 함께 전하지 않는 한, 또 직접적으로 해당 그림에 대해 서술한 관련 자료가 전하지 않는 한, 그림 안의 정보만으로 제작 시기와 제작 당시의 정황을 알기란 매우 어렵다. 제작 당시에는 사람들이 분명하게 파악했을 여러 정보 중 상당 부분이 시대 변화에 따라 알 수 없게 되었다는 측면도 크다. 인물의 형상과 복식, 가마나 선박 등의 기물, 건물 같은 공간의 변화 등 다양한 형상에 담긴 수많은 정보는 이제 참고 자료 없이는 읽어 내기 어렵다.

189면 참조.

2. 이 부분에서는 박정애의 「19세기 평양기성도의 전개 양상과 〈기성도병〉: 행사장면이 첨가된 사례를 중심으로」의 표현을 따랐지만, 이 글에서는 '강상 행렬'과 '대동강 선유'라는 표현을 함께 썼다.

대체로 '육로 행렬'은 감사의 도임 행렬로 보고 있는데, 감사가 의장기를 든 여러 관원과 함께 영제교(永濟橋)를 지나 대동문(大同門)으로 향하는 모습은 도임 행렬 이외의 상황을 상상하기 어렵기 때문이다. 여러 자료에서도 이 경로로 감사가 부임했음을 확인할 수 있으므로 이 장면 자체를 도임 행렬로 보아도 무방할 것이다. 반면 감사의 공식 행사에서 대동강 선유가 언제 이루어지는지는 특정하기 힘들다는 점에서 '강상 행렬'은 좀 더 논의해야 할 영역이다.

강상 행렬이 제시된 서울역사박물관 소장 〈기성도병〉에 대한 논의는 이런 맥락에서 이루어졌다. 〈기성도병〉의 강상 행렬을 신임 감사의 도강 행렬(渡江行列)로 추정한 연구도 있다.[3] 또 융복 차림으로 나오는 순영 중군(巡營中軍)의 존재감에 착안하여 〈기성도병〉이 무위를 과시하는 맥락에서 특히 수군의 훈련 모습을 시각화하고 있다고 보고, 마찬가지로 중군이 등장하는 〈평양도〉 역시 육로 행렬이 나오기는 하지만 중군의 무위 과시에 강조점을 두고 있다고 보는 연구도 있다.[4] 이렇게 보면 〈기성도병〉에 대한 논의는 시작 단계에 있으며, 다양한 관점으로 추가 정보를 보완해 나가면서 본격적인 검토를 해야 할 시점이라고 할 수 있다. 지금까지의 논의가 주로 미술사의 범주에서 관련 작품들을 참고하고 도상을 해석하는 방향으로 전개되었다면, 본고에서는 19세기에 나온 읍지의 정보를

---

3. 박정애, 「19세기 평양기성도의 전개 양상과 〈기성도병〉: 행사장면이 첨가된 사례를 중심으로」. 비슷한 장면이 나타난 국립중앙박물관 소장 〈평양성도〉에 대해 논의한 문동수, 「조선시대 〈평양성도〉의 제작과 의미: 국립중앙박물관 소장품을 중심으로」, 『미술사의 정립과 확산 2』(사회평론, 2006)에서도 이 모습이 감사 부임 장면이고 군대 사열과 환영 인파를 함께 그렸다고 보았다.

4. 제송희, 「조선후기 관원 행렬의 시각화 양상과 특징」, 『정신문화연구』 39(한국학중앙연구원, 2016), 7-47면. 이 논문에서는 인물군과 의장물이 비슷하게 나오는 〈평양도〉(서울대학교박물관 소장)와 〈기성도병〉을 무위를 과시하려는 맥락에서 제작된 것으로 보고 있다.

토대로 〈기성도병〉 논의에서 제기된 주요 논점들을 따라가 보려고 한다.

2. 〈기성도병〉의 경관 시기

평양성도 계열 작품은 대동문 맞은편에서 평양성 전체를 부감하는 구도이다. 병풍은 가로가 긴 직사각형이므로 평양성의 실제 모습을 구현하기에 큰 한계가 있어 상당한 왜곡이 발생한다. 평양성을 그린 병풍도 대부분이 평양의 지형과 평양성의 모습을 사각형 안에 넣기 위해 산천을 지나치게 단순화했는데, 무엇보다도 크게 굽이쳐 흐르는 대동강을 편폭의 한계로 굴곡 없이 그린 점이 두드러진다. 또 화면 아래가 남쪽일 것이라는 예상과 달리, 화면 하단은 대략 평양의 동쪽에 해당한다. 18세기에 북성이 건립된 이후 평양의 각 구역을 왼쪽부터 각각 외성(外城), 중성(中城), 내성(內城), 북성(北城)으로 나누었는데, 내성은 외성과 중성보다 크기가 작지만 부성(府城)이기 때문에 가장 크게 그렸다. 〈기성도병〉도 마찬가지이다. 오른쪽부터 제1폭과 제2폭에 북성과 능라도, 제3폭-제5폭에 내성, 제6폭에 중성, 제7폭과 제8폭에 외성이 들어가도록 배치했다.

이런 병풍도들은 대부분 세부 건물의 이름까지 표기되어 있으므로 읍지 자료를 활용하면 제작 시기를 어느 정도 좁힐 수 있다. 예컨대 1590년 읍지를 보면 당시 평양에는 부성과 성 남쪽에 외성이라고 불리는 공간이 있었다. 그러나 1624년에 평양성 서남쪽 일부를 줄여 성을 개축하면서 부성은 내성으로 축소되고 내성에 편입되지 못한 공간은 중성이 되었다. 1714년에는 군사적 이유로 모란봉 바깥쪽으로 성벽을 쌓아 북성을 축조했다. 따라서 이러한 성의 개축 양상을 통해 17, 18세기에 이루어진 평양의 급격한 변화를 분명하게

확인할 수 있다.[5]

평양성도 계열 작품들은 대부분 19세기에 제작되었는데, 그 시기를 세분하여 구획하려면 세부 건물의 존폐 상황을 확인해야 한다.[6] 19세기 읍지는 1837년, 1855년, 1892년에 간행된 3종이 있는데, 각각 체제가 달라 유의할 필요가 있다. 1837년 읍지는 1730년 읍지 본문에 내용을 부분적으로 추가하는 방식을 택했기 때문에 1730년 읍지와 일일이 비교하지 않는 한 1837년에 새로 생겨난 변화를 직관적으로 알기 어렵다. 1855년 읍지는 공간과 관련된 대부분의 항목을 생략했지만 당시 설립된 '사우(祠宇)' 항목을 제시했는데, 주로 감사나 서윤 등의 사당이므로 해당 인물의 부임 시기나 생몰년을 통해 어느 정도 시기를 좁힐 수 있다. 1892년 읍지에서는 1871년에 내려진 서원철폐령에 따라 여러 서원 및 사묘가 훼철되고 이런 강학 공간을 재실이 대신했다는 점이 눈에 띈다. 따라서 이런 정보들을 그림의 제작 시기를 추정하는 데 활용할 수 있다.[7]

〈기성도병〉의 경우 동문인 장경문(長慶門) 근처에 있는 '사영사(思潁祠)'가 시기를 추정할 수 있는 중요한 건물이다. 1892년에 간행된 『평양속지』에 따르면 이 건물은 관찰사 김병기(金炳冀, 재임 1852-1853)의 생사당(生祠堂)이고 1871년에 서원철폐령으로 없어졌다. 그러므로 사영사가 있다면 〈기성도병〉에 그려진 평양의 경관은 최대한 길게 잡아도 1853-1871년의 모습으로 좁힐 수 있다. 물론 이런 병풍도를 제작할 때 그때그때 실경을 보고 그리는 대신 기존의 그림

5. 1590년과 1730년 읍지의 내용을 정리한 구체적인 내용은 이은주, 「읍지로 본 〈기성도병〉과 19세기 평양 사회」, 『기성도병』(서울역사박물관, 2019), 100-101면 참조.

6. 박정애, 「19세기 평양기성도의 전개 양상과 〈기성도병〉: 행사장면이 첨가된 사례를 중심으로」, 127면에 1804년 이후 건물의 존폐 양상이 일부 정리되어 있다.

7. 평양 읍지의 편찬사와 각 읍지의 개별적 특징에 대해서는 이은주의 「평양 읍지를 어떻게 읽을 것인가」, 『한국한문학연구』 77(한국한문학회, 2020), 115-146면 참조.

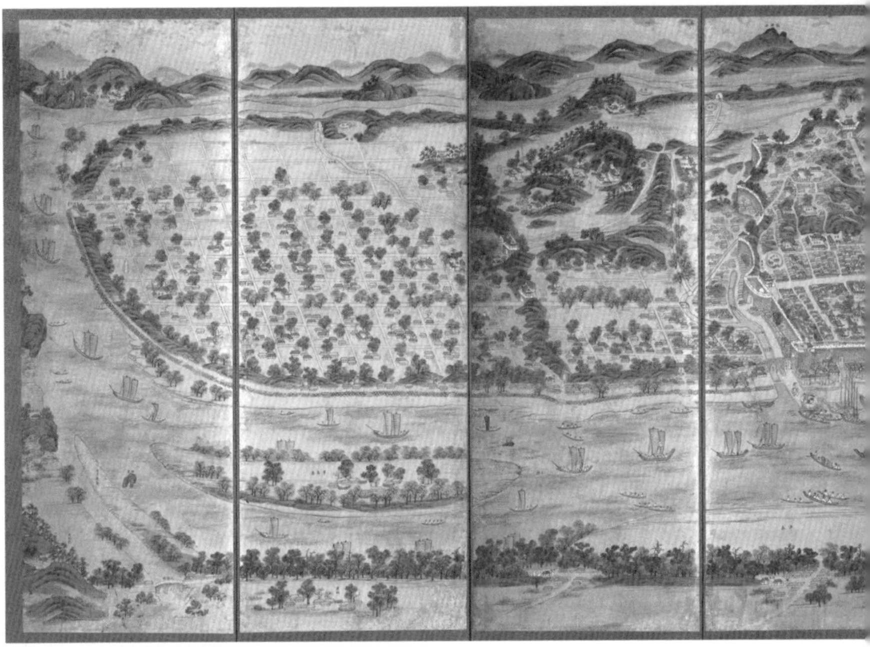

그림 21. 〈기성도병〉

을 참고했다면 여러 변수가 있을 수 있다. 화가가 알고 있는 범위에서 새롭게 바뀐 점들은 반영했겠지만, 그렇지 못한 점은 누락되었을 수도 있다. 그러나 세부적인 사항까지 모두 반영하지는 못한다고 해도 서원철폐령은 전국적으로 중요한 사건이었기 때문에 이 점이 고려되지 않았을 가능성은 별로 없다.

사영사가 없어진 뒤에도 이 자리에는 건물이 생겼다가 사라지는 변화가 있었으며 이는 병풍도에 반영되어 있다. 예컨대 서울대학교 박물관의 〈평양도〉에는 이 자리에 '관제묘(關帝廟)'가 있다. 사영사가 1871년에 서원철폐령으로 철거된 뒤 이 터에 관우 사당인 '서묘(西廟)'를 세운 시점이 1881년이다. 〈평양도〉에는 관제묘로 표현되어 있지만, 둘 다 관우 사당을 가리키므로 〈평양도〉에 나타난 경관

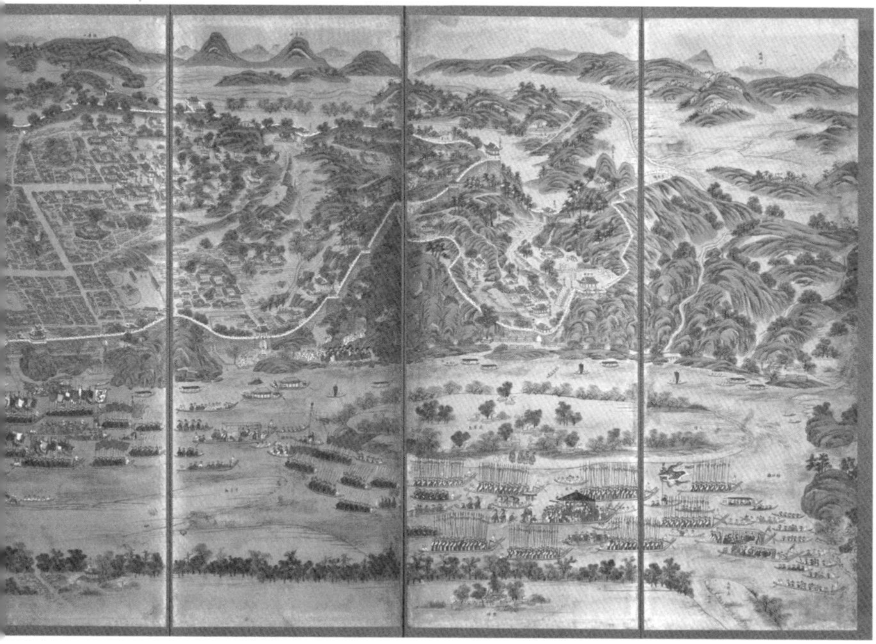

은 적어도 1881년 이후의 것이 될 것이다. 당연히 〈평양도〉에는 〈기성도병〉에 있었던 서원 대부분이 사라지고 없다. 즉, 인현서원 근처에 있던 창강서원(蒼岡書院)과 소현서원(紹賢書院), 택선사(擇善祠) 같은 서원과 사당이 〈평양도〉에는 없는 것이다. 특히 이 장경문 지역은 시기별 변화가 두드러진 곳이다. 1892년 읍지에는 1885년의 시기적 특성으로 두 가지 사건이 강조되어 있는데, 하나가 서영(西營) 창건, 다른 하나가 전보국(電報局) 설치이다. 이 변화를 보여 주는 병풍도도 있다. 1892년 읍지에 따르면 서영은 서묘 앞에 세워졌고 1884년에 감사 민응식(閔應植)이 창설했으나 미처 완공되지 못한 것을 1885년 감사 남정철(南廷哲)이 증축하여 좌영과 우영을 지었는데, 그 모습을 국립중앙박물관에 소장된 〈평양성도〉(신수 1455)에서

그림 22. 〈기성도병〉에 나와 있는 '사영사'

그대로 확인할 수 있다. 내성의 동남쪽 바깥에는 육로문(六路門, 陸路門)이 있는데 그 인근에 전보국이 설치된 시점은 1885년 9월로, 7월에 청나라 사람이 한양에서 내려와 조령(朝令)을 전하여 전선과 전목(電木)을 설치했다. 〈평양성도〉에는 1886년에 함구문 밖 외천에 건립된 삼희재(三希齋)와 1890년에 중건된 애련당도 나와 있으므로 〈기성도병〉과 〈평양도〉에 비해 후대의 경관임을 확인할 수 있다.

〈기성도병〉에 나온 경관으로 제작 시기를 추정하는 데 또 하나의 논점은 '사창(社倉)'이다. 선행 연구에서 붉은색 주락(朱絡)이 강조된 '장창(長槍)'과 '사창' 표시로 볼 때 〈기성도병〉은 대원군 집권기에 병인양요를 계기로 일신한 무비 상황을 시각화한 것이며, 특히 외성에 있는 '사창' 표시에 주목하여 대원군 집권기에 전국적으로 시행된 사창 제도가 평안도 지역에서는 1872년에 시행되었으므로 〈기성도병〉이 이때 제작되었다고 추정했다.[8] 그런데 앞서 '사영사'를 기준으로

그림 23. 〈평양도〉(서울대학교박물관 소장)에 나와 있는 '관제묘'

그림 24. 〈평양성도〉(국립중앙박물관, 신수 1455)에 나와 있는 '서묘'

그림 25. 〈기성도병〉에 나와 있는 '사창'

이 그림의 제작 시기를 1853-1871년으로 추정한다면 '사창' 표기는 앞서 정한 하한선과 맞지 않게 된다. 그러나 1837년 읍지에서도 '사창'의 존재를 확인할 수 있다. 이 읍지의 권1에 수록된 '창저(倉儲)'의 세부 항목에 "사창(社倉)은 외천(外川)에 있다. 경술년(1730)에 읍인 지평(持平) 이인채(李仁采)와 진사(進士) 최태제(崔泰齊), 양일제(楊日躋)가 흉년에 대비할 목적으로 곡식 창고를 만들어 '인현사창(仁賢社倉)'이라고 이름 짓고 감사 송인명(宋寅明)에게 청하여 관의 환곡(할당)을 면제받았다"라는 대목이 있다.[9] '외천'은 내성의 남문인 주작문 밖에 있는 내천(內川)보다 남쪽에 있고, 특히 기자정(箕子井) 일대가

8. 제송희, 「조선후기 관원 행렬의 시각화 양상과 특징」, 35-38면 참조.

9. 1837년 읍지는 1730년 읍지를 부분적으로 수정하거나 일부 내용을 추가한 것이므로 매우 유의해서 볼 필요가 있다. 해당 원문은 "社倉在外川. 庚戌邑人持平李仁采, 進士崔泰齊, 楊日躋創設倉穀以備歉荒, 名曰仁賢社倉, 請于監司宋寅明得免官還"이다.

다른 평양 지도에서 '외천덕부(外川德部)'로 확인되므로 '외성'에 있는 '사창'이라는 점에서 읍지의 '사창'은 〈기성도병〉의 '사창'과 동일한 것으로 볼 수 있다. 이렇게 보면 〈기성도병〉의 '사창'은 대원군 집권기에 시행된 사창 제도와는 무관하다.[10]

그림을 제작하는 상황에서 발생하는 여러 변수를 염두에 두어야 하겠지만, 〈기성도병〉의 경관은 1853-1871년의 것으로 추정할 수 있다. 물론 그 어떤 작품이나 읍지도 모든 건물의 이름과 존폐 상황을 빠짐없이 수록한 것은 아니므로 세부 장면 모두가 정확하게 반영되었다고 단언할 수는 없을 것이다. 그러나 읍지에서 강조하는 사건들, 예컨대 문풍의 흥기를 증명하는 사우의 설립, 서원철폐령은 최소한 당시 평양에서는 중요한 사건이었고 19세기에 제작된 여러 병풍도에서 달라진 양상을 확인할 수 있기 때문에 〈기성도병〉의 '사영사'는 당시 상황을 반영해 그린 것이라고 이해할 수 있다.

3. 〈기성도병〉의 관원 행렬

〈기성도병〉은 8폭의 화면 전체에 평양 전역을 담았고, 화면의 오른쪽 하단 부분(제1폭-제4폭)에 대동강 선유 행렬을 넣었다. 대동강에서 능라도 주변에 포진한 관원들의 행렬을 원색으로 그린 것으로 보아 관찰사가 포함된 이 행렬이 확실히 〈기성도병〉의 핵심 제재라고 볼 수 있을 것이다. 지역 죽지사인 신광수(申光洙)가 평양을 소재로

10. 평양의 경우와 별개로 사창 제도는 이전에 시행되었던 적이 있다. 황윤석의 『이재난고』에서는 송시열의 건의로 주자의 사창법을 여러 읍에 시행했으며, 각 읍면에 있는 '사창' 지명은 그 당시 불렀던 것이라고 했다. 黃胤錫, 『頤齋亂藁』, 1770년 3월 26일 일기. "尤庵先生又建請, 依祖宗朝所行朱子社倉法, 行之列邑, 而因社倉使行鄕約, 有尊位風憲約正等名號, 今各邑各面地名社倉者, 皆是其時所稱也."

하여 쓴 「관서악부(關西樂府)」를 보면 대동강 선유는 평양성의 정동문인 대동문(大同門)에서 출발하여 청류벽(淸流壁)을 지나 북성에 들렀다가 다시 배를 타고 주암(酒巖)까지 간 뒤 다시 배를 돌려 능라도(綾羅島)를 거쳐 돌아오는 여정을 밟는다. 여기에 비추어 보면 〈기성도병〉의 이 장면은 주암까지 갔다가 다시 대동문으로 귀환하는 행렬을 그린 것으로 볼 수 있다.

〈기성도병〉의 이 장면을 국립중앙박물관 소장 〈평양감사향연도〉의 〈월야선유도〉와 비교해 보면, 〈월야선유도〉는 '감사'와 '서윤' 및 기타 관원으로 보이는 인물이 있지만 행렬의 선두에 있는 '중군(中軍)'은 찾아볼 수 없다는 점이 흥미롭다. 관제(官制)로 보면 평안도관찰사는 평양부윤을 겸직한 2품직이고 그 아래 있는 서윤은 관성장(管城將)을 겸직한 4품직이다. 중군, 곧 순영중군(巡營中軍)은 토포사(討捕使)를 겸직한 3품직으로, 최고직은 주로 행정직이었기 때문에 이를 보완하여 실무를 총괄하는 무관직이었다. 중군(순영중군)은 원래 임진왜란 때 훈련도감이 설치되면서 생겨난 관직이다. 훈련대장 밑에 중군을 두자 점차 감영에도 중군직이 만들어졌다. 중군은 19세기에 신설된 관직이 아니므로 〈기성도병〉에서 중군이 등장하는 것은 그 존재감을 강조하기 위한 것이었다고 보는 편이 합리적이다.

〈기성도병〉에 등장하는 인물들은 거의 대부분 전체 형태만 그려져 있다. 이 그림에서 얼굴까지 그려진 인물은 그림 29의 좌측부터 '중군(中軍)', '감사(監司)', '서윤(庶尹)', '상원군수(祥原郡守)'가 전부이다. 〈기성도병〉에는 감사가 탄 배 위에 '上船' 표시만 있고 다른 인물들에 대한 표기는 없으나, 유사한 형태의 행렬이 나오는 포틀랜드 박물관 소장 〈평양성도〉에는 '中軍', '平壤庶尹', '祥原郡守'가 명기되어 있다. 세부적인 차이는 있으나 이 두 작품은 전체적인 구성이 유사하여 같은 계열로 볼 수 있으므로 위치와 형상이 비슷한 인물군을 대응시켜 추정할 수 있을 것이다.[11] 이 중에서 '서윤'은 실질적인 내

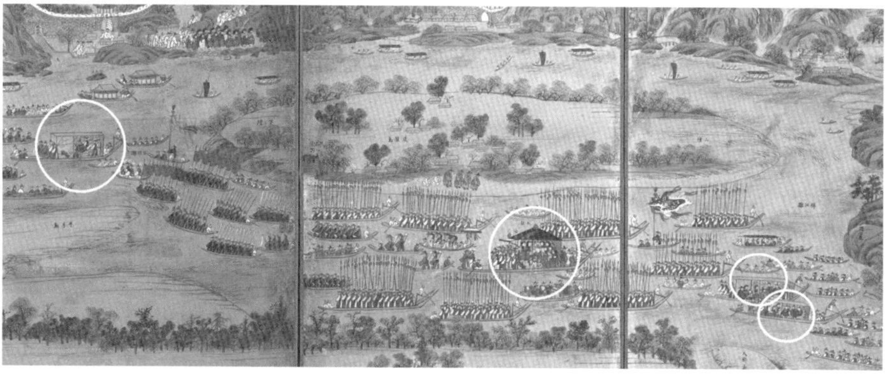

그림 26. 〈기성도병〉 제1-3폭: 왼쪽부터 중군(中軍), 감사(監司), 서윤(庶尹), 상원군수(祥原郡守)

치를 담당하는 행정관으로서 감사 뒤에 배치된 것이 자연스럽지만, 〈월야선유도〉의 강상 행렬에 나오지 않았던 '중군'이 선두에 있다는 점과 뒤따르는 행렬에서 여러 속읍의 수령 중 유독 '상원군수'를 명기한 점은 어떻게 설명할 수 있을까. 또 이것이 〈기성도병〉의 제작 경위를 설명할 수 있는 단서가 될 수 있지 않을까. 이 점에 착안한 결과 〈기성도병〉 논의의 주요 논점은 '중군'과 '상원군수' 표기의 해석에 집중되었다.

앞서 언급한 것처럼 선두에 중군을 그린 것이 강조의 의미라면, 19세기에 있었던 두 사건을 떠올릴 수 있다. 하나는 1866년 3월에 중군 정지용(鄭志鎔)이 주도한 기독교 신자 박해 사건이다. 기독교 박해는 대원군이 결정한 것으로, 평양에서는 순중군 정지용이 기독교 신자들을 체포하고 처벌하는 일에 앞장섰다. 그리고 사건 이후

11. 박정애의 「19세기 평양기성도의 전개 양상과 〈기성도병〉: 행사장면이 첨가된 사례를 중심으로」에서는 포틀랜드박물관 소장 〈평양성도〉를 소개하고 〈기성도병〉 도판과 대비하여 상세하게 비교했다. '평양서윤'과 '상원군수'를 명기한 포틀랜드박물관 소장 〈평양성도〉 그림은 이 논문에 수록된 그림 참고.

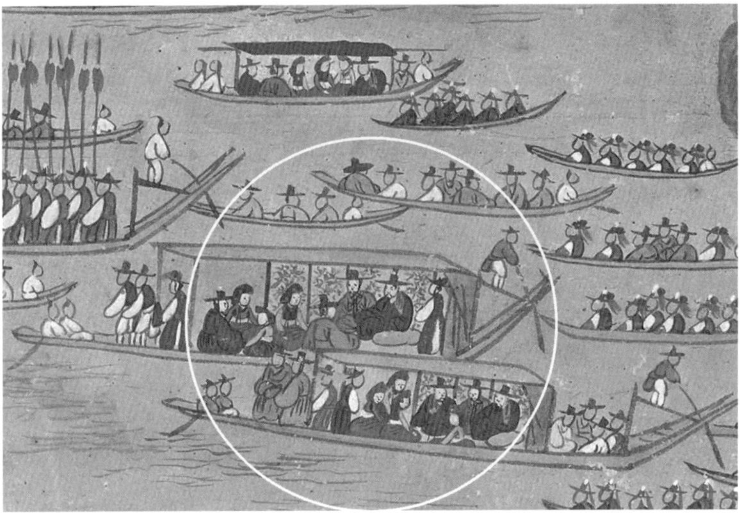

그림 27. 〈기성도병〉 부분

그림 28. 〈평양성도〉(국립중앙박물관 소장, 본 9443) 부분

포상 차원에서 모란봉 아래 있는 영명사 대전 안뜰에 척사비를 세웠다.[12] 또 다른 하나는 같은 해 7월에 발생한 이양선 출현, 곧 제너럴셔먼호 사건이다. 이 사건은 간단하게 정리하면, 평양 하류에 접근한 이양선이 상의할 일이 있다며 불러낸 중군을 억류하면서 갈등을 고조시켰고, 결국 관민이 합세해 이양선을 불태우고 이양선에 탔던 사람들을 죽이는 것으로 마무리된 일이다.

그렇다면 관원들은 언제 공식 행사 차원에서 대동강 선유를 했을까? 이미 잘 알려진 『정조실록』의 "도과(道科)는 성대한 일이니 합격자를 발표한 뒤 대동강 선유를 하사하는 것은 그전부터 전해진 옛 규례라고 했다"라는 구절[13]을 떠올려 보면, 평양에 있는 주요 관원들이 모두 참석한 대동강 선유는 임금의 명에 따른 공식 행사였을 가능성이 크다. 〈기성도병〉의 강상 행렬은 기본적으로 행렬의 선두에 있는 중군이 감사를 이끄는 행렬이라고 볼 수 있는데, 선두 장면(제4폭)에 여러 깃발을 든 의장병과 군악대를 비롯해 기생들과 일반 사인들로 추정되는 인물들이 보인다. 평양의 주요 관원들이 대동강 선유를 하고 있으며 이를 주민들이 바라보는 모습은 이 장면이 공식 행사였을 가능성을 방증한다. 만약 수군 훈련이었다면 이 행렬에는 군사만 포함되었을 것이고, 훈련인 만큼 진법(陣法)이 어느 정도라도 드러났을 것이다. 신임 감사를 환영하는 일련의 행사라면 중앙에서 파견된 관원들을 감영과 부의 관민이 맞이하는 차원에서 연광정이나 부벽루에서 환영 연회를 열 수는 있을 것이다. 하지만 감영과 부의 주요 관원 대부분이 동원된 대규모의 대동강 선유를 도임 행사와 연관시키려면 이런 정황을 보여 주는 근거 자료를 동원해야 할 것이다.

---

12. 南廷哲 編, 『平壤續志』 卷中에 수록된 李在靖, 「巡中軍鄭志鎔斥邪紀蹟碑」.

13. 『정조실록』 1782년 10월 22일 기사. 이 기사는 뒤에 그림을 그려 병풍을 만들라는 내용이 나온다는 점에서 평양 병풍의 제작 상황을 알려주는 보기 드문 자료이다.

이렇게 볼 때 대동강 선유는 일종의 경사에 해당하는 일이기 때문에 사학을 소탕했다는 명분이 있다고 해도 그 과정에서 적지 않은 주민이 처벌받거나 처형된 기독교 신자 박해 사건을 축하하여 대동강 선유를 하사했다고 보기는 힘들 것이다. 반면 제너럴셔먼호 사건은 이후에 국제적 갈등으로 비화되었고 연이은 이양선 출현이 조선 정부의 고민거리가 되기는 했지만 당시 평양민의 입장에서는 관민이 협동하여 외부의 적에 맞서 지역을 안전하게 지킨 사건이었다. 또 조정에서도 사상자에게 휼전을 내리고 도과를 설행하도록 했으며 외적을 섬멸한 공으로 감사 및 이하 관리들을 표창하는 조치가 뒤따랐다. 그런 차원에서 "온 감영이 기쁜 얼굴빛으로 환호하고 춤추는"[14] 분위기가 만들어졌던 것이다.

『고종실록』 1866년 7월 27일 기사에는 당시 평안감사 박규수(朴珪壽)가 이 사건을 정리하여 보고한 내용이 나오는데, 이 장계에 대한 고종의 전교는 다음과 같았다.

> 평안도로 말하면 기자(箕子)의 옛 도읍지로서 '범금팔조(犯禁八條)'를 대대로 계승해 오고 충성과 의리를 서로 권면하는 곳이라 조정에서는 이미 오래전부터 다른 도보다 특별하게 대해 왔다. 이번에 서양의 추악한 무리들이 대동강에 몰래 침입하여 부장(副將)을 잡아다가 억류하고 백성들을 살해했다. 못된 놈들이 사납게 날뛰는 것이라면 본디 피 흘리며 싸움할 것까지는 없겠지만 대체로 그들이 죄악을 쌓은 것이 이미 오래되어 스스로 천벌을 받을 죄를 지었다. 감사(監司)와 수령(守令)들은 기율(紀律)을 철저히 세워 제때에 적들을 제압하여 이미 온전하게 공을 세웠고 군사들과

14. 朴珪壽, 『瓛齋集』 卷6, 「辭特加正憲疏」. "臣於本月十二日, 祗奉恩命, 以臣營將佐暨地方官, 殲除舶匪, 特施嘉獎, 資級之增, 璽書之褒, 至及於臣身. 一營動色, 歡呼踊躍, 而臣之惶愧慙恧, 益不知措躬之所也." 인용문은 한국고전번역원 사이트에 제시된 번역문을 참고했다.

장교들, 아전(衙前)들과 백성들은 서로 앞다투어 용감하게 나아가 적들을 남김없이 섬멸했으니, 이는 충성심과 의분에 격동된 것이므로 그 기개와 의리가 아주 가상히 여길 만하다. 평안감사(平安監司) 박규수(朴珪壽)에게 특별히 가자(加資)하고, 겸 중군(兼中軍)인 철산부사(鐵山府使) 백낙연(白樂淵)에게 가자하고 영장(營將)의 이력을 허용하도록 하라. 그리고 평양 서윤(平壤庶尹) 신태정(申泰鼎)은 맡은 벼슬에 한 번 더 연임하도록 하라. 그리고 감사(監司)와 중군(中軍), 서윤(庶尹)에게는 새서(璽書)와 표리(表裏)를 주는 특전을 시행하도록 하라. 전 중군 이현익(李玄益)[15]에게는 이미 책임을 물을 일이 있다 하더라도 수고롭게 뛰어다니며 일한 공로가 없지 않으니 변지(邊地)에서의 이력을 허용하도록 하라. 그 외 교리(校吏)들에 대해서는 본 감영에서 후하게 시상하고, 공곡(公穀)도 회감(會減)하도록 하라. 감사는 대죄하지 말라.(밑줄 – 인용자)[16]

이때 고종이 특별히 포상한 관원은 감사와 중군, 서윤이므로 〈기성도병〉에서 특별히 부각한 인물군과 일단은 부합한다고 볼 수 있다. 이 기사에는 전 중군 이현익과 철산부사 겸 중군인 백낙연이 나오는데, 이들과 관련된 사건은 1892년 읍지의 '고사' 항목에 상세하

15. 1892년 『평양속지』에는 '李翼鉉'으로 나온다. 위의 인용문은 실록 기사를 따라 '이현익'으로 표기했지만 이 인용문을 제외한 다른 부분에서는 읍지에 나온 인명을 따랐다. 1928년에 평양 출신 오문환이 쓴 『도마스 목사전』[남청 · 문성모 옮김, 『토마스 목사전』(대한기독교서회, 2020)에 원문 수록]에도 '李翼鉉'이라고 되어 있다.

16. 『고종실록』 1866년 7월 27일 기사. "敎曰: 關西一道, 箕聖故都, 服襲八條, 忠義相勉, 朝家之視他有別久矣. 今其西洋醜類, 闖入浿江, 拘執副將, 殺害民人. 小竪跳踉, 本不足血刃, 蓋其稔惡旣久, 自干天誅者也. 方伯守宰之整頓紀律, 臨機制勝, 已有全功. 而軍, 校, 吏, 民之爭先勇赴, 殪殄無遺, 忠憤所激, 氣義可尙. 平安監司朴珪壽, 特爲加資, 兼中軍鐵山府使白樂淵, 加資, 許用營將履歷, 平壤庶尹申泰鼎, 限一瓜久任, 道伯與中軍庶尹, 仍施璽書表裏之典, 前中軍李玄益, 雖已責備, 不無奔走之勞, 許用邊地履歷, 其餘校, 吏, 自本營從厚施賞, 公穀會減. 道臣勿待罪." 인용문의 번역은 국사편찬위원회 조선왕조실록 사이트의 번역문을 참고했으며 필요에 따라 수정했다.

게 나와 있다. 그 내용을 요약하면 다음과 같다.

7월 15일에 봉황진(鳳凰津, 만경대 상류, 두로도 북쪽)에 정박한 제너럴셔먼호는 상의할 일이 있다며 순중군 이익현을 불러 인신(印信)을 탈취하고 억류했다. 16일에 황강정(黃江亭, 외성 남쪽 오탄 아래)[17] 즈음에서 무력 충돌이 일어나자 제너럴셔먼호에서 중군을 방패막이로 앞에 내세우자, 평양민들의 분노는 극에 달했다. 상선을 격퇴시키는 것과 함께 억류된 중군을 구출하는 일이 급선무였는데, 이 문제는 부교(府校) 박춘권(朴春權)이 나서면서 해결되었다. 박춘권은 서신을 봉해 상선에 던지는 한편 뒤로는 중군에게 암호를 보내 작은 배로 뛰어내리게 하여 구출했으며, 이익현은 인신을 잃어버린 죄로 파직되고 철산부사였던 백낙연이 중군을 겸하게 되었다. 상선과 평양군의 갈등은 7월 23일 즈음에 끝났다. 대동강은 서해와 이어진 감조하천(感潮河川)이었는데, 제너럴셔먼호가 대동강으로 왔을 때는 강물이 넘칠 때라 별 어려움이 없었지만 이 시기에는 강물이 빠져 퇴각하기 어려웠고 결국 한사정(閒似亭) 위쪽 모래에 걸려 좌초되었다. 제너럴셔먼호에서는 중군에게서 탈취한 인신을 돌려주면서 살아서 돌아가게만 해 달라고 애걸했고, 중영은 이에 선원 전부가 상륙하여 항복하는 조건을 걸었다. 결국 제너럴셔먼호가 대포를 쏘자 여기에 대응하여 평양군은 상선을 전소시켰고, 제너럴셔먼호의 대포 공격으로 사망한 자들의 친척들이 분노하여 화재를 피해 상선에서 탈출한 사람들을 죽였다. 결과적으로 평양군은 제너럴셔먼호와의 물리적인 충돌에서 승리했다.

이때 제너럴셔먼호의 이동 경로를 다음과 같이 정리할 수 있다. 제너럴셔먼호는 서해에서 대동강으로 올라와 평양에 진입했고 그 과정에서 석호정(石湖亭)에 정박하여 성경과 전도 서류를 주민들에

17. 『도마스 목사전』에서는 "平壤府電氣課附近"이라고 했다.

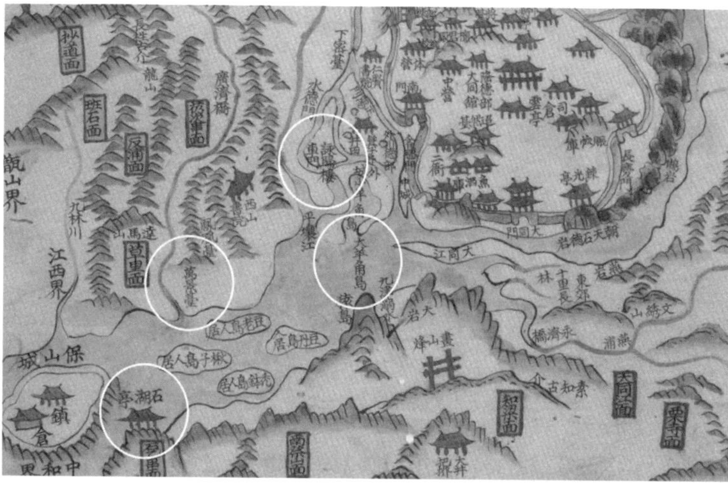

그림 29. 〈광여도〉(서울대학교 규장각한국학연구원 제공)에 표시한 제너럴셔먼호의 이동 경로

게 나누어 주었다. 이들은 7월 11일 만경대(萬景臺)에 도착해 4일간 정박했고 7월 15일에 봉황진으로, 16일에 황강정으로 올라와 작은 배로 오탄(烏灘)의 수심을 측량했다. 평양군과의 물리적인 충돌은 오탄과 양각도(羊角島) 일대에서 벌어졌고, 제너럴셔먼호가 7월 23일 짙은 안개가 꼈을 때 도망치려다가 좌초된 곳은 한사정이었다. 석호정은 〈기성도병〉에 그린 지역의 범위에 포함되지 않으므로 〈광여도(廣輿圖)〉의 평양부 지도에 표시하여 제시하면 그림 29와 같다.

이 지도를 보면 석호정은 대동강 하류에 있고 맞은편에 만경대가 있다. 양각도는 대양각도(大羊角島)와 소양각도(小羊角島)가 있는데 〈기성도병〉에는 '양각도'와 '소양각도'가 표시되어 있고 '양각도' 상류에 '오탄'이 있다. 〈기성도병〉의 '양각도'는 〈광여도〉의 '대양각도'에 해당한다. 한사정은 1837년 읍지에 따르면 외성(外城) 거문원(車門院)에 있었는데, 영귀루는 1730년 읍지에서 이미 없어졌다고 했고 한사정 창건은 1837년 읍지에 나와 있으므로, 이 지도에 표시된 '거문', '영귀루' 일대에 한사정이 있었을 것이다.

이 지명들의 위치를 염두에 두면서 다시 고려해야 할 점이 평양 속읍(屬邑)의 겸영 상황이다. 평양부의 속읍은 시대에 따라 약간의 차이가 있다. 19세기 중반(1861-1866)에 제작된 것으로 알려진 김정호(金正浩, 1804-1866)의 『대동지지(大東地志)』를 보면 평양부의 속읍으로 평양, 삼등, 상원, 강동, 강서, 증산이 제시되고, 이와 함께 이들 속읍이 평양부에서 담당한 역할도 서술되어 있다. 상원군수는 주작문(朱雀門) 북쪽 변성(邊城) 위를 관할하는 전영장(前營將)을 겸영했고, 삼등현령은 칠성문(七星門) 안 동쪽 변성 위를 관할하는 좌영장(左營將)을 겸영했으며, 중군은 중영장(中營將)이자 중군소(中軍所)를 겸했고, 강서현령은 부성(府城)의 서북쪽을 관할하는 우영장(右營將)을, 증산현령은 을밀대 서쪽을 관할하는 후영장(後營將)을, 강동현령은 북성 안을 관할하는 북성영장(北城營將)을 겸영했다.

이 지역 분할을 보면 상원군수의 관할 구역은 부성의 남문 일대를 포괄하는 데 비해 나머지 속읍 수령들의 관할 구역은 부성의 북문인 칠성문 안, 부성의 서북쪽, 을밀대 서쪽, 북성 안처럼 조밀하게 나뉜 것을 볼 수 있다. 평양은 북쪽이 높은 지대로, 전통적으로 북쪽 일대가 군사적 요충지가 되었다. 이것은 18세기에 외적이 평양 성내를 쉽게 조망할 수 없도록 모란봉을 성안에 편입시키기 위해 북성을 수축했던 것과 같은 맥락이다. 반면에 평양성 남쪽 일대는 침수가 우려되는 저지대였다. 남쪽 일대, 게다가 만경대에서 평양으로 진입하는 길에는 수심이 얕은 곳이 몇 군데 있어 큰 선박이 운행하기 힘들므로 현실적으로 수로를 통해 외적이 침공할 가능성은 거의 없었다. 따라서 전영은 다른 곳에 비해 상대적으로 넓은 지역을 포괄했던 것이다.

제너럴셔먼호와 무력 충돌 시 평양관군의 주력군은 전체 군사작전을 지휘하는 중군 휘하의 중영 부대와 상원군수가 겸임한 전영장이 이끄는 전영부대였다. 이 사건과 결부해 보면 〈기성도병〉에서 중군과 상원군수가 특히 강조된 이유를 합리적으로 설명할 수 있을 것이다.

4. 다른 작품군과의 관계

3절에서는 〈기성도병〉 행렬에 나오는 주요 인물들을 중심으로 논의했지만, 〈기성도병〉이 아닌 유사한 계열의 포틀랜드박물관 소장 「평양성도」의 인물 표기를 전제로 했다. 다시 말해 〈기성도병〉에 나타난 경관이나 행렬의 인물 구성을 통해 1866년에 있었던 제너럴셔먼호 사건 이후 조정에서 대동강 선유를 하사하거나 기념하는 행사를 열었을 것이다. 이 그림은 이를 그린 것으로 추정했는데, 그렇다면 유사한 구도의 병풍도들은 모두 단일하게 볼 수 있는가 하는 문제가 선결되어야 한다. 강상 행렬이 나오는 일련의 병풍도를 상이한 작품군을 포괄하는 하나의 유형으로 볼 것인가, 아니면 특정 사건과 관련된 원본을 이후에 모사하면서 재생산된 특정한 그림의 작품군인가 하는 점을 해명할 필요가 있다.

평양 병풍도의 현황과 강상 행렬이 포함된 작품의 목록은 이미 검토된 적이 있다. 이 연구에 따르면 강상 행렬 유형의 작품은 서울역사박물관 소장 〈기성도병〉, 미국 포틀랜드박물관 소장 〈평양성도〉, 개인 소장 〈평양도〉, 프랑스 국립기메동양박물관 소장 〈평양도〉, 국립중앙박물관 소장 〈평양성도〉(본 9443) 등 5종이 있으며, 이 중에서 국립중앙박물관 소장본만 10폭 병풍이고 나머지는 8폭 병풍이다.[18]

---

18. 자세한 내용은 박정애, 「19세기 평양기성도의 전개 양상과 〈기성도병〉: 행사장면이 첨가된 사례를 중심으로」, 122면 참조. 이 연구에서는 강상 행렬을 두 유형으로 분류

완전히 똑같이 그리지는 않았어도 강상 행렬의 전반적인 구도나 핵심적 요소에서 큰 차이를 보이지 않는다면, 중군이 등장하는 강상 행렬 유형의 작품군으로도 볼 수 있을 것이다. 그렇다면 이제 여러 병풍도에 제시된 전경의 시기를 다시 검토할 수 있다. 앞서 언급했듯이 서원철폐령 같은 전국적인 사건으로 19세기에 제작된 병풍도의 경관이 그 시점을 일정 기간으로 특정할 수 있을 정도로 다르게 나타나기 때문에, 만약 상이한 시기의 경관 그림인데도 거의 유사한 행렬 구성이 제시된다면 이것을 강상 행렬이 나오는 하나의 유형이라고 봐도 무방할 것이기 때문이다.

자료 확인이 어려운 개인 소장 〈평양도〉와 프랑스 국립기메동양박물관의 〈평양도〉[19]를 제외한 나머지 3종에서 〈기성도병〉의 경관 시기를 추정하는 근거로 사용한 '사영사' 위치에 어떤 건물을 그렸는지 확인해 보겠다. 이들 3종의 작품 중에서 포틀랜드박물관 소장 〈평양성도〉에는 '사영사'가 아니라 '생사당'으로 표기되어 있고,[20] 국립중앙박물관 소장 〈평양성도〉에는 건물명 표기 없이 대략적인 형태만 나와 있다.

평양에서 생사당은 관찰사 이원익(李元翼)의 치적을 기념하기 위해 처음 만들어졌다. 그 위치는 창광산 동쪽에 있었으며 그 뒤에 다른 감사의 생사당도 같은 건물에 함께 모셨다고 했지만, 1855년 읍지를 보면 감사의 생사당은 각기 다른 곳에 위치해 있다. 그중에서

했는데, 그 기준은 4명의 관노가 배 1척을 타고 있느냐 아니면 2명씩 2척의 배에 나누어 타고 있느냐이다. 본고에서는 이러한 도상의 차이를 유의미하게 보지 않았다.

19. 『프랑스 국립기메동양박물관 소장 한국문화재』(국립문화재연구소, 1999)에서 전체 모습을 확인할 수 있으나(176면), 도록만으로는 세부 모습을 확인하기 어려워 본고에서는 함께 다루지 못했다.

20. 박정애, 「19세기 평양기성도의 전개 양상과 〈기성도병〉: 행사장면이 첨가된 사례를 중심으로」에 수록된 그림 자료 참조.

그림 30. 〈평양성도〉(국립중앙박물관 소장, 본 9443)의 사영사 자리

성내 대흥부(大興部)에 있는 생사당으로는 성재생사(成齋生祠, 감사 趙秉鉉 제향)와 사영사가 있다.[21] 성재생사는 〈기성도병〉에 명시되어 있지 않아 찾기가 어려운데 사영사와 의열사 사이에 있는 '영당(影堂)'일 가능성도 있다.[22] 요컨대 장경문 안 보군고(補軍庫) 뒤에 있는 생사당은 사영사로 특정되므로 포틀랜드박물관의 〈평양성도〉도 〈기성도병〉과 비슷한 시기의 경관을 담고 있다고 볼 수 있다. 국립중앙박물관의 〈평양성도〉에는 건물명이 표기되어 있지 않지만 이 건물 아래에 보군고가 있으므로 사영사 자리이다. 건물의 형태가 〈기성도병〉의 사영사와 완전히 일치하지는 않지만, 사영사가 없어진 뒤에

21. 1855년에 간행한 『平壤續志』 卷1, '祠宇'.

22. 〈기성도병〉 외성에는 이원익의 사당을 '梧里影堂'이라고 표기했다. 이름을 적시하지 않고 '영당'이라고만 표기한 건물은 중성의 남문인 정양문 밖에도 있다.

세운 서묘나 서영의 건물 규모는 이보다 더 크며 〈평양성도〉의 외성 일대에서 택선사[擇善祠, 평양 사인 황순승(黃順承) 제향]를 확인할 수 있으므로 그림에 나타난 경관 시기를 비슷하게 볼 수 있다. 그렇다면 병풍도로 국한하면 중군이 등장하는 강상 행렬 그림은 비슷한 시기의 경관을 담고 있으며 행렬의 구도도 유사하다고 할 수 있다. 이렇게 볼 때 〈기성도병〉과 유사한 모습의 여러 병풍이 현전하고 있다고 해도 이것을 '강상 행렬'이라는 유형으로 분류할 수 있을 것인가는 재론의 여지가 있다. 하나의 유형으로 분류되려면 다양하고 상이한 작품군이 존재해야 하기 때문이다. 위에서 제시한 내용을 보면 강상 행렬이 제시된 병풍도의 경우, 하나의 유형으로 묶일 작품군이라기보다는 특정한 그림이 유사한 형태로 재생산된 것이 아닌가 하는 의문을 갖게 된다.

이 그림과 관련하여 눈여겨볼 자료가 서찬규(徐贊奎, 1825-1905)가 〈평양도〉에 쓴 다음의 글이다.

> 평양은 기자의 나라이자 옛 단군의 도읍지이다. 이후 4천여 년 동안 강산은 그대로이고 대와 성곽도 바뀜이 없어 보기만 해도 그려 낼 수 있다. 그러나 사물은 변하고 사람도 바뀌며 풍속도 달라진 것이 여러 번이니 이런 것이 어찌 형태를 그린다고 그려지는 것이겠는가. 동방에는 군장(君長)이 없었으나 환인이 환웅을 낳고 환웅이 단군을 낳아서 그 단군이 요임금 25년에 평양에 나라를 세웠다. 지금 강동에 단군묘가 있다. 단군이 부루를 낳았는데 우임금이 도산에서 여러 제후를 만났을 때 부루도 가서 조회했다. 그 뒤에 상(商)나라가 망하고 기자가 와서 시서와 예악, 무의(巫醫)와 복서(卜筮) 등 온갖 기술을 가진 사람들이 모두 따라왔다. 팔조의 법을 세우고 예의를 가르쳤으며 농잠(農蠶)에 힘쓰고 정전제를 실시했으니 지금 함구문 밖에 세로와 가로로 구획된 네모난 구역으로, 구역은 모두 70무이니 은나라 사람이 도와 모범으로 삼은 것이 아니겠는가. 풍속은 중후하고

예의는 사양함이 있으며 귀신을 공경하고 부녀자는 정절과 믿음이 있으며 서민들은 자기 일을 좋아한다. 위만에서 고구려에 이르기까지 무예와 용맹함을 숭상하며 굳세고 사나운 것을 좋아하니 이것이 대략적인 특징이다. 고려에서 우리 조선까지 근 천 년에 가까운 기간 동안 나라의 서쪽 울타리가 되었다. 사람들과 풍물, 요속에는 여전히 기자의 유풍이 남아 있다고 한다. 예전 임진왜란 때 명나라 제독 이여송이 이 땅에서 왜적을 격파하여 우리나라 재조지업의 바탕이 되었고 지금 병인년에 헌재 박규수 공이 평양에서 이양선을 격파하여 위엄 있는 명성을 천하에 떨쳤다. 이는 고금의 업적으로 또렷하게 기술할 수 있는 것이지만 그림으로 다 그려 낼 수 있는 것이 아니다. 그림이란 소리 없는 글이고 글은 소리가 있는 그림이다. 그림은 형태를 그리고 글은 의미를 다 드러낸다. 여기에 요점을 써서 그림으로 다 그리기 어려운 뜻을 밝혔다. 누각과 강산이 우리나라에서 가장 아름답다는 것은 그림에 있으니 보면 알 수 있을 것이다.(밑줄 – 인용자)[23]

위의 인용문에서는 몇 가지를 확인할 수 있다. 이 당시 서찬규가 본 〈평양도〉는 1866년 제너럴셔먼호 사건을 그린 그림이라는 것이다. 그런데 그림으로 다 담아낼 수 없는 점들이 있었기에 서찬규는 이 그림의 주제를 발문으로 다시 썼으며, 이 그림에 아름다운 누대

23. 徐贊奎, 『臨齋集』 卷14, 「題平壤圖後」. "平壤箕子國而古檀君所都也. 屆玆四千餘年之間, 江山依舊, 臺郭不改, 此固一寓目可模. 若其物換人非, 風漓俗遷, 凡幾劫歟, 是豈象形而可寫者耶. 東方古無君長, 有桓因生雄, 雄生檀君, 檀君以堯二十五年立國於平壤, 今江東有檀君墓, 檀君生扶婁, 禹會諸侯於塗山也, 扶婁往朝焉. 其後商亡而箕子至, 詩書禮樂, 巫醫卜筮, 百工技藝皆從焉, 立八條之約而敎禮義, 務農蚕, 設井制, 今含毬門外縱橫四區, 區皆七十畝者, 非殷人助法乎. 其俗重禮讓, 敬鬼神, 婦女貞信, 黎民樂業. 歷衛氏至高句麗, 尙武勇, 好勁悍, 此其大較也. 自麗氏及我朝近千年來, 爲國之西藩, 而民物謠俗, 猶有箕聖之遺風云. 昔於龍蛇之變, 皇明李提督破倭賊于此, 基我再造之業, 今上丙寅, 瓛齋朴公剿洋舶于浿江, 威名動天下, 此其古今之蹟班班可述, 而非繪畫所可盡者. 夫畫者, 無聲之文, 文者, 有聲之畫, 畫以著其形, 文以盡其意, 玆撮其要, 以盡難畫之意, 而若夫樓榭江山之爲東國第一擅勝, 有畫在, 可按而知也."

와 강산의 풍경이 담겨 있음을 강조했다. 이렇게 보면 제너럴셔먼호 사건을 기념해 그림을 그릴 때는 전투 자체보다 이양선을 격파하여 위엄을 보였다는 점을 중요하게 고려했고, 그렇다면 승리를 기념하는 모습은 〈기성도병〉에서처럼 관찰사, 중군이 군사들과 함께 대동강을 선유하는 행렬로 충분히 나타날 수 있을 것이다.

이와 함께 1885년에 평안도관찰사로 부임했던 남정철이 쓴 「관서전성도에 씀(題關西全省圖)」을 보면 병풍이 모사되는 정황을 다소나마 살펴볼 수 있다.

> 이 감영에는 예전에 관서(關西)의 전성(全省)을 그린 병풍이 있었는데 언제 제작되었는지 알 수 없다. 고 재상 환재 박규수 공이 용강을 지키고 있을 때 감영에 가서 본 적이 있었다. 18년 뒤 지금 병술년(1886)에 내가 다시 이곳의 관찰사가 되어 다시 그리게 하면서 그 지[識]를 남겨 두었으니, 잊지 말라는 내용이다. 사물이 만들어지고 훼손되는 것은 운명이라 하지만 이 또한 이것을 대하는 사람으로 인해 남아 있게 되었으니 어찌 우연이겠는가. 생각해 보면 관서 관찰사는 옛날의 목민관이자 군사권의 임무를 겸하고 있다. 산천, 요해, 도리, 원근, 주군의 규모와 호구의 다소는 모두 꼭 알아야 하는 사항들이다. 원컨대 후임자가 그가 꼭 알아야 한다고 했던 이유를 생각하며 장맛비에 대비하여 뽕나무 뿌리로 집의 빈틈을 막듯이 자물통을 걸어 잠그고 변방을 굳건히 하기를 바란다.[24] 이 병풍은 밤낮으로 볼 때 분명히 도움이 될 것이니 어찌 그저 손상되었다고 다시 만든 것이겠는가. 이 감영의 아름다운 일로 삼을 뿐이다.

24. 『시경』「鴟鴞」의 "장맛비가 내리기 전에 뽕나무 뿌리 껍질로 둥지를 칭칭 감아 놓았으니 이제 둥지 아래 사람들이 감히 나를 넘보지 못할 테지(迨天之未陰雨, 徹彼桑土, 綢繆牖戶, 今女下民, 或敢侮予)" 구절로, 새가 비에 대비해 둥지를 단단히 수리하는 것처럼 군주도 나라를 다스릴 때 혹시라도 닥칠지 모르는 화를 대비해야 한다는 의미로 인용한 것이다.

병술년 10월 어느 날 관찰사 아무개가 다시 쓰다.(밑줄 - 인용자)[25]

이 글에서 말한 〈관서전성병풍(關西全省屛風)〉이 어떤 그림인지는 알 수 없다. 축자적으로 보면 평안도 전 지역을 그린 일종의 '관서총도'로 보이기도 한다. 이 글의 내용을 정리하면 예전에 평안감영에 〈관서전성병풍〉이 있었는데 자신이 1886년에 관찰사로 감영에 부임했을 때 병풍의 상태가 좋지 못해서 다시 그리게 했다는 것이다. 밑줄 친 부분은 불명료하지만 여기에서는 남정철이 이 그림을 18년 전인 1868년에 본 것으로 이해했다.[26] 곧 어떤 병풍도를 후대에 다시 모사하는 상황을 제시한 이 글로 볼 때, 〈기성도병〉과 유사한 구도를 보이는 여러 병풍도 간의 관계 역시 특정한 작품과 모작 작품군의 관계로 볼 수 있는 여지가 있다. 이렇게 보면 〈기성도병〉과 유사한 구도를 가진 여타 작품들에서 약간의 세부적인 차이가 나타나는

---

25. 南廷哲, 『霞山稿』 5, 「題關西全省圖」. "此營舊有圖關西全省屛風, 不詳其作於何時. 故相瓛齋朴公, 守龍岡時, 嘗至營見之. 後十八年而爲今丙戌余又持本道節, 改繪之仍存其識, 識不忘也. 物之成毁雖曰有數 亦有所待者存, 豈偶然哉. 念關西觀察是古岳牧而兼將兵之任者也. 山川要害道里遠近州郡之大小戶口之多寡皆不可以不知也. 願後之人思其所以不可不知者, 綢繆陰雨念存苞桑, 以謹鎖鑰而壯邊圉則斯屛也, 未嘗不爲日夕觀覽之助, 豈厪以弊又改爲. 爲此營之美事而已也. 丙戌十月日觀察使某又識."

26. 이 구절에서 "守龍岡"를 어떻게 해석할 것인가가 문제이다. 뒤의 "後十八年而爲今丙戌"에서 병술년이 1886년이므로 '후 18년'이라면 앞의 내용은 1868년이어야 한다. 그런데 박규수가 용강현령을 역임했던 적이 있기 때문에 '수용강'을 용강의 현령으로 번역할 수도 있다. 다만 용강현령으로 보게 되면, 그 부임 시기는 1849년이었기 때문에 뒤의 '후 18년'과도, 그 뒤의 "내가 다시 이곳의 관찰사가 되어"와도 맞지 않는다. 앞에 박규수가 관찰사였다는 언급이 있어야 '내가 다시'라고 쓰는 것이 자연스럽게 보이기 때문이다. 또 1849년으로 읽게 되면 1840년생인 남정철은 당시 9세였고 연보에도 평양에 갔다는 내용이 없다는 점에서 부자연스럽다. 1868년으로 본다면 이때 박규수는 평안도관찰사로 재임 중이었으므로(1866-1869), 이때 '수용강'은 대동강 하류 지역인 용강 일대를 이양선으로부터 지킨 일이라는 축자적 의미로 이해해야 할 것이다. 황현의 『매천야록』에서도 제너럴셔먼호 사건을 무진년(1868)에 일어난 것으로 썼다.

점들을 설명할 수 있을 것이다.

그런데 19세기에 제작된 병풍도 중에서 중군이 등장하고 선행 연구에서 '육로 행렬'로 분류한 서울대학교박물관 소장 〈평양도〉와 평양조선미술박물관의 〈평양성도〉도 비슷한 양상을 보인다. 사영사 자리에 관제묘가 있으므로 경관의 시기는 1881-1885년으로 추정되는데, 경관과 육로 행렬, 화면 구성이 거의 유사하고 능라도의 공연과 훈련원 근처의 석전(石戰)까지 동일하게 나타난다면[27] 이 두 병풍도도 특정한 그림을 모사한 작품군으로 이해하는 것이 합당할 것이다. 대동강 선유, 곧 강상 행렬이나 영제교를 거쳐 십리 장림을 지나 대동문으로 입성하는 육로 행렬이 특정한 시기에만 등장하는 것이 아닌데도 19세기 평양도에서 강상 행렬은 19세기 중반, 육로 행렬은 19세기 후반의 경관으로만 나타나 있기 때문이다.[28]

여러 작품의 유형 분류는 개별 작품 분석과 함께 전체 작품 속에서의 위상이 모색되어야 한다는 점에서 유의미한 시도라고 볼 수 있다. 다만 현전하는 평양 병풍도를 어떻게 이해할 것인가에 대해서는 좀 더 고려할 점이 있다. 평양 병풍도로 한정하여 그 계열 속에서 개

---

27. 박정애, 「19세기 평양기성도의 전개 양상과 〈기성도병〉: 행사장면이 첨가된 사례를 중심으로」, 120면. 이 논문에서 육로 행렬이 그려진 그림은 총 3점이 현전한다고 했는데 논자가 규정한 '평양기성도'라는 측면에서 서술한 것이므로 병풍 그림에 국한된 서술인지 명확하지 않다. 이 논문의 육로 행렬 관련 대목에서는 서울대학교박물관과 평양조선미술박물관 소장품에 대해서만 언급했다.

28. 박정애, 「18-19세기 기성도 병풍 연구」, 『고문화』 74(한국대학박물관협회, 2009). 이 논문에서는 기성도에 나오는 관원을 특정한 실존 인물보다는 '표상화된 평안감사의 이미지'로 보고 있다. 특히 〈평양도 십폭 병풍〉의 경우 육로 행렬과 함께 정월 초에 행해졌다는 석전과 화폭 전반에 그려진 수목의 계절감이 봄을 나타내며, 헌종 연간에 이름을 날린 명창 모흥갑의 공연 장면이 나오는데 이 각각의 장면은 평안감사와 연관되지만 동일한 시간대에 일어난 상황이라고 볼 수 없기 때문이다. 하지만 본고에서는 행렬 이외에 여러 장면이 들어간 〈평양도〉와 강상 행렬만 제시된 〈기성도병〉을 같은 맥락에서 논의하기는 어렵다고 생각하며, 〈평양도〉에 제시된 장면들의 '표상성' 여부 역시 이 병풍도의 제작 경위를 본격적으로 토론한 뒤에나 가능한 논의라고 본다.

별 작품의 위상을 점검할 수 있겠지만,[29] 현전 상황으로 볼 때 평양 병풍도의 상당 부분이 인물 없이 평양부 전경만 그린 것이며 인물이 등장하는 병풍도는 위에서 언급한 것처럼 2종의 작품군만 확인할 수 있다. '육로 행렬'과 '강상 행렬'이라는 유형 분류는 실제 논의로 보면 다양한 작품군에 어떤 질서를 부여한 것이 아니라 실제 2종으로 모을 수 있는 여러 작품군을 이렇게 명명한 것이다. 이렇게 보면 이러한 유형 분류를 통해 새롭게 이해할 수 있는 점은 거의 없다. 이 2종의 작품은 육로 행렬/강상 행렬뿐만 아니라 석전의 등장 여부, 판소리 장면의 등장 여부로도 구분되기 때문이다.

병풍도 제작에서 인물의 제시라는 측면을 주목한다면, 병풍도가 아닌 다른 형태의 그림들을 모두 포괄하여 유형화할 수도 있을 것이다. 인물이 등장하는 모든 그림을 '육로 행렬'이나 '강상 행렬'로 분류하는 작업은 다양한 상황 속에서 이런 유사성이 어떤 의미를 가지는지 탐구할 수 있기 때문에 병풍도로 한정할 때보다는 훨씬 더 유용할 것이다. 그런데 이렇게 논의한다면 미국 피바디에섹스박물관 소장 〈평안감사환영도〉 8폭의 독립된 8개의 모티브, 곧 '감사행영(監司行營)', '도임환영(到任歡迎)', '선화향연(宣化饗宴)', '연광야연(練光夜宴)', '부벽유연(浮碧遊宴)', '대동선유(大同船遊)', '월야선유(月夜船遊)', '감사순시(監司巡視)'를 포함시켜 분류해야 하며, 이 점까지 염두에 둔다면 '육로 행렬'과 '강상 행렬'로 양분하기는 힘들 것이다.

또 선화당이나 연광정, 부벽루의 연회는 단일한 지점에서 열기 때문에 병풍도에는 적합하지 않은데, 그렇게 보면 병풍도에서 인물을 제시하는 방식은 〈기성도병〉과 〈평양도〉처럼 행렬이 주축이 될 수밖에 없다. 특정한 곳에서 일어나는 장면을 병풍도에 넣으려고 했

29. 박정애, 「19세기 평양기성도의 전개 양상과 〈기성도병〉: 행사장면이 첨가된 사례를 중심으로」.

기 때문에 〈평양도〉에는 행렬과 함께 능라도의 공연과 훈련원 근처의 석전이 삽입되었지만, 여전히 관원 행렬이 핵심이었다. 따라서 논의 영역을 여러 지역의 병풍도로 확장시켜 병풍도에서 나타나는 인물 재현과 경관 제시 방식을 어떻게 분류할 것인가를 검토하는 작업이 뒤따라야 할 것이다.

5. 결론

본고에서는 서울역사박물관 소장 〈기성도병〉을 중심으로 그 구체적인 제작 시기와 경위를 논의했다. 평양의 전경이 담긴 병풍도가 여러 점 현전하는 상황에서 그동안은 평양 전경을 그린 병풍도 및 관원 행렬이 포함된 병풍도의 현황과 계열을 논의하는 데에 초점을 맞추었다. 이런 구도에서 보면 〈기성도병〉은 평양 병풍도 중에서 대동강에서 선유하는 관원 행렬이 그려진, 곧 '강상 행렬'이 제시된 유형이라고 볼 수 있다.

강상 행렬만 해도 이를 다룬 현전하는 작품이 여러 점인 만큼 그동안의 선행 연구에서는 이 작품들의 제작 시기와 목적을 해명하는 데에 주안점을 두었고, 관원 행렬의 의장을 알려 주는 여러 자료와 유사 작품들의 도상을 비교하면서 해석하는 작업이 이루어졌다. 도상 비교 연구는 여러 작품 간의 유사성을 설명하고 이를 계열화하기에는 유용하지만 의도나 제작 시기를 구체적으로 추정하는 데에는 한계가 있었다.

본고에서는 평양의 전경을 구체적으로 구현한 병풍도를 논의할 때 평양의 변천 양상을 알려 주는 자료들을 활용하는 것이 유용할 것임을 보이고자 했고, 이 작품들이 19세기에 제작되었다는 점에 착안하여 19세기에 간행된 읍지 자료들을 바탕으로 그동안 작품 이해에서 논점이 되었던 부분을 해명해 보고자 했다. 곧 19세기에 제작된 것으로 추정할 수 있는 평양 병풍도에 나타난 '중군'의 존재감과 〈기성도병〉처럼 대동강 선유 장면이 있는 병풍도의 일부에 표시된 '상원군수' 표기를 어떻게 합리적으로 설명할 것인가에 초점을 두어 논의를 전개했다. 본고에서는 〈기성도병〉에 나타난 세부 건물의 존폐 양상을 읍지 자료와 대조하여 그 제작 시기를 1853-1871년으로 좁히면서 '사영도'가 사당이고 서원철폐령같이 큰 사건과 관련된 이상 사소하게 처리할 수 없음을 고려했고, 사영사 이후 그 자리에 관제묘가, 다시 서영이 들어섰을 때 그 모습이 병풍도에 반영된 점을 확인했다. 또한 〈기성도병〉에는 인물도 등장하므로 전경 외에 인물의 행렬 중에서 행렬을 이끄는 '중군'이 강조되고 일부 그림에서 관찰사 뒤 속읍의 수령 중 유독 '상원군수'가 표기된 이유를 설명해 보고자 했다. 그 과정에서 19세기에 간행된 3종의 읍지(1837년, 1855년, 1892년) 중에서 군사 책임자인 중군의 역할이 돋보인 사건들 중 1866년 제너럴셔먼호 사건에 주목했고, 이 사건에서 관성장인 상원군수가 부각된 경위를 서술했다.

참고문헌

1. 자료

(1) 읍지 관련 원문 자료

尹斗壽 編, 『平壤志』(1590년 간행, 9권 4책, 서울대학교 규장각한국학연구원 소장본).

尹游 編, 『平壤續志』(1730년 간행, 4권 2책, 서울대학교 규장각한국학연구원 소장본).

南廷哲 編, 『平壤續志』(1892년 간행, 3권 3책, 숭실대학교 도서관 소장본).

李承載 編, 『平壤續志』(1905년 간행, 3권 2책, 국립중앙도서관 소장본).

李容善 編, 『平壤續志』(1906년 간행, 1책, 부산대학교 도서관 소장본).

朝鮮總督府, 『地方行政區域名稱一覽』, 京城印刷所, 1918.

內田錄雄 編, 『平壤全誌』, 平壤商業會議所, 1927.

平安南道, 『平壤小誌』, 朝鮮印刷株式會社, 1933.

盧元熲 編, 『平壤大誌』, 衛生彙報社, 1934.

張道斌 編, 『平壤誌』, 平壤商工社, 1936.

朝鮮総督府鉄道局 編, 『朝鮮旅行案内記』, 朝鮮総督府鉄道局, 1934.

국사편찬위원회 엮음, 『同文彙考』, 국사편찬위원회, 1978.

金炳淵 編, 『平壤誌』, 平南民報社·古堂傳·平壤誌刊行會, 1964(1590년 1837년, 1855년 읍지 수록).

이태진·이상태 엮음, 『(조선시대) 사찬읍지』 45-47책, 한국인문과학원, 1990 (1590년, 1837년, 1855년, 1905년 읍지 수록).

평안남도지편찬위원회 엮음, 『평안남도지』, 평안남도지편찬위원회, 1978.

평안북도지편찬위원회 엮음, 『평안북도지』, 평안북도지편찬위원회, 1973.

평양향토사편집위원회 편저, 『평양지』, 평양국립출판사, 1957.

(2) 고전 원문 및 국역 인터넷 자료
한국고전번역원 DB(https://db.itkc.or.kr).
네이버 뉴스 라이브러리(https://newslibrary.naver.com/).
대한민국 신문 아카이브(https://nl.go.kr/newspaper).
북한지역정보넷(http://www.cybernk.net).
서울대학교 규장각한국학연구원(https://kyujanggak.snu.ac.kr).
승정원일기(http://sjw.history.go.kr).
조선왕조실록(http://sillok.history.go.kr).
통일부 북한자료센터(https://unibook.unikorea.go.kr).
한국사데이터베이스(http://db.history.go.kr).
일본 국립국회도서관(https://www.ndl.go.jp/ko/index.html).

(3) 전근대 시대 개인 문집 및 저술
姜銑, 『燕行錄』.
權橃, 『冲齋集』.
金景善, 『燕轅直指』.
金善民, 『觀燕錄』.
金安老, 『希樂堂稿』.
金堉, 『朝京日錄』.
金允植, 『雲養集』.
金漸 編, 『西京詩話』.
金濟學, 『龜菴集』.
金昌業, 『燕行日記』.
睦台林, 『雲窩集』.
朴珪壽, 『瓛齋集』
朴淇鍾, 『竹圃集』.
朴瀰, 『汾西集』.
朴思浩, 『心田稿』.
朴胤源, 『近齋集』.
申光洙, 『石北集』.
申大羽, 『宛丘遺集』.

申錫愚,『海藏集』.
申泰羲,『北京錄』.
沈魯崇,『孝田散稿』.
吳始壽,『水村集』.
柳得恭,『泠齋集』.
李坪,『燕行記事』.
李晩用,『東樊集』.
李時恒,『和隱集』.
李有駿,『夢遊燕行錄』.
李義鳳,『北轅錄』.
李在洽,『赴燕日記』.
李重慶,『雲齋遺稿』.
李海應,『薊山紀程』.
麟坪大君,『燕途紀行』.
任百淵,『鏡浯遊燕日錄』.
張之琬,『枕雨堂集』.
趙冕鎬,『玉垂集』.
趙顯命,『歸鹿集』.
崔德中,『燕行錄』.
河演,『敬齋集』.
韓弼教,『隨槎錄』.
許篈,『朝天記』.
洪敬謨,『冠巖全書』.
黃梓,『庚午燕行錄』.

2. 단행본

고려문화사 엮음,『민성』, 청운, 2010(『民聲』1945-1950년 잡지 영인본).
금장태,『율곡평전: 나라를 걱정한 철인』, 지식과교양, 2011.
김동인,『김동인 단편 전집 1』, 가람기획, 2006.
김성수,『남북한 문학에 나타난 서울과 평양의 도시 이미지 비교』, 서울시정개발연구원, 2004.

김영식 엮음, 『삼천리』, 한빛, 1995(『삼천리』 1-32 수록).
김재용·곽형덕 편역, 『김사량, 작품과 연구 1』, 역락, 2008.
김재용·곽형덕 편역, 『김사량, 작품과 연구 4』, 역락, 2014.
김재용·곽형덕 편역, 『김사량, 작품과 연구 5』, 역락, 2016.
모던일본사 편, 한비문 역, 『일본잡지 《모던일본》 조선판 1939』, 어문학사, 2007.
방린봉 외, 『조선지명편람』, 박이정, 2001(평양사회과학원 간행본 재출판).
신광수, 이은주 풀어 옮김, 『관서악부』, 아카넷, 2018.
신태영, 『명나라 사신은 조선을 어떻게 보았는가』, 다운샘, 2005.
염상섭, 「표본실의 청개구리」, 『만세전』, 문학사상사, 2004.
오기영, 전집 편찬위원회 엮음, 『동전 오기영 전집 6: 류경(柳京) 8년』, 모시는 사람들, 2019.
吳文煥, 남청·문성모 옮김, 『토마스 목사전』, 대한기독교서회, 2020.
이광수, 김철 엮음, 『무정』, 문학과지성사, 2005.
이덕주, 『남산재 사람들』, 그물, 2015.
이사벨라 버드 비숍, 이인화 옮김, 『한국과 그 이웃나라들』, 살림, 1994.
이은주 역주, 『평양을 담다: 역주《평양지》·《평양속지》』, 소명, 2016.
이인직, 「혈의 누」, 권영민 책임 편집, 『혈의 누』, 문학과지성사, 2007.
이태준, 「패강랭」, 『이태준단편집』, 학예사, 1941.
이효석문학재단 엮음, 『이효석 전집 5』, 서울대학교출판문화원, 2016.
전영택, 「평양성을 바라보면서」, 표언복 엮음, 『늘봄 전영택 전집 1』, 목원대학교출판부, 1994.
조선예수교서회 기독신보부, 『긔독신보』, 한국기독교사연구회, 1988(영인본).
조선총독부, 한국건설기술연구원 옮김, 『조선 하천 조사서: 1929년』, 국토해양부, 2010.
조선총독부, 한국건설기술연구원 옮김, 『1935년 조선 직할하천 공사 연보(1938년)』, 국토해양부, 2010.
朝鮮總督府鐵道局 編, 『朝鮮旅行案內記』, 朝鮮總督府鐵道局, 1934.
주요한, 「평양과 나」, 『주요한 문집: 새벽 I』, 요한기념사업회, 1982.
최희림, 『고구려평양성』, 과학백과사전출판사, 1978.
穗積重遠, 『朝鮮遊記』, 社会教育協会, 1934.
鮮滿案内所, 『朝鮮滿洲旅行案内』, 鮮滿案内所, 1930.
佐藤種治, 『最近朝鮮歷史地理辭典』, 富山房, 1933.

3. 논문

강명숙, 「한일합병 이전 일본인들의 평양 침투」, 『국사관논총』 107, 국사편찬위원회, 2005.

김경록, 「조선시대 사신접대와 영접도감」, 『한국학보』 30(4), 일지사, 2004.

김경태, 「임진왜란 시기 조선·명 관계와 기자 인식의 양상」, 『한국사학보』 65, 고려사학회, 2016.

김기혁, 「도로 지명을 통해 본 평양시의 도시 구조 변화 연구」, 『문화역사지리』 26(3), 한국문화역사지리학회, 2014.

김민아·정인하, 「조선후기 이후 평양의 도시형태 변천에 관한 연구: 평양성도(平壤城圖)와 1914년 평양부 지적원도의 비교를 통해」, 『대한건축학회 논문집·계획계』 29(11), 대한건축학회, 2013.

김성은, 「조선과 청나라 사신간의 시문 교류」, 『중국학논총』 35, 한국중국문화학회, 2012.

문동수, 「조선시대 〈평양성도〉의 제작과 의미: 국립중앙박물관 소장품을 중심으로」, 『미술사의 정립과 확산 2』, 사회평론, 2006.

박정애, 「18-19세기 기성도 병풍 연구」, 『고문화』 74, 한국대학박물관협회, 2009.

박정애, 「19세기 연폭 실경도 병풍에 관한 고찰」, 『문물』 8, 한국문물연구원, 2018.

박정애, 「19세기 평양기성도의 전개 양상과 〈기성도병〉: 행사장면이 첨가된 사례를 중심으로」, 『기성도병』, 서울역사박물관, 2019.

박종홍, 「최명익 소설의 '평양' 공간 고찰」, 『국어교육연구』 57, 국어교육학회, 2015.

박찬승, 「식민지시기 다중적 표상으로서의 평양기생」, 『동아시아문화연구』 62, 한양대학교 동아시아문화연구소, 2015.

서기재, 「전략으로서의 리얼리티: 일본 근대 「여행안내서」를 통하여 본 '평양'」, 『비교문학』 34, 한국비교문학회, 2004.

송호빈, 「『西京稗史抄畧』과 『平壤(續)誌』: 청일전쟁 관련 기록과 한문의 위치(2)」, 『대동한문학』 64, 대동한문학회, 2020.

오태영, 「평양 토포필리아와 고도의 재장소화: 이효석의 「은은한 빛」을 중심으로」, 『상허학보』 28, 상허학회, 2010.

우미영, 「억압된 자기와 고도 평양의 표상」, 『동아시아문화연구』 50, 한양대학교 동아시아문화연구소, 2011.
유경호, 「평양의 도시발달과 지역구조의 변화」, 고려대학교 석사학위논문, 2007.
윤정란, 「근대전환기 지역공동체의 변화: 기독교와 접속한 평양」, 『한국민족운동사연구』 106, 한국민족운동사학회, 2021.
윤혜민, 「조선후기 石星에 대한 인식 변화와 그 의미」, 『조선시대사학보』 70, 조선시대사학회, 2014.
이경재, 「평양 표상에 나타난 제국 담론의 균열 양상: 김사량의 『바다의 노래』를 중심으로」, 『어문연구』 49(2), 한국어문교육연구회, 2021.
이광린, 「평양과 기독교」, 『한국기독교와 역사』 10, 한국기독교역사연구소, 1999.
이은주, 「명 사신의 평양 제영시 연구」, 『한국문화』 68, 서울대학교 규장각한국학연구원, 2014.
이은주, 「만들어진 유적, 평양의 로컬리티」, 『돈암어문학』 34, 돈암어문학회, 2018.
이은주, 「비단과 꽃의 기억: 금수산 모란봉을 그린 한시」, 『문헌과 해석』 82, 태학사, 2018.
이은주, 「읍지로 본 〈기성도병〉과 19세기 평양 사회」, 『기성도병』, 서울역사박물관, 2019.
이은주, 「평양 읍지를 어떻게 읽을 것인가」, 『한국한문학연구』 77, 한국한문학회, 2020.
이은주, 「평양 죽지사의 새로운 모색: 장지완과 김제학의 작품을 중심으로」, 『규장각』 56, 서울대학교 규장각한국학연구원, 2020.
이은주, 「김제학의 관서 죽지사에 나타난 역사 인식」, 『한국실학연구』 42, 한국실학학회, 2021.
이은주, 「서울역사박물관 소장 〈기성도병〉 고찰: 읍지 자료로 본 제작 경위」, 『문헌과 해석』 88, 태학사, 2021.
이은주, 「평양인의 자기 인식: 읍지 자료를 중심으로」, 『한국문화』 94, 서울대학교 규장각한국학연구원, 2021.
이은주, 「박엽에 대한 기억의 변화 재론」, 『국문학연구』 45, 국문학회, 2022.
이은주, 「조선시대 평양의 역사 명소와 관심사의 변화」, 『한국고지도연구』 14권 2호, 한국고지도연구학회, 2022.
정인성, 「關野貞의 낙랑유적 조사·연구 재검토: 일제강점기 「古蹟調査」의 기억 1」, 『호남고고학보』 24, 호남고고학회, 2006.
정인성, 「일제강점기의 낙랑고고학」, 『한구상고사학보』 71, 한국상고사학회, 2011.
정종현, 「한국 근대소설과 '평양'이라는 로컬리티」, 『사이間SAI』 4, 국제한국문학문화학회, 2008.
정지영, 「'논개와 계월향'의 죽음을 다시 기억하기: 조선시대 '의기(義妓)'의 탄생과 배제된 기억들」, 『한국여성학』 23(3), 한국여성학회, 2007.
정치영, 「일제강점기 일본인의 평양 관광 연구」, 『문화역사지리』 34(2), 한국문화역사지리학회, 2022.
정혜영, 「근대문학에 나타난 기생의 이미지 고찰: 김동인의 〈눈을 겨우 뜰 때〉를 중심으로」, 『한국현대문학연구』 15, 한국현대문학회, 2004.
제송희, 「조선후기 관원 행렬의 시각화 양상과 특징」, 『정신문화연구』 39, 한국학중앙연구원, 2016.
최인택, 「평양명승 사진그림엽서 '현무문'에 얽힌 전쟁영웅담」, 『일본문화연구』 71, 동아시아일본학회, 2019.
한명기, 「이여송과 모문룡」, 『역사비평』 90, 역사비평사, 2010.

찾아보기

지명 및 건물명

[ㅇ]

[ㅈ]

[ㅊ]

인명

[ㅅ]

[ㅈ]

Abstract

A Basic Study of Data on Pyongyang
Focusing on Town Chronicles and Literary Works

Yi Eun-ju

In comparison to other regions, Pyongyang-related data is remarkably diverse. Particularly, Pyongyang-related paintings are well-known, with the Pyeongan-do Governor's Banquet and various painting-style maps, such as Pyongyang Seongdo, being highly popular. Researchers from different academic fields actively and extensively use Pyongyang data. Therefore, while the absolute number of researchers using Pyongyang-related data may not be large, its impact is significant.

As interdisciplinary research on the use of Pyongyang data is already underway, it is necessary to review the basic data before further discussion can take place. The characteristics of the data and changes in perspective have not been properly illuminated compared to the frequency of use of Pyongyang town chronicles. Additionally, little attention has been paid to the patterns and changes in the poems included in the town chronicles, despite the inclusion of a number of poems.

This study aims to organize the compilation history of Pyongyang town chronicles, reorganize the contents based on their characteristics, identify new points, and highlight important notes. While Yoon Doo-soo's *Pyongyang Ji*, published in 1590, and Yoon Yu's *Pyongyang Sokji*, published in 1730, have already been translated and explained to some extent, information on the Pyongyang town chronicles published in the 19th century has been difficult to find.

Considering that most of the visual materials, such as paintings, were estimated to have been produced in the 19th century, rearranging the 19th-century town chronicles, which will be the basis for utilizing detailed and contemporary data, can be useful. Furthermore, Pyongyang has been frequently discussed in the context of the development of modern literature since the 20th century, but the continuity with the previous era has not been identified. Thus, it is necessary to review related literature to understand the nature of Pyongyang during this period.

The aim of this study was to organize the changes in Pyongyang's history, with a focus on town chronicles and poetry among the available data. To achieve this goal, the compilation history of Pyongyang town chronicles was examined, and information from various town chronicles was rearranged. Subsequently, seven types of town chronicles published between 1590 and 1906 and four types of town chronicles produced during the Japanese colonial period were analyzed, and the characteristics of each were described.

In the context of the Joseon Dynasty, seven types of town chronicles (1590, 1703, 1837, 1855, 1892, 1905, and 1906) were compared and presented, allowing for a comprehensive view of the overall flow of town chronicles. By selecting elements common to various towns and villages, the city's space (buildings and administrative districts), the natural environment, and major changes in the city were summarized, and some aspects that were previously unclear were partially supplemented.

The contents of each items chronicle were reorganized and presented in a table format to provide a clear overview of the changes in various items over time. Additionally, if necessary, visualizations using maps were created to facilitate better understanding.

While examining the compilation history of town chronicles is necessary to understand the changes of the times in Pyongyang, it is also important to note that it is practically challenging for researchers to read the entire town chronicles and discuss it. Therefore, organizing and summarizing basic information is significant as it provides related researchers with accessible and easy-to-use data, enabling them to understand the nature and status of the townships they are studying more clearly. This study will serve as a fundamental source of information for researchers in this field.

When understanding the city of Pyongyang, poetry can be seen as having two main meanings. Firstly, while various items in the town chronicle provide significant information about the region at the time, there are instances where they exhibit specific aspects of the city not included in other parts, such as specific events and more detailed information related to buildings and spaces. Therefore, organizing and analyzing the detailed information and changes in the poetry can be useful in understanding the times and interests of Pyongyang.

Secondly, the nature of poetry contained in the town chronicle is also significant. Many Pyongyang-related poems are not published in the town chronicle, and there are some works that can only be seen in the town chronicle as there are no private collections. Additionally, since the compilers of town chronicles "selected" from various materials, it is a work that shows the typicality of Pyongyang or considered important for some reason, even if there is a deviation depending on the production situation or trend of town chronicle. The scenery of Pyongyang presented by the town's compilers through poetry can be seen as important data to understand the typical image and changes in perception of the city.

Pyongyang town chronicles and Poetry Data are valuable resources for reconstructing the city's history and local culture, as they provide administrative information and personal accounts that complement each other. The primary objective of organizing the spatial data was to provide a clear understanding of the city's space and facilitate the interpretation of various related records, such as poems based on Pyongyang. This data can also provide clues for estimating the production timing of Pyongyang maps or paintings.

Although Pyongyang's urban landscape has undergone significant changes as it enters the modern era, its spatial organization still retains some elements from the pre-modern period. Some of the city's representative spaces have been preserved from earlier times, while others have been newly added. Both during and after the pre-modern period, writings by outsiders and local residents have contributed to the city's narrative. As such, it is important to consider how to distinguish the mixed aspects of Pyongyang from the perspective of those living in the 20th century. Which characteristics of Pyongyang were established during the pre-modern period, and which ones were added or changed in modern times? To address this question, it is necessary to review the current research on

Pyongyang's history, divided by period, to clarify the process of communication between researchers. In this regard, while reviewing literary works related to the spatiality of Pyongyang in the first half of the 20th century, this article briefly summarizes the aspects of continuity and change.

발간사

'한국학'은 이제 학문의 한 분야로 자리잡았다. 한국학을 전공으로 하는 학과도 생겨나고 한국학 연구자들의 국제학술대회도 자주 접할 수 있다. 한국사회가 짧은 시기에 보여 준 역동적인 변화에 대한 학문적 관심이 나라 안팎으로 증대된 결과일 것이다. 한국의 역사와 문화, 사회적 경험에 점점 더 많은 연구자들이 관심을 기울이는 것은 매우 반가운 일이다.

한국학이란 고정된 분과학문 체계 내의 한 부분 영역이 아니라 다양한 분과학문들이 함께 참여하는 학제적 연구의 성격을 지닌다. 한국학은 과거의 전통에 깊은 관심을 갖지만 현재의 문제들에도 주목하며 미래의 전망을 모색하는 작업도 포함한다. 인문학적 논의와 사회과학적 관심은 물론이고 자연과학적 문제의식과 예술적 시각이 함께 어우러지는 곳이다. 당연히 한국학은 국내의 연구자들이 자신의 특수성만을 부각시키는 폐쇄적인 장이 아니라 전 세계의 학자들이 자유롭게 참여하는 지적 토론의 공간이 되어야 한다. 한국을 대상으로 한 다양한 연구를 지원하며 진지한 논의와 지적 실험을 뒷받침하는 것이야말로 한국학의 가장 중요한 역할이라 할 것이다.

이런 의미에서 한국학은 한국의 문화와 역사적 경험을 전 인류의 문화유산과 역사적 경험의 한 부분으로 바라보는, 전 지구적 시각을 요구받고 있다. 한국학은 한국사회의 경험을 연구하되, 그것을 21세기 세계사적 과제들과 더불어 사고함으로써 새로운 문명적 대안을 모색하는 세계 학계의 논의에 적극적으로 동참하는 작업이 되어야 한다. 이런 종합적이고 개방적인 연구의 집적이 이루어질 때 한국의 특수성만을 절대화하는 오류에서 벗어나면서 동시에 서구의 눈으로 한국을 대상화, 타자화하는 오리엔탈리즘적 지역학의 한계도 극복할 수 있는 길이 열릴 것이다.

한국의 학문 발전에 큰 책임을 지고 있는 서울대학교 규장각한국학연구원은 한국학의 바람직한 발전을 위해 적극적인 역할을 하고자 한다. 이를 위해 별도의 연구재원을 마련하여 '21세기 신규장각 자료구축사업'을 추진하고, 이 사업의 결과물들을 모아 연구총서, 자료총서, 모노그래프를 출간하고 있다. 한국학 연구자들의 연구역량과 진지한 문제의식들이 결집됨으로써 한국학의 연구 수준이 더욱 높아지고 내용이 보다 풍부해지리라 믿는다. 이 연구 사업이 해를 거듭할수록 한국사회에 대한 이해가 깊어짐은 물론이고 한국의 경험을 통해 세계 학계의 시각과 논의도 더욱 풍성해질 것을 기대해 마지않는다.

2015년 2월

서울대학교 규장각한국학연구원 한국학연구사업위원회

서울대학교 규장각한국학연구원 한국학연구총서

지방문학사: 연구의 방향과 과제 | 조동일

한국 근대과학 형성과정 자료 | 문만용·김영식

목석의 울음: 손창섭 문학의 정신분석 | 조두영

통일한국의 농업 | 김완배 외

현대 한국사회의 철학적 문제: 사회운영원리 | 백종현

한국유교의 과제 | 금장태

韓國 古代·中世初期 土地制度史: 古朝鮮~新羅·渤海 | 이경식

『무과총요』 연구 | 나영일

북한 주요 산업지역의 토지이용 변화와 개방지역에 관한 연구 | 황만익·이기석

재벌체제와 다국적기업: 경제개발의 두 가지 유형 | 이승훈

붉은악마와 월드컵 | 이순형

『조선왕조실록』 보존을 위한 기초 조사연구(1) | 송기중·신병주·박지선·이인성

한국 근대의 사회복지 | 안상훈·조성은·길현종

한국어 체언의 음변화 연구 | 이상억

조선 중기 무예서 연구 | 나영일·노영구·양정호·최복규

1950년대 사회주의 건설기의 북한 보건의료 | 황상익

후발 산업화와 국가의 동학: 탈관료화와 강성국가의 공동화 | 하용출

조선 후기의 기술도: 서양 과학의 도입과 미술의 변화 | 정형민·김영식

韓國 中世 土地制度史: 朝鮮前期 | 이경식

남북 언어의 문법 표준화 | 권재일

50권본 『화엄경』 연구 | 이승재

한·중 소화의 비교 | 서대석

고려전기의 전시과 | 이경식

개항기 전후 경상도의 육상교통 | 허우긍·도도로키 히로시

한국어의 주제와 통사 분석: 주제 개념의 새로운 전개 | 임홍빈

한국적 패션 디자인의 제다움 찾기: 전통미와 현대적 활용을 중심으로 | 김민자
한국 근대문학교육사 연구 | 우한용
『조선왕조실록』의 여진족 족명과 인명 | 김주원
중앙아시아 고려말의 문법 | 권재일
삼국통일전쟁사 | 노태돈
한국의 사회운동과 진보정당 | 임현진
한국 행락문화의 변천과정 | 황기원
노래의 상상계: '수사'와 존재생태 기호학 | 신범순
한국의 언어 민속지: 전라남북도편 | 왕한석
주시경의 언어이론과 표기법 | 송철의
일제강점기의 철도 수송 | 허우긍
인권으로 읽는 동아시아: 한국과 일본의 인권 개선조건 | 정진성·공석기·구정우
정조와 정조시대 | 김인걸 외
문화의 정치와 지역사회의 권력구조: 안동과 안동김씨 | 김광억
한국어 명사구의 의미론: 한정성/특정성, 총칭성, 복수성 | 전영철
한국의 건강 불평등 | 김창엽·김명희·이태진·손정인
한국어의 재구조화 1·2 | 임홍빈
조선에 전해진 중국 문헌 | 이종묵 외 6인
평양 자료의 기초 연구: 읍지와 시문(詩文)을 중심으로 | 이은주
한국어 종성 체계의 언어 유형론 | 이진호
사회·문화적 텍스트로 읽는 한국 창작 오페라 | 오희숙·지형주·강지영

서울대학교 규장각한국학연구원 한국학자료총서

古代國語 語彙表記 漢字의 字別 用例 硏究 | 송기중
한국철학자료집: 불교편1-삼국과 통일신라의 불교사상 | 허남진 외 편역
한국철학자료집: 불교편2-고려시대의 불교사상 | 심재룡 외 편역
한국철학자료집: 불교편3-조선시대의 불교사상 | 심재룡 외 편역
서울대학교 중앙도서관 고문헌자료실 소장 『경제문고』 해제집 | 권태억 외
한글본 이언 연구 | 민현식
원문 교주 구운몽 | 김만중 원작, 김병국 교주
현대역 구운몽 | 김만중 원작, 김병국 옮김
해방 이후 한국기업의 진화 I: 1976-2005년간의 통계의 구축과 기초분석 | 이근 외
해방 이후 한국기업의 진화 II: 1956-1977년간의 통계의 구축과 기초분석 | 이근 외
서울대학교박물관 소장 식민지시기 유리건판 | 이문웅·강정원·선일 편
풍자 우화 그리고 계몽담론 | 권영민
한국근현대문학의 프랑스문학수용 | 이건우·이규현·김용기·박성창·김종웅·문혜원
한국 근대도면의 원점: 서울대학교 규장각한국학연구원 소장 근대 측량도와 건축도 1861-1910 | 전봉희·이규철·서영희
유원총보역주 1·2 | 허성도·김창환·강성위 역주
유원총보역주 3 | 송용준·김창환·강성위 역주
유원총보역주 4 | 이영주·허성도·김창환 역주
유원총보역주 5·6 | 이영주·김창환·이남종 역주
유원총보역주 7~12 | 이영주·김창환·이남종·주기평·임도현 역주
식민권력과 근대지식: 경성제국대학 연구 | 정근식·정진성·박명규·정준영·조정우·김미정
근대한국 국제정치관 자료집: 제1권 개항·대한제국기 | 장인성·김현철·김종학 엮음
근대한국 국제정치관 자료집: 제2권 제국-식민지기 | 장인성·김태진·이경미 엮음

1880년대 조선-청 국경회담 관련 자료 선역 | 김형종 편역

한국 근대문학의 러시아 문학 수용 | 권영민·박종소·오원교·이지연

18세기 통신사 필담 1: 1711·1719년 | 박희병·이효원 외

韓國 書誌學의 先鞭: 마에마 교사쿠의 작업을 중심으로 | 한재영·이현희·가와사키 케이고

사도세자의 죽음과 그 후의 기억: 『현고기(玄皐記)』 번역과 주해 | 김용흠·원재린·김정신·정두영·최성환 역주

손와만록(巽窩謾錄): 조선후기 향리 출신 선비 김경천의 인생이야기 | 김경천 지음, 이대형·이미라·박상석 역주

충역의 시비를 정하다: 『정변록(定辨錄)』 역주 | 김용흠·원재린·김정신·정두영 역주

금오헌록(金吾憲錄) 역주 | 박명양·이의현 편, 김영석 역주

교점역해(校點譯解) 정원고사(政院故事) | 김태웅·이강욱 감수·해설, 진현·하명준 교열·해제, 조은미 외 표점·번역

혜빈궁일기: 현전 유일의 궁궐 여성처소 일지 | 정병설 역주

육주약선(陸奏約選)·육고수권(陸稿手圈): 조선 정조가 편정한 당 재상 육지의 국가 경영책 | 당윤희·오수형·장유승 역주

서울대학교 규장각한국학연구원 한국학모노그래프

예빈도에 보인 고구려: 당 이현묘 예빈도의 조우관을 쓴 사절에 대하여 | 노태돈
현대 한국유교와 전통 | 금장태
살인의 진화심리학 | 최재천·한영우·김호·황희선·홍승효·장대익
무협소설의 문화적 의미 | 전형준
정조시대의 무예 | 나영일
벼락도끼와 돌도끼: 고고자료에 대한 전통적 인식 연구 | 이선복
한국 옛 경관 속의 생태지혜 | 이도원
식민권력과 통계: 조선총독부의 통계체계와 센서스 | 박명규·서호철
한국의 천연염료: 전통염료와 천연염색기술 | 김재필·이정진
북한의 의학교육 | 박재형·김옥주·황상익
국문 글쓰기의 재탄생 | 권영민
사할린 귀환자 | 이순형
조선시대의 간척지 개발: 국토 확장과정과 이용의 문제 | 박영한·오상학
3칸×3칸: 한국 건축의 유형학적 접근 | 전봉희·이강민
위성영상을 이용한 북한지역의 해안습지연구: 평안남도를 사례로 | 유근배
한국 구비문학에 수용된 재담 연구 | 서대석
한국 자본자유화와 금융자유화의 근년변화 | 이천표
구어 한국어의 의향법 실현방법 | 권재일
조선시대 복식에 나타난 적색계 색명의 의미 | 남윤자·김순영·박성실
우리나라 인체기생충 및 의용절지동물의 동물상과 개요 | 채종일
경제개방이 우리나라 노동시장에 미친 효과 | 김대일
한국 고소설에 나타난 오이디푸스 콤플렉스: 〈심청전〉·〈콩쥐팥쥐전〉 | 류인균
남북한 경제의 이질성: 경제통합에 관한 함의 | 이지순
한국에서 마르크스주의 경제학의 도입과 전개과정 | 김수행
한국 장수인의 개체적 특성과 사회환경적 요인 | 박상철·이미숙·이정재·한경혜

전통마을 경관요소들의 생태적 의미 | 이도원
한국의 중산층 | 홍두승
한국 여성의 건강증진행위 | 윤순녕·김숙영·이지윤
心과 性: 茶山의 『孟子』 해석 | 금장태
20세기 초기 국어의 문법 | 권재일
한국의 고령노동: 경제활동과 고용구조의 장기적 변화 | 이철희
웃음으로 눈물 닦기: 한국 언어문화의 한 특질 | 김대행
한국의 좌파 경제학자들 | 김수행·김공회
온돌과 한국인의 수면 생활: 침상 기후를 중심으로 | 최정화·김문숙
한국 고대의 온돌: 북옥저, 고구려, 발해 | 송기호
한국 시민단체의 내부의사결정과정에 관한 연구 | 김준기
한국문화를 쓴다: 강용흘의 『초당』과 이미륵의 『압록강은 흐른다』 비교연구 | 최윤영
정약용 사상 속의 과학기술: 유가 전통, 실용성, 과학기술 | 김영식
仁과 禮: 다산의 『논어』 해석 | 금장태
서양인의 한국 종교 연구 | 김종서
韓國詩話에 보이는 杜詩 | 이영주
한국의 소득불평등과 빈곤: 소득분배 악화와 사회보장정책의 과제 | 구인회
한국인 치매환자의 행동 및 심리 증상의 횡문화적 특성 | 조맹제·김진영
한국사회복지 네트워크의 구성과 효과성: 지역종합사회복지관의 네트워크 구성과 조직 효과성을 중심으로 | 김준기
근대한국의 국제관념에 나타난 도덕과 권력 | 장인성
한국의 의료체제: 제도와 지배구조 | 송호근
몽골제국과 고려: 쿠빌라이 정권의 탄생과 고려의 정치적 위상 | 김호동
한국무협소설의 작가와 작품 | 전형준
한국 근대소설에 나타난 오이디푸스 콤플렉스의 이해: 이광수, 김동인, 염상섭, 이상을 중심으로 | 류인균
한국의 하구역: 하구둑 건설 이후의 지형변화 | 유근배·김성환·신영호
한국의 신용평가제도 | 이인호
전통 마을숲의 생태계 서비스 | 이도원·고인수·박찬열
두 개의 예외적인 복제체제 비교 연구: 한국 복지국가 모형의 탐색 | 김태성

박정희 체제의 성립과 전개 및 몰락: 국제적·국내적 계급관계의 관점 | 김수행·박승호

한국 서해안의 해안사구: 지형학적 관점을 중심으로 | 유근배·류호상

『기우제등록』과 기후의례: 기우제, 기청제, 기설제 | 최종성

한국어 술어의 사건 구조와 논항 구조 | 남승호

舊韓末의 韓獨 外交文書 '德案' 硏究 | 권오현

현대 한국어의 공시 형태론: 경주지역어를 실례로 | 최명옥

서양문화를 쓴다: 강용흘의 〈동양 서양에 가다〉와 이미륵의 〈압록강에서 이자르강까지〉 | 최윤영

시장발전과 경제개발 | 이승훈

고려국가와 집단의식 | 노명호

근현대 한국미술과 '동양' 개념 | 정형민

현대 한국복지국가의 제도적 전환 | 안상훈

순응과 저항을 넘어서: 이승만과 박정희의 대미정책 | 신욱희

생태서식처로서 한국 서해안 해안사구 | 유근배·신영호·김대현·김성환

한국 정신보건서비스의 전개 과정: 사회서비스의 관점에서 | 강상경

일제의 한국 식민지화와 문명화(1904-1919) | 권태억

이즈미 세이이치와 군속인류학: 뉴기니 조사를 중심으로 | 전경수

조선후기 공론정치의 새로운 전개: 18, 19세기 향회, 민회를 중심으로 | 김인걸